Protokolle zur Liturgie
Band 11 | 2024

Protokolle zur Liturgie

Veröffentlichungen der Liturgiewissenschaftlichen Gesellschaft Klosterneuburg

herausgegeben vom Pius-Parsch-Institut

Band 11 | 2024

echter

Die Reihe »Protokolle zur Liturgie. Veröffentlichungen der Liturgiewissenschaftlichen Gesellschaft Klosterneuburg« wurde begründet von:

Rudolf Pacik
und Andreas Redtenbacher

Gefördert durch:

WISSENSCHAFT • FORSCHUNG
NIEDERÖSTERREICH

Bibliografische Information der Deutschen Nationalbibliothek
Die Deutsche Nationalbibliothek verzeichnet diese Publikation in der Deutschen Nationalbibliografie; detaillierte bibliografische Daten sind im Internet über <http://dnb.d-nb.de> abrufbar.

www.echter-verlag.de
Druck und Bindung: Pressel, Remshalden
ISBN 978-3-429-05987-3

Inhalt

Buchbesprechungen

Vorwort des Herausgebers

Die »Protokolle zur Liturgie« (PzL), die sich inzwischen als Fachperiodikum und Jahrbuch gut etablierten, konnten mit dem zuletzt erschienenen Band 10 ihr erstes Jubiläum feiern. Aus diesem Anlass war dem Band ein Gesamtregister (nach Autoren) über alle Beiträge der bisherigen Bände angefügt.[1] Auch inhaltlich war es ein »Jubiläumsband« mit dem Schwerpunkt des 100. Jahrestages der ersten volksliturgischen Messe mit Pius Parsch in Klosterneuburg St. Gertrud am 25. Mai 1922.
Dies war Anlass genug, mit dem vorliegenden Band 11 einen Relaunch zu wagen. Das äußere Escheinungsbild wurde neugestaltet, die Auswahl der Inhalte und Autoren folgt einem noch stringenteren Qualitätsstandard, Rezensionen wichtiger Fachbücher runden ab sofort jeden neuen Band ab. Erwähnt werden muss auch, dass die »Protokolle zur Liturgie« der Evaluierung des Wissenschaftlichen Beirats des Pius-Parsch-Instituts unterliegen und von dort zahlreiche Impulse in die Entwicklung der »Protokolle zur Liturgie« einfließen; den Mitgliedern des Beirats sei an dieser Stelle dafür herzlich gedankt.

Auch der Band 11 hat wie bisher zwei Abteilungen:
Der erste Teil, *»Liturgiewissenschaft«*, umfasst Beiträge von: *Andreas Redtenbacher* zum Liturgieverständnis 60 Jahre nach dem Konzil; *Johannes Paul Chavanne* über die Ekklesiologie Parschs; *Marco Benini* zur Parsch-Rezeption in den USA; *Benedikt Legat* über Abt Benedikt Reetz und die Reform der Osternacht; *Timo Amrehn* zu Theologischer Vulnerabilität und Liturgie; *Adéchina Samson Takpé* widmet sich der Inkulturation der Liturgie in Benin.

[1] Eine elektronische Version, auch nach Bänden, steht auf der Homepage des Pius-Parsch-Instituts zur Verfügung unter: http://www.pius-parsch-institut.at/publikationen/protokolle.

Der zweite Teil, *»Liturgie in Kontexten«*, beginnt mit: *Ewald Volgger* und Anmerkungen zu *Desiderio desideravi;* gefolgt von: *Johannes Paul Chavanne* über die Liturgie der Taufe und das Leben der Christen; *Liborius Olaf Lumma* schreibt über Liturgie verstehen und gestalten; *Johannes Kittler* über Liturgie als Renovierungsaufgabe anhand eines konkreten Projekts; *Klaus Sperr* behandelt die Liturgie des Alltags in einer ökumenischen Kommunität; *Brigitte Doege* die mittelalterliche Abendmahlsprobe als Problemindikator; und *Petrus Bsteh* gibt als einer der letzten Zeitzeugen ein Interview über Pius Parsch und die Liturgische Bewegung.
Herr *Mag. Lukas Gangoly M. A.*, Wiss. Assistent und Archivar am Pius-Parsch-Institut, hat mit Band 11 die Manuskriptbearbeitung der »Protokolle zur Liturgie« übernommen und sich auch beim Relaunch bestens bewährt – ihm gilt herzlicher Dank für die gewissenhafte Kleinarbeit. Ebenso herzlich gilt der Dank und die Anerkennung allen Autoren sowie Herrn Reiner Bohlander vom Verlag Echter in Würzburg.

Klosterneuburg, im Dezember 2023

Andreas Redtenbacher
Direktor des Pius-Parsch-Instituts

Teil I

Liturgiewissenschaft

Andreas Redtenbacher

Hat sich das Liturgieverständnis 60 Jahre nach dem Konzil weiterentwickelt?*

Der Verfasser ist Univ.-Professor am Institut für Liturgiewissenschaft und Sakramententheologie der Vinzenz Pallotti University Vallendar. Er leitet das Pius-Parsch-Institut Klosterneuburg und steht dessen Trägerverein, der Liturgiewissenschaftlichen Gesellschaft Klosterneuburg, vor.

1. 60 Jahre danach – Ausgangspunkte

1.1 Vom Konzil zur Weltsynode

Am Anfang sollen zwei prominente Stimmen aus der »Zwischenzeit« über die Liturgiekonstitution des Zweiten Vatikanischen Konzils[1] zu Wort kommen:

> Das Dokument wird als Constitutio bezeichnet, d.h. es ist ein Gesetz auf Dauer und nicht ein bloßes Dekret zur Entscheidung von Augenblicksfragen. Die Liturgiekonstitution ist keine Rubrikenreform, die durch eine nächstfolgende abgewandelt werden kann. Es geht […] um Sinn und Geist der Liturgie […], der die Grundsätze der Liturgiekonstitution bestimmt.[2]

Die zweite Stimme lautet:

> Mit der grundlegenden Umsetzung der Liturgiereform in den vergangenen Jahrzehnten ist […] zwar ein Auftrag des Zweiten Vatikanischen

* Dieser Beitrag ist die Langfassung des etwas gekürzten Artikels »Eine Weiterentwicklung? Zum Liturgieverständnis 60 Jahre nach dem Konzil«, veröffentlicht im Heiligen Dienst 77 (2023) 249–260.

1 Liturgiekonstitution Sacrosanctum Concilium des Zweiten Vatikanischen Konzils, promulgiert am 4. Dez. 1963 (= SC).

2 Hj. Auf der Maur, Leitlinien, 18.

Konzils umgesetzt worden, aber das Anliegen des Konzils noch lange nicht erfüllt. Dankbar ist auf das, was bisher erreicht wurde, zurückzuschauen. Aber der Impuls bleibt, »das christliche Leben unter den Gläubigen mehr und mehr zu vertiefen« und »zu fördern, was immer zur Einheit aller, die an Christus glauben, beitragen kann«. Die Liturgiekonstitution war insofern erst der programmatische Auftakt des Zweiten Vatikanischen Konzils, das insgesamt ein Anfang ist, der nicht vergessen werden darf.[3]

Das Konzil, das die Kirche für den Dialog mit der Moderne öffnete, fand in einer epochalen Umbruchzeit statt, die sich lange vorangekündigt hatte und nach dem Konzil mit dem Symboljahr 1968 eruptiv sichtbar wurde. Die Welt veränderte sich und verändert sich heute in einer beschleunigten Weise weiter, die das Konzil nicht voraussehen konnte.[4] Was bedeutet das für die Liturgie und die Liturgiereform, die das Konzil 1963 eingeleitet hatte? Welche Herausforderungen stellen sich daher 60 Jahre nach Sacrosanctum Concilium für die konkrete liturgische Praxis der Kirche und ihrer Gemeinden sowie für die Liturgiewissenschaft?
Die säkularen, gesellschaftlichen und globalen Veränderungen hatten und haben heute einschneidende Folgen nicht nur für die Lebensrealität und das Lebensgefühl der Menschen als Individuen und in ihren Gemeinschaftsbezügen, sondern selbstredend auch für das persönliche Leben der Christen als einzelne und in den Gemeinden.[5] Das gilt auch für die Kirche insgesamt, deren kommende Sozialgestalt noch nicht wirklich abgeschätzt werden kann. Zugleich verläuft der Prozess in den verschiedenen kulturellen Räumen – kontinental und lokal – mit erheblichen »Ungleichzeitigkeiten«. Mit treffsicherem Gespür hat Papst Franziskus die Situation general-diagnostisch erfasst und die

---

3 W. Haunerland, Liturgie als Gottesdienst, 114.
4 Vgl. M. Lamberigts, Reform, 93.
5 Zu aktuellen Herausforderungen in Zeiten des Umbruchs: St. Kopp (Hg.), Kirche.

Kirche dementsprechend auf einen synodalen Zukunftsweg geschickt.[6]

Für die Liturgie bedeutet dies, das in den Konzilsdokumenten grundgelegte Erneuerungspotenzial neu zu befragen, für diese Situation fruchtbar zu machen und sich auf die eigentlichen Absichten des Konzils in ihrer (liturgie-)theologischen Tiefe einzulassen. Lässt man zu, dass das Konzil sich so selbst interpretiert, wird man nicht beim Buchstaben der Texte und in einer sterilen Erstarrung hängen bleiben, die in ihm ein bloß zurückliegendes historisches Ereignis vor 60 Jahren sieht, das uns aber heute geistlich nicht mehr berührt. Anders gesagt: Papst Franziskus öffnet das Konzil für die Gegenwart und die Gegenwart für das Konzil. Der angestoßene weltweite synodale Vorgang kann so zur Brücke für die Verwirklichung des Konzils in der Gegenwart werden.

1.2 Einige markante Stolpersteine im Rückblick[7]

Die Liturgische Bewegung des 19. und vor allem des 20. Jahrhunderts hatte die Liturgiekonstitution selbst wie auch die folgende durch Papst Paul VI. unverzüglich in Angriff genommene Liturgiereform langfristig vorbereitet: Sie war kein Konstrukt aus heiterem Himmel, sondern als providenzielles »Hindurchgehen des Heiligen Geistes«[8] in der Kirche gewachsen, sichtbar nicht nur in einer breiten Basisbewegung, sondern auch in anerkannten und rezipierten theologischen und liturgiewissenschaftlichen Ergebnissen.

6 Bekanntlich berücksichtigt der Synodenprozess – zumindest der Intention nach – ausgehend vom Volk Gottes an der Basis der konkreten Gemeinde die kulturellen Räume sowie alle Ebenen des kirchlichen Lebens und mündet in die Welt-(Bischofs-)Synode 2023 und 2024.

7 Hier werden nur einige markante Fakten in Auswahl in Erinnerung gerufen. Eine vollständige historische Darstellung ist in diesem Rahmen nicht möglich.

8 SC 43 zitiert an dieser Stelle wörtlich Papst Pius XII. (Ansprache auf dem Pastoralliturgischen Kongress in Assisi 1956).

Die ersten von Papst Paul VI. selbst begleiteten Erneuerungsschritte erfolgten durch die Arbeit des vatikanischen »Rats zur Durchführung der Konstitution über die heilige Liturgie«[9]. Neben mehreren Instruktionen zur Durchführung einzelner Reformschritte[10] wurden ab 1968 viele der erneuerten liturgischen Bücher lateinisch und muttersprachlich ediert. Schon ab 1970 meldeten sich in der römischen Kurie auch zurückhaltende Kräfte zu Wort, die nach 1975 immer deutlicher wurden. Manche Konzilsintention wurde nur halbherzig umgesetzt.
1983 zog anlässlich des 20. Jahrestages der Veröffentlichung der Liturgiekonstitution die Deutsche Bischofskonferenz eine Zwischenbilanz[11]: Es seien nicht alle Hoffnungen in Erfüllung gegangen, die man einst mit dem wohl am stärksten in das Leben der Gemeinden eingreifenden Dokument verbunden habe. Niemand habe beispielsweise 1963 wissen können, dass die Erneuerung der Liturgie bei ihrer Einführung in den Gemeinden zeitlich mit einer allgemeinen Reformeuphorie zusammenfallen würde. Aus diesem Grund sei manches missverstanden worden, als ob etwa mit der neugewonnenen Verständlichkeit aufklärerische Dürre oder ein Übermaß an Worten gemeint gewesen sei. Als Früchte der Reform bezeichnet die Erklärung, dass der Sinn für den Gottesdienst, vor allem den eucharistischen, in den letzten 20 Jahren bei vielen gewachsen sei. Zugenommen habe auch das Bewusstsein, dass die Eucharistie nicht nur vom Priester gefeiert werde, sondern vom gesamten Volk Gottes. Aber vieles bleibe dennoch offen.
Im Jahr 1984 veröffentlichte Papst Johannes Paul II. ein Indult, in dem er die Feier der Messe nach dem vorkonziliaren Messbuch unter bestimmten Bedingungen wieder erlaubte,[12] eine

[9] Gut dokumentiert in: A. Bugnini, Liturgiereform.
[10] Ebd., 863–898.
[11] Dokumentiert in: Gd 17 (1983), 158.
[12] Eine Maßnahme, die den »konservativen« Kräften um Erzbischof Lefèbvre entgegenkommen sollte, der jedoch 1988 nach unerlaubten Bischofsweihen vom selben Papst exkommuniziert wurde.

Idee, der Paul VI. noch widerstanden hatte.[13] Etwa zeitgleich wurde den Diözesen des Zaire hingegen ein inkulturierter Messritus zugestanden[14] – zwei gegenläufige Schritte im Ringen um den Fortgang der Liturgiereform. Derselbe Papst veröffentlichte 1988 zum 25. Jahrestag der Liturgiekonstitution das Apostolische Schreiben *Vicesimus quintus annus*[15], in dem er sich zur Liturgiereform des Konzils zwar bekannte, sie jedoch mit dem Abschluss der erneuerten Liturgiebücher als beendet erklärte,[16] jetzt gelte es, die Liturgische Bildung zu intensivieren.[17]

Disziplinäre und romzentrierte Regelungen nahmen in der Folge weiter zu und fanden in der Übersetzerinstruktion *Liturgiam authenticam* 2001 einen »vorläufigen Höhepunkt«[18]. Rom griff massiv in die vom Konzil beschlossenen Rechte der territorialen Bischofskonferenzen ein. Unter dem Pontifikat Benedikts XVI. führte diese Linie zu einer regelrechten Zerreißprobe und Polarisierung in der Kirche: Sein Motu proprio *Summorum Pontificum* von 2007 erlaubte das vorkonziliare Messbuch als »außerordentlichen Ritus« de facto gleichberechtigt neben dem des erneuerten Messbuchs.

Es war erst Papst Franziskus, der diese widersprüchliche und unerträgliche Situation schrittweise aufzulösen und zur Linie des II. Vaticanums zurückzuführen begann. In seinen Apostoli-

---

13 M. Lamberigts, Reform, 97.

14 Veröffentlicht 1989, näheres in: L. Bertsch, Messritus.

15 Johannes Paul II., Vicesimus quintus annus.

16 M. Klöckener, Zukunft, 92f. 102.

17 Zweifellos das große Thema der vorangegangenen Liturgischen Bewegung (vor allem bei R. Guardini und Pius Parsch) und des Konzils selbst, sowie ein Dauerthema päpstlicher und liturgiewissenschaftlicher Äußerungen. Dazu: L. Larson-Miller/M. Stuflesser (Hg.), Liturgische Bildung; neuerdings: A. Redtenbacher, Liturgische Bildung. Im selben Gedenkjahr 1988 hatte B. Fischer eine beachtenswerte Zwischenbilanz vorgelegt: B. Fischer, Grundaussagen. Eine weitere Bilanz nach 45 Jahren (2008) dokumentiert: M. Stuflesser (Hg.), Sacrosanctum Concilium.

18 M. Klöckener, Zukunft, 93.

schen Schreiben *Traditiones Custodes* (2021)[19] und *Desiderio desideravi* (2022)[20] nahm er die Erlaubnis seines Vorgängers zurück und erklärte den postkonziliaren Ritus gemäß dem Prinzip »*lex orandi – lex credendi*« als die einzige authentische Ausdrucksform des Glaubens der Kirche. Weitere Maßnahmen folgten. Diese Entwicklung koinzidiert nun mit dem universalkirchlichen synodalen Vorgang und wird – so ist zu erwarten – dadurch einen weiteren Anschub bekommen und der Liturgiekonstitution ihr originäres Gewicht zurückgeben.

2. Zugewinne, Vertiefungen, Weiterentwicklungen[21]

In der Praxis der Liturgie und in der die Entwicklung kritisch begleitenden Liturgiewissenschaft wurden auf dem Hintergrund der notierten Stolpersteine nicht oder kaum bewältigte Defizite deutlich.[22] Konzilsanliegen waren nicht nur auf der kirchenamtlichen (oberen) Ebene nicht voll wahrgenommen oder relativiert worden, sie wirkten sich auch in der Liturgiepraxis aus. Aber *ex contrario* setzten diese Erfahrungen Reflexionsbemühungen in Gang, die in der Liturgiewissenschaft und bei manchen Liturgieverantwortlichen zu einer Vertiefung des konziliaren Liturgieverständnisses führten. Dabei wurde die »theologische Logik« der Konstitution mutig weitergedacht. An etlichen – bei weitem nicht allen – liturgischen Basisorten mit sensibler Liturgiepraxis wurde dies auch sichtbar. Die Anstöße dazu kamen – soweit ich sehen kann – aus drei Bereichen: ers-

---

[19] Von 16. Juli 2021; dazu: M. Klöckener, Schritt.

[20] Von 29. Juli 2022; dazu: M. Benini, Denkanstöße.

[21] Eine unübersehbare Fülle an entsprechenden Publikationen, Tagungsthemen etc. könnte jeden einzelnen Themenbereich belegen, was hier den Rahmen sprengt; ich beschränke mich auf wenige markante Beispiele.

[22] Anlässlich des 40. Jahrestages der Promulgation von SC – also zwei Jahrzehnte zurückliegend – legte Martin Klöckener eine kontrastreiche Zwischenbilanz vor und benannte die Defizite in einem detaillierten Überblick: M. Klöckener, Zukunft, 94–99.

tens aus der Auseinandersetzung mit der skizzierten schwierigen innerkirchlichen Situation, zweitens aus den Herausforderungen der gesamtgesellschaftlichen Entwicklung und drittens aus Impulsen anderer Wissenschaftszweige im Dialog mit der Liturgiewissenschaft.

2.1 Geschichtlichkeit – Kontextualisierung – Inkulturation

Das Faktum der »Geschichtlichkeit« der Liturgie als »gewordene Liturgie« ist inzwischen noch deutlicher bewusst, als dies schon zur Zeit des Konzils der Fall war.[23] Die epochengemäße und geographisch-kulturelle Kontextualisierung der Liturgie wurde jetzt noch deutlicher. Sie ist die Voraussetzung für die so notwendige Inkulturation: im Großen in die kulturellen Räume, im Kleinen in die konkreten Gemeinden mit ihrer je eigenen Feierkultur hinein.

2.2 Hermeneutik der Liturgiekonstitution und ihre Wirkung

In der endlosen Debatte um die authentische Auslegung der Konzilstexte insgesamt und der Liturgiekonstitution im Besonderen, die im Streit um eine »Reform der Reform« gipfelte,[24] wurde zuletzt noch klarer: *Sacrosanctum Concilium* ist nicht ein Ad-hoc-Dekret für liturgische Einzelfragen (im Sinn einer bloßen Rubrikenreform), sondern gibt als eine der vier großen Konzilskonstitutionen konstitutive liturgietheologische Leitlinien aus dem authentischen Glaubensbewusstsein der Kirche vor, die in die Zukunft weisen. Alle Einzelanweisungen in ihr sind von daher zu interpretieren und können bzw. müssen aus der inneren Logik des Textes selbst weitergedacht und weiter-

[23] Dazu das grundlegende Werk: J. Bärsch/B. Kranemann in Verbindung mit W. Haunerland/M. Klöckener, Geschichte der Liturgie.

[24] Befeuert durch Papst Benedikt XVI. Damit in kritischer Auseinandersetzung: W. Haunerland, Hermeneutik.

entwickelt werden. In diesem Sinn war das Konzil mit einer Wendung Karl Rahners in der Tat der Anfang eines Anfangs[25].

2.3 Sachgehorsam vor Normengehorsam

Die Liturgiekonstitution war Frucht der vorangehenden Liturgischen Bewegung. Sie bildet eine umfassende geschichtlichreale (wenn auch im Kontext der Zeit zu lesende) Quelle zum vollen Verständnis der Konstitution und ihrer Anliegen auch heute. Sie gehört als Voraussetzung mit in die Konzilshermeneutik, denn: Es war derselbe »Geist der Liturgie« am Konzil, der lange zuvor bereits lebendig war. Das Bewusstsein dafür ist gewachsen[26] und wird fruchtbar, wenn der liturgietheologische »Sachgehorsam« vor dem »Normengehorsam« in der Liturgiepraxis wirksam wird. Damit wurden die liturgietheologischen Sinnstrukturen und die aus ihnen erwachsene Dramaturgie der Feiern zunehmend deutlich und bewusst.

2.4 Die Schlüsselkriterien werden neu bewusst

Deutlich vertieft wurden in den letzten Jahren auch die beiden grundlegenden Kriterien, die die Liturgiekonstitution und die folgende Liturgiereform durchgehend bestimmen: Das *Mysterium paschale* als Schlüsselbegriff der liturgietheologischen Erneuerung[27] sowie die *Participatio actuosa* der ganzen Gottesdienstgemeinde[28]. Wenn man so will: das eine als das inhaltlich

---

[25] K. Rahner unter anderem in: Konzil.

[26] Über O. Casel, R. Guardini und J. A. Jungmann wurde und wird gearbeitet; Pius Parsch wird in der Reihe »Pius-Parsch-Studien. Quellen und Forschungen zur Liturgischen Bewegung« (bisher 21 Bände) neu erschlossen und für die Gegenwart ausgewertet.

[27] Dazu: W. Haunerland, Mysterium Paschale. Darauf fokussiert war auch Kardinal Joseph Ratzinger in seiner (nicht »konservativen«) Rede am 4. Dezember 2003 in Trier: 40 Jahre Konstitution, 15–19.

[28] W. Haunerland, Participatio actuosa. Vgl. früher: A. Redtenbacher, Liturgie und Leben, 65f.

bestimmende »Materialkriterium« des christlichen Gottesdienstes, dem alles Feiern gilt und das die Tiefe der Liturgie in die Liturgiegestalt hinein theologisch sichert. Das andere als den sachgerechten und konkreten Liturgievollzug bestimmende »Formalkriterium«, das sich aber nicht bloß in der Außenseite der Teilnahme erschöpft. In diesem Sinn ist eine »Schärfung« und Konzentration im Liturgieverständnis sichtbarer geworden, die aber in der Praxis immer noch nicht voll durchgegriffen hat.

2.5 Erweiterung dessen, was Liturgie ist

Während die Liturgiekonstitution in Artikel 13 noch unterscheidet zwischen universalkirchlich geordnetem und offiziellem Gottesdienst, dem der Ehrentitel Liturgie zukommt, davon abgestuft die *Sacra exercitia* als teilkirchliche Feiern unter der Autorität des Bischofs und damit immerhin unter »besonderer Würde« stehend sowie die *pia exercitia* als Andachtsübungen des Volkes, wird diese Einengung heute als liturgietheologisch unzureichend gesehen. Wenn ernst genommen wird, was in Artikel 7 über die Gegenwartsweisen Christi im Gottesdienst steht, ist jede Versammlung von Getauften »in seinem Namen« immer auch Liturgie – auch ohne Amtsträger und ohne rubrizierte Abläufe etc.[29] In der Praxis beziehen damit nicht nur alle Formen von nichteucharistischen Feiern, die Hauskirche, sowie traditionelle und brauchtumsbezogene, volksfromme Feiern und neue Rituale ein liturgietheologisches Fundament. Dadurch bekommen auch das Tagzeitengebet und die Wort-Gottes-Feier auch ohne ordinierten Vorsteher das Gewicht, authentische Liturgie zu sein.

[29] Vgl. W. Haunerland, Ist alles Liturgie.

2.6 An den »Rändern« der Liturgie

In diesem Zusammenhang sind auch Versuche in den Blick zu nehmen und zugleich sensibel und kritisch zu begleiten, die für gewöhnlich als »Liturgie im Vorhof der Heiden«, als »präkatechumenale Liturgien« oder »Liturgie der zweiten Ebene« bezeichnet werden. Überlegt eingesetzt und von einer zumindest kleinen liturgiekundigen Gruppe unterstützt, können sie durchaus liturgieferne Menschen öffnen für das, was in ihnen verkündigt bzw. gefeiert wird. Dieser Bereich ist in den letzten Jahrzehnten deutlich hinzugewachsen.

2.7 Jüdische Wurzeln des christlichen Gottesdienstes

Eine wichtige Facette der Weiterentwicklung seit dem Konzil ist der Blick auf die jüdischen Wurzeln der christlichen Liturgie. Das hängt zusammen mit der Konzilserklärung *Nostra aetate* über die nichtchristlichen Religionen,[30] in der die Kirche ihre Haltung zum Volk des »Ersten Bundes« entschieden ins Positive wendete. Seither ist die Rede von den »älteren Brüdern im Glauben« (Papst Johannes Paul II.). Jesus von Nazareth wird als in die Religion und Kultur des Judentums Hineingeborener wahrgenommen – eine wesentliche Dimension der Inkarnation. Historisch notwendig bediente sich die Kirche in ihren ersten Anfängen neben der Bibel Israels auch liturgischer Ausdrucks- und Gebetsformen[31] des damaligen Judentums und entwickelte sie christologisch weiter. Die Forschung hat hier entscheidende Ergebnisse erarbeitet und das Bewusstsein vertieft.[32] Zudem werden jetzt auch wechselseitige Abhängigkeiten wahrgenom-

---

[30] Paul VI., Nostra aetate. Promulgiert am 28. Oktober 1965.

[31] Stichworte sind: Berakah, Strukturen des eucharistischen Hochgebets, der Gebrauch der Psalmen und alttestamentlicher Cantica und Hymnen.

[32] A. Gerhards, Anfragen; vgl. auch das instruktive Themenheft zum Umgang mit dem jüdischen Erbe in der christlichen Liturgie: HlD 74 (2020), 86–159.

men, die eine reziproken Einfluss der frühchristlichen Feier auf den jüdischen Synagogengottesdienst vermuten lassen.[33]

2.8 Bibel und Liturgie: die Bedeutung der Heiligen Schrift

Dass das Wort Gottes und der Umgang mit der Heiligen Schrift wesenhaft zu den bestimmenden Grundlagen der Liturgie gehören,[34] war aus den Konzilstexten klar. Die Liturgiekonstitution hatte in Artikel 7 über die Gegenwartsweisen Christi im Gottesdienst seine reale Präsenz im Wort (»*Christus praesens adest*«) betont. Sie ist aber auch im Kontext der Offenbarungskonstitution *Dei Verbum* zu lesen. Artikel 21 stellt klar fest: »Die Kirche hat die Heiligen Schriften immer verehrt wie den Herrenleib selbst«[35]. Wenn das gilt und die Liturgie feiert, was die Bibel verkündet,[36] ist die Bibel jenes liturgische Buch, »das die höchste Würde hat und als einziges unersetzlich ist«[37]. Die bibel-liturgische Symbiotik war zwar bereits zuvor in der Liturgischen Bewegung bewusst, vornehmlich in ihrer spezifisch österreichischen Ausprägung bei Pius Parsch,[38] der sein wichtigstes Publikationsorgan »Bibel und Liturgie«[39] nannte. Seither brachte der Dialog mit den Bibelwissenschaften, auf deren Erkenntnisse sich die Liturgiewissenschaft stützen konnte, eine

---

33 Es ist das Verdienst Albert Gerhards, sich dieser Frage mit einem eigenen Forschungsschwerpunkt gewidmet zu haben: A. GERHARDS/C. LEONHARD (Hg.), Jewish and Christian Liturgy.

34 Dazu ausführlich: A. REDTENBACHER, Relevanz.

35 Dogmatische Konstitution über die göttliche Offenbarung »Dei Verbum« wurde am 18. Nov. 1965 promulgiert und veröffentlicht in: AAS 58 (1966) 817–836.

36 Vgl. H. KRÄTZL, Bibel und Liturgie.

37 W. HAUNERLAND, Lebendig ist das Wort Gottes, 115.

38 Vgl. den instruktiven Beitrag von B. JEGGLE-MERZ, Gottesgaben.

39 Erster Jahrgang 1926. Mit dem 90. Jahrgang wurde ihr Erscheinen bedauerlicherweise abrupt eingestellt. Ihr Anliegen fand in der Zeitschrift Heiliger Dienst eine neue Heimat, die nun den Untertitel »Zeitschrift für Liturgie und Bibel« trägt und deren Herausgeberschaft vom Österr. Kath. Bibelwerk sowie dem Pius-Parsch-Institut Klosterneuburg mitgetragen wird.

beachtliche Vertiefung und Ausweitung auf den Weg. Davon zeugen nicht nur Tagungsthemen und gewichtige Publikationen,[40] sondern auch kirchen-offizielle Äußerungen und konkrete Reformschritte: Alles Grundlagen, aus denen in der Tat ein neues Bewusstsein erwuchs. In diesem Zusammenhang steht auch die kontinuierlich gewachsene Aufmerksamkeit für die Wortgottesfeier, das Tagzeitengebet und die »liturgische Predigt«.

2.9 Der enge Zusammenhang von Liturgie und Kirche

Im folgenden Abschnitt 2.10 über die kirchenstiftende Dimension der Eucharistie erreicht der Zusammenhang von Liturgie und Ekklesiologie mit einer unüberbietbaren Klarheit erst seine eigentliche Tiefe. Aber es ist zugleich darauf zu verweisen, dass dieses wichtige Theologumenon zum einen auf schon bekannten Voraussetzungen beruht, zum anderen mit weitreichenden Folgerungen verbunden ist.[41] Gerade sie wurden in den 60 nachkonziliaren Jahren je länger, je mehr zu Angelpunkten des liturgischen Bewusstseins. Schon Pius Parsch hatte im Vorfeld des Konzils erklärt: »Wir wissen, es ist keine Übertreibung, wir stehen an einem Aufbruch und Umbruch der Kirche; von der Liturgie aus wird eine große Neuordnung aller kirchlichen Bezirke beginnen«[42]. Der Zusammenhang von Liturgiereform und Kirchenreform kündigte sich also bereits in der Liturgischen Bewegung vor dem Konzil an. 25 Jahre nach dem Konzil stellte Johannes Paul II. dezidiert fest: Es besteht eine »enge und organische Verbindung zwischen einer Erneuerung der Liturgie und einer Erneuerung des ganzen Lebens der Kirche«, die Botschaft des Zweiten Vatikanums sei »vor allem durch die Liturgiere-

---

[40] M. Benini, Bibelhermeneutik. Früher: A. Zerfass/A. Franz (Hg.), Wort.

[41] Aus gegenwärtiger Perspektive grundlegend: J. Bärsch/St. Kopp/C. Rentsch, Ecclesia de Liturgia; sowie: St. Steger u. a. (Hg.), Liturgie.

[42] P. Parsch, Volksliturgie, 48f.

form wahrgenommen worden«[43]. Schon zuvor hatte das Schlussdokument der Bischofssynode 1985 festgehalten: »Die liturgische Erneuerung ist die sichtbarste Frucht des ganzen Konzilswerkes.«[44] Liturgie als privilegierter Wesensausdruck der Kirche bedingt aber, dass sie zugleich Ausdruck des gemeinsamen Priestertums aller ist. In der postkonziliaren Weiterentwicklung haben daher die Themen: Taufliturgie, Taufbewusstsein und gemeinsames Priestertum ein neues Gewicht bekommen, das sich unmittelbar auf das Gemeindebewusstsein überträgt. Folglich gerät das Verständnis von Gemeinde als »Subjekt« der Liturgie in einen neuen Fokus, ohne Christus selbst als Primärsubjekt auszublenden. Gemeinde als liturgisches Subjekt schließt notwendig die Aufwertung der »Laien« in ihrem liturgietheologisch begründeten angestammten Recht als Getaufte ein – mit den aktuellen Fragestellungen: Partizipation, neue Ämter, Frauengerechtigkeit, Macht und Klerikalismus, Konsequenzen für das Priesterbild etc.[45]

2.10 Ecclesia de Eucharistia

Das in den Ostkirchen ausgeprägte ekklesiologische Prinzip, die Kirche (und jede einzelne Gottesdienstgemeinde) von der Eucharistie her zur verstehen, korreliert vertiefend mit der auch westkirchlichen Einsicht der Liturgie als »Quelle und Höhepunkt« der Kirche, die die Liturgiekonstitution im berühmten Artikel 10 festgeschrieben hat. Sie vertieft die sakramentale Dimension der konkret lebenden Kirche, die sich in der Eucharistie zuspitzt: hier ist sie, was sie wirklich ist.[46] Papst Johannes Paul II. hat in der Enzyklika *Ecclesia de Eucharistia* den ent-

43 Johannes Paul II.: Vicesimus quintus annus, Nr. 4.
44 W. Kasper, Zukunft, 32.
45 St. Wahle, Identität; T. Berger, Gottesdienst; sowie: G. M. Hoff/J. Knop/B. Kranemann (Hg.), Amt – Macht – Liturgie.
46 Vgl. R. Messner, Gemeinde, 131f. [Abschnitt 3.3. Die Eucharistie als Kristallisationspunkt der religiösen Gemeinschaft].

scheidenden Markstein gesetzt.[47] Ein anderer ergibt sich aus der ökumenischen Konfrontation mit der ostkirchlichen Liturgietheologie,[48] die an Fahrt zugelegt hat und jetzt vermehrt bewusst ist. Jetzt ist noch viel deutlicher, dass Liturgie mit ihrer eucharistischen Mitte der zentrale Ausdruck der Glaubensmitte und damit notwendig der erste Anfang des Nachdenkens über den genuinen Glauben der Kirche, also *theologia prima*, ist.[49]

2.11 »Ritual turn« und die Bedeutung der »ars celebrandi«

Nicht nur daraus ergibt sich eine neu fokussierte Sicht auf die Aussagekraft der Feier selbst, die sich in der Zeichenhaftigkeit des konkreten Liturgieereignisses manifestiert. Denn zu den vielen Phänomenen des gesellschaftlichen Wandels seit den 1980er Jahren zählt ja ein wahrnehmbares Interesse an Ritualen. Man sprach von »Reritualisierung«[50] – nicht zuletzt als Ausdruck der Suchbewegung einer nicht mehr kirchlich gebundenen und vagierenden Spiritualität.[51] Kulturwissenschaftlich und liturgiewissenschaftlich rezipiert, entwickelten sich die »ritual studies«, die am anthropologischen Phänomen der Ritualität der *conditio humana* ansetzten. Wie und wodurch wirkt ein Ritus, was sind seine allgemeingültigen Bedingungen, welcher Stellenwert kommt ihm in den Religionen und Gesellschaften zu, welches Gewicht und welche Dimensionen hat der Vollzug von Ritus im christlichen Gottesdienst? Damit schärfte sich der Blick auf den konkreten Ablauf und die Dramaturgie der Feier, auf ihre Performanz, ihre Qualität und authentische Aussage-

---

[47] JOHANNES PAUL II., Enzyklika Ecclesia de Eucharistia.

[48] Dazu u. a. A. SCHMEMANN, Eucharistie.

[49] H. HOPING/B. JEGGLE-MERZ (Hg.), Liturgische Theologie. [mit ausführlicher Bibliographie zum Thema]; A. GRILLO, Einführung; D. HASPELMATH-FINATTI, Theologia Prima.; A. REDTENBACHER/M. SCHULZE (Hg.), Sakramentale Feier; A. REDTENBACHER, Ist Liturgiewissenschaft »integrativ«, hier besonders 37–40.

[50] P. M. ZULEHNER, Atheisten, 256.

[51] A. SCHILSON, Das neue Religiöse, 98; sowie P. M. ZULEHNER, Atheisten.

kraft. Das Anliegen der *ars celebrandi* – im Verbund mit den spezifisch liturgietheologischen Prämissen – gewann so deutlich an Profil und Gewicht. Es ist aber auch hier darauf hinzuweisen, dass ein »ritual turn« schon in der Liturgischen Bewegung, vor allem bei Pius Parsch, bewusst war.[52] Er vertritt bereits einen ausgesprochen »rituellen Liturgiebegriff«[53], von dem aus er sein ganzes Konzept entwickelt.

2.12 Kultur der Symbolik

Der »ritual turn« und der Fokus auf eine jetzt noch bewusstere Kultur der *ars celebrandi*, aber auch weitere Impulse aus den Human- und Kulturwissenschaften stärkten deutlicher als bisher wichtige Reformanliegen des Konzils, die man mit »neuer Sinnlichkeit« zusammenfassen kann.[54] Die »sinnenfälligen Zeichen«[55], die »dem Heiligen, dem sie als Zeichen dienen, deutlicher zum Ausdruck bringen«[56], haben den Rang des eigentlichen Liturgievollzugs und werden auf die Authentizität ihrer Ausdruckskraft hin heute sensibler beachtet. Das betrifft die »Materien« (z. B. soll Brot wirklich als Brot erkennbar sein, Taufe als Wasserbad etc.), »Handlungen« (ein klarer Ritus), die Gestalt des liturgischen Raums und seiner Funktionsorte (in Architektur und Kunst), das liturgische Gewand etc. Der »Glanz edler Einfachheit«[57], den die Liturgiekonstitution einmahnt, korreliert mit den neu gewonnenen anthropologischen Einsichten von oben.

---

[52] Vgl. nochmals R. Messner, Gemeinde.
[53] R. Messner, Theologische Ansätze.
[54] Vgl. Ph. Harnoncourt, Zeichen; sowie H. Hollerweger, Sprache. Früher schon: A. Redtenbacher, Liturgie und Leben, 73–75.
[55] SC 7.
[56] SC 21.
[57] »Ritus nobili simplicitate fulgeant«: SC 34.

2.13 Liturgie und Schöpfung

Die weltweite Klimakrise hat zu einer Neubesinnung auf den originären Schöpfungsbezug des gesamten liturgischen Kosmos geführt.[58] Liturgie ist – im Judentum und Christentum – zu allererst »Lob der Schöpfung«, deren zweite heilsgeschichtliche Medaille die eschatologisch siegreiche Erlösung als »Neuschöpfung« durch Christus ist – mit erheblichem Potenzial für die so notwendige Neuzuwendung (Umkehr) zur Welt als Schöpfung Gottes.[59] Liturgie in ihren Zeichen und Symbolen, in allen sakramentlichen Vollzügen, in den eucharistischen Hochgebeten und den anderen euchologischen Texten lebt materialiter aus dem Schöpfungsbezug oder sie lebt nicht! Der neue Fokus auf dieses Thema trägt ein erhebliches Potenzial für die neue Sensibilität im Umgang mit den »sinnenfälligen Zeichen« und der Symbolik im Gottesdienst mit sich (vgl. oben Abschnitt 2.12).

3. Wort zum Schluss

Zieht man die skizzierten »Zugewinne«, die sich für das liturgische Bewusstsein ohne Zweifel in den 60 Jahren seit dem Konzil eingestellt haben, zusammen und sieht man aufs Ganze, bleibt nicht verborgen, dass sie in der gegenwärtigen Lage der Liturgie nur mit konzentrierter Anstrengung weiter wirksam bleiben.[60] Das wird nur gelingen, wenn weiterhin die theologischen Begründungszusammenhänge von der Liturgiewissenschaft geliefert und unter den neuen theologischen, gesellschaftlichen und anthropologischen Gegebenheiten plausibel gemacht werden. Und für die Praxis und Steuerung der Liturgie setzt das voraus, dass dringend an der Frage gearbeitet werden muss, wie es trotz

---

[58] A. Redtenbacher, Liturgie – Lob der Schöpfung.

[59] I. Proft, Umweltethik.

[60] Im Folgenden beziehe ich mich inhaltlich, teils auch wörtlich auf: »Ich bin ein Kind des Konzils« – Interview in: HlD 77 (2023), 173–176, hier: 174f.

großer pastoraler Räume, Pfarrverbände, XXL-Pfarren etc. gelingen kann, lebendige Liturgiegemeinden zu erhalten oder neu aufzubauen, ohne den Kern des sakramentlichen Lebens auszudünnen oder diesen Kern unbemerkt oder auch bewusst zugunsten von alternativen Feiern eines »zweiten Programms« einfach zu ersetzen, sosehr dieses Programm ergänzend hilfreich sein kann. Es gibt nach wie vor die Not, Gottesdienst so authentisch zu feiern, dass Menschen in der Feier tatsächlich von Gott berührt werden – und zwar nicht nur in einer vagierend unbestimmten Religiosität, sondern von dem Gott, der sich in seiner liebenden Hinwendung zum Menschen durch Christus im Medium der konkreten Feier erfahrbar und erlebnishaft erschließt. Wo das geschieht, wird Gottesdienst wie von selbst auch das sein, was wir »missionarisch« nennen, ohne aufdringlich, klerikal oder sonst wie verstörend zu sein. Daher ist neu aufzugreifen, für Gegenwart durchzubuchstabieren und umzusetzen, was »Liturgische Bildung« meint – ein Uranliegen von Romano Guardini, Pius Parsch, der Liturgiekonstitution und aller Päpste der Nachkonzilszeit. Liturgische Bildung ist eine *conditio qua non* und muss neu zum »roten Faden« der Liturgiepastoral in den konkreten Gemeinden werden. Wir dürfen hoffen, dass mittel- und längerfristig Papst Franziskus und die Weltsynode zu einem »synodalen Liturgieverständnis« führt, das die »Zugewinne« und »Fortschreibungen« der postkonziliaren Jahrzehnte aufgreift, vertieft und weiterführt.

Literaturverzeichnis

Auf der Maur, Hansjörg: Theologische Leitlinien des Gottesdienstes nach dem Zweiten Vatikanischen Konzil, in: Andreas Redtenbacher (Hg.), Kultur der Liturgie. Grundfragen des Gottesdienstes heute, Ostfildern 2006, 16–38.

Bärsch, Jürgen/Kranemann, Benedikt in Verbindung mit Winfried Haunerland/Martin Klöckener (Hg.): Geschichte der Liturgie in den Kirchen des Westens. Rituelle Entwicklungen, theologische

Konzepte und kulturelle Kontexte, Bd. I: Von der Antike bis zur Neuzeit, Bd. II: Moderne und Gegenwart, Münster 2018.
Bärsch, Jürgen/Kopp, Stefan/Rentsch, Christian (Hg.): Ecclesia de Liturgia. Zur Bedeutung des Gottesdienstes für Kirche und Gesellschaft, FS Winfried Haunerland, Regensburg 2021.
Benini, Marco: Liturgische Bibelhermeneutik. Die Heilige Schrift im Horizont des Gottesdienstes (LQF 109), Münster 2020.
– Ders.: Päpstliche Denkanstöße, in: Gd 56 (2022) 189–191.
Berger, Teresa: Gottesdienst und Geschlechterdifferenzen im Wandel. Zu einer liturgiewissenschaftlichen Forschungsrichtung im 21. Jahrhundert, in: Albert Gerhards/Benedikt Kranemann (Hg.), Dynamik und Diversität des Gottesdienstes. Liturgiegeschichte in neuem Licht (QD 289), Freiburg i. Br. 2018, 126–151.
Bertsch, Ludwig: Der neue Messritus im Zaire. Ein Beispiel kontextueller Liturgie (TDW 18), Freiburg i. Br. 1993.
Bugnini, Annibale: Die Liturgiereform 1948–1975. Zeugnis und Testament, Freiburg i. Br. 1988 (Original: La riforma liturgica 1948–1975, Rom 1983).
Fischer, Balthasar: Die Grundaussagen der Liturgie-Konstitution und ihre Rezeption in fünfundzwanzig Jahren, in: Hansjakob Becker/Bernd Jochen Hilberath/Ulrich Willers (Hg.), Gottesdienst – Kirche – Gesellschaft. Interdisziplinäre und ökumenische Standortbestimmung nach 25 Jahren Liturgiereform (PiLi 5), St. Ottilien 1990, 417–428.
Gerhards, Albert/Leonhard, Clemens (Hg.): Jewish and Christian Liturgy and Worship. New Insights into its History and Interaction (Jewish and Christian Perspectives, series 19), Leiden 2007.
Gerhards, Albert: Anfragen von Nostra Aetate 4 an die Liturgiewissenschaft, in: Reinhold Boschki/Josef Wohlmuth (Hg.), Nostra Aetate 4. Wendepunkt im Verhältnis von Kirche und Judentum – bleibende Herausforderung für die Theologie (Studien zu Judentum und Christentum Band 30), Paderborn 2015, 37–47.
Grillo, Andrea: Einführung in die liturgische Theologie. Zur Theorie des Gottesdienstes und der christlichen Sakramente (APTLH 49), Göttingen 2006.
Harnoncourt, Philipp: Zeichen und Symbole im Leben der Kirche, in: Andreas Redtenbacher (Hg.), Kultur der Liturgie. Grundfragen des Gottesdienstes heute, Ostfildern 2006, 61–80.
Haspelmath-Finatti, Dorothea: Theologia Prima. Liturgische Theologie für den evangelischen Gottesdienst (APTLH 80), Göttingen 2014.

HAUNERLAND, Winfried: Lebendig ist das Wort Gottes (Hebr. 4,12), in: ThPQ 149 (2001) 114–124.
– DERS.: Die Liturgie als Gottesdienst der ganzen Kirche. Zur Konstitution Sacrosanctum Concilium über die heilige Liturgie, in: Hanjo SAUER/Winfried HAUNERLAND, Liturgie – Spiegel des Kirchenbildes. Wer das Volk Gottes ist und wie es feiert (Kardinal König Bibliothek Band 3), Wien/Graz/Klagenfurt 2013, 63–120.
– DERS.: Participatio actuosa. Programmwort liturgischer Erneuerung, in: DERS., Liturgie und Kirche. Studien zu Geschichte, Theologie und Praxis des Gottesdienstes (StPaLi 41), Regensburg 2016, 224–234.
– DERS.: Mysterium Paschale. Schlüsselbegriff liturgietheologischer Erneuerung, in: DERS., Liturgie und Kirche. Studien zu Geschichte, Theologie und Praxis des Gottesdienstes (StPaLi 41), Regensburg 2016, 249–266.
– DERS.: Hermeneutik der Reform. Eine päpstliche Mahnung und ihr liturgisches Potential, in: DERS., Liturgie und Kirche. Studien zu Geschichte, Theologie und Praxis des Gottesdienstes (StPaLi 41), Regensburg 2016, 267–286.
– DERS.: Ist alles Liturgie? Theologische Unterscheidungen aus praktischem Interesse, in: DERS., Liturgie und Kirche. Studien zu Geschichte, Theologie und Praxis des Gottesdienstes (StPaLi 41), Regensburg 2016, 287–310.
Heiliger Dienst 74 (2020): Israel im christlichen Gottesdienst, 86–159 (Themenheft).
HOFF, Gregor Maria/KNOP, Julia/KRANEMANN, Benedikt (Hg.): Amt – Macht – Liturgie. Theologische Zwischenrufe für eine Kirche auf dem synodalen Weg (QD 308), Freiburg i. Br. 2020.
HOLLERWEGER, Hans: Die Sprache der Symbole – ein Beitrag zur »ars celebrandi«, in: Andreas REDTENBACHER (Hg.), Kultur der Liturgie. Grundfragen des Gottesdienstes heute, Ostfildern 2006, 281–291.
HOPING, Helmut/JEGGLE-MERZ, Birgit (Hg.): Liturgische Theologie. Aufgaben systematischer Liturgiewissenschaft, Paderborn 2004.
JEGGLE-MERZ, Birgit: »Gottesgaben zur Erneuerung des religiösen Lebens«. Die Synthese von Bibelbewegung und Liturgischer Bewegung bei Pius Parsch (1884–1954), in: Alexander ZERFASS/Ansgar FRANZ (Hg.), Wort des lebendigen Gottes. Liturgie und Bibel (PiLi 16), Tübingen 2016, 1–20.
JOHANNES PAUL II.: Vicesimus quintus annus, in: AAS 81 (1989) 897–981; deutsch: Sekretariat der Deutschen Bischöfe, Verlautbarungen des Apostolischen Stuhls, Bonn 1989.

– DERS.: Enzyklika Ecclesia de Eucharistia … über die Eucharistie in ihrer Beziehung zur Kirche, 17. April 2003 (Verlautbarungen des Apostolischen Stuhls 159), Bonn 2003.

KASPER, Walter (Hg.): Zukunft aus der Kraft des Konzils. Die außerordentliche Bischofssynode '85. Dokumente mit einem Kommentar von Walter Kasper, Freiburg i. Br. 1986.

KLÖCKENER, Martin: Die Zukunft der Liturgiereform – im Widerstreit von Konzilsauftrag, notwendiger Fortschreibung und »Reform der Reform«, in: Andreas REDTENBACHER (Hg.), Die Zukunft der Liturgie. Gottesdienst 40 Jahre nach dem Konzil, Innsbruck 2004, 70–118.

– DERS.: Ein notwendiger und konsequenter Schritt, in: Gd 55 (2021), 173–176.

KOPP, Stefan (Hg.): Kirche im Wandel. Ekklesiale Identität und Reform (QD 306), Freiburg i. Br. 2020.

KRÄTZL, Helmut: Bibel und Liturgie, in: Andreas REDTENBACHER (Hg.), Kultur der Liturgie. Grundfragen des Gottesdienstes heute, Ostfildern 2006, 49–60.

LAMBERIGTS, Mathijs: Die Reform der Liturgie, in: Martin KIRSCHNER/ Joachim SCHMIEDL (Hg.), Liturgia. Die Feier des Glaubens zwischen Mysterium und Inkulturation (Katholische Kirche im Dialog Band 2), Freiburg i. Br. 2014, 80–105.

LARSON-MILLER, Lizette/STUFLESSER, Martin (Hg.): Liturgische Bildung. Traditionelle Aufgabe und neue Herausforderung (Theologie der Liturgie Band 12), Regensburg 2016.

MESSNER, Reinhard: Theologische Ansätze bei Pius Parsch, in: Andreas REDTENBACHER (Hg.), Liturgie lernen und leben – zwischen Tradition und Innovation. Pius Parsch Symposion 2014 (PPSt 12), Freiburg i. Br. 2015, 218.

– DERS.: Die Gemeinde bei Pius Parsch, in: Andreas REDTENBACHER/ Daniel SEPER (Hg.), Die Liturgietheologie bei Pius Parsch. Klosterneuburger Symposion 2021 (PPSt 18), Freiburg i. Br. 2022, 125–135.

PARSCH, Pius: Volksliturgie. Ihr Sinn und Umfang (PPSt 1), Würzburg 2004 [Neuausgabe der 2. Auflage 1952].

PAUL VI.: Nostra Aetate. Erklärung über das Verhältnis der Kirche zu den nichtchristlichen Religionen, in: AAS 59 (1966) 740–744.

PROFT, Ingo: Umweltethik angesichts des Klimawandels. Impulse aus Laudato si', in: PzL 9 (2020/2021) 36–64.

RAHNER, Karl: Das Konzil ein neuer Beginn, Freiburg im Br. 2012.

RATZINGER, Joseph: 40 Jahre Konstitution über die heilige Liturgie.

Rückblick und Vorblick, in: Walter Andreas EULER (Hg.), 40 Jahre danach. Das Zweite Vatikanische Konzil und seine Folgen, Trier 2005, 11–26.

REDTENBACHER, Andreas: Liturgie und Leben. Erneuerung aus dem Ursprung. Liturgiewissenschaftliche Beiträge. Mit einem Vorwort von Franz Kardinal König, Würzburg 2002.

– DERS.: Die Relevanz der Bibel für die Liturgie der Kirche, in: PzL 1 (2007) 50–78.

REDTENBACHER, Andreas/SCHULZE, Markus (Hg.): Sakramentale Feier und *theologia prima*. Der Vollzug der Liturgie als Anfang und Mitte der Theologie. Klosterneuburger Symposion 2018 (PPSt 16), Freiburg i. Br. 2019.

REDTENBACHER, Andreas: Ist Liturgiewissenschaft »integrativ« – und wenn, wodurch? in: PzL 8 (2019) 11–48.

– DERS.: Liturgie – Lob der Schöpfung, in: PzL 9 (2020/21) 13–35.

– DERS.: Liturgische Bildung und Liturgiepädagogik – eine Grundlegung, in: Michael LANGER/Andreas REDTENBACHER/Clauß Peter SAJAK (Hg.), Unterwegs zum Geheimnis. Handbuch der Liturgiepädagogik (SPPI 9), Freiburg i. Br. 2022, 15–26.

SCHMEMANN, Alexander: Eucharistie. Sakrament des Gottesreichs, Einsiedeln ²2012.

SCHILSON, Arno: Das neue Religiöse und der Gottesdienst, in: LJ 46 (1996) 94–108.

STEGER, Stefan u. a. (Hg.): Liturgie und Ekklesiologie. Reform des Gottesdienstes als Reform der Kirche, Regensburg 2023.

STUFLESSER, Martin (Hg.): Sacrosanctum Concilium. Eine Relecture der Liturgiekonstitution des II. Vatikanischen Konzils (Theologie der Liturgie Band 1), Regensburg 2011.

Vaticanum II: Dogmatische Konstitution über die göttliche Offenbarung Dei Verbum, in: AAS 58 (1966) 817–836.

WAHLE, Stephan: Identität durch Partizipation. Liturgie feiern in geteilter Verantwortung, in: Stefan KOPP/Stephan WAHLE (Hg.), Nicht wie Außenstehende und stumme Zuschauer. Liturgie – Identität – Partizipation (Kirche in Zeiten der Veränderung 7), Freiburg im Br. 2021, 334–347.

ZERFASS, Alexander/FRANZ, Ansgar (Hg.): Wort des lebendigen Gottes. Liturgie und Bibel (PiLi 16), Tübingen 2016.

ZULEHNER, Paul Michael: »Wenn selbst Atheisten religiöse Riten wünschen« – Vortrag AKL-Tagung 2000, zit. nach: Martin STUFLESSER, Tagungsbericht, in: LJ 52 (2001) 253–258.

Johannes Paul Chavanne

»Gnadenleib« und »Familie Gottes«

Grundlinien der Ekklesiologie von Pius Parsch

Pater Johannes Paul Chavanne OCist, Doz., Dr. theol. habil. ist Dozent für Liturgiewissenschaft und Vorstand des Instituts für Liturgiewissenschaft und Kirchliche Musik an der Phil.-Theol. Hochschule Benedikt XVI. Heiligenkreuz sowie Mitglied des Wissenschaftlichen Beirates der Liturgiewissenschaftlichen Gesellschaft Klosterneuburg.

1. Quellen der Kirche

In einem ersten Teil dieser Ausführungen soll nach den Quellen von Pius Parschs ekklesiologischem Denken gefragt werden. Drei Bereiche kommen hier in den Blick: die Liturgie, das Wort Gottes und die Pfarre.

1.1 »Liturgie ist die Lunge der Kirche«. Zum Verhältnis von Liturgie und Kirche

Pius Parsch gilt zu Recht als einer der wichtigen Protagonisten der liturgischen Bewegung in der Zeit vor dem Zweiten Vatikanischen Konzil. Seine Schriften und sein volksliturgisches Apostolat prägten das kirchliche Bewusstsein seiner Zeit tief und fanden ein kirchenamtliches Echo in der Liturgiekonstitution *Sacrosanctum Concilium,* die in etlichen Punkten die liturgietheologischen Einsichten Parschs aufnahm.[1] Wie dem Konzil ging es auch Pius Parsch nicht einfach um eine Erneuerung der

[1] Vgl. dazu A. Redtenbacher, Einfluss, 9–28.

Liturgie um ihrer selbst willen, sondern dahinter stand die Sehnsucht nach einer authentischen Erneuerung der Kirche als Ganzer von der Liturgie her und durch eine liturgische Vertiefung und Erneuerung.

Pius Parsch war von daher das »Wort liturgische Bewegung [...] zu enge, wir gebrauchen es nicht mehr gern, wir möchten anders sagen: Christliche Erneuerung«[2]. Parsch war überzeugt: »wir stehen an einem Aufbruch und Umbruch der Kirche; von der Liturgie aus wird eine große Neuordnung aller kirchlichen Bezirke beginnen.«[3] Hinter dieser Überzeugung steht das Bewusstsein von der umfassenden Komplementarität von Liturgie und Kirche. Liturgie ist Tun der Kirche. Kirche vollzieht sich in der Liturgie und entsteht aus der Liturgie. Diese Spiegelung der Kirche in ihrer Liturgie bringt Parsch in der für ihn typischen, einfach-tiefen und bildhaften Sprache so zum Ausdruck: »Liturgie [ist] die höchste Lebensäußerung der Kirche; sie ist gleichsam das Antlitz und der Mund der Kirche. Was die Kirche fühlt, denkt, was sie bewegt, das gibt sie in der Liturgie kund. Sie ist geradezu das Formprinzip der Kirche.«[4] Hier wird das alte, auf Prosper von Aquitanien († nach 455) zurückgehende theologische Erkenntnisprinzip, wonach die *lex credendi* sich in der *lex orandi* zeige, ekklesiologisch konkretisiert und angewandt. Pius Parsch versteht die Kirche von ihrer Liturgie her.

Eine solche liturgische Ekklesiologie lässt sich auch ausmachen, wenn Parsch die liturgischen Sakramentenfeiern als Quellen des Kirche-Seins beschreibt. So formuliert er: »Der Aufbau [einer Pfarre] geschieht vom Taufbrunnen und Altar aus.«[5] Taufe und Eucharistie werden somit als Lebensquellen und Konstruktionspunkte von Kirche verstanden. Daraus folgt: »Lebendige Glieder der Pfarrfamilie sind nur die, welche bewußt stehen um

---

2 P. Parsch, Volksliturgie, 48.

3 Ebd., 48f.

4 Ebd., 95.

5 Ebd., 145.

Taufstein und Altar, d. h. die ihr religiöses Leben aufbauen auf Taufe und Eucharistie.«[6]

In kaum übertreffbarer Weise verdeutlicht Parsch das Verhältnis von Liturgie und Kirche, wenn er es mit dem Verhältnis von den lebenserhaltenden Organen zum menschlichen Leib vergleicht.

> Das Leben des Organismus und somit der Glieder ist an gewisse Funktionen der Organe gebunden; wie z. B. Lunge, Herz, Blutlauf, Nahrungsaufnahme. Diese sind so notwendig, daß ohne sie das Leben erlöschen muß. Auch der übernatürliche Organismus des Corpus Christi mysticum hat solche Funktionen, welche das göttliche Leben Christi den Gliedern mitteilen, erhalten, entfalten und zur Reife bringen. Diese Funktionen sind die Sakramente, das sakramentale Leben der Kirche, sagen wir die Liturgie der Kirche. *Die Liturgie ist also gleichsam die Lunge der Kirche.*[7]

An dieser Stelle wird das Herkommen der Kirche aus den liturgischen Vollzügen christologisch rückgebunden. Liturgische Ekklesiologie bedeutet nach Parsch ein auf Christus hin relatives Kirchenverständnis. Kirche ist vor allem und zuerst *creatura Christi*, der in der und durch die Liturgie Kirche baut und am Leben erhält.

Wenn hier von der Liturgie als der Quelle des Kirche-Seins in Parschs Ekklesiologie die Rede ist, sei deutlich auf eine der zentralen liturgie-ekklesiologischen Grundeinsichten Parschs verwiesen, dass nämlich alle Getauften aktive Träger der liturgischen Feiern der Kirche sind. Einer der Grundsätze der von ihm inspirierten volksliturgischen Bewegung war die aktive Teilnahme aller an der liturgischen Versammlung der Kirche. So formulierte er: Die Liturgie ist »nicht reine Priesterliturgie«, nicht »ein Schauspiel, das der Priester oder der Klerus aufführt, und welches das Volk bloß anhören oder ansehen soll«. Sondern das »Volk darf und soll die Messe vielmehr mitfeiern, mitopfern, das

[6] Ebd., 401.

[7] Ebd., 267 [Hervorhebung von mir.]. An anderer Stelle sagt er: »Sakramente und Meßopfer […] sind die Lunge und das Herz dieses kleinen Organismus [der Pfarre].« Ebd., 269–270.

Volk soll mitbeten und mitleben mit der Kirche, also selbst mittätig mit der liturgisch tätigen Kirche«[8] sein. Im Bild gesprochen, heißt es weiter: »Die Liturgie, an erster Stelle die Messe, ist ein Schauspiel, bei dem Priester und Volk zugleich Mitspieler sind. Freilich, jeder in seiner Rolle: der Priester in der Hauptrolle, das Volk in einer untergeordneten Rolle«[9]. Begründet werden diese liturgischen und ekklesiologischen Einsichten mit dem in Taufe und Firmung empfangenen gemeinsamen Priestertum aller Christen, das »liturgiefähig und -berechtigt« macht. Dieses gemeinsame Priestertum ist folglich »nicht ein bloßer Titel, sondern birgt auch für die Gläubigen priesterliche Aufgaben, die wir in den Gesamtbegriff: *aktive Teilnahme* zusammenfassen können«[10].

Pius Parsch sieht in der Liturgie, um deren Erneuerung er sich bemüht, die Kirche selbst, die sich in der liturgischen Feier vollzieht und empfängt. Liturgische Erneuerung bedeutet ihm Erneuerung der Kirche. Dabei versteht er die Liturgie als Christusbegegnung. Liturgische Feier der Kirche ist Begegnung mit dem, der Kirche aufbaut, am Leben erhält und erneuert. Kirche entsteht zunächst vom Taufbrunnen her, woraus sich ergibt, dass alle Getauften Subjekte der Kirche und folglich des wesentlichen liturgischen Vollzugs der Kirche sind.

1.2 »Christus spricht zu uns«. Kirche als creatura verbi?

Neben dem Bemühen um die Liturgie ist Pius Parsch ein Mann der Bibel. Die »Bibelbewegung« ist »Schwester und Kind« der liturgischen Bewegung. Parsch möchte die »Bibel zum Lese-, Gebet-, Betrachtungs- und Dogmenbuch machen«[11].

---

8 Ebd., 111–112.

9 Ebd., 112.

10 Ebd., 115. [Hervorhebung im Original.]. Vgl. dazu: R. PACIK, Teilnahme, 31–56.

11 Ebd., 49. Dies durchaus auch in ökumenischem Interesse: »das ist die Annäherung der getrennten Brüder« und wird »gute Wirkung auf die Protestanten« haben, ebd.

Ein häufig in Parschs Texten auftauchendes Motiv ist das von den zwei Tischen, »der Tisch des heiligen Wortes und der Tisch des heiligen Sakramentes.« Das sind »die zwei großen Schätze der Kirche«[12].

Diese Neubetonung der Bibel zeigt sich in mehreren Bereichen. Vor allem wird der Wortgottesdienst innerhalb der Eucharistiefeier (bei Parsch noch »Vormesse« genannt) neu ins Bewusstsein gehoben.[13] Hier spielt auch das Bemühen um die »liturgische Predigt« als Teil der Eucharistiefeier und aus der Eucharistiefeier mit ihren biblischen Lesungen heraus eine große Rolle. Darüber hinaus ist Pius Parsch ein entschiedener Freund der Bibelstunde in den Pfarrgemeinden, für deren Abhalten er praktische Anregungen gibt.[14] Schließlich ist auch der Wunsch, die Stun-

---

[12] P. Parsch, Predigt, 22. Das Bild stammt ursprünglich aus »Die Nachfolge Christi« des Thomas von Kempen: »Zwei Dinge tun mir in diesem Leben äußerst not; ohne sie würde mir dieses elende Leben unerträglich sein. Im Kerker des Leibes gefesselt, bedarf ich – ich bekenne – der Speise und des Lichtes. Darum hast du mir in meiner Schwäche deinen heiligen Leib zur Erquickung für mein seelisches und leibliches Leben gegeben und ›dein Wort als Leuchte für meine Füße‹ (Ps 119,105). Ohne diese zwei könnte ich nicht gut leben. Denn das Wort Gottes ist meiner Seele Licht und dein Sakrament: ›Brot des Lebens‹ (Joh 6,35). Sie lassen sich auch mit ›zwei Tischen‹ (Ez 40,39) vergleichen, die an beiden Seiten in der Schatzkammer der heiligen Kirche aufgestellt sind. Der eine ist der Tisch des heiligen Altares mit dem heiligen Brote, nämlich dem kostbaren Leibe Christi, der andere ist der Tisch des göttlichen Gesetzes mit der heiligen Lehre, die uns im Glauben unterweist und uns sicheren Schrittes bis zu ›dem inneren Vorhang in das Allerheiligste‹ führt (vgl. Hebr 6,19; 9,3).« T. von Kempen, Nachfolge Christi, 380–381. Das Motiv fand – vermittelt durch Pius Parsch? – bekanntlich auch Eingang in die Liturgiekonstitution, so etwa SC 48: »[S]ie [die Christen] sollen vielmehr durch die Riten und Gebete dieses Mysterium wohl verstehen lernen und so die heilige Handlung bewusst, fromm und tätig mitfeiern, sich durch das Wort Gottes formen lassen, am Tisch des Herrenleibes Stärkung finden.« Vgl. auch SC 51: »Auf dass den Gläubigen der Tisch des Gotteswortes reicher bereitet werde, soll die Schatzkammer der Bibel weiter aufgetan werden«. Zu Parschs Einfluss in der Liturgiekonstitution: vgl. A. Redtenbacher, Einfluss.

[13] Vgl. P. Parsch, Messerklärung, 169–204.

[14] Vgl. Ders., Predigt, 59–68; Ders., Volksliturgie, 413–425.

denliturgie zum Gebet aller Getauften zu machen,[15] in diesem Zusammenhang zu sehen, geht es ja in den Texten der Stundenliturgie in wesentlichen Teilen um eine Begegnung mit dem biblischen Wort Gottes. Interessant ist an diesen drei Punkten, an denen Pius Parsch besonders dichte Formen der Begegnung mit dem Wort Gottes ausmacht, nämlich Wortgottesdienst der Eucharistiefeier, Bibelstunde und Stundenliturgie, dass zumindest zwei ausdrücklich liturgische Formen sind. Im Wortgottesdienst der Messe und in der Stundenliturgie geschieht Bibelbegegnung in der Liturgie.[16]

Hinter diesen Akzentuierungen der Bibel als Wort Gottes im Leben und im liturgischen Vollzug der Kirche steht die Auffassung von der Begegnung mit Gott selbst in seinem Wort. Zum einen geht es Parsch schlicht um ein Anheben des Wissens um die Heilsgeschichte und insbesondere um das Leben Jesu. Ziel seelsorglichen Wirkens müsste sein: »Christus, ihn kennen und lieben.« Jedoch, so Pius Parsch: »Es ist eine Schande für uns Katholiken, daß wir das Leben unseres Heilandes so wenig kennen. Jeder Germanist muß das Leben Goethes besser kennen, als wir Theologen das Leben Jesu.«[17] Die Antwort auf die Frage, was getan werden müsste, um das Leben Jesu besser kennen zu lernen, ist die Bibelstunde.

Zum anderen versteht Parsch die Interaktion mit dem biblischen Wort als Form der Gottesbegegnung. Die Bibel ist nicht nur historisch ein »Denkmal und [eine] Urkunde göttlicher Wahrheit«, sondern »Gotteswort selbst«. Es ist »nicht Paulus, der zu den Korinthern spricht, es ist Gott, der zu mir spricht«. Gott kommt »auf den Fittichen des Bibelwortes zu mir«[18]. Die

---

[15] Vgl. Ders., Predigt, 222–224.242.

[16] Vgl. dazu die schöne Formulierung: »Die Hl. Schrift erhält die höchste Weihe, wenn wir sie bewußt und ehrfurchtsvoll in die Meßfeier einbeziehen.« Ders., Volksliturgie, 234. Die Bibel ist für Parsch auch die unmittelbare Interpretin der Liturgie, vgl. Ders., Messerklärung, 26–42.

[17] Ders., Liturgische Predigt, 60.

[18] Ebd., 66.

aufwendige liturgische Inszenierung der Wortverkündigung, insbesondere der Evangeliumsverkündigung in der Eucharistiefeier, ist für Parsch Ausdruck dieses Glaubens an die Gegenwart Gottes/Christi im verkündeten Wort. Dadurch wird deutlich, dass »das Evangelium nicht bloß eine Belehrung ist […]; es ist mehr: das Evangelium ist Huldigungsakt an Christus, die Liturgie sieht im Evangelium die Gegenwart Christi selbst. Christus redet selbst im Evangelium, Christus selbst wird in ihm geehrt. […]. Im Evangelium wird im Geist der Liturgie Christus gegenwärtig und spricht zu uns.«[19] Der Formulierung von SC 7, wonach Christus »[g]egenwärtig ist […] in seinem Wort, da er selbst spricht, wenn die heiligen Schriften in der Kirche gelesen werden«, hätte Pius Parsch voll zugestimmt.[20]
Insoweit es das Wort Gottes selbst ist, das in der Heiligen Schrift vernommen wird, ist die Heilige Schrift eine vermittelte Form der Gegenwart Gottes selbst. Das ist einer der zentralen theologischen Gründe für die Bedeutung der Heiligen Schrift für die Liturgie der Kirche und für die Kirche im Allgemeinen nach Parsch. Dem Wort Gottes eignet sakramentaler Charakter: es bringt den fernen Gott wirksam-nahe. Die Worte der Schrift geben nach Parschs Auffassung »nicht bloß Belehrung, sondern Gnade, Entsühnung, Heiligung«[21]. Parsch belegt das mit der Liturgie selbst, in der nach der Verkündigung des Evangeliums der Verkünder spricht: »*Per evangelica dicta deleantur nostra delicta*«[22]. Parsch sagt, dass ihm »die Sakramentalität des Wortes Gottes auf[leuchte]. Es ist eine Art Inkarnation Christi, des Logos, der in der Hl. Schrift gleichsam Fleisch geworden ist.«[23] An anderer Stelle sagt er: »Ein Bibelwort, das der Mensch im Gedächtnis durchs Leben trägt, wirkt sakramental, erzieherisch,

[19] DERS., Messerklärung, 174.
[20] Vgl. auch SC 33: »Denn in der Liturgie spricht Gott zu seinem Volk; in ihr verkündet Christus noch immer die Frohe Botschaft.«
[21] P. PARSCH, Liturgische Predigt, 48.
[22] Ebd. Dort auch mit dem heute nicht mehr gebräuchlichen Zusatz: »*evangelica lectio sit nobis salus et protectio.*«
[23] Ebd., 66.

wie ein Samenkorn, das in einer bestimmten Situation des Lebens aufgeht und Frucht bringt.«[24]
Auf Grundlage dieser sakramentalen Wort-Gottes-Theologie, kann die Betonung der Bibel für das Leben der Kirche ekklesiologie-systematisch ähnlich eingeordnet werden wie vorhin die Liturgie. Es geht um eine theo-logische Rückbindung der Kirche. Biblische Ekklesiologie bedeutet nach Parsch ein auf Gott hin relatives Kirchenverständnis. Gott selbst vermittelt sich sakramental-wirksam in seinem Wort denen, die um dieses Wort versammelt sind. Kirche ist dann *creatura Dei*, der in der und durch sein in der Bibel enthaltenes Wort Kirche erweckt, baut und am Leben erhält. Insofern in der Bibel Jesus Christus selbst zur Sprache kommt, ist die Kirche *creatura verbi*, und zwar konkret: *creatura verbi Christi*. Dies kann man deshalb auch so sagen, weil in Parschs Verständnis nach alter theologischer Tradition auch die alttestamentlichen Texte als ›*Vox Christi*‹ aufgefasst werden.[25] Von daher kann auch johanneisch konnotiert formuliert werden: Kirche ist *Creatura Verbi Dei* in dem doppelt-einen Sinne, dass das Wort Gottes sakramental wirksam wird, wobei dieses Wort personaler Logos ist, der sich in Christus end-gültig ausgesprochen hat und weiter – kirchlich–liturgisch aktualisiert – ausspricht.

1.3 »Von der Pfarre ausgehen«. Die Pfarrgemeinde als Grundelement der Kirche

Die liturgische Bewegung vor dem Zweiten Vatikanischen Konzil war stark von benediktinischen Abteien ausgegangen. Im deutschen Sprachraum ist hier vor allem Maria Laach zu nennen.[26]

---

24 DERS., Volksliturgie, 236. Vgl. ausführlich zur Sakramentalität der Bibel in Parschs Theologie: M. BENINI, Entdeckung, 174–199.

25 Vgl. P. PARSCH, Volksliturgie, 231, wo in Bezug auf die Psalmen mit Verweis auf Augustinus gesagt ist: »[D]er Psalm ist Vox Christi«.

26 Vgl. Abtei Maria Laach (Hg.), Die betende Kirche. Ein liturgisches Volksbuch, Berlin 1924. Pius Parsch erwähnt dieses Werk ausdrücklich in:

Neben Maria Laach stellt Parsch sein Stift Klosterneuburg als zweites Zentrum der liturgischen Erneuerung der deutschsprachigen Welt vor. »Diese beiden Zentren gehen verschiedene, doch keineswegs entgegengesetzte Wege.«[27] Die benediktinisch-monastisch geprägte liturgische Bewegung richte sich mehr auf Gebildete und Akademiker und ziele auf »möglichst vollendeten Vollzug der Liturgie in feierlichen Gottesdiensten, Choralgesang, durch Vorträge und Kurse und auch durch die Pflege der liturgischen Kunst«[28]. Der Weg Parschs »münzt die Ergebnisse praktisch aus […] sucht praktische Wege der liturgischen Betätigung des Volkes, hat besonders die aktive Teilnahme des Volkes auf die Fahne geschrieben«[29]. Der erste Weg geht von monastischen Gemeinschaften aus, der zweite von Pfarrgemeinden vor Ort. Die »Liturgiepflege« soll »von der Pfarre ausgehen«[30]. In Bezug auf die »liturgische Predigt« formuliert Parsch programmatisch, dass das Ziel der Predigt sei, »das Gottesreich aufzubauen«, und zwar »nicht bloß für einen kleinen esoterischen Kreis, sondern für alle Gläubigen, besonders für das Pfarrvolk. Ich bin auch der Meinung, Liturgie ist für die Pfarre da. Was immer das Vermögen der Pfarre übersteigt, kann nie allgemeines Ziel der volksliturgischen Erneuerung sein. Die Pfarre und nicht eine Klostergemeinde ist der Maßstab der volksliturgischen Erziehungsarbeit.«[31]

Parschs Anliegen ist die »lebendige Pfarrgemeinde«[32]. Von daher ist etwa auch seine Messererklärung bewusst »möglichst po-

P. Parsch, Volksliturgie, 45. In Österreich ist als monastisches Zentrum der liturgischen Begegnung die steirische Benediktinerabtei Seckau unter Abt Benedikt Reetz († 1964) zu nennen. Parsch und Reetz standen in regem Austausch und waren einander freundschaftlich verbunden, auch wenn sie nicht in allem einer Meinung waren. Vgl. B. Legat, Verlebendigung. Abt Benedikt Reetz leitete 1954 die Beisetzung von Pius Parsch.

[27] P. Parsch, Volksliturgie, 43.

[28] Ebd.

[29] Ebd.

[30] Ebd., 48.

[31] P. Parsch, Predigt, 11.

[32] Vgl. ebd., 254–293; Ders., Volksliturgie, 249–342.

pulär und praktisch«. Es geht ihm darum, dass möglichst viele »das Herrengedächtnis verstehen und lebendig feiern lernen.«[33] In seinen Texten und in seinem Apostolat hat Pius Parsch durchschnittliche Pfarren seiner Heimat Österreich vor Augen. Einen Beitrag zu deren Verlebendigung durch Seelsorge und Liturgie – genauer: durch liturgische Seelsorge – zu leisten, ist sein Kernanliegen. Von daher versteht sich auch seine einfache, direkte, klare und bildhafte Sprache, die auf Fremdwörter weitgehend zu verzichten weiß und dabei doch nichts vom Anspruch der Liturgie und des Glaubens aufgibt. Sein seelsorgliches Anliegen ist es, vielen Menschen seiner Zeit Zugang zu dem zu bieten, was er als Schatz seines Lebens entdeckt hat.

Pius Parschs Ekklesiologie ist von der Pfarre vor Ort her gedacht und aufgebaut. In der Pfarre kommt Kirche zur Ansicht. In ihr verwirklicht sich Kirche: »Die Pfarre ist Ecclesia, Kirche im Kleinen, ist die konkrete Erscheinung der Kirche für den einzelnen Christen.«[34] Jedoch denkt Parsch die Kirche im Ganzen nicht als eine Summe der einzelnen Pfarren – und das heißt für ihn: der Eucharistiegemeinden vor Ort. Sondern er denkt umgekehrt die Pfarre als konkrete Erscheinung der Universalkirche vor Ort: »Wir werden die Pfarre erst dann richtig verstehen, wenn wir die Kirche richtig sehen und erfassen.«[35] Erst nachdem er über die Kirche im Ganzen gesprochen hat (s. u.: 2.1 und 2.2) kommt er auf die Pfarre zu sprechen. »Die Pfarre ist Zelle der Kirche, ist die Kirche im Kleinen [...]. Wir müssen daher all das Große, was wir von der Kirche ausgesagt, im vollen Umfang auf die Pfarre übertragen.«[36] Die Pfarre ist im Konkreten und Lebendigen, vor Ort, das, was die Kirche insgesamt ist. »Die Pfarre ist der mystische Leib Christi in concreto.«[37]

---

33 Ders., Messerklärung, 23.

34 Ders., Volksliturgie, 263.

35 Ebd.

36 Ebd., 268.

37 Ebd., 269. Vgl. dazu: R. Messner, Gemeinde, 125–135, bes. 129–130. Parsch ist »ein ganz deutlicher Vertreter einer ortskirchlichen Ekklesiologie.« Ebd., 130.

Pius Parsch denkt die Kirche von der konkreten Pfarrgemeinde vor Ort her. Diese ist die Ersterfahrung von Kirche für ihn und für die Mehrheit der Menschen. Ihrer Verlebendigung dient sein pastorales Wirken des volksliturgischen Apostolates. Die universale Kirche sieht er in der Pfarrgemeinde vor Ort konkret verwirklicht und gelebt. Freilich verwirklicht sich das Pfarre-Sein und somit das Kirche-Sein in Parschs Denken wesentlich in und durch das liturgische Leben. Eine Pfarre ohne Pfarrer kann sich Parsch nicht vorstellen – dieser Gedanke taucht in seinen Texten schlicht nicht auf.[38] Die »Sonntagsfeier ist der Herzschlag des Pfarrlebens«[39], heißt es an einer Stelle. »Die Eucharistie ist der Kristallisationspunkt der religiösen Gemeinschaft.«[40] Parschs Ekklesiologie ist wesentlich eine liturgische Ekklesiologie (s. o.: 1.1) und so ist auch seine Pfarr-Theologie wesentlich von den sakramental-liturgischen Vollzügen her aufgebaut. Eine Pfarre ohne sakramentale Liturgiefeiern wäre in Parschs Denken keine Pfarre mehr. Und umgekehrt: Wo Liturgie gefeiert wird, da ist Kirche konkret verortet. »In der Pfarre muß das sakramentale Leben an erster Stelle stehen: d. h. Sakramente und Meßopfer haben den Primat im Gottesdienst der Pfarre und in der Seelsorge. Denn sie sind die Lunge und das Herz dieses klei-

---

[38] Vgl. die immer noch lesenswerten Ausführungen zum Pfarrer, in: P. Parsch, Volksliturgie, 272–277. Den Pfarrer einer lebendigen Gemeinde sieht Parsch – zu seiner Zeit – als »Lebensspender seiner Gemeinde«, denn er »gibt göttliches Leben in Taufe und Buße, er nährt dieses Leben in der Eucharistie, aber auch im Gotteswort«, er bricht seiner Gemeinde »das zweifache Brot des Lebens, das Brot der Lehre und das Brot der Eucharistie.« Ebd., 401.

[39] Ebd., 270.

[40] R. Messner, Gemeinde, 131. »Kirche, lebendige Pfarrgemeinde, Gnadengemeinschaft lebt von der Eucharistie her und lebt immer wieder auf die Eucharistie hin, weil eben hier und gerade hier und letztlich in einer gewissen Weise nur hier das Ganze da ist, worum es in der Kirche geht. Die Eucharistie ist damit nicht bloß einer von vielen Vollzügen, die die Kirche durchführt, die sie auch unterlassen oder auf die sie größeren oder geringeren Wert leben könnte, sondern sie ist der Vollzug, indem sich Kirche selber realisiert.« Ebd., 131–132.

nen Organismus.«[41] Pius Parsch schließt an diese theologische Forderung in dem Referat, das unter dem Titel »Die lebendige Pfarrgemeinde« veröffentlicht wurde, das er 1933 auf der 3. Wiener Seelsorgetagung[42] gehalten hat, eine Frage an, die auch heute noch so stehen bleiben muss: »Ist das heute wirklich der Fall?«[43]

2. Begriffe der Kirche

In einem zweiten Teil sollen nun zwei ekklesiologische Grundbegriffe von Pius Parsch genauer untersucht werden. Parsch beschreibt die Kirche häufig und gerne mit dem Begriff »Gnadenleib« und stellt sie immer wieder als »Familie Gottes« vor. Dabei fließen die Quellen von Kirche in Liturgie und Gotteswort und die Erfahrung der Kirche als (Pfarr-)Gemeinde vor Ort in diese ekklesiologische Begriffsbildung mit ein.

2.1 »Göttliches Leben wogt und webt«. Die Kirche als Gnadenleib

Zentrale theologisch-geistliche Erfahrung von Pius Parsch ist die Gnade Gottes. Er zählt diese Erfahrung neben der Entdeckung der Bibel und der Liturgie zu der »dritte[n] Erkenntnis« seines Lebens: dass »wir viel zu stark im Natürlichen, Gedanklichen, Sittlichen stecken geblieben sind, daß wir uns auf eine andere Ebene erheben müssen, zum Übernatürlichen.« Bibel und Liturgie führen zu einem großen Gut, »das ganz vergessen war, das aber durch die beiden lebendig« wird, und »dieses Gut

41 P. Parsch, Volksliturgie, 269f. Nicht viel anders hat es SC 10 formuliert: »Die Liturgie [ist] der Höhepunkt, dem das Tun der Kirche zustrebt, und zugleich die Quelle, aus der all ihre Kraft strömt.«

42 Ursprünglicher Titel des Referates war: »Die Pfarre als Mysterium«.

43 P. Parsch, Volksliturgie, 270.

ist die *Gnade*.«[44] Parsch bietet gleich eine Definition von Gnade, sie sei »das göttliche Leben«[45]. Diese Erkenntnis will er fruchtbar machen und so fordert er eine Seelsorge, die weniger »Gebotsfrömmigkeit« sein soll, dafür umso mehr »Frömmigkeit, die sich auf die Gnade aufbaut, [...] Gnadenfrömmigkeit«.[46]

Pius Parsch versteht die Gnade als eine »huldvolle Liebe eines Höhergestellten«[47], die ungeschuldet geschenkt wird und durch die der Niedrigere auf die Stufe des Höheren gehoben wird. Bei der Gnade Gottes wirkt diese so, dass sie »in die Seele« eindringt und diese »verwandelt« und »der göttlichen Natur ähnlich« macht, so dass sich »das Bild Gottes selbst«[48] in ihr spiegelt. Da Gott heilig ist, macht die Gnade Gottes den, dem sie sich gibt, auch heilig. Mit biblischen Begriffen wie »Licht«, »Leben«, »Wiedergeburt« und »Neuschöpfung« verdeutlicht er seine Gnadenvorstellung.[49] Dabei hat Parsch keinen »billigen« Gnadenbegriff, sondern einen betont christologisch-soteriologischen: Der Preis für die Gnade »ist das Blut, ja das gottmenschliche Leben Christi. Göttliches Leben mußte bezahlt werden, um das göttliche Leben der Gnade zu erkaufen.«[50]

Diesen hier in groben Zügen skizzierten Gnadenbegriff[51] verbindet Parsch mit zwei zentralen biblischen Kirchenbildern, nämlich mit dem johanneischen Bild vom Weinstock und den Reben (vgl. Joh 15,1–8) und dem paulinischen Bild von der Kirche als dem »Leib Christi« (vgl. 1 Kor 12,12–31a).[52] Die beiden

---

[44] Ebd., 251.

[45] Ebd.

[46] Ebd.

[47] Ebd., 253.

[48] Ebd.

[49] Ebd., 253f.

[50] Ebd., 255.

[51] Vgl. ausführlich zur Gnadentheologie Parschs und deren Grundlagen: U. Schumacher, Gnade, 36–75.

[52] So sagt es etwa auch R. Messner, Gemeinde, 126: »Parsch entwickelt seine Vorstellung von der Kirche als Organismus, jedenfalls aus der Schrift, aus dem Neuen Testament, aus Johannes 15, aus Jesu Rede vom Weinstock und

Bildmotive sind insofern gut miteinander vergleichbar, als sie »im Wesen dasselbe«[53] sagen. In beiden ist die Kirche als lebendiger Organismus beschrieben, dessen Lebensprinzip Christus selbst ist. »Die Glieder und die Zweige werden am Leben nur durch Verbindung mit ihrem Lebensquell (Christus) am Leben erhalten und genährt.«[54] So kommt er zu entscheidenden ekklesiologischen Folgerungen:

> Christus ist der Lebensquell, ohne ihn ist der Leib tot, stirbt der Rebstock ab. Die Kirche ist also die Erweiterung, die Fülle (wie Paulus sagt) Christi, die Kirche ist der erweiterte Christus. Die Kirche ist ein lebendiger Organismus, da lebt es, da atmet es, da fließen die Säfte; und der einzelne Christ ist Glied dieses Organismus und kann nur leben in der lebendigen Verbindung mit dem Leibe. Die Kirche ist auch ein göttlicher Organismus, sie ist eine Inkarnation Christi; göttliches Leben wogt und webt in ihren Gliedern.[55]

»Göttliches Leben« ist von Christus erworbene von Gott geschenkte Gnade. Kirche ist von Christus her erfüllter Leib der Gnade. Und so zieht Pius Parsch den Schluss: Kirche, das »ist das Corpus Christi mysticum oder der Gnadenleib«[56] und deutet den paulinischen Leib-Christi-Begriff gnadentheologisch als einen von göttlicher Gnade belebten Organismus von begnadeten, das heißt Christus-bezogenen Menschen. Daraus folgt das »Wesentliche in der Kirche«, das »göttliche Leben der Gnade, das vom Haupt in den Leib fließt, das sich den Gliedern nur dann mitteilt, wenn sie mit dem Leib verbunden sind«.[57] Genau

---

den Rebzweigen, und vor allem aus der deuteropaulinischen Vorstellung der Kirche als Leib, also als Organismus.« Vgl. zur Bedeutung der Gnade in Parschs Ekklesiologie auch: ebd., 130–131.

53 P. Parsch, Predigt, 257.

54 Ebd.

55 Ebd.

56 Ebd., 258.

57 Ebd. Vgl. zur theologiehistorischen Einordnung dieser Gnadenleib-Ekklesiologie: K. Unterburger, Inbegriff, 97–113. Vgl. auch mit dem Aufweis von Grenzen und Problemen der Leib-Christi-Metapher: St. Kopp, Kirche, 114–124.

an diesem Punkt verbindet sich der ekklesiologische Kernbegriff Parschs von der Kirche als Gnadenleib mit seiner liturgischen Ekklesiologie. Liturgie ist lebenserhaltende und lebensnotwendige Grundfunktion im Organismus der Kirche, weil und insofern sie Gnade (in dem oben beschriebenen Sinne) schenkt und vermittelt. Die »Sakramente sind die wichtigsten Instrumente der Kirche, die Gnade in uns zu gründen, zu entfalten und zur Reife zu bringen«[58]. Dies gilt besonders für die Eucharistie. Sie ist (unter anderem) »Speise des Gnadenlebens«[59], sie nährt das wichtigste und größte Gut des Gnadenlebens[60]. Pius Parsch begründet diese Auffassung mit Joh 6,53–54: »Wenn ihr das Fleisch des Menschensohnes nicht esst und sein Blut nicht trinkt, habt ihr das Leben nicht in euch. Wer mein Fleisch isst und mein Blut trinkt, hat das ewige Leben, und ich werde ihn auferwecken am Letzten Tag.« Eucharistieempfang in der Kommunion ist somit Gnaden-Speise für den Gnadenleib. »Ohne Empfang der Himmelspeise kann der Mensch die Gnade nicht bewahren«[61]. Parsch zieht einen Vergleich mit dem natürlichen Leben. Die natürliche Speise dient dem natürlichen Lebenserhalt. Die übernatürliche Speise der Eucharistie dient dem übernatürlichen Lebenserhalt. »Wie viele unterernährte Christen (ich meine im Gnadenleben) laufen unter uns herum.«[62] Diese theologischen Erkenntnisse sind Voraussetzung für die praktische Schlussfolgerung der Oftkommunion. Wenn möglich sollen die Christen in jeder Messfeier an der Kommunion teilnehmen.[63]

[58] P. Parsch, Predigt, 247.

[59] Ebd., 281.

[60] Vgl. ebd., 284f.

[61] Ebd., 285.

[62] Ebd.

[63] Vgl. dazu mit ganz ähnlichen Einsichten, wie den eben dargelegten: Ders., Volksliturgie, 322–332. Dort die griffige Formulierung: »Die traurige Folge [der seltenen Kommunion] war Unterernährung und Kalorienmangel an Gnadensubstanz.« Ebd., 322.

Gnade ist ein zentraler Begriff in Parschs theologischem Denken und seelsorglichem Wirken. Er verbindet ihn mit biblischen Kirchenbildern, wie dem vom Weinstock und den Reben und dem von der Kirche als dem Leib Christi. So findet er zu einem seiner ekklesiologischen Zentralbegriffe von der Kirche als dem Gnadenleib. Kirche ist demnach ein von Gottes Gnade durchlebter Organismus. Diese Gnade wird wesentlich in und durch die Liturgie und hier besonders in der Eucharistie geschenkt und genährt.

2.2 *»Eine große Gottesfamilie«. Die Kirche als Familie Gottes*

Ein weiterer zentraler ekklesiologischer Begriff in Pius Parschs Denken ist der von der Familie Gottes. In seiner Exegese des Vaterunsers – »das erhabenste und kostbarste von allen Gebeten«[64] – geht er dafür von den Worten »Vater unser« aus. »Nicht Sklaven Gottes [...] sind wir; nein, Gott ist der Vater, wir sind seine lieben Kinder, Erben des Himmels. Gott dürfen wir Vater nennen.«[65] Die ersten Christen seien voll Staunen über diese Gottesanrede »Abba, Vater!« gewesen. Parsch zitiert Röm 8,15: »Denn ihr habt nicht einen Geist empfangen, der euch zu Sklaven macht, so dass ihr euch immer noch fürchten müsstet, sondern ihr habt den Geist empfangen, der euch zu Söhnen macht, den Geist, in dem wir rufen: Abba, Vater!« Christ-Sein bedeutet ins »Vaterhaus Gottes« einzutreten, »nicht als Bettler, sondern als Kinder. Welches Vertrauen liegt schon in diesem ersten Wort [des Vaterunsers]! Wir sind eine große Gottesfamilie, untereinander Brüder und Schwestern.«[66]

Dieses Kirchenbild wird von Parsch konkret entwickelt. Die Pfarrtheologie (s. o.: 1.3) kann dann mit Familien-Motiven umschrieben werden: »Der Pfarrer ist der Vater dieser Familie, die

[64] Ders., Messerklärung, 321.
[65] Ebd., 322.
[66] Ebd.

Pfarre ist die Mutter und die Pfarrangehörigen sind die Kinder dieser Familie.«[67] Parsch versteht es, diese Bilder mit traditionellen ekklesiologischen Aussagen zu verbinden. So versteht er den Priester als Haupt des Leibes, der also *in persona Christi capitis* agiert und als Pfarrer »Haupt des Leibes« der Pfarre ist und als solcher »Vater seiner Pfarrfamilie«.[68] Die Pfarre »ist Leib, ist Ecclesia, ist die Mutter dieser Familie.« Die Gläubigen schließlich sind »Glieder des Leibes, sind Kinder der Pfarrfamilie«.[69] Hier spielen die Motive der Leib-Christi-Ekklesiologie, die bereits im Kontext der Gnadenleib-Ekklesiologie (s. o.: 2.1) entscheidend waren, eine grundlegende Rolle.

Für die Pastoral hieße das, dass die »Pfarre wieder zur wirklichen Familiengemeinschaft«[70] gemacht werden müsste. Der Pfarrer muss daher »auch mütterliche Eigenschaften haben, er muß die Pfarre zur Familie zu machen verstehen«, muss »Gemeinschafts- und Familiensinn besitzen«.[71] Primäres Mittel zum Aufbau einer Pfarre als Pfarrfamilie ist nach Parsch die Eucharistiefeier. Diese ist der »für die Familienbildung [der] Kristallisationskern«[72] und der »Maßstab der Familienzughörigkeit der Pfarrkinder«[73]. Darüber hinaus geht es aber auch um andere Formen der Gemeinschaftsbildung. Daher fordert Parsch als wichtige Einrichtung für die Seelsorge ein Pfarrheim für jede Pfarre. In der Sprache der Gottesfamilien-Ekklesiologie: »Zu einer Familie gehört ein Familienhaus.«[74] Das ist neben der Kirche eben das Pfarrheim.

---

[67] Ders., Volksliturgie, 271.

[68] Ebd., 272.

[69] Ebd.

[70] Ders., liturgische Predigt, 270.

[71] Ebd. Parsch sieht darin auch den »tiefen Sinn des Zölibatsgesetzes des Priesters« begründet. »Er [der Priester] verzichtet auf das Glück einer eigenen Familie aus einem hohen Ideal: um die Pfarre zu einer Familie zu machen, um alle Sorge, Liebe und Hingabe des Vaters und der Mutter seiner Pfarrfamilie zu schenken.« Ebd.

[72] Ebd.

[73] Ebd., 271.

[74] Ebd., 272.

Diese Ekklesiologie hat praktische Konsequenzen für das Liturgieverständnis Parschs. Das Vaterunser im Kontext der Eucharistiefeier bringe etwa in Erinnerung, was hier geschieht: »Wir sind im Vaterhause als heilige Familie um den Tisch versammelt; Gott ist Vater, Christus ist Bruder, wir sind Geschwister.«[75] Der Friedensritus wird gedeutet als »Bezeugung der Familienzugehörigkeit«[76]. In der Messerklärung heißt es beim Kommunionteil: »Erst genießt es der Vater der Familie (der Priester), dann reicht er es den Kindern.«[77] Oder beim Schlusssegen: »Dieser Segen ist gleichsam der Abschiedssegen des Vaters an seine Kinder, die jetzt hinausziehen in die Fremde der Welt, hinaus an die Arbeit.«[78]

3. »Alte Messe«. Erneuerung der Kirche aus ihrer Tradition

Pius Parsch und viele andere Vertreter der liturgischen Bewegung galten zu ihrer Zeit als Progressisten und wurden von Teilen der kirchlichen Öffentlichkeit kritisiert. In einem sehr spezifischen Sinne kann man ihn und seine Weggefährten aber auch als »Traditionalisten« verstehen. Die Forderungen und Hoffnungen, die sie für die Liturgie der Kirche hatten, bezogen sie so gut wie ausschließlich aus der Tradition der Liturgie selbst. Häufig taucht in Parschs Texten die Formulierung »alte Messe« oder »alte Kirche« auf. So heißt es etwa einmal: »Die alte Messe war ein Drama, ein heiliges Schauspiel, an dem alle Mitspieler

[75] Ders., Messerklärung, 333.
[76] Ebd., 344.
[77] Ebd.
[78] Ebd., 367. Angemerkt sei hier, dass eine Ekklesiologie der Familie Gottes auch schon im Römischen Messkanon enthalten ist. Im »Hanc igitur« wird um Annahme der Gaben der »*cunctae familiae tuae*«, also »Deiner ganzen Familie« gebetet. Im Deutschen Messbuche wird das mit »deiner ganzen Gemeinde« wiedergegeben. Pius Parsch hat – soweit ich sehe – diese Formulierung aber nicht für seine Gottesfamilien-Theologie ausgewertet. Vgl. zum Thema »Liturgie und Familie« auch: P. Maurer, Liturgie, 47–64.

waren.« Dem wird »[d]ie heutige Messe« gegenübergestellt, die sei »gerade in allen Gemeinschaftshandlungen verkümmert, sie ist fast reine Priesterliturgie geworden«.[79]

Was meint der 1954 verstorbene Pius Parsch, wenn er von der »alten Messe« spricht? Das historische Ideal der Eucharistiefeier erkennt Parsch in dem, was er die »altchristliche Messe bis ins 4. Jahrhundert«[80] nennt. Danach folgt in seinem historischen Schema die »römisch-klassische Zeit«[81]; die er einmal »bis Gregor I. (600)«, einmal allgemeiner von 400 bis 700 n. Chr. datiert[82], in der er den höchsten Aufstieg, aber auch bereits »Keime des wirklichen Abstieges«[83] erkennt.

Entscheidend ist in unserem Zusammenhang, dass Parschs Forderungen für die Liturgie durch historische Erforschung dessen, was er »alte Messe« und »alte Kirche« nennt, begründet sind. Das Traditionsargument ist das entscheidende Argument für die Forderung von Neuerungen. Dabei handelt es sich in Parschs Verständnis gar nicht um Neuerungen, sondern um eine Re-Form im eigentlichen Sinne des Wortes. Also um eine Rückkehr zu lange Zeit bestehenden, aber – in seinen Worten – »versteinerte[n]«[84], »eingeschrumpft[en]«[85] und »erstarrt[en]«[86] Formen, die nur von neuem freigelegt werden müssten.

Das gilt etwa für die Forderung nach dem Introitusgesang zum Einzug der liturgischen Dienste,[87] für die Forderung nach einem ausgebauten Wortgottesdienst, der wieder wirkliche Verkündigung des Wortes Gottes in verständlicher Sprache ist,[88] für die

[79] Ders., Volksliturgie, 279. Vgl. Ders., Messerklärung, 356.
[80] Ders., Messerklärung, 376.
[81] Ebd., 377.
[82] Vgl. ebd., 376f.
[83] Ebd., 377. Immer wieder verweist Parsch auf die Ordines Romani als Referenzpunkte für seine liturgiepraktischen Überlegungen. Vgl. ebd., 315 u. ö.
[84] Ebd., 100.
[85] Ebd., 102.
[86] Ebd., 104.
[87] Vgl. ebd., 143f.
[88] Vgl. ebd., 169–204.

Forderung nach einem Opfergang der Gläubigen,[89] für die Forderung nach der Zelebration *versus populum*,[90] für die Forderung nach aktiver Teilnahme der Gläubigen (»In der alten Kirche [war] die aktive Teilnahme der Gläubigen eine Selbstverständlichkeit«[91]), für die Forderung nach der Landessprache in der Liturgie[92], für die Forderung nach einem vernehmbaren Sprechen der vom Priester gesprochenen Gebete (»Das alte eucharistische Gebet wurde laut vom Liturgen vorgetragen; das beweist das zustimmende Amen des Volkes«[93]), für den Friedenritus,[94] die Kommunion in der Messe[95] und die Handkommunion[96]. Immer wird die »alte Liturgie«, die »klassische Liturgie« als das Argument für Änderungen in diesen Bereichen herangezogen.

Bei den Forderungen nach liturgischer Reform ging es Parsch also nicht um Neuerungen um der Neuerung willen, sondern eher um eine Rückkehr zu alten, aber in Vergessenheit geratenen liturgischen Formen im Sinne einer Verlebendigung der Liturgie. Rückkehr zum Wesentlichen und Ursprünglichen, so kann man den Anspruch von Parschs liturgischem Weg verstehen. Insofern kann man seine Ekklesiologie als eine »Ekklesiologie der Tradition und der Kontinuität« verstehen.

---

[89] Vgl. ebd., 213–219.

[90] Vgl. ebd., 305.

[91] Ebd., 349.

[92] Vgl. Ders., Volksliturgie, 105f. 376.

[93] Vgl. ebd., 105; vgl. Ders., Messerklärung, 273. 299. Wobei zu betonen ist, dass Parsch großen Wert auf Stille und Schweigen in der Liturgie gelegt hat. Als nur ein Beispiel zur Stille nach dem Sanctus: »Es ist die Stille der Ehrfurcht. Bei der Ankunft Christi im demütigen Mantel der Brot- und Weingestalt versagen alle menschlichen Mittel, da ist einzig ehrfürchtige Stille am Platz.« Ebd., 270.

[94] Vgl. ebd., 341–343.

[95] Vgl. ebd., 351; vgl. Ders., Volksliturgie, 368f.

[96] Vgl. Ders., Messerklärung, 350f.

4. Zusammenfassung

Pius Parschs Anliegen war primär die Liturgie. Erneuerung der Liturgie hieß und heißt aber immer auch Erneuerung der Kirche, die Liturgie vollzieht und aus der Liturgie ihre Lebenskräfte schöpft. Pius Parschs Kirchenverständnis ist wesentlich von der Liturgie her geprägt, weswegen man seine Ekklesiologie als eine »liturgische Ekklesiologie« verstehen muss (1.1). Die Liturgie ist Quelle des Kirche-Seins. Neben der Liturgie ist ihm die Bibel von entscheidender Bedeutung. Dabei spielt die Bibel, wie sie in der Liturgie verehrt und verkündet wird, eine herausragende Rolle. In einem gewissen Sinne vertritt Parsch daher auch eine *creatura-verbi*-Ekklesiologie, wobei die Einbettung der Bibel in den liturgischen Vollzug entscheidendes Gewicht hat (1.2). Parschs Kirchenerfahrung ist zunächst und zuerst von der Pfarrgemeinde her geprägt. Der Pfarrgemeinde als Kirche vor Ort und ihrer Verlebendigung gelten auch sein volksliturgisches Apostolat und seine liturgiepraktischen Bemühungen. Dabei ist die Pfarrgemeinde aber nie losgelöst von der Universalkirche gedacht, sondern als eine Verwirklichung der Universalkirche *in concreto* verstanden (1.3).

Zwei wichtige Kirchen-Bilder sind das von der Kirche als »Gnadenleib« und das von der Kirche als »Gottesfamilie«. Im ersteren werden zwei zentrale biblische Motive, nämlich die paulinische Leib-Christi-Ekklesiologie und die johanneische Weinstock-Reben-Metapher, mit dem für Parsch zentralen Gnadenbegriff verbunden (2.1). Im zweiten wird von der Vaterschaft Gottes ausgegangen, der Menschen Kindeswürde verleiht. Die Familienbilder werden dann auf die Pfarrfamilie vor Ort angewandt, wobei dem Pfarrer die Vaterrolle zukommt, der Pfarre in personaler Zuschreibung das Mutter-Sein und den Gläubigen das Kind- und Geschwister-Sein (2.2).

Schließlich wurde aufgezeigt, dass Parschs Ekklesiologie wie auch seine liturgiepraktischen Forderungen wesentlich aus der kirchlichen und liturgischen Tradition gespeist sind. Seine Reformforderungen sind nicht Neuerungswille um der Neuerung willen, sondern eher als eine Rückkehr zu alten, verschüttgegangenen Formen zu verstehen (3.).

Literatur

Abtei Maria Laach (Hg.), Die betende Kirche. Ein liturgisches Volksbuch, Berlin 1924.

Benini, Marco: »Große Entdeckung: Die Bibel ist sakramental.« Zu Pius Parschs Wort-Gottes-Theologie und seinen liturgischen Predigten, in: Andreas Redtenbacher/Daniel Seper (Hg.), Die Liturgietheologie von Pius Parsch. Klosterneuburger Symposion 2021 (PPSt 18), Freiburg i. Br. 2022, 174–199.

Kopp, Stefan: Die Kirche als mystischer Leib Christi. Zum ekklesiologischen Leitbild bei Pius Parsch, in: Andreas Redtenbacher/Daniel Seper (Hg.), Die Liturgietheologie von Pius Parsch. Klosterneuburger Symposion 2021 (PPSt 18), Freiburg i. Br. 2022, 114–124.

Legat, Benedikt: »Verlebendigung der Liturgie.« Eine liturgiegeschichtliche Untersuchung über den Beitrag von Abt Benedikt Reetz OSB an der Liturgischen Erneuerung in Österreich in seiner Amtszeit in Seckau zwischen 1926–1957, Diplomarbeit an der Hochschule Heiligenkreuz 2022.

Maurer, Pius: Liturgie und Familie in der Volksliturgischen Bewegung von Pius Parsch, in: Andreas Redtenbacher (Hg.), Neue Beiträge zur Pius-Parsch-Forschung (PPSt 8), Würzburg 2014, 47–64.

Messner, Reinhard: Die Gemeinde bei Pius Parsch, in: Andreas Redtenbacher/Daniel Seper (Hg.), Die Liturgietheologie von Pius Parsch. Klosterneuburger Symposion 2021 (PPSt 18), Freiburg i. Br. 2022, 125–135.

Pacik, Rudolf: Aktive Teilnahme – zentraler Begriff in Pius Parschs Werk, in: Winfried Bachler/Rudolf Pacik/Andreas Redtenbacher (Hg.), Pius Parsch in der liturgiewissenschaftlichen Rezeption. Klosterneuburger Symposion 2004 (PPSt 3), Würzburg 2005, 31–56.

Parsch, Pius: Messerklärung im Geist der liturgischen Erneuerung, neu eingel. v. A. Heinz (PPSt 4), Würzburg 2006.

– Ders.: Die liturgische Predigt. Grundlegung, neu eingel. v. M. Benini (PPSt 19), Freiburg i. Br./Basel/Wien 2021.
– Ders.: Volksliturgie. Ihr Sinn und ihr Umfang (PPSt 1), Würzburg 2004 (unveränd. Nachdruck d. 2., erw. Aufl. 1952).
Redtenbacher, Andreas: Der Einfluss von Pius Parsch in der Liturgiekonstitution des II. Vatikanischen Konzils, in: Ders. (Hg.), Neue Beiträge zur Pius-Parsch-Forschung (PPSt 8), Würzburg 2014, 9–28.
Schumacher, Ursula: »Erkennet das höchste Gut des Christentums, das göttliche Leben.« Gnade, Gnadentheologie und Gnadenfrömmigkeit im Denken Pius Parschs, in: Andreas Redtenbacher/Daniel Seper (Hg.), Die Liturgietheologie von Pius Parsch. Klosterneuburger Symposion 2021 (PPSt 18), Freiburg i. Br. 2022, 36–75.
Unterburger, Klaus: Inbegriff der Offenbarung oder gefährlicher Augustinismus? Die Konzeption der Kirche als mystischer Leib Christi in der theologischen Debatte der Zwischenkriegszeit, in: Andreas Redtenbacher/Daniel Seper (Hg.), Die Liturgietheologie von Pius Parsch. Klosterneuburger Symposion 2021 (PPSt 18), Freiburg i. Br. 2022, 97–113.
von Kempen, Thomas: Die Nachfolge Christi, 11,4, in: Ders., Die Nachfolge Christi, übers. u. hrsg. v. W. Meyer. Neu durchges. v. L. Hardick, Kevelaer [3]1995, 380–381.

Marco Benini

»Converted to the Liturgy by Pius Parsch«

Zur Parsch-Rezeption in den USA anhand zweier Protagonisten der amerikanischen Liturgischen Bewegung und einer englischsprachigen Parsch-Bibliographie

Der Verfasser ist Professor für Liturgiewissenschaft an der Theologischen Fakultät Trier und Leiter der wissenschaftlichen Abteilung des Deutschen Liturgischen Instituts. Seine Habilitationsschrift über »Liturgische Bibelhermeneutik« wurde 2019 mit dem Pius-Parsch-Preis ausgezeichnet.

Viele Schriften von Pius Parsch waren nicht nur im deutschen Sprachraum weit verbreitet, wie etwa die vielfachen Nachdrucke und Neuauflagen zeigen, sondern auch weit darüber hinaus. Die Liste der Übersetzungen ist beeindruckend. Sein mit 14 Auflagen am meisten verbreitetes Werk, *Das Jahr des Heiles*, ist in neun Sprachen übersetzt worden, sein kleineres Buch *Lernet die Messe verstehen* sogar in 13 Sprachen.[1]
Damit ist die Frage der Rezeption von Parsch im Ausland aufgeworfen, die vielfach noch ein Forschungsdesiderat ist. Der Beitrag will dabei die USA in den Blick nehmen, wissend, dass er nur eine Tür öffnen und exemplarisch den Weg in diese Richtung andeuten kann. Denn gerade aus deutscher Perspektive[2] ist die Rezeption und Transformation der Liturgischen Bewegung

[1] Vgl. N. Höslinger/T. Maas-Ewerd (Hg.), Zähigkeit, 322–329, hier: 322.326. Vgl. auch die Liste der im Parsch-Archiv vorhandenen Schriften samt Übersetzungen in: L. Gangoly/A. Redtenbacher (Hg.), Pius-Parsch-Archiv, 183–191 (nicht alle erschienenen Übersetzungen, die am Ende des Artikels aufgeführt werden, sind im Archiv vorhanden).

[2] Aus amerikanischer Perspektive gibt es natürlich die Hinweise auf die Herkunft aus der europäischen bzw. deutschen Liturgischen Bewegung. Vgl.

in den Vereinigten Staaten kaum behandelt worden,[3] weniger noch die Rezeption einzelner Autoren und ihrer Werke explizit untersucht worden. Es sollen Beispiele für Parschs Wirkgeschichte in den USA kurz nachgezeichnet werden, indem zwei sehr unterschiedliche Vertreter der amerikanischen Liturgischen Bewegung auf ihre Bezüge zu Parsch hin befragt werden: Michael Mathis, der aufgrund seiner Lektüre von Pius Parsch das bis heute sehr fruchtbare »Liturgy program« an der Universität Notre Dame begründet hat (1), und Hermann Josef Untraut mit seinem Wirken als Gemeindepfarrer für deutsche Aussiedler in La Crosse, Wisconsin, der ein Beispiel sehr früher Parsch-Rezeption in den USA ist (2). Daran schließen sich eine Übersicht über englischsprachige Übersetzungen von Parschs Werken und seine Rezeption in der maßgeblichen Zeitschrift *Orate fratres* an. Dabei werden zugleich einige Forschungsperspektiven markiert (3).

1. Michael Mathis – Ein Multiplikator liest Parsch

Michael Mathis (1885–1960)[4] wurde bezüglich der Liturgie treffend als »Magnificent Latecomer«[5] bezeichnet, da er erst durch Parsch zur Liturgie(wissenschaft) fand. Mathis wurde in South Bend in Indiana, also in unmittelbarer Nähe zur University of Notre Dame, 1885 geboren. Seine Eltern waren vier Jahre zuvor aus dem Saarland ausgewandert.[6] Er trat bei den Holy Cross

K. F. Pecklers, Vision, besonders zu den deutschen Ursprüngen ebd., 124–137. Er schreibt pointiert: »The German contribution cannot be underestimated.« (Ebd., 147).

[3] Vgl. A. Henkelmann, Globalisierungsgeschichten; M. Benini, Liturgiewissenschaft, bes. 287–295; Ders., Movement.

[4] Vgl. S. Myers, Mathis; R. J. Kennedy, Mathis Pioneer. Eine ausführliche Biographie findet sich nach seinem Tod bei: G. E. Schidel, Never too much.

[5] R. J. Kennedy, Mathis Latecomer. In demselben lesenswerten Band wird Parsch als »Evangelist of the Liturgy« tituliert, vgl. M. Kwatara, Pius Parsch.

[6] Vgl. G. E. Schidel, Never too much, 3.

Fathers in Notre Dame ein, begann dort sein Studium und setzte es an der Catholic University of America (CUA) in Washington fort. 1914 wurde er zum Priester geweiht. Der Erste Weltkrieg verhinderte seinen Wunsch, Missionar in Bengalen in Indien zu werden, wo sein Orden aktiv gewesen war. Stattdessen begann er auf Geheiß seines Oberen ein Jahr an der CUA Architektur zu studieren, was ihm aber nicht zusagte, und erwarb daraufhin ein Lizentiat in Biblical Studies und ein Doktorat über das paulinische Glaubensverständnis[7] (die Promotion über Paulus ist eine erste Parallele zu Parsch). 1920 kehrte Mathis nach Notre Dame zurück, wobei er dort nur zwei Jahre Neues Testament unterrichtete. Nach einer Indienreise 1922/23 übernahm er vor allem administrative Aufgaben und hielt beiläufig auch Kurse in Fundamentaltheologie (Apologetics) und Liturgie.[8] Sein Herz brannte vor allem für das missionarische Wirken seines Ordens, das er von zu Hause unterstützen wollte: Er rief eine Missionszeitschrift ins Leben, betrieb Fundraising für die Missionen, diente von 1933 bis 1938 als Geistlicher der neu gegründeten »Medical Mission Sisters« und machte ihre Arbeit u. a. mit einem Film bekannt.[9]

1.1 »Konversion zur Liturgie«

Im Jahr 1936, also im Alter von 51 Jahren, begann ein völlig neues Kapitel in seinem Leben. Von einem deutschen Kaplan Goertz, den er bereits 1923 bei einem Besuch beim Missionswissenschaftler Joseph Schmidlin an der Universität Münster kennengelernt hatte,[10] erhielt er Parschs Buch *Das Jahr des Heiles*. Etliche Jahre später beschrieb er diese Begebenheit in einem Interview als »Konversion«:

---

[7] Vgl. S. Myers, Mathis, 24–26.
[8] Vgl. ebd., 26.
[9] Vgl. ebd., 33.
[10] Vgl. G. E. Schidel, Never too much, 11.

> Ich wurde 1936 zum Studium der heiligen Liturgie konvertiert, als ich auf ein berühmtes Buch von Pius Parsch mit dem Titel *Das Jahr des Heiles* stieß. Und ich meine wirklich konvertiert. Ich war zu der Zeit in Washington, D.C., und ich erinnere mich, dass ich das Buch etwa eineinhalb Stunden lang las, und es wurde immer heißer. Ich fand heraus, dass es nur der erste von drei Bänden war, also schickte ich dem Verlag die Bestellung für die restlichen Bände – ich konnte es kaum erwarten, sie zu bekommen.[11]

Da er von drei Bänden spricht, muss es sich um eine Ausgabe ab dem Jahr 1932 gehandelt haben.[12] In einem ähnlichen Bericht über diese Wende in seinem Leben heißt es: Parschs Buch, »so dachte er, kam einer Häresie ziemlich nahe. Doch als er weiterlas, begann sich seine Einstellung zu ändern. Plötzlich hörte er sich selbst ausrufen: ›Das ist der wahre Stoff!‹«[13] Es war Parschs biblische Grundlegung des Kirchenjahres,[14] die ihn besonders anzog und ihm die Augen für die Liturgie öffnete. An anderer Stelle führt er sogar aus, dass er sich bis dahin als »Feind der Liturgie« (oder was er dafür hielt) bezeichnet hatte.[15]
Nun verband er das neue Interesse mit seinem Eifer für die Mission, da er seit 1939 Kleingruppen unter folgendem Motto ver-

---

[11] Eigene Übersetzung. Original: »I was converted to studying the sacred liturgy in 1936 when I bumped into a famous book by Pius Parsch called *Das Jahr des Heiles.* And I do mean converted. I was in Washington, D.C., at the time, and I remember that I read the book for about an hour and a half, and it was getting hotter all the time. I found out it was just the first of three volumes, so I sent to the publisher for the rest of the set – I couldn't wait to get them.« (zitiert nach S. Myers, Mathis, 41. Das Interview ist abgedruckt im Magazin der Universität Notre Dame vom 15. November 1957).

[12] Vgl. J. Gülden, Vorwort, 28.

[13] Eigene Übersetzung. Original: »Here, he thought, was something pretty close to heresy. But as he read on his attitude began to change. Suddenly he found himself exclaiming: ›This is the real stuff!‹« (Zitiert nach S. Myers, Mathis; [ohne Autor], »The Real Stuff«, in: Apostolic Perspectives 3/2 [Summer 1958], 28).

[14] Vgl. R. J. Kennedy, Mathis Latecomer, 160.

[15] Vgl. R. J. Kennedy, Mathis Pioneer, 4: »Up to that time, I think I could call myself an enemy of the liturgy or what I thought it was at the time.« (Brief aus dem Jahr 1955).

sammelte: »Love For the Missions Through Love of the Liturgy«.[16] Der erste Schritt zu missionarischem Eifer sei die persönliche Heiligkeit, die aus der Liturgie komme, hieß es in der Ankündigung. Die Gruppe traf sich täglich am Nachmittag in Vorbereitung für die Messe des Folgetages, um die Texte des Messbuchs (inklusive der Lesungstexte) zu betrachten. Die Messe hielt Mathis in der Form der Dialogmesse (»dialogue mass«),[17] die in den USA zu dieser Zeit weniger als in Deutschland und Österreich verbreitet war. Als Besonderheit wurde notiert, dass jeder zur Gabenbereitung die Hostie einlegte.[18]
1941 wurde Mathis Krankenhausseelsorger in South Bend, was ihm nach seiner eigenen Aussage abends mehr Zeit zur intensiven Beschäftigung mit der Liturgie gab.[19] Er führte sogar Aufzeichnungen zu der von ihm zwischen dem Ende der 1930er und den frühen 1950er Jahren gelesenen Literatur.[20] Hier könnte man wohl noch viel genauer sehen, welche Werke Parschs er gelesen hat. Später habe sich diese Tätigkeit im Krankenhaus auf Mathis' Ausführungen zur Seelsorge an den Sterbenden niedergeschlagen.[21] Auch wenn er diese pastorale Aufgabe die nächsten zwölf Jahre beibehielt, arbeitete er an seinen nächsten liturgischen Projekten.

1.2 »Vigil Services« zur Vorbereitung auf die Messe – Bibel und Liturgie

Ähnlich wie Parsch war Mathis an der Verbreitung eines angepassten Laienbreviers und an der Erklärung wesentlicher Inhal-

[16] S. Myers, Mathis, 42.
[17] Die Messe fand erst in der Kapelle des Notre Dame's Main Building statt und wurde ab dem akademischen Jahr 1940/41 in eine Kapelle der zentralen Kirche (Sacred Heart Church) verlegt (vgl. ebd.), was wohl einer Aufwertung gleichkam.
[18] Vgl. S. Myers, Mathis, 43–45.
[19] Vgl. »The Real Stuff« (s. Anm. 13), 28; S. Myers, Mathis, 45.
[20] Vgl. R. J. Kennedy, Mathis Pioneer, 6 mit Anm. 15 zum Archivmaterial.
[21] Vgl. G. E. Schidel, Never too much, 28f.

te des Stundengebetes im Laufe des Kirchenjahres interessiert. Aus den Erfahrungen mit der Kleingruppenarbeit entwickelte Mathis ab 1941/42 sogenannte »Vigil Services« an den Vorabenden des Sonntags. Sie waren eine in englischer Sprache gehaltene Adaptierung der Matutin des Breviers, die mit Psalmen, Lesungen und Kommentar zur Feier des Sonntags bzw. der Heiligenfeste hinführten.[22] Da Mathis von Parschs *Jahr des Heiles* geprägt wurde, in dem Parsch ja neben der Messe auch die Stundenliturgie in die Erklärung einbezieht, dürfte die Parsch-Lektüre entsprechende Inspiration gegeben haben und zu einem Ausgangspunkt für die Vigil-Services geworden sein.[23]

Wie bei Parsch gingen auch bei Mathis die Veröffentlichungen aus der Praxis vor Ort hervor. Mathis begann bei den Vigil Services mit Kopien für seine Gruppe, die dann in mehrfach überarbeiteten Auflagen im Druck erschienen. Ab 1945 erscheinen sie in gedruckter Form als »A Brief Commentary on the Text of Matins and Lauds of the Roman Breviary Arranged in Latin and English for the Sundays of Advent« bzw. für die anderen Zeiten im Kirchenjahr.[24] Es handelt sich – wie der Titel nahelegt – um eine Kombination aus den Breviertexten, die er zweispaltig in Latein und Englisch schwarz abdruckt, und seinen Erklärungen, die er wie Rubriken in Rot eingefügt hat. Die wenigen wirklichen rubrikalen Handlungsanweisungen wurden in Rot in Klammern gesetzt. 1956/57 erschienen die letzten Überarbeitungen in drei Bänden unter dem Titel »*Vigil Service for …*« den Weihnachtsfestkreis, den Osterfestkreis und die Sonntage und Feste nach Pfingsten.[25] Diese wurden auch mit Noten zum Sin-

---

[22] Vgl. dazu S. Myers, Mathis, 219–275.

[23] Vgl. auch R. J. Kennedy, Mathis Pioneer, 6. Vgl. weitere Ausgangspunkte bei S. Myers, Mathis, 221f.

[24] Vgl. dazu die Bibliographie bei S. Myers, Mathis, 389–391.

[25] M. A. Mathis, Service. 1957 erschienen: Vigil Service for Septuagesima to Pentecost und Vigil Service for the Sundays and Major Feasts After Pentecost.

gen versehen. Die Auflage sei laut Mathis von 300 am Anfang zu 1000 gestiegen.[26]

Mathis verband drei Anliegen mit den Vigil Services, die denen von Pius Parsch sehr ähnlich waren:

(1) Der Vigil Service soll auf die Messe vorbereiten und ihre Feier fruchtbarer machen, wie bereits der Titel »*A Vigil Preparation for the Masses of Six Feasts With a Brief Commentary*«[27] verdeutlicht. Derselbe Gedanke findet sich auch bei Parsch einleitend in seiner Breviererklärung, nachdem er die Eucharistie mit der Sonne und die Horen mit den sie umkreisenden Planeten vergleicht: »Die Horen bereiten auf die Messe vor, sie umgeben die Messe, sie suchen die Frucht der Messe durch den Tag zu erhalten. [...] So steht also das Breviergebet ganz im Dienste des Mittelpunkts unseres Kultes, der hl. Eucharistie, des hl. Meßopfers.«[28]

(2) Eine weitere Motivation für Mathis war, das Stundengebet beim Volk zu verbreiten,[29] was sich ebenso mit Parsch deckt, der bereits 1923 seine Absicht erklärt, »das Brevier, das *Gebetbuch der katholischen Kirche*, auch zum *Gebetbuch des katholischen Volkes* zu machen«[30]. Erste Schritte zu einem deutschen Stundengebet ging Parsch bekanntlich in St. Gertrud.[31] Seine Vision für ein Laienbrevier, die er am Ende seiner Breviererklärung anfügt,[32] geht freilich in eine leicht andere Richtung als Mathis. Will auch Parsch die Volkssprache, so denkt er doch an eine kirchlich anerkannte offizielle Teilausgabe für Laien ähnlich dem kleinen marianischen Offizium, damit Kleriker und Laien

[26] Vgl. S. Myers, Mathis, 261f.
[27] Vgl. M. A. Mathis, Preparation.
[28] P. Parsch, Breviererklärung, 17.
[29] Vgl. S. Myers, Mathis, 227f.
[30] P. Parsch, Gebetbuch, 5. Vgl. A. Zerfass, Brevier, 7*f.
[31] Vgl. ebd., 8*f.
[32] Ob seine Breviererklärung, die doch recht spezifisch am vorliegenden Brevier orientiert ist, sich nicht doch eher an Kleriker richtet, bleibt offen (vgl. ebd., 16*f.).

zusammen denselben Text beten können.[33] Mathis hat hingegen mehr und mehr davon gelöst und in großer Freiheit selbstständig zusammengestellt, was ihm für die Laien sinnvoll erschien. (3) Vor allem hat Mathis die Vigil Services als gelingende Weise angesehen, Kenntnis und Verständnis der Bibel beim Volk zu fördern. In der National Liturgical Week, einer für die Liturgische Bewegung in den USA zentralen jährlichen Versammlung,[34] sagte Mathis 1950 in einer Diskussion:

> Dem Volk werden die Heiligen Schriften vor allem durch die Liturgie gebracht. Diese Methode hat den Vorteil, dem Volk eine gewisse Interpretation der Schriften zu geben, die sie hören. [...] Das war freilich nichts anderes als die alte Methode der Kirche. Sie las die Schriften öffentlich und erklärte sie dann öffentlich.[35]

Ähnlich äußerte er sich in der Liturgical Week 1955.[36] In einem Brief beschrieb er den Wert seiner Vigil Services sowohl historisch als auch vom Blickwinkel des Bibelverständnisses aus:

> Für viele Jahrhunderte erfüllte die Vigil nicht nur für den Klerus sondern auch für die Laien die liturgische Funktion, Gottes Wort in der Atmosphäre zu hören, die dem Volk Gottes sowohl im Alten als auch im Neuen Testament entspricht, nämlich inmitten seines Lobpreises und des Gebetes zu ihm. Das war die übliche Samstagabendvorbereitung für den Sonntag, um alle Katholiken für den göttlichen Heilsplan aufmerksam zu halten.[37]

---

[33] Vgl. P. Parsch, Breviererklärung, 472f. 477.

[34] Vgl. dazu G. Mullen, Participation.

[35] Eigene Übersetzung. Ausführlicheres Original: »How are we going to bring back scripture to the people? Not by sticking their noses in the book of Sacred Scripture! The people will be brought the sacred scriptures very largely through the liturgy. This message has the advantage of giving the people some interpretation of the scriptures they listen to. [...] this of course is nothing else than the old method of the Church. She read the scriptures publicly and then explained them publicly. That is what we must do.« (zitiert nach G. E. Schidel, Never too much, 19).

[36] Vgl. ebd.

[37] Eigene Übersetzung. Ausführlicheres Original: »Another important value of this participation in the prayer life of the Church is that for many cen-

Für Mathis wurde der liturgische Kontext zentral für das Verständnis und die Auslegung der Heiligen Schrift. Dass hier eine wichtige Parallele zum Grundanliegen von Pius Parsch besteht, braucht keine Erläuterung.[38]
Anfangs orientierte sich Mathis noch mehr an den Psalmen der Matutin des Breviers, doch später wählte er (außer im Triduum paschale) jene Psalmen aus, die in der Messe (als Teile) verwendet wurden. Damit erreichte er eine größere Variation – im vorkonziliaren Brevier wurden ja jede Woche dieselben Psalmen gebetet –, verkürzte er das Gebet für die Laien und vor allem konnten die Vigil Services so besser auf die Messe vorbereiten.[39] Wegen dieser Änderungen fehlte eine einheitliche Struktur. Während er bei den Psalmen auf Kürzung bedacht war, wollte er bei den Lesetexten, also bei den Schriftlesungen und bei den Erklärungen der Kirchenväter zum Sonntagsevangelium in der dritten Nokturn, auf eine Längung hinaus: Die Verkürzungen, die im mittelalterlichen Brevier (von lat. *brevis*: kurz) vorgenommen wurden, machte er rückgängig, um die größeren Textauszüge zu Gehör zu bringen und kommentieren zu können.[40] Seine Vigil Services enthielten auch Kommentare, die sich auf die meist christologisch erklärten Psalmen, auf die Lesungstexte oder auf den Sonntag im Allgemeinen beziehen konnten. Hier ist er seinem Inspirator Parsch sehr nahe. Am vierten Fasten-

turies the vigil supplied not only the clergy but also the laity with a common liturgical function to hear God's word in the atmosphere proper to God's people both in the Old and in the New Testament, namely, in the midst of His praises and prayer to Him. It was the usual Saturday night preparation for the Sunday […] to keep all Catholics alert to the divine plan of salvation as expressed in God's written word and as interpreted in the divine tradition. Some part of that plan is always the background of any particular Sunday.« (Zitiert nach G. E. Schidel, Never too much, 19).

38 Vgl. etwa M. Benini, Entdeckung. Vgl. zum liturgischen Kontext bei der Auslegung in den Predigten Ders., Predigt.

39 Vgl. zum Ablauf und zur Entwicklung S. Myers, Mathis, 231–240, hier bes. 234f.

40 Vgl. ebd., 238f. Myers zeigt aber auch, dass die Erweiterungen maßvoll waren.

sonntag integriert er ein langes wörtliches Zitat von Pius Parsch, das die Lesung zusammenfasst und Moses beim Exodus mit Christus an Ostern vergleicht.[41] Es wäre noch mehr anhand der Texte selbst zu prüfen, wie sehr Mathis sich an Parsch wirklich textlich anlehnt, auch wenn man freilich nicht immer wird leicht unterscheiden können, was er direkt von Parsch übernommen hat, was aus anderen Quellen stammt und was schlicht aus der eigenen Beschäftigung mit den liturgischen und patristischen Texten erwachsen ist. Am Ende seines Vigil Service steht eine längere Erläuterung, die er mit »Immediate Preparation for Mass« überschrieb. Darin fasst er seinen Kommentar in eine Botschaft des Sonntags bzw. Festes zusammen, die sich aus den liturgischen Texten der Vigil und auch der Messe ergibt.

Zusätzlich zu den Vigil Services wollte Mathis auch gesungene Laudes und Vesper in englischer Übersetzung fördern, doch konnte er dies nicht mehr verwirklichen.[42] Auch Parsch sah die Mette mit Bibellesung und Laudes und Vesper als Morgen- und Abendgebete als Inhalte eines Laienbreviers an.[43]

1.3 Die Gründung des Liturgy Programs in Notre Dame

Sicher noch bedeutender als die Vigil Services war Mathis' zweites großes Liturgieprojekt: die Gründung des Liturgy Program an der Universität von Notre Dame, das bis heute besteht.[44] Nach Verhandlungen mit der Ordens- und der Universitätsleitung gelang es Mathis, im Sommersemester 1947 ein undergraduate program einzurichten. Als Professoren dienten wichtige Protagonisten der Liturgischen Bewegung in den USA. Drei von ihnen stammten aus Deutschland: Thomas Michels aus Maria Laach, H. A. Reinhold aus Hamburg und Martin Hellriegel

[41] Vgl. ebd., 245; P. Parsch, Jahr, 210f.
[42] Vgl. ebd., 258–260.264.
[43] Vgl. P. Parsch, Breviererklärung, 474.
[44] Vgl. mit Entwicklung, Beschreibung und Einordnung in andere amerikanische und europäische Studienmöglichkeiten S. Myers, Mathis, 51–217.

aus Heppenheim; drei waren Amerikaner: Godfrey Diekmann,[45] Gerald Ellard und Edmund Kestel. Im folgenden Jahr kam ein Programm auf dem graduate level hinzu.[46] In den folgenden Jahren kamen explizit internationale Liturgiewissenschaftler nach Notre Dame. Josef Andreas Jungmann veröffentlichte seine 1949 dort gehaltene Vorlesung zur Liturgiegeschichte bis Gregor dem Großen erst auf Englisch, bevor das deutsche Original erschien.[47] Im Jahr 1950 kamen Balthasar Fischer aus Trier, der die Vorlesung zum christlichen Verständnis der Psalmen hielt,[48] und Jean Daniélou aus Paris, der zur biblischen Theologie der Sakramente bei den Vätern las. Dadurch wurde das Thema Bibel und Liturgie in diesem Jahr prominent vertreten[49] und blieb auch später ein wichtiger Baustein.[50] In den folgenden Jahren unterrichteten weitere international renommierte Liturgiewissenschaftler: Louis Bouyer (1952,[51] 1956, 1960), Pierre-Marie Gy (1954), Johannes Hofinger (1954, 1955, 1957, 1958), H. A. Reinhold (1948, 1950, 1952), Martin Hellriegel (1955), Christine Mohrmann (1956, 1958–1960), Boniface Luykx (1953, 1958–1960) und Josef Goldbrunner (1958–1959).[52] Die Vorlesungen wurden teilweise als Bücher in der *Liturgy Studies Series* herausgegeben, wobei einige zwar geplant, aber nicht verwirklicht wurden,[53] vor allem weil er ab 1952 in die

45 Er nahm 1931–32 an der Benediktinerakademie für liturgische und monastische Studien in Maria Laach teil. Vgl. K. Hughes, Diekmann, 59–61.

46 Vgl. S. Myers, Mathis, 55–63.

47 Vgl. J. A. Jungmann, Liturgy; Ders., Liturgie.

48 Die Vorlesung basiert auf seiner (unveröffentlichten) Habilitation zum »Psalmenverständnis der Alten Kirche bis Origenes«; vgl. A. Heinz, Balthasar Fischer, 134. Die angekündigte Publikation als »The Psalter as Christian Prayer Book« unterblieb (vgl. S. Myers, Mathis, 155). Vgl. später B. Fischer, Psalmen.

49 Vgl. J. Daniélou, Bible; die englische Übersetzung wurde in Notre Dame herausgegeben: The Bible and the Liturgy (Liturgical Studies 3), Notre Dame 1956.

50 Vgl. S. Myers, Mathis, 88. Vgl. L. Bouyer, Meaning.

51 Vgl. L. Bouyer, Piety (Vorlesung im Jahr 1952); vgl. S. Myers, Mathis, 84.

52 Vgl. S. Myers, Mathis, 72.

53 Vgl. ebd., 150–158, bes. 153 Anm. 61.

Übersetzung der amerikanischen Collectio Rituum (»American Ritual«) involviert war.[54] Das undergraduate program verkleinerte sich zusehends zugunsten des graduate program.[55]
Zusätzlich zu den universitären Vorlesungen spielte die Liturgie selbst eine zentrale Rolle, weil neben der täglichen *Missa cantata* (mit Predigt) anfangs fast das gesamte Stundengebet zusammen verrichtet wurde.[56] In den folgenden Jahren wurden die Horen verringert. Die Vigil Services nahmen einen wichtigen Platz ein.
Die Zahl der Studierenden nahm jährlich zu. Bemerkenswert ist auch die Steigerung bei Ordensfrauen: 1957 waren 75 Schwestern eingeschrieben, was knapp die Hälfte aller Studierenden ausmachte. Dies unterstreicht ihre Bedeutung in der amerikanischen Liturgischen Bewegung.[57]
Die Gründung des Liturgy Program hat nicht unmittelbar mit Pius Parsch zu tun. Da Mathis aber der Initiator und die treibende Kraft dieses Programms war – ohne seine Zähigkeit[58] und seinen Einsatz hätte es sich so wohl nicht entwickelt –, kann man sagen, dass es ohne die Lektüre von Parschs *Das Jahr des Heiles* nicht entstanden oder zumindest nicht in dieser Form geprägt worden wäre. Neben dem gemeinsamen vitalen Interesse an Bibel und Liturgie, das Mathis und Parsch teilen, ist der Grundansatz von Mathis »to promote participation through understanding«[59] eine weitere Gemeinsamkeit mit Parsch.

---

[54] Vgl. ebd., 338–352. Auch das kann als eine gewisse Parallele zu Parschs Ausgabe des Rituale gesehen werden.
[55] Vgl. ebd., 76.
[56] Vgl. ebd., 63–65. 92–94.
[57] Vgl. ebd., 65–67. 94–97, hier bes. 96f. Vgl. auch T. Berger, Worship, 101f.
[58] Vgl. N. Höslinger/T. Mass-Ewerd (Hg.), Zähigkeit.
[59] R. J. Kennedy, Mathis Pioneer, 22.

2. Hermann Joseph Untraut – Ein Beispiel früher Parsch-Rezeption

Kurz soll noch ein zweites Schlaglicht auf die Parsch-Rezeption in den USA angefügt werden, das anstelle des akademischen im seelsorglichen Kontext steht: Pfarrer Hermann Joseph Untraut (1854–1941). Er ist auch insofern interessant, als sein Buch aus dem Jahr 1925[60] ein Beispiel für sehr frühe Parsch-Lektüre in USA ist.

In Meckenbeuren in Baden-Württemberg geboren, studierte er zunächst in Beuron (1872–74), dann im von Beuron gegründeten Priorat Maredsous. Die Brüder Maurus und Placidus Wolters hatten bekanntlich Beuron unter dem Einfluss von Solemnes, wo sie studiert hatten, gegründet und der Liturgie wie dem gregorianischen Gesang hohe Bedeutung zugemessen. Dies dürfte den jungen Studenten geprägt haben, der aber dann zu den Zisterziensern in Mehrerau (1876/77) und schließlich ins Priesterseminar nach Eichstätt ging. 1882 emigrierte er – wie viele andere Deutsche – nach Wisconsin und wurde Priester der Diözese La Crosse.[61] Er war in mehreren Pfarreien, unter anderem in einer deutschsprachigen Pfarrei, eingesetzt.[62] 1920, nach fast vierzig Jahren im Pfarrdienst, wurde er Spiritual für Schwestern und Krankenhausseelsorger in Marshfield.[63] Stets der deutschen Sprache auch in den USA verbunden, die er erhalten wissen wollte, entwickelte er nun ein Interesse für die Liturgische Bewegung in Deutschland und Österreich und las dabei die Schriften von Pius Parsch, die zu diesem frühen Zeitpunkt noch quantitativ überschaubar waren. Untraut führte bei den Schwestern die Gemeinschaftsmesse[64] und Gregorianischen

60 Das Imprimatur wurde am 27. November 1925 erteilt.
61 Vgl. M. G. Henry, Cultures, zu den Anfängen seiner Biographie 95–99.
62 Vgl. ebd., 118.
63 Vgl. ebd., 122–128.
64 Vgl. dazu H. J. Untraut, Liturgische Bewegung, 8.

Choralgesang ein und gab ihnen liturgische Erklärungen.[65] Sein Interesse ging so weit, dass er 1925 das Buch »Die liturgische Bewegung. Ein Beitrag zu ihrer besseren Würdigung« verfasste und im Selbstverlag herausgab, weil er hoffte, das Interesse für die liturgische Erneuerung bei den deutschen Einwanderern zu fördern.[66] Das Buch ist im Grunde eine engagierte Werbeschrift für die Liturgische Bewegung, die er durch Rekurs auf die Päpste Pius X., Pius XI. und Benedikt XV. sowie durch Beschreibung der deutschsprachigen bzw. europäischen Aufbrüche zur Nachahmung in den USA empfiehlt und gegen Kritik verteidigt. Besonderen Wert legte er dabei auf die Gemeinschaftsmesse,[67] weil sie die tätige Teilnahme der Gläubigen, auch der Kinder, durch den stärkeren Gebrauch der Volkssprache und durch Singen ermöglichte. Ebenso war ihm die Erschließung der Eucharistie anhand des Messbuchs ein Anliegen. Dafür legte er vor allem die Ausführungen von Joseph Kramp SJ (1886–1940), der im Buch häufig genannt wird,[68] und gelegentlich auch das Handbuch der katholischen Liturgik[69] des Eichstätter Liturgieprofessors Valentin Thalhofer (1825–1891) zugrunde, den er bei seinem Studium in Eichstätt kennengelernt haben musste.[70] Untraut schwärmt von der Liturgischen Bewegung vor allem in Österreich, etwa von der wiederholt genannten liturgischen Priestertagung in Wien (1924)[71] und von liturgischen Abenden für Laien.[72] Ein Kapitel widmet er der »volksliturgischen Meßfeier« in Klosterneuburg und beschreibt detailliert ihren Ablauf

[65] Vgl. ebd., 127.
[66] Vgl. M. G. Henry, Untraut, 126.
[67] Vgl. dazu ebd., 184–187.
[68] Vgl. ebd., 131–146.
[69] Vgl. V. Thalhofer, Handbuch; R. Malcherek, Liturgiewissenschaft.
[70] M. G. Henry, Untraut, 154–159 hebt auch die Leib-Christi-Ekklesiologie, die Bedeutung von Gabenprozession und Kommunion innerhalb der Messe sowie des Opfercharakters der Messe bei Thalhofer als Einflüsse auf Untraut hervor.
[71] H. J. Untraut, Liturgische Bewegung, 25.65.71.92.
[72] Vgl. ebd., 25.

und die beteiligten Personen (Priester, Vorbeter, Sänger und Volk): »Dies ist die volksliturgische Meßfeier, wie sie im Stift Klosterneuburg gehalten wird. Dr. Parsch, Chorherr des Stiftes, erklärte auf der liturgischen Tagung in Wien, daß sich diese Form bewährt hat.«[73] Er gibt das Referat Parschs wieder, ergänzt es mit knappen Hinweisen auf ähnliche Bemühungen und Publikationen wie das Büchlein »Die Chormesse« aus Maria Laach und andere Schriften dieser Art. Im Kapitel zur »Entstehung und Entwicklung der liturgischen Bewegung« spricht er wieder besonders von Österreich. Sei es zwar »immer ›behind the times‹ gewesen«, gelte dies aber nicht bei der Liturgischen Bewegung.[74] Österreich »kann anderen Ländern, auch Amerika, als Beispiel dienen«[75]. Er nennt einzelne Protagonisten wie Karl Rudolf (1886–1964) und andere, bevor er deutlich ausführlicher Parsch biographisch einführt und seine Arbeit schildert.[76] Obwohl er in Beuron studiert hat, von dem aus auch Maria Laach gegründet worden ist, behandelt er Deutschland in einem einzigen Satz (»Ähnlich im deutschen Reich und anderen Ländern«), um dann zu fragen: »Und in Amerika? Leider bis jetzt nur sporadisch, mehr unter entmutigenden als ermunternden Verhältnissen.«[77]

Untraut zitiert Parsch außerdem einleitend in seinem Buch mit Blick auf das Kirchenjahr, wenn er schreibt: »Die Kirche ist durch das Kirchenjahr die beste Seelenführerin, die mit pädagogischem Takt die Gotteskinder emporführt, alle Saiten der Seele anschlägt und die ganze Skala der Motive spielen läßt. (Dr. Pius Parsch.)«[78] Auch wenn das Kirchenjahr in Untrauts Buch quantitativ im Vergleich zur Messe eine eher untergeordnete Rolle (vor allem im Anhang) spielt,[79] hebt er die Einführung in das

[73] Ebd., 67.
[74] Ebd., 68.
[75] Ebd., 69.
[76] Vgl. auch J. Schmiedl, Pius Parsch.
[77] H. J. Untraut, Liturgische Bewegung, 71.
[78] Ebd., 6.
[79] Vgl. ebd., 100–105; M. G. Henry, Untraut, 192–194.

Kirchenjahr hervor: »Es muß, wie Dr. Parsch sagt, wieder in das Verständnis der Feste und Zeiten des Kirchenjahres, der Meßformulare der einzelnen Sonn- und Festtage eingeführt werden. Wie lohnend wären solche ›liturgische Predigten‹ und Vorträge.«[80] Er schließt sich auch explizit der Klage Parschs an, dass »die Haupthandlung – das Meßopfer – in seinem Wesen, in seinen Handlungen und Zeremonien wenig richtig bekannt« ist.[81] Ähnlich wie Parsch hatte auch Untraut die Bedeutung der Heiligen Schrift für die Liturgie betont, auch wenn er hier nicht Parsch zitiert oder auf ihn verweist.[82] Gleiches gilt für Untrauts Hoffnung, dass das Brevier wieder »ein Gebetbuch für alle Christen« werden soll.[83] Zusammenfassend hält Miranda Gail Henry in ihrer Dissertation über Untraut fest: »While he looked to Kramp for theological guidance, Untraut turned to the example of Parsch for inspiring lessons in the practical implementation of the liturgical apostolate.«[84]
Interessant sind im Kontext der amerikanischen Rezeption der Liturgischen Bewegung (unabhängig von Parsch) auch die Ausführungen zur sozialen Frage,[85] die in den USA virulent war und die Liturgische Bewegung dort mehr beschäftigt hat als im deutschen Sprachgebiet.[86] Er geht auf die Gleichheit von Arm und Reich vor Gott ein und schreibt im Kontext des aus der Übung gekommenen Opfergangs, den es wieder einzuführen gilt, etwas idealisierend: »Die brennende soziale Frage der Gegenwart wäre leicht zu lösen, oder vielmehr sie existierte gar nicht, wenn alle Gläubigen nach Vorschrift und im Geist der

---

80 H. J. Untraut, Liturgische Bewegung, 90. Vgl. auch M. G. Henry, Untraut, 152f.

81 H. J. Untraut, Liturgische Bewegung, 90.

82 Vgl. bes. H. J. Untraut, Liturgische Bewegung, 49–52; M. G. Henry, Untraut, 149–152.

83 Vgl. H. J. Untraut, Liturgische Bewegung, 72–75, hier: 75; M. G. Henry, Untraut, 189–191.

84 M. G. Henry, Untraut, 154.

85 Vgl. dazu ebd., 178–184.

86 Vgl. etwa K. F. Pecklers, Vision, 81–149.

Kirche dem öffentlichen Gottesdienste, zumal der Feier des heiligen Opfers, anwohnen würden.«[87] Diese Aussage ist vor allem dahingehend aufschlussreich, dass die Frage von »Social Justice« in den USA offenbar von Anfang an mit der Liturgie zusammengesehen wurde, wie es auch Virgil Michel (1890–1938)[88] tat.[89] Untraut stand mit Virgil Michel in Briefkontakt und empfahl ihm 1927 Parschs »ausgezeichnet[es]« Buch *Das Jahr des Heiles*.[90]

3. Englischsprachige Bibliographie von Pius Parsch und Forschungsperspektiven

Bisher wurde die Rezeption Parschs in USA anhand von zwei Protagonisten untersucht und man kann diesen Weg sicher mit zahlreichen anderen Akteuren der amerikanischen Liturgischen Bewegung weitergehen.[91] Weil zahlreiche Protagonisten der Liturgischen Bewegung in den USA entweder direkt aus Deutschland ausgewandert waren oder deutsche Wurzeln hatten (wie beide Beispiele zeigten) und daher Deutsch problemlos lesen konnten, haben sie Parsch im Original lesen können. Die größere Verbreitung hat Parsch aber sicher durch die Übersetzungen erhalten.

Hilfreich ist sicher auch der Blick auf Übersetzungen seiner Werke samt ihrer Entstehungsdaten. Von seinen Werken wurden ins Englische übersetzt:

---

[87] H. J. Untraut, Liturgische Bewegung, 29. M. G. Henry, Untraut, 179 Anm. 51 weist darauf hin, dass es sich um ein wörtliches Zitat aus V. Thalhofer, Handbuch 1, 245 handelt; vgl. auch R. Malcherek, Valentin Thalhofer, 136. Bezeichnend ist dennoch, dass Untraut genau diese Stelle ausführlich zitiert.

[88] Vgl. P. Marx, Virgil Michel; J. Hall, Stature; R. W. Franklin/R. L. Spaeth, Virgil Michel; H. Duff, Virgil Michel.

[89] Vgl. etwa V. Michel, Liturgy; K. F. Pecklers, Vision, 124–137.

[90] M. G. Henry, Untraut, 126 (Brief vom 11.1.1927).

[91] Hilfreich sind die beiden Sammelbände K. Hughes (Hg.), Foundation, und R. L. Tuzik (Hg.), Foundation.

1. *The Liturgy of the Mass*, translated by Frederic C. Eckhoff; with a foreword by John J. Glennon, St. Louis: B. Herder 1936; 3rd revised edition, translated and adapted by Harold E. Winstone, Introduction by Clifford Howell, 1957; sine loco: Forgotten Books 2022. = Meßerklärung.
2. *Study the Mass*, translated by William Busch, Collegeville: Liturgical Press 1941; 3rd edition 1943; revised illustrated edition 1953. = Kurze Meßerklärung.
3. *Know and Live the Mass. A Popular Explanation of the Holy Sacrifice of the Mass*, New York: Catholic Book Pub. Co. 1952. = Lernet die Messe verstehen.
4. *The Breviary Explained*, translated by William Nayden and Carl Hoegerl, London: B. Herder Book Co. 1952. = Breviererklärung.
5. *The Church's Year of Grace*, translated by Daniel Francis Coogan, Jr. and Rudolph Kraus, 5 vol., Collegeville, Minn. Liturgical Press, 2nd edition 1953–58;[92] revised edition in 5 volumes, Collegeville: Liturgical Press 1962–63.[93] = Das Jahr des Heiles.
6. *Seasons of Grace*, translated by Harold E. Winstone, New York: Herder and Herder 1963 (Betrachtungen zum Kirchenjahr).
7. *Sermons on the Liturgy for Sundays and Feast Days*, Milwaukee: Bruce 1953 (auch 1965). = Die liturgische Predigt, Bd. 5.
8. *The Living Parish*, St. Paul: Catechetical Guild Educational Society 1955, © 1950. = Lebendige Pfarrgemeinde.
9. *We are Christ's Body*, translated and adapted by Clifford Howell, Notre Dame, Ind.: Fides Publishers 1962 (Predigten).

[92] Die Erstauflage wird in OF 21 (1947), 374 angekündigt.

[93] Volume 1: Advent to Candlemas; volume 2: Septuagesima to Holy Saturday; volume 3: Easter to Pentecost; volume 4: June, July, August; volume 5: September, October, November. Hinweis: »Vols. 2–3 are 2d edition. Vols. 2–4: revised according to the directives for the simplification of the rubrics and the restored Holy Week liturgy.«

10. *The Parish Bible Class*, translated by Harold E. Winstone, Collegeville, Minn. Liturgical Press 1963. = Wie halte ich Bibelstunde? (1951).
11. *Learning to Read the Bible*, Collegeville, Minn.: Liturgical Press 1963.[94] = Wie lerne ich Bibel lesen? (1958).

Neben den Buchpublikationen sind auch etliche Aufsätze von Parsch etwa in *Orate fratres* (OF), der von Virgil Michael herausgegebenen Zeitschrift, übersetzt worden,[95] wobei auch Kürzungen, Anpassungen etc. vorgenommen worden sind.

1. Pius Parsch, From Other Lands: Liturgical Action in Austria. History of the Liturgical Movement in Austria, in: OF 5 no 3 (25 Jan 1931) 126–130, and no 4 (22 Feb 1931) 176–182.[96]
2. Pius Parsch, The Liturgical Year in the Parish, in: OF 11 no 12 (31 Oct 1937) 561–565; aus: BiLi 11 (1937) 497–506.
3. Pius Parsch, From Other Lands: Nature and Purpose of the Divine Office, in: OF 12 no 12 (30 Oct 1938) 557–560; aus: BiLi 5 (1930/31) 13–15.
4. Pius Parsch, From Other Lands: The Breviary as the Hour-Prayer, in: OF 13 no 1 (27 Nov 1938) 22–27, and no 2 (25 Dec 1938) 72–78; aus: BiLi 5 (1930/31) 33–35.63–67.
5. Pius Parsch, From Other Lands: The Psalter, in OF 13 no 4 (19 Feb 1939) 169–173, and no 5 (19 Mar 1939) 219–222; aus: BiLi 5 (1930/31) 89–94.
6. Pius Parsch, From Other Lands: The Weekly Psalter of the Roman Breviary, in OF 13 no 6 (16 Apr 1939) 270–274; aus: BiLi 5 (1930/31) 131–134.
7. Pius Parsch, From Other Lands: The Versicle Prayers of the Breviary, in: OF 13 no 7 (14 May 1939) 311–316 aus: BiLi 5 (1930/31) 188–192.

---

[94] Hinweis: »A reprint from the November issue of The Bible Today.«
[95] Vgl. K. HUGHES (Hg.), Foundation, 204f.
[96] Vgl. auch A. HAMMENSTEDE, Report.

8. Pius Parsch, From Other Lands: The Antiphons, in: OF 13 no 8 (11 June 1939) 361–366; aus: BiLi 5 (1930/31) 265–269.
9. Pius Parsch, From Other Lands: The Responsory, in: OF 13 no 9 (23 July 1939) 406–411; aus: BiLi 5 (1930/31) 308–311.
10. Pius Parsch, From Other Lands: The Readings, in: OF 13 no 10 (3 Sep 1939) 455–460; aus: BiLi 5 (1930/31) 334–338.
11. Pius Parsch, The Care of Souls Today, in: OF (29 Oct 1939) 534–539 (»freely adapted [by Dom Virgil Michel] from an article in *Bibel und Liturgie*, Vol XII, n. 8«).
12. Pius Parsch, Lenten Sermons, in: OF 15, no 4 (4 Feb 1941) 180–183 (»adapted from an article in *Bibel und Liturgie*, February, 1940« = BiLi 15 [1940] 55–58).
13. Pius Parsch, Liturgy and Pastoral Work, in: OF 21 no 8 (15 Jun 1947) 337–342.[97]
14. Pius Parsch, Intensive or Extensive Pastoral Care?, in: OF 21 no 10 (07 Sep 1947) 433–438.
15. Pius Parsch, Towards Christian Inwardness, in: OF 21 no 12 (02 Nov 1947) 535–540.
16. Pius Parsch, How to Interpret Seasons, in: OF 22 no 1 (30 Nov 1947) 1–5.
17. Pius Parsch, Sunday Sermons, in: OF 22 no 3 (25 Jan 1948) 101–108.
18. Pius Parsch, »No Mass without communion«, in: OF 24 no 11 Oct 1950 (»Freely translated from Bibel und Liturgie July–August 1949, 97–104«).

Auch in anderen Zeitschriften wurde Parsch übersetzt:

19. Pius Parsch, The New Renaissance of Biblical Studies in the Roman Catholic Church, in: Theology Today 10 (1 April 1953) 45–52. Der Text ist aus der spanischen Zeitschrift Criterio 25 no 1160 (27.3.1952) übersetzt worden.

[97] Auch in der Rubrik »Liturgical Briefs« ist Parsch genannt: OF 21 (1947) 373–375 (mit Ankündigung künftiger Artikel von Parsch in OF; der angekündigte Artikel »Prayer for Lay People« findet sich allerdings nicht). 469.570.

Ebenso sind Rezensionen über Parschs Bücher interessant bzw. andere Bücher, die mit Parschs Publikationen verglichen werden:

- G. J. R., »Pius Parsch, Das Jahr des Heiles: Klosterneuburger Liturgiekalender für immerwährenden Gebrauch/ Weihnachtsteil«, in: OF 8 no 4 (February 1934), 190f.
- G. J. R., »Die lebendige Pfarrgemeinde, Bericht über die dritte Wiener Seelsorger-Tagung, 26.–29. Dezember 1933«, in: OF 8 no 9 (28 July 1934), 427 (über Parschs Vortrag »Die Pfarre als Mysterium«).
- G. L. D., »Athanasius Miller, Die Psalmen: neu bearbeitet nach der zehnten Auflage in der Ecclesia Orans«, in: OF 8 no 9 (28 July 1934), 428f.
- »Pius Parsch, The Liturgy of the Mass«, in: American Ecclesiastical Review 96 no 5 (May 1937), 555f.
- »Benedikt Baur, Werde Licht! Liturgische Betrachtungen an den Sonn- und Wochentagen des Kirchenjahres,« in: OF 12 no 4 (20 February 1938), 190f.
- William Otterwell Brady, »Pius Parsch, Le guide dans l'annee liturgique«, in: OF 12 no 5 (20 Mar 1938), 237–239.
- Anonym, »Pius Parsch, Die liturgische Predigt. Wortverkündigung im Geiste der Liturgischen Erneuerung Bd. 2: Die Liturgischen Evangelien-Homilien«, in OF 24 no 2 (Jan 1950), 95f.
- Michael I. Gannon, »Pius Parsch, Seasons of Grace«, in: Worship 37 no 10 (Nov 1963), 669f.
- John L. Kelly, »Pius Parsch, Sermons on the Liturgy«, in: American Ecclesiastical Review 153 no 1 (Jul 1965), 52f.

Es wäre anhand einer solchen Liste zu prüfen, welche Beiträge von Parsch übernommen bzw. rezensiert wurden, um möglicherweise Kriterien abzuleiten, die (unbewusst) bei der Rezeption in den USA angewandt wurden.

Außerdem enthalten Artikel in *Orate fratres* beiläufige Anmerkungen über Parsch, die ebenfalls für seine Rezeption in den USA aufschlussreich sind:

1. William Busch, On Liturgial Reforms, in: OF 11 no 8 (13 June 1937), 352–357.
2. Hans Ansgar Reinhold, Timely Tracts: The German Lesson, in OF 19 no 9 (29 July 1945), 411–416.
3. Hans Ansgar Reinhold, Timely Tracts: Bible and Liturgy, in OF 22 no 7 (1 May 1948), 315–318.

Auch Parschs Tod wurde selbstverständlich in einem Nachruf in Orate fratres gewürdigt.[98] Eine bemerkenswerte Seitennotiz mag seine Wertschätzung in den USA unterstreichen. Bei einer anlässlich der erfolgten Seligsprechung von Pius X. (3. Juni 1951) organisierten Pilgerfahrt (»Blessed Pius X Pilgrimage«) wird Klosterneuburg besucht, um am Pfingstsonntag 1954 dort die Messe zu feiern und dabei auch das Grab von Parsch zu besuchen.[99]

Die Bibliographie erhebt keinen Anspruch auf Vollständigkeit. Auch andere Zeitschriften wie etwa *The Bible Today*, ebenfalls in Collegeville herausgegeben, oder *Catholic Biblical Quarterly*, *Homiletic and Pastoral Review* und *American Ecclesiastical Review* wären auf Referenzen zu Parsch zu prüfen; Artikel von ihm scheinen jedoch nicht enthalten zu sein. Im jüngst erschlossenen Pius-Parsch-Archiv in Klosterneuburg sind außerdem vier Briefe aus den USA zu finden, die offenbar Reaktionen auf seine Veröffentlichungen sind.[100] Die Bibliographie und die beiden Beispiele Michael Mathis und Hermann Joseph Untraut dürften deutlich gezeigt haben, dass es sich lohnt, der Spur der Parsch-Rezeption in den USA (und in anderen Ländern) in Zukunft nachzugehen.

---

[98] Vgl. G. Diekmann, Pius Parsch.

[99] Vgl. OF 28 no 6 (May 1954) 326. Anschließend wird Fronleichnam in Maria Laach und Herz Jesu in Montmartre in Paris begangen.

[100] Francis Murray bittet 1949 um Abdruckerlaubnis für einen Artikel aus »Lebe mit der Kirche« für das American Ecclesiastical Review. Zwei amerikanische Frauen schreiben ihm Berichte aus der eigenen Pfarrei und eine Schwester aus St. Louis bittet um Erklärungen zu den Propriumsgesängen und der Sonntagsvesper als Gemeinschaftsfeier (alle 1952). Vgl. L. Gangoly/A. Redtenbacher (Hg.), Pius-Parsch-Archiv, 92. 112f. 122f.

BENINI, Marco: Die liturgische Predigt bei Pius Parsch, in: Pius PARSCH, Die liturgische Predigt. Grundlegung. Neu eingeleitet von M. Benini (PPSt 19), Freiburg i. Br. 2021, 7*–28*.

– DERS.: »Große Entdeckung: Die Bibel ist sakramental.« Zu Pius Parschs Wort-Gottes-Theologie und seinen liturgischen Predigten, in: Andreas REDTENBACHER/Daniel SEPER (Hg.), Die Liturgietheologie von Pius Parsch. Klosterneuburger Symposion 2021 (PPSt 18), Freiburg i. Br. 2022, 174–199.

– DERS.: Liturgiewissenschaft in internationaler Vernetzung. Perspektiven und ortskirchliche Relevanz, in: TThZ 131 (2022) 286–305.

– DERS.: From the Liturgical Movement to Pope Francis's Desiderio Desideravi: Frederick McManus and his German Colleagues United in Liturgical Formation and Reform, in: The Jurist 79 (2023) 433–458.

BERGER, Teresa: Women's Ways of Worship. Gender Analysis and Liturgical History, Collegeville/MN 1999.

BOUYER, Louis: The Meaning of Sacred Scripture, trans. M. Perkins Ryan (Liturgical Studies 5), Notre Dame 1958.

– DERS.: Liturgical Piety, Notre Dame 1955.

DANIÉLOU, Jean: Bible et liturgie. La théologie biblique des sacrements et des fêtes d'après les Pères de l'Église, Paris 1951 (englische Übersetzung: The Bible and the Liturgy [LiSt 3], Notre Dame 1956).

DIEKMANN, Godfrey: Dr. Pius Parsch, in: OF 28 no 6 (May 1954), 311f.

DUFF, Howard: Virgil Michel's approach to the American liturgical movement through his writings in Orate Fratres (1926–1939). Villanova University ProQuest Dissertations Publishing, 2016.

FISCHER, Balthasar: Die Psalmen als Stimme der Kirche. Gesammelte Studien zur christlichen Psalmenfrömmigkeit, hg. von Andreas Heinz, Trier 1982.

FRANKLIN, R. W./SPAETH, Robert L.: Virgil Michel. American Catholic, Collegeville 1988.

GANGOLY, Lukas/REDTENBACHER, Andreas (Hg.): Das Pius-Parsch-Archiv Klosterneuburg. Quellen – Potential – Erschließung (PPSt 21), Freiburg i. Br. 2023.

GÜLDEN, Josef: Vorwort des Herausgebers (1955), in: Pius PARSCH, Jahr des Heiles. Neu eingeleitet von Harald Buchinger (PPSt 7), Würzburg 2008, 27–30.

HALL, Jeremy: The Full Stature of Christ: The Ecclesiology of Virgil Michel OSB, Collegeville 1976.

HAMMENSTEDE, Albert: Report on the Liturgical Movement in Germany, in: OF 6 no 3 (24 Jan 1932) 125–130, and no 4 (4 Feb 1932) 165–172.

HEINZ, Andreas: Balthasar Fischer (1912–2001): Professor der Liturgiewissenschaft im Dienst der Kirche und der Erneuerung ihres Gottesdienstes, in: TThZ 120 (2011) 129–149.

HENKELMANN, Andreas: Globalisierungsgeschichten: Eine deutsch-amerikanische Perspektive auf die Entstehung der Liturgischen Bewegung in den USA, in: ALW 52 (2010) 317–337.

HENRY, Miranda Gail: Between Two Cultures: Fr. Hermann Joseph Untraut (1854–1941) and his Pioneering Efforts in the Liturgical Movement in Wisconsin. ProQuest Dissertations Publishing (online) 2003.

HÖSLINGER, Norbert/MAAS-EWERD, Theodor (Hg.): Mit sanfter Zähigkeit. Pius Parsch und die biblisch-liturgische Erneuerung, Klosterneuburg 1979.

HUGHES, Kathleen (Hg.): How Firm a Foundation. Voices of the Early Liturgical Movement, Chicago 1990.

– DIES.: The Monk's Tale: A Biography of Godfrey Diekmann, O.S.B., Collegeville 1991.

JUNGMANN, Josef Andreas: The Early Liturgy to the Time of Gregory the Great (Liturgical Studies Series 6), Notre Dame 1959.

– DERS.: Liturgie der christlichen Frühzeit bis auf Gregor den Großen, Freiburg (Schweiz) 1967.

KENNEDY, Robert J.: Michael Mathis: American Liturgical Pioneer (AELi 5), Washington, D. C., 1987.

– DERS.: Michael Mathis: Magnificent Latecomer, in: Robert L. TUZIK (Hg.), How Firm a Foundation. Leaders of the Liturgical Movement, Chicago 1990, 160–166.

KWATERA, Michael: Pius Parsch: Evangelist of the Liturgy, in: Robert L. TUZIK (Hg.), How Firm a Foundation. Leaders of the Liturgical Movement, Chicago 1990, 29–35.

MALCHEREK, Reinhold: Liturgiewissenschaft im 19. Jahrhundert. Valentin Thalhofer (1825–1891) und sein »Handbuch der katholischen Liturgik« (LQF 86), Münster 2000.

MARX, Paul: Virgil Michel and the Liturgical Movement, Collegeville 1957.

Mathis, Michael A.: A Vigil Preparation for the Masses of Six Feasts With a Brief Commentary, o. O. 1946.

– Ders.: Vigil Service for Advent, Christmastide, and Epiphany Season, Notre Dame 1956.

Michel, Virgil: The Liturgy the Basis of Social Regeneration, in: OF 9 (1935) 536–545.

Mullen, Godfrey: Participation in the Liturgy. The National Liturgical Weeks 1940–1962, Washington ProQuest Dissertations Publishing (online) 2003 (The Catholic University of America).

Myers, Sean: The Contribution of Michael Mathis, C.S.C., to the Liturgical Movement in the United States (dissertation online), Notre Dame 2017.

Parsch, Pius: Aus dem Gebetbuch der Kirche, Bd. 1: Stundengebet der heiligen Kirche. Ein liturgisches Laiengebetbuch, Klosterneuburg [3]1931.

– Ders.: Das Jahr des Heiles. Klosterneuburger Liturgiekalender für immerwährenden Gebrauch, Bd. 2: Osterteil, Klosterneuburg 1932.

– Ders.: Breviererklärung. Mit einer Einführung von A. Zerfaß (PPSt 15), Freiburg i. Br. 2018.

Pecklers, Keith F.: The Unread Vision: The Liturgical Movement in the United States of America 1926–1955, Collegeville 1998.

Schidel, George E.: Never Too Much: In Memoriam: Rev. Michael Ambrose Mathis, C.S.C (1885–1960), in: YLS 3 (1962) 3–34.

Schmiedl, Joachim: Pius Parsch und die Anfänge der Ökumenischen Bewegung, in: Andreas Redtenbacher (Hg.), Liturgie als Gnade und Rechtfertigung. Pius Parsch und die Liturgische Bewegung in ökumenischer Perspektive (PPSt 14), Freiburg i. Br. 2018, 9–22.

Thalhofer, Valentin: Handbuch der katholischen Liturgik, 2 Bde., Freiburg i. Br. 1883–1893.

Tuzik, Robert L. (Hg.), How Firm a Foundation. Leaders of the Liturgical Movement, Chicago 1990.

Untraut, Hermann Joseph: Die liturgische Bewegung: Ein Beitrag zu ihrer besseren Würdigung, Marshfield 1925.

Zerfass, Alexander: Das Brevier als Gebetbuch des Volkes? Einführung zur Breviererklärung Pius Parschs, in: Pius Parsch, Breviererklärung. Mit einer Einführung von A. Zerfaß (PPSt 15), Freiburg i. Br. 2018.

Benedikt Legat

Abt Benedikt Reetz, der unermüdliche Apostel für die Osternacht

Der Verfasser ist Benediktiner in der Abtei Seckau und Lehrer für Katholische Religion im Abteigymnasium Seckau. Er schloss 2022 das Studium an der Phil.-Theol. Hochschule Benedikt XVI. Heiligenkreuz mit einer Diplomarbeit über Abt Benedikt Reetz ab, die hier in verkürzter Form vorgestellt wird.

1. Hinführung zum Thema

Abt Benedikt Reetz OSB († 1964) war als vierter Abt der Abtei Seckau ein innerer und äußerer Baumeister, der den Fortbestand des Klosters Seckau nach einer Zeit der Krise sicherte. Das Hauptaugenmerk seines Wirkens galt der feierlichen Liturgie, die er als Medikament für die Nöte seiner Zeit ansah: »[…] so scheint Gott unserer Zeit als Heilmittel anzubieten, die erneute Liebe zur hl. Liturgie, dem Gottesdienst der hl. Kirche.«[1] Reetz setzte sich zum Ziel, den Gläubigen den Reichtum der Liturgie zu erschließen, damit sie aktiv am Gottesdienst teilnehmen können. Bereits in seinen ersten Amtsjahren richtete er daher eine Eingabe an die österreichischen Bischöfe, damit diese das *Apostolat der Liturgie* förderten,[2] um das religiöse Leben wieder zu beleben: »[…] welch ein Segen wäre es, wenn das Volk aktiv teilnehmen könnte wie ehemals an seiner Opferfeier: mitbeten, mitsingen, mitopfern und mitkommunizieren. Wenn das Volk mehr Freude hätte an seinem Gottesdienst, dann hätte es auch

[1] AEB, Nachlass EA Benedikt Reetz, Liturgie II,1, Eingabe. An die Konferenz der Hochwürdigsten Herrn Bischöfe von Oesterreich.

[2] Handschriftlich ist bei der Eingabe das Jahr 1928 mit einem Fragezeichen vermerkt. Vgl. ebd.

mehr Freude an der Religion.«[3] Die Überzeugung, dass die Liturgie die wichtigste Quelle für die Erneuerung der Kirche ist, verdankte Reetz nach persönlicher Einschätzung neben dem Studium vor allem der Bekanntschaft mit dem Laacher Abt Ildefons Herwegen OSB († 1946) und den Publikationen von P. Odo Casel OSB († 1948).[4] Für ihn resultierte daraus:

> Persönlich konnte ich gar nicht anders, als mich selber im Geiste der Liturgie zu formen, als viele Konferenzen und Ansprachen über die Liturgie und aus ihrem Geiste heraus zu halten, als meine Feder und mein Wort in den Dienst dieser hohen Aufgabe zu stellen, als den Versuch zu machen, die Jugend für die Liturgie zu begeistern und vor allem unsere Basilika und dem liturgischen Leben in ihr meine Aufmerksamkeit und meine besten Kräfte zu schenken.[5]

Reetz war in Österreich eine wichtige Persönlichkeit der Liturgischen Bewegung und »hat auf die liturgische Erneuerungsbewegung in Österreich größten Einfluss genommen. Seine Abtei war gerade unter seiner Führung ein Zentrum liturgischen Lebens geworden«[6]. Pius Parsch († 1954) schrieb schon an den Vorgänger von Reetz, Abt Suitbert Birkle († 1926):[7]

> Erlaube mir Ihnen, Euer Gnaden, meinen liturgischen Kalender ergebenst zu übersenden. Gleichzeitig musste ich meiner Freude Ausdruck geben, daß Ihre Abtei mehr wie bisher für die liturgische Erneuerung in Österreich arbeiten will. Seien Sie versichert, daß ich, soweit es in meiner Macht liegt, Ihre Bestrebungen eifrig unterstützen werde. Ich stehe mit Maria Laach, Beuron und Bertholdstein in Fehring, würde mich freuen, wenn ich auch mit Ihrer Abtei in engere Verbindung treten dürfte.[8]

---

3 Ebd.
4 Vgl. B. Reetz, Christi vices agere, 10f.
5 Ebd., 11.
6 A. Schwab, Erzabt Dr. Benedikt Reetz, 81.
7 Es handelt sich wahrscheinlich um den frühesten Kontakt von Parsch mit Seckau. Den Brief hat der Verfasser unverhofft in einem Buch in der Bibliothek von Seckau gefunden.
8 AAS, Abt Dr. Suitbert Birkle (190), Briefwechsel, Brief von Pius Parsch an Abt Suitbert Birkle OSB vom 27.01.1926.

Der folgende Artikel stellt eine Zusammenfassung der Diplomarbeit *Verlebendigung der Liturgie*[9] des Verfassers dar. Viele der Initiativen von Reetz sind in Seckau noch in Erinnerung, doch manche mit einer gewissen Unschärfe. Wann wurde der frühe Altar *versus populum* in der Basilika aufgestellt? War seine Eingabe in Rom für die Rückgewinnung der Osternacht tatsächlich die erste Bitte an den Heiligen Stuhl?[10] Hat Reetz gar die Feier der Ostervigil vor der Erlaubnis eigenmächtig in die Nacht verlegt? Hat Rom ihn für ein solches vorschnelles Handeln ermahnt? All diese Fragen um das Wirken von Reetz im Kontext der Liturgischen Bewegung sollen im Licht der Historie betrachtet und festgehalten werden. Anstatt des geläufigen Begriffs *Liturgische Bewegung* wird im Artikel der *terminus technicus Liturgische Erneuerung* verwendet, den Reetz in Übereinstimmung mit Herwegen weitgehend verwendete.[11]

2. Biografie

Johannes Baptist Reetz wurde am 14. März 1897 im Ort Ripsdorf in der Eifel geboren.[12] Er wuchs in einer kinderreichen Familie auf, deren Vater ein Gasthaus führte. Die Mutter arbeitete neben der Sorge um die zehn Kinder in der Landwirtschaft und im Gasthaus mit. Reetz führte seine Leidenschaft für die Liturgie auf seine Mutter zurück. Er hielt über seine Mutter fest, dass sie

> fast jeden Tag die Zeit [fand], der heiligen Messe beizuwohnen und […] uns Kinder durch Wort und Beispiel dazu an[hielt]. Als wir einen neuen Pfarrer bekommen hatten, war sie am nächsten Morgen deshalb unglücklich, weil er nicht schön die Messe feiere […] In der Kirche gefiel ihr über allem polyphonen Gesang, über allen Kirchenliedern der Choral, weil er, wie sie sagte, der frömmste sei.[13]

[9] B. Legat, Verlebendigung.
[10] Vgl. R. Messner, Gottesdienst, 325.
[11] Vgl. F. Kolbe, Liturgische Bewegung, 40.
[12] Vgl. A. Recheis, Abt Benedikt Reetz, 5.
[13] B. Reetz, Christi vices agere, 10.

Von 1909 bis 1914 besuchte Reetz die Klosterschule in der Abtei Saint André bei Brügge (Belgien), die für den Ordensnachwuchs der brasilianischen Benediktinerkongregation gegründet worden war. Im Zuge des Ersten Weltkrieges musste er als deutscher Schüler Belgien verlassen und kam im Mai 1916 an die Oblatenschule in Seckau. Bereits im November rückte er als Soldat ein und war in Frankreich in mehrere Gefechte involviert. Im Mai 1917 konnte er die Kriegsmatura am Akademischen Gymnasium in Graz ablegen. Nach Kriegsende begann Reetz im Mai 1919 in der Abtei Seckau das Noviziat als Frater Benedikt. Die Profess legte er am 5. Juli 1921 ab und studierte Philosophie in Seckau und Theologie an der Hochschule Sant'Anselmo in Rom. Seine Studien in Rom schloss er mit dem Doktor der Theologie ab[14] und wurde am 14. September 1924 in Seckau vom Nuntius Enrico Sibilia († 1948) zum Priester geweiht. Als Kaplan wurde Reetz in die Abtei St. Matthias in Trier gerufen, welche der zweite Abt von Seckau, Laurentius Zeller OSB († 1945), mit einem Teil des Konvents wiederbesiedelt hatte. Nachdem der dritte Abt von Seckau plötzlich gestorben war, änderte sich das Leben von Reetz entscheidend. Am 5. März 1926 wählte ihn der Konvent von Seckau als zweitjüngsten Wahlberechtigten zum Abt. Nachdem Papst Pius XI. († 1939) die doppelte Dispens vom Lebensalter und von den Jahren der Mönchsprofess erteilt hatte, wurde Reetz am 21. März 1926 in St. Matthias in Trier zum Abt von Seckau geweiht.[15] Reetz war mit 29 Jahren der jüngste Benediktinerabt weltweit geworden.[16] Als Wahlspruch wählte er den gleichen wie Abt Theodor Néve OSB († 1963) von Saint André: *Christi vices agere* (Die Stelle Christi vertreten; RB 2,2). In seinen Jugendjahren hatte Reetz dessen Abtsweihe erlebt und verehrte den Abt als Vorbild. Im ersten Jahr als Abt traf Reetz die wegweisende und kühne Entscheidung, die Neulandtagung mit 600

[14] Reetz schrieb seine Dissertation über den *Limbus puerorum*.
[15] Vgl. A. Recheis, Abt Benedikt Reetz, 5–7.
[16] Vgl. B. Roth, Seckau, 61.

jungen Teilnehmern zum ersten Mal in Seckau willkommen zu heißen. Weitere Treffen des Bundes Neuland, der eng mit der Liturgischen Erneuerung verbunden war, fanden in Seckau statt.[17] Unter der Leitung von Reetz konnte sich die Abtei Seckau eines ungeahnten Aufstiegs erfreuen. Zahlreiche Gebäude wurden renoviert, ein neues Elektrizitätswerk gebaut sowie eine Druckerei und ein Verlag gegründet. Die Kirche wurde 1930 durch päpstliches Dekret zur *Basilika minor* erhoben. Das besondere Anliegen von Reetz galt der Klosterschule, dessen Direktor und Internatsrektor er einige Jahre war. Dem Abteigymnasium wurde 1931 das Öffentlichkeitsrecht verliehen. Im Jubiläumsjahr 1933 war der Konvent unter seiner Leitung auf eine Größe von 91 Mönchen angewachsen.[18] Für die Benediktinerklöster im ehemaligen Jugoslawien wurde Reetz 1937 zum apostolischen Visitator ernannt. Im gleichen Jahr und 1947 wurde er vom Äbtekongress der Benediktiner in Rom zum Sekretär der Versammlung bestellt. Ein Herzensanliegen von Reetz war die religiöse Erziehung der Jugend. Studenten, Alt- und Jungakademiker, Jugendgruppen wie Neuland kamen nach Seckau, wo er aus der Liturgie schöpfend den jungen Christen in den politischen Umbrüchen Orientierung gab.

Kurz nach dem sogenannten *Anschluss* Österreichs wurde Reetz als Direktor des Abteigymnasiums enthoben und der Schule das Öffentlichkeitsrecht entzogen. Die Aufhebung des Klosters erfolgte am 8. April 1940, indem die Geheime Staatspolizei Graz das Kloster beschlagnahmte und die Mönche der Steiermark verwies. Reetz verteilte die 86 Mitglieder der Gemeinschaft auf andere Klöster der Kongregation und begab sich selbst in die Erzabtei St. Martin in Beuron, später weilte er in Baden-Baden. Nach fünf Jahren Krieg und Verbannung konnte Reetz mit Hilfe der Franzosen am 2. September 1945 nach Seckau zurückkehren, wo ihn bereits heimgekehrte Mitbrüder

---

[17] Vgl. A. Recheis, Abt Benedikt Reetz, 8.
[18] Vgl. ebd., 7.

empfingen.[19] Es folgten arbeitsintensive Jahre des äußeren und inneren Wiederaufbaus von Kloster und Schule. Im Laufe der Zeit wurden viele Klostergebäude und die Kirche renoviert. Unter Reetz, der ein Förderer der Kunst war, wurde im Kloster von Br. Bernward Schmid OSB († 2010) eine Gold- und Silberschmiede eröffnet und Herbert Boeckl († 1966) malte eine Kapelle aus. Der Abt war neben seinen literarischen Veröffentlichungen in Liturgie, Dogmatik und Pädagogik vor allem ein gesuchter Prediger in zahlreichen Städten Österreichs. Seit der Gründung des *Institutum Liturgicum* 1946 in Salzburg bis 1957 war er Mitglied des Institutes, bei dessen Sitzungen er seine Überlegungen einfließen ließ.[20]

Abt Benedikt Reetz

Nach 31 Jahren als Abt von Seckau wurde Reetz zu einer Veränderung gerufen. Der Konvent von Beuron wählte ihn am 18. Juli 1957 zum Erzabt. Da Reetz schon in jungen Jahren Abt von Seckau geworden war, nahm er trotz des wehmütigen Abschieds die neue Aufgabe bereitwillig an. In Beuron durfte er mit dem Konvent das 100-Jahr-Jubiläum der Benediktiner in Beuron begehen. Im Jahr 1960 wurde er zum Präses der Beuroner Kongregation gewählt, was seine äbtliche Verantwortung auf viele Klöster ausdehnte.[21] Als Präses der

[19] Vgl. B. Roth, Seckau, 61.
[20] Vgl. A. Schwab, Erzabt Dr. Benedikt Reetz, 81.
[21] Vgl. A. Recheis, Abt Benedikt Reetz, 9f.

Kongregation war es ihm möglich, an den ersten drei Sitzungsperioden des Zweiten Vatikanischen Konzils als Konzilsvater teilzunehmen. Die Anwesenheit und Arbeit am Konzil bildeten in gewisser Weise den Höhepunkt seines geistlichen Wirkens. Reetz wurde als Mitglied der Kommission für Fragen des Ordenslebens bestellt und meldete sich in den Sitzungen immer wieder mündlich oder schriftlich zu Wort. Er vertrat einen besonnenen Fortschritt und belebte seine lateinischen Reden mit dem ihm eigenen Humor. So hatte seine humorvolle und schlagfertige Antwort auf die heftige Rede des Erzbischofs John Carmel Heenan († 1975) von Westminster[22] nicht nur die Aufmerksamkeit der Weltpresse zur Folge, sondern auch eine freundschaftliche Einladung der englischen Bischöfe.[23]
Am 28. Dezember 1964 wurde Reetz bei einem Spaziergang in Beuron abrupt aus seinem irdischen Leben gerissen. Ein Auto konnte aufgrund von Schneeglätte nicht mehr halten und erfasste den Erzabt tödlich.[24] Reetz war von seinem Charakter her nicht nur der hierarchische Abt seines Klosters gewesen, sondern wandte

> seine Vaterliebe und Vatergüte in schlichter und warmer Herzlichkeit rückhaltlos allen zu, die ihm nahe kamen und ihm dadurch auch schon nahestanden. Als Lehrer, Priester, Prediger und Abt kannte er keine wirksamere Pädagogik, keine bessere Kunst der Menschenführung, als durch Ermunterung und Ermutigung das Gute im anderen zum Besseren zu steigern und das Bessere zum Besten.[25]

Seine große Liebe zur Liturgie wurde durch das Vorbild seiner Mutter grundgelegt und durch seine Schulzeit in der Abtei Saint

[22] Auf die Zurechtweisung der Periti (theologische Berater) aus dem Ordensstand durch Heenan antwortete Reetz mit Humor und spitzer Zunge, dass Ordensleute keineswegs Weltflüchtige seien. Die Kritik von Heenan laufe ins Leere, da ja gerade in Großbritannien der Glaube von Mönchen verkündigt wurde! Vgl. M. Quisinsky, Der Beuroner Erzabt Benedikt Reetz , 176f.
[23] Vgl. P. Gordan, Gedenkblatt für Reetz, 64–66.
[24] Vgl. A. Recheis, Abt Benedikt Reetz, 11.
[25] P. Gordan, Gedenkblatt für Reetz, 67.

André vor allem im Choralgesang vertieft.[26] Darüber hinaus wurde die Bedeutung der Liturgie für Reetz durch das Studium und die Bekanntschaft mit Herwegen und Casel entfaltet. In seinem äbtlichen Wirken konnte diese Leidenschaft zur Liturgie sich entfalten und fruchtbar werden für viele Menschen.

3. Reetz' Interpretation von *Mediator Dei* und die Frage zur Mysterientheologie

Nach einer Zeit der Krise in der Liturgischen Erneuerung, wo von verschiedenen Seiten Ängste und Befürchtungen über die Bewegung geäußert wurden, sprach Papst Pius XII. († 1958) mit seiner Liturgieenzyklika 1947 wegweisende Worte.[27] Reetz referierte über die Aussagen von *Mediator Dei* in Salzburg vor der liturgischen Kommission unter dem Präsidium des Linzer Bischofs Josef Fliesser († 1960). Da seine Ausführungen allgemeinen Beifall fanden, veröffentlichte Reetz seine Zusammenfassung der Enzyklika und seine Interpretation im Klerusblatt.[28] Reetz schrieb über das ersehnte Papstschreiben: »Nun ist das Wort des Papstes über Liturgie und liturgische Erneuerung gesprochen, ein Wort, das schon lange von allen erwartet wurde, ob sie nun Freunde und Förderer oder Gegner und Bekämpfer der liturgischen Erneuerung sind.«[29] Die Worte von Pius XII. waren sowohl an Freunde wie Gegner der liturgischen Erneuerung gerichtet, der Papst erklärte: »Es sollen jedoch die Trägen und Lässigen nur nicht meinen, Wir wären mit ihnen zufrieden, weil Wir die Irrenden tadeln und die Allzukühnen zügeln; noch sollen die Unklugen es für sich als Lob deuten, wenn Wir die Nachlässigen und Säumigen zurechtweisen.«[30] Reetz sah in *Me-*

26 Vgl. B. Reetz, Christi vices agere, 10.
27 Vgl. W. Haunerland, Liturgische Bewegung, 182–186.
28 Vgl. AEB, Nachlass EA Benedikt Reetz, Liturgie II,6, Brief an Fürsterzbischof Rohracher vom 31.07.1948.
29 B. Reetz, Mediator Dei, 57.
30 Pius XII., Mediator Dei, 11.

diator Dei die kirchliche Annahme der liturgischen Erneuerung, denn der Papst »sagt Ja zu den großen Erfolgen und zu den wesentlichen Anliegen der liturgischen Erneuerung und er sagt Nein zu manchen Übertreibungen und zu jeder Exklusivität, d. h. zur Ablehnung der außerliturgischen Frömmigkeit«[31]. Der Artikel von Reetz stellt daher größtenteils das Positive der Liturgischen Erneuerung dar, was einen unbekannten Verfasser in der nächsten Ausgabe des Klerusblattes auf den Plan rief, der besonders die Verurteilungen des Papstes hervorhob.[32] Neben den Auseinandersetzungen über die rechte Interpretation von *Mediator Dei* in Bezug auf die Mysterientheologie zeigte Reetz die wichtigsten Aussagen der Enzyklika zur Liturgiesprache zur aktiven Teilnahme zum Choral und zu einer »übertriebene[n] und ungesunde[n] Altertumssucht«[33] auf. Reetz bemerkte in seinem Artikel, dass Pius XII. den gegensätzlichen Positionen im Schluss, wie schon in der Einleitung, eine Richtung weist: »Er [der Papst, Anm. d. Verf.] hoffe, daß die trägen Gegner der Liturgieerneuerung durch seine Ermunterung dazu bewegt werden, sich eifriger mit der Liturgie zu beschäftigen. Er hoffe aber auch, daß die liturgisch Bewegten das rechte Maß einhalten.«[34] Für Reetz bestand die Bedeutung der Liturgieenzyklika für die Liturgische Erneuerung darin, dass sie:

> Abschluß und Neuanfang für die liturgische Bewegung sein wird. Wenn auch viel vor Übertreibungen gewarnt wird, so wäre es doch ganz verkehrt, wenn man das übersehen würde, worauf es dem Papst vor allem ankommt: neuen Fluß hineinzubringen in die liturgische Erneuerung, die aktive Teilnahme an den Mysterien zu fördern und liturgische Frömmigkeit an die erste Stelle zu setzen.[35]

---

[31] B. Reetz, Mediator Dei, 57.
[32] Vgl. A. Sch., Mediator Dei, 66f.
[33] Pius XII., Mediator Dei, 43.
[34] B. Reetz, Wort, 203.
[35] Ebd.

Zur Frage, ob in *Mediator Dei* auch etwas über die Mysterientheologie ausgesagt worden war, schrieb Reetz in seinem Artikel im Klerusblatt:

> So wie der obige Text dasteht, ist diese Lehre sicher nicht verurteilt, sondern die Ausdrücke der Enzyklika liegen ganz auf der Linie der Mysterienlehre. Der eigentliche Kern der Mysterienlehre ist definiert durch den Glaubenssatz, daß Christus wahrhaft, wirklich und wesentlich, mit Leib und Seele, mit Gottheit und Menschheit in der Eucharistie gegenwärtig ist. Aber mehr als das ist definiert: auch die Opfertat Christi am Kreuz wird gegenwärtig, wie jeder katholische Christ glauben muß. Von dieser Definition der Gegenwärtigsetzung des Erlösungsmysteriums am Kreuz bis zur Gegenwart des ganzen Erlösungswerkes, des totum opus redemptionis, ist nur ein Schritt. Meines Erachtens spricht unsere heilige Liturgie nicht so, ›als ob‹ diese Mysterien der Erlösung gegenwärtig wären, sondern sie rechnet in ihren Texten mit der mystischen, d. h. sakramentalen (nicht historischen) Gegenwart der Erlösungsmysterien.[36]

Diese und andere Stellen in seinem Artikel führten zu einer Anzeige beim hl. Offizium[37] in Rom durch einen Leser.[38] Das hl. Offizium schrieb an den Fürsterzbischof Andreas Rohracher von Salzburg († 1976) und warf Reetz vor, den Sinn und die Gedanken der Enzyklika nicht getreu dargestellt zu haben. Die römische Kongregation verlangte deshalb die wörtliche Wiedergabe der Enzyklika.[39] Nach der Bitte von Rohracher um die Bekanntgabe der einzelnen Stellen, in denen Reetz vom Sinn der Enzyklika abgewichen war, sandte die Kongregation am 25. November 1948 einen detaillierten Brief. Die Interpretation von Reetz, dass die Enzyklika »ganz auf der Linie der Myste-

[36] B. Reetz, Mediator Dei, 58.

[37] Heute: Dikasterium für die Glaubenslehre.

[38] Reetz war sich sicher, dass ihn P. Johann Umberg SJ in Rom anzeigte, da die Jesuiten in Innsbruck gegen die Mysterienlehre kämpften. Vgl. AEB, Nachlass EA Benedikt Reetz, Liturgie II,6, Brief an P. Eligius Dekkers OSB vom 25.04.1949.

[39] Vgl. AEB, Nachlass EA Benedikt Reetz, Liturgie II,6, Brief von Fürsterzbischof Rohracher vom 30.06.1948.

rienlehre«[40] liege, dürfte wohl seinem Wunsch einer Annahme der Mysterienlehre entsprungen sein. Das hl. Offizium bemängelte an den Nummern 19 und 20 seines Artikels:

> [...] der Autor [gibt] den Sinn der Enzyklika nicht getreu wieder. Denn jener zitiert die Worte: »Die Mysterien [...] sind unablässig gegenwärtig, sie sind anwesend und wirken«, die gleichsam derjenigen Lehre zustimmen, die lehren, dass die Mysterien im liturgischen Kult nicht historisch gegenwärtig sind, aber mystisch und sakramental, dennoch wirklich.[41]

Die Kongregation wies darauf hin, dass der ganze Text der Enzyklika zu betrachten sei, da dort ebenfalls stehe:

> Die Mysterien sind nicht in der ungewissen, nebelhaften Weise, von der gewisse neue Autoren sprechen, sondern wie es katholische Lehre ist. Denn nach der Auffassung der Kirchenlehrer sind sie sowohl Vorbilder der christlichen Vollkommenheit, als auch kraft der Verdienste und Fürbitte Christi Quelle der göttlichen Gnade. In ihrer Wirkung dauern sie in uns, ist doch jedes von ihnen je nach seiner Eigenart Ursache unseres Heils.[42]

Für die Mysterientheologie lag der Kern in der »sakramentale[n] Vergegenwärtigung der einmaligen Heilstat Jesu«[43] und nicht nur darin, dass die Wirkung der Mysterien fortdauert. Da sich der zitierte Text der Enzyklika im Abschnitt über das Kirchenjahr befand, sah man nicht die ganze Mysterientheologie verworfen, sondern nur das Festmysterium.[44] Sollte mit den Worten des Papstes die Mysterienlehre Casels gemeint gewesen sein, so folgerte Reetz: »Dann besteht im Grunde genommen gar kein Unterschied mehr darin, ob ich den Rosenkranz bete:

[40] B. Reetz, Mediator Dei, 58.

[41] AEB, Nachlass EA Benedikt Reetz, Liturgie II,6, Brief des hl. Offizium an Fürsterzbischof Rohracher vom 25.11.1948.

[42] Pius XII., Mediator Dei, 93.

[43] J. Betz, Eucharistie, 1151.

[44] Vgl. AEB, Nachlass EA Benedikt Reetz, Liturgie II,6, Brief von P. Emmanuel v. Severus OSB vom 09.05.1949.

der von den Toten auferstanden ist, oder ob ich das Mysterium der Auferstehung an Ostern feiere.«[45]

Beim ersten Kritikpunkt wurde im Schreiben des hl. Offiziums angeführt, dass Reetz richtig wiedergegeben habe, dass der Papst einen »Gegensatz zwischen einer objektiven und subjektiven Frömmigkeit zurückgewiesen hat«[46]. Reetz erwecke aber den Anschein, dass dies nicht nur auf den liturgischen Kult, sondern auch auf die außerliturgische Frömmigkeit zu beziehen sei. Er führte in der 22. Frage seines Artikels dazu aus:

> Der Heilige Vater empfiehlt die außerliturgischen Formen der Frömmigkeit, aber er befiehlt sie nicht. Darin sehen wir einen fundamentalen Unterschied zwischen liturgischer und außerliturgischer Frömmigkeit, von denen die erste Pflicht und die zweite Rat ist. Soll man den Rat zur Pflicht machen? [...] Spannungen entstehen immer dann, wenn die Räte zur Pflicht gemacht werden. Strenge Pflicht ist Teilnahme an den Mysterien Christi durch die Sakramente, strenge Pflicht ist für jeden Christen die Teilnahme an der sonntäglichen Meßfeier, strenge Pflicht ist das österliche Bekenntnis der Sünde und die österliche Kommunion [...]. Daneben eröffnet sich nun ein weites Betätigungsfeld für Priester und Laien in der mehr oder weniger intensiven und extensiven Teilnahme an der liturgischen Feier des Kirchenjahres und an all den Andachten und Übungen, die die heilige Kirche uns empfiehlt.[47]

Zu diesen Ausführungen über die Differenzierung vom Rat zur außerliturgischen Frömmigkeit und der Pflicht zur Liturgie antwortete das hl. Offizium:

> Ohne Zweifel sind zurückzuweisen, das was vom Autor in n. 22 unter e) behauptet wird, dass die Unterscheidung zwischen Rat und Pflicht, gleichsam »Rat und Werke der Frömmigkeit, welche mit der hl. Liturgie nicht eng verbunden sind«, sie seien lobenswert, aber nicht notwendig wie es jenes Schreiben der Enzyklika lehrt.[48]

---

45 AAS, Präses (70), 1933–1953, Brief an Abtpräses Bernhard Durst OSB vom 09.03.1949.

46 AEB, Brief des hl. Offizium.

47 B. Reetz, Mediator Dei, 58.

48 AEB, Brief des hl. Offizium.

Die Kongregation zitierte abschließend die Worte aus der Enzyklika, dass die außerliturgische Frömmigkeit »einfachhin notwendig«[49] ist. Dass Reetz am Schluss dieser Frage schrieb, der Papst habe mit großer Klarheit darüber gesprochen, wurde ebenso zurückgewiesen: »Vor allem aber ist der Autor zu bedauern, weil er an der gleichen Stelle behauptet: ›Der Heilige Vater hätte nicht deutlicher sprechen können‹, um anzudeuten, dass es eine falsche Aussage des Höchsten Pontifex sei.«[50] Hier wurde interpretiert, Reetz hätte angedeutet, der Papst liege mit seiner Ansicht falsch, doch in Wirklichkeit hat er die Enzyklika zugunsten der Ansicht der Liturgischen Erneuerung über die außerliturgische Frömmigkeit ausgelegt.

Für Reetz war es schmerzhaft und unangenehm, dass sein Artikel solche Aufregung über die Mysterienlehre verursachte: »Ich bin natürlich nicht wenig erschrocken über das Unheil, das durch meinen Artikel angeregt worden ist.«[51] Schlussendlich ist die Mysterienlehre von Casel, die viele Theologen weiterentwickelt haben, nach den Worten Jungmanns »durch das Feuer der Kritik hindurchgegangen«[52]. Joseph Ratzinger schrieb im Jahr 1965 über die Mysterientheologie:

> Die vielleicht fruchtbarste theologische Idee unseres Jahrhunderts, die Mysterientheologie Odo Casels, gehört dem Bereich der Sakramententheologie zu, und man kann wohl ohne Übertreibung sagen, daß seit dem Ende der Väterzeit die Theologie der Sakramente keine solche Blüte erlebt hat, wie sie ihr in diesem Jahrhundert im Zusammenhang mit den Ideen Casels geschenkt wurde […].[53]

---

49 Pius XII., Mediator Dei, 25.

50 AEB, Brief des hl. Offizium.

51 AEB, Nachlass EA Benedikt Reetz, Liturgie II,6, Brief an Prof. Matthias Premm vom 11.01.1949.

52 Vgl. J. A. Jungmann, Messe, 17f.

53 J. Ratzinger, Begründung, 5.

So wurde die Mysterientheologie schließlich die »theologische Leitidee der Liturgiekonstitution des Zweiten Vatikanischen Konzils«[54].

4. Bemühungen von Reetz für die Erneuerung der Osternacht

Das folgende Kapitel beleuchtet die Bemühungen sowie das Verdienst von Reetz um die Erneuerung der Osternacht[55]. Vor allem soll überprüft werden, ob die Einschätzung des Kirchenhistorikers Karl Amon und des Liturgiewissenschaftlers Reinhard Meßner zutreffend ist, dass die Abtei Seckau die erste »offizielle Eingabe«[56] beim hl. Stuhl eingebracht hat:

> Die Abtei Seckau gab den ersten Anstoß, indem sie um ein Privileg zur Feier der Osternacht ansuchte, wobei das Gesuch auch von zahlreichen zur Unterschrift eingeladenen Besuchern unterstützt wurde [...] Der steirischen Abtei bleibt der Ruhm, den ersten Schritt zu einer für die Entwicklung der Gesamtkirche entscheidenden, die allgemeine Liturgiereform in mancher neugefaßten Vorschrift schon anmeldenden Erstarbeit ausgelöst zu haben.[57]

Das Empfinden eines Anachronismus bei den liturgischen Feiern des Karsamstages führte Reetz schon früh zum inneren Entschluss, sich für die Rückkehr der Feier der Ostervigil in die

---

54 W. Haunerland, Liturgische Bewegung, 174.

55 Die Osternacht wurde im 12. Jh. bereits um die Mittagsstunden gefeiert, ab dem 14. Jh. stellte sich die Auffassung ein, es genügt, wenn vor der Osternacht die Non gebetet wird. Deshalb wurde die Non bereits in den Morgenstunden gefeiert und darauf folgte die Feier der Osternacht. Der Grund für die verfrühte Feier der Osternacht lag neben Bequemlichkeit vor allem in der abgekürzten Nüchternheit am Fasttag, da man neben der einmaligen Sättigung auch ein Frühstück einnehmen konnte. Seit Papst Pius V. († 1572) wurde diese Vorverlegung der Osternacht von einer Duldung zur allgemeinen Vorschrift. Vgl. J. A. Jungmann, Vorverlegung, 52f.

56 R. Messner, Gottesdienst, 325.

57 K. Amon, Meßreform, 138.

Nacht mit Kräften einzusetzen. Reetz teilte sein Vorhaben Abt Ildefons Herwegen, seinem Vorbild und Lehrmeister im monastischen und liturgischen Leben, brieflich mit:

> Der Widerspruch, der in der Feier der Osternacht am Karsamstag Morgen liegt, kommt mir jedes Jahr immer mehr zum Bewusstsein, und es reift in mir der Entschluss, für die Beseitigung dieses Widerspruches mit allen Kräften zu arbeiten. Wir singen da am frühen Morgen: O vere beata nox; und wenn die Sonne schon hoch am Himmel steht, heisst es: Deus, qui hanc sacratissimam noctem [...]; und nach dem Amte kommt auf einmal wieder die Trauerstimmung im vespere autem sabbati. Doch wozu alle diese Widersprüche aufzählen, die so klar zu Tage liegen und das liturgische Empfinden schwer beleidigen.[58]

Reetz schlug Herwegen bereits 1930 vor, der Benediktinerorden oder die Beuroner Kongregation mögen ein Privileg für die Möglichkeit der Feier in der Nacht bei der Ritenkongregation erbitten. Reetz wird von den großen Gestalten der liturgischen Erneuerung wie Pius Parsch und Odo Casel für die Rückkehr zur Feier in den Nachtstunden begeistert und überzeugt worden sein.[59] Er verfolgte deren Veröffentlichungen und stand mit beiden im Anliegen der Osternacht in Kontakt.[60] Dass er mit dem Generalvikar von Rom über die Sache der Osternacht 1933 sprach, teilte er auch Casel mit:

> Im Frühjahr sprach ich mit dem Kardinalvikar von Rom Marchetti über die Feier der Osternacht. Er selbst ist ganz dafür, und möchte am liebsten gleich damit beginnen. Er schickte mich zum Präfekten der Ritenkongregation, Kardinal Laurenti, den ich aber nicht erreichte.[61]

---

[58] AAML, III A 160/1, Brief an Abt Ildefons Herwegen vom 24.04.1930.

[59] Parsch schrieb 1926 in Bibel und Liturgie, dass er sein Leben lang seine Stimme für die Verlegung der Osternacht erheben werde. Vgl. P. Parsch, Ostern, 193.

[60] Vgl. AEB, Nachlass EA Benedikt Reetz, Verschiedenes VIII/1,18, Brief von Pius Parsch vom 10.02.1950.

[61] AAML, S7/CI, R-S, Brief an Casel vom 22.02.1934.

Dass Reetz bereits 1933 bei der Ritenkongregation für die Osternacht vorsprechen wollte, zeugt von seinem frühen Engagement für das Anliegen. Reetz selbst äußerte sich bei seinem silbernen Abtsjubiläum im Jahre 1951 zu seinen Initiativen für die Osternacht: »Sie alle wissen, wie ich mich auf zwei Äbtekongressen in Rom, durch eine Eingabe an die Ritenkongregation und durch die Feder für die Erneuerung der Osternacht eingesetzt habe.«[62] Für Reetz war es ohne Zweifel das größte Jubiläumsgeschenk, dass er am Sonntag *Laetare*, dem Vorabend seines Wahltages (5. März 1926), die Feier der Erneuerten Osternacht *ad experimentum* verkünden durfte und schließlich die Ostervigil in der Nacht feiern konnte.[63]

4.1 Die Feier der Ostervigil in Seckau vor der Reform von 1951

Im deutschsprachigen Raum wurde nach dem Ersten Weltkrieg die Liturgie der Karwoche von vielen Laien neu entdeckt. Besonders in den Klöstern führte man Akademiker in das Geschehen der Karwoche ein.[64] Parsch schrieb 1926, dass er stets seine Stimme erheben werde, bis die Feier der Osternacht wieder in den Nachtstunden gefeiert wird. Er selbst wartete nicht auf die amtliche Reform, sondern verlegte in St. Gertrud eigenmächtig die Osternacht in die Nachtstunden.[65]

In Seckau ist ab dem Jahr 1926 eine steigende Teilnahme von Ostergästen aus ganz Österreich zu vermerken, vor allem aus akademischen Kreisen.[66] Ausgenommen sind das Jahr 1936[67] und die Jahre 1940–1945, in denen das Kloster von den Natio-

62 B. Reetz, Christi vices agere, 12.

63 Vgl. ebd.

64 Vgl. Th. Bogler, Deutschland, 15.

65 Vgl. P. Parsch, Ostern, 215.

66 Vgl. AAS, Annalen 1921–1939 (6), Annalen 1930, 54.

67 In der Schule und im Kloster waren Fälle von Paratyphus aufgetreten, weshalb die Behörde anordnete zu Ostern keine Gäste aufnehmen zu dürfen. Vgl. AAS, Annalen 1921–1939 (6), Annalen 1936.

nalsozialisten beschlagnahmt worden war.[68] In den Annalen von 1933 ist überliefert, wie man versuchte, für die Liturgie der Ostervigil eine Nachtatmosphäre zu erzeugen. Die Feuersegnung wurde am Karsamstag bereits um 5.00 Uhr morgens angesetzt, anstatt wie üblich um 7.00 Uhr.[69] Für das Jahr 1938 wurde die gleiche Uhrzeit angegeben, damit bei der Segnung des Feuers und der Osterkerze die Symbolik von Nacht und Licht im Halbdunkel zur Geltung komme. Im selben Jahr wurde eine weitere Neuerung für eine Vertiefung des Ostermysteriums verzeichnet: In der sogenannten Auferstehungsfeier wurde zu Beginn die Tauferneuerung eingeführt. Die Auferstehungsfeier am Karsamstagnachmittag war das eigentliche Osterfest der Gläubigen, die – statt an der Ostervigil – daran zahlreich teilnahmen. Nach der Tauferneuerung zog die Versammlung mit dem Allerheiligsten in Prozession durch den Ort.[70] Da Reetz sich stets an die liturgischen Vorschriften hielt, fügte er die Tauferneuerung nicht in die Liturgie der Ostervigil ein, sondern in die Auferstehungsfeier. Der neue Akzent der Feier lief wie folgt ab:

> Nachdem er [Reetz, Anm. d. Verf.] mit seiner Assistenz in den Chor eingezogen war, wandte er sich in zündender Ansprache an die zahlreich erschienenen Gläubigen und forderte sie zum Schluß auf, ihm auf die Fragen des Taufgelöbnisses zu antworten. Gar mächtig schallte dann auch aus aller Mund das »Wir widersagen«! und »Wir glauben«! durchs weite Gotteshaus. Inzwischen näherte sich vom Taufbrunnen her eine kleine Prozession dem Choreingang. In kostbarer Kristallschale brachte der Diakon von dem am Morgen geweihten hl. Wasser herbei. Vater Abt stimmte das »Vidi aquam« an und schritt, während der Mönchschor Antiphon und Psalm weitersang, aspergierend durch die sichtlich ergriffene Menge. Zum Choreingang zurückgekehrt traten nun je zwei Vertreter der einzelnen Stände vor Rms. [= Reverendissimus; Abt, Anm. d. Verf.] hin. An der Osterkerze entzündete er ihre mitgebrachten Kerzen und reichte sie den Einzelnen zurück mit

[68] Reetz verließ am 22.04.1940 als Letzter das Kloster und konnte am 02.09.1945 zurückkehren. Vgl. B. Roth, Seckau, 61.
[69] Vgl. AAS, Annalen 1921–1939 (6), Annalen 1933.
[70] Vgl. AAS, Annalen 1921–1939 (6), Annalen 1938.

den Worten: »Nimm hin das Licht des Glaubens, behüte dieses Licht in Treue, bewahre dir deine Taufe«. Jeder antwortete: »Amen« und trug das brennende Licht zu den Standesgenossen, die an ihm die eigenen Lichtlein entzündeten. Bald war das Innere des Gotteshauses ein großes Lichtermeer und als die Orgel das Lied: »Fest soll mein Taufbund immer stehn« intonierte, sang Groß und Klein in so froher Begeisterung mit, wie mans bisher in Seckau nie gehört hatte. Bei der anschließenden Auferstehungsprozession folgten alle dem Allerheiligsten über den Zellenplatz.[71]

Dieser neue Ritus der Tauferneuerung bei der Auferstehungsfeier zeigt die Möglichkeit, sowohl die Gläubigen zu einem tieferen Verständnis der persönlichen Taufe zu führen, als auch im Rahmen der liturgisch-rechtlichen Möglichkeit zu bleiben. Später wurde bei der Tauferneuerung noch hinzugefügt, dass etwa 30 Theologiestudenten in weißen »Röcklein« das Taufgewand sichtbar trugen.[72] Eine Taufe im Rahmen der Liturgie der Ostervigil dürfte in Seckau allgemein üblich gewesen sein, wie das Jahr 1926 bezeugt.[73] Im Jahr 1938 wurde gegen diese Gewohnheit das Ausbleiben einer Taufe in den Aufzeichnungen beklagt.[74]
Die Zahl der Gläubigen, die aus ganz Österreich für die Karwoche gekommen waren, betrug in den ersten Jahren ab 1926 rund 80 Akademiker,[75] ab 1939 stieg allein die Zahl der Studenten und Studentinnen auf ca. 200 an, sodass die Kirche von jungen Menschen erfüllt war.[76] Von einer wiederentdeckten und aktiv mitgefeierten Liturgie der Ostervigil wird 1948 berichtet: »[…] war besonders eindrucksvoll durch den starken Gesang der Theologen. Die Feier dauerte 4 Stunden, weil nur eine Taufe war. Die

---

71 AAS, Annalen 1921–1939 (6), Chronik der Abtei Seckau über das Jahr 1938, 3f.
72 Vgl. AAS, Annalen 1945–1960 (7), Annalen 1948.
73 Vgl. AAS, Annalen 1921–1939 (6), Annalen 1926.
74 Vgl. AAS, Annalen 1938.
75 Vgl. AAS, Annalen 1921–1939 (6), Annalen 1934.
76 Vgl. AAML, III A 160/1, Brief an Abt Ildefons Herwegen vom 25.04.1939.

Kirche war in diesen Tagen ganz von den Gästen, Theol. Studenten, etc. erfüllt.«[77]
Um die aktive Teilnahme der Gläubigen zu steigern wurden in der Karwoche zusätzlich Vorträge über die Liturgie der Karwoche gehalten. 1926 fand eine liturgische Woche zum ersten Mal in Verbindung mit einer Veranstaltung der katholischen Akademiker in Seckau statt. Auf Bitten von Pius Parsch wurde über die liturgische Woche ein Zeitungsbericht verfasst.[78] In den Vorträgen sprach P. Chrysostomus Baur OSB († 1962) über die Mettentrilogie und P. Virgil Redlich OSB († 1970) führte die Zuhörer in die kultische Kunst, in die Gemeinschaftsgedanken des Gründonnerstages sowie in die Karfreitags- und Osterliturgie ein.[79] Im gleichen Jahr folgten noch zwei weitere Tagungen und der Akademikerverband gedachte »die Abtei Seckau zu einer ständigen Zentrale liturgischer Veranstaltungen zu machen«[80]. Aus einem erhaltenen Manuskript zur Einführung in die Karwoche 1927 geht hervor, wie Reetz den Zuhörern die Feier der Mysterien der Karwoche erschloss. Die Mitfeiernden sollten sich gemäß einem Wort Herwegens wieder an das göttliche Leben anschließen, welches objektiv in der Kirche vermittelt wird.[81] Reetz sprach gegen Ende seiner Ausführungen die Teilnehmer an:

> Sie alle sind für diese Karwoche aus den Gauen Oesterreichs nach Seckau gekommen, um hier in diesen Tagen Anschluss zu suchen an unser liturgisches Leben. Als Haupt heisse ich Sie willkommen. Lassen Sie sich in diesen Tagen einmal führen von der Kirche [...] Durch die Liturgie wird der persönlichste Kontakt mit Gott hergestellt. – Das gilt für die Liturgie eines jeden Tages, gilt besonders für die L.[iturgie, Anm. d. Verf.] der Karwoche.[82]

---

[77] AAS, Annalen 1948.
[78] Vgl. AAS, Liturgie, Sakramente (161), Liturgische Tagungen II, Postkarte von Pius Parsch vom 14.04.1926.
[79] Vgl. N.N., Liturgische Tagung.
[80] Ebd.
[81] Vgl. AEB, Nachlass EA Benedikt Reetz, Kirchenjahr III,4b, Notizen zur Einführung in die Liturgie der Karwoche 1927.
[82] Ebd.

Abt und Mönchen war es ein großes Anliegen, den Gläubigen den Reichtum der Liturgie zu erschließen, wie in dem Manuskript der liturgischen Woche sichtbar wird. Die Seckauer Patres hielten 13 unterschiedliche Vorträge zu liturgischen Themen, wie Liturgie des Karsamstages, tätige Teilnahme des Volkes, Liturgiesprache usw.[83] In anderen Jahren wurden die Vorträge zur Einführung in die Karwoche auch von auswärtigen Priestern bzw. Professoren gehalten. Das prominenteste Beispiel ist der Theologe Hans Urs von Balthasar († 1988), der im Jahr 1939 einen Vortrag in der Karwoche hielt.[84]
So war in Seckau die Feier der Ostervigil bereits vor der Erneuerung der Osternacht 1951 durch unermüdliche Vorträge, Katechesen und Bemühungen der Mönche für zahlreiche Ostergäste lebendig geworden. Die Kirche war bei der Ostervigil nicht mehr durch leere Bänke gezeichnet, sondern von aktiv Mitfeiernden gefüllt. Trotz der langen lateinischen Liturgie fanden die Gläubigen Zugang zur Ostervigil als Hauptfeier von Ostern: »Mater omnium sanctarum vigilarum«[85]. Die Ostervigil war nicht mehr Vorfeier, sodass Ostern bei der sogenannten Auferstehungsfeier oder gar erst am Ostersonntag gefeiert wurde. Dies war zutiefst der Wunsch der Liturgischen Erneuerung bzgl. der Osternacht: Dass die Gläubigen die Osternacht wieder als zentralste Feier des ganzen Jahres wiederfanden.

4.2 Erster Vorstoß von Reetz am Äbtekongress 1937

Im Anliegen der Feier der Ostervigil in den ursprünglichen Nachtstunden tätigte Reetz eine Eingabe an den Äbtekongress der Benediktiner, damit das Anliegen beim Kongress behandelt werde. Der Abtprimas Fidelis von Stotzingen († 1947) teilte daraufhin Reetz die Aufgabe zu, ein Referat zu diesem Thema aus-

83 Vgl. AEB, Nachlass EA Benedikt Reetz, Liturgie II,2, Notizen zu liturgischen Kursen.
84 Vgl. AAS, Annalen 1921–1939 (6), Annalen 1939.
85 H. Auf der Maur, Feiern, 130.

zuarbeiten und vorzutragen.[86] Im Zuge seiner Ausarbeitungen wandte sich Reetz an Casel und bat um dessen Kompetenz:

> Da möchte ich nun gerne Ihre Hilfe in Anspruch nehmen und bitten, mir ihre Wünsche zu sagen und nachzusehen, ob alles stimmt, was ich in Nro I darlege. Vor allem aber hätte ich gerne einige kurze Andeutungen darüber, wann die Feier von der Nacht auf den Vormittag verlegt worden ist.[87]

Am Äbtekongress 1937 fand das Anliegen für die Rückgewinnung der Osternacht die Begeisterung fast aller Äbte. Im Nachlass von Reetz findet sich das Referat selbst nicht mehr, aber eine schriftliche Ausarbeitung zum Anliegen ohne Datierung.[88] Dennoch kam es zum Leid von Reetz unter der Führung des Abtprimas zu keiner gemeinsamen Eingabe für ein Privileg an die Ritenkongregation. Reetz besprach sich nach dem Kongress mit dem ersten Konsultor der Ritenkongregation, der das Ausbleiben der Eingabe ebenfalls bedauerte. Die Ritenkongregation hätte einer Eingabe durch 100 Äbte nicht leicht eine Absage erteilen können.[89] Mit diesem Vorstoß im Jahr 1937 erfüllte Reetz, was ein paar Jahre später Parsch in seinem Werk *Volksliturgie* erdachte:

> Ein Gesuch an den Hl. Stuhl bedarf einer Vorbereitung. In Rom ist man auf diese Bitte noch nicht gefaßt. Erst müßten unsere Bischöfe und Äbte für unser Verlangen gewonnen werden. Da der Benediktinerorden der große Pfleger und Förderer der Liturgie ist, sollten zuerst die Äbte dieses Ordens mit einer solchen Entschließung vorangehen.[90]

---

[86] Vgl. AAML, S7/CI, R-S, Brief an P. Odo Casel vom 13.07.1937.
[87] Ebd.
[88] Vgl. EAB, Nachlass EA Benedikt Reetz, Verschiedenes VIII/1,18, Bitte, die alte Auferstehungs-Liturgie wieder in der Osternacht feiern zu dürfen.
[89] Vgl. AAML, S7/CI, R-S, Brief an P. Odo Casel vom 07.05.1938.
[90] P. Parsch, Volksliturgie, 529.

4.3 Bitte um ein Privileg für die Abtei Seckau an die Ritenkongregation 1947

Im Zuge der Vorbereitungen für den Äbtekongress der Benediktiner 1947 in Rom richtete Reetz seine Themen für die Beratungen an den Abt von St. Paul in Rom, Hildebrand Vannuci OSB († 1955). Der Brief liegt im Archiv der Erzabtei Beuron (AEB) in Italienisch und in seiner deutschen Erstfassung vor.[91] Reetz bittet, das Anliegen der Osternacht wieder in das Gesprächsschema der Beratungen aufzunehmen:

> Schon im Jahre 1937 habe ich eine Eingabe gemacht für die Verlegung der Liturgie des Karsamstags vom Vormittag auf den Abend. Ich bitte diese Frage wieder in das Schema aufzunehmen. Ich werde den konkreten Vorschlag machen, dem Hl. Vater die Bitte zu unterbreiten, er möge dem Benediktinerorden dieses Privileg gewähren. Beim Kongress selber werde ich Gelegenheit haben, den Antrag näher zu begründen.[92]

Das Anliegen wurde erneut ins Plenum gebracht. Reetz, der als einer der Sekretäre vom Kongress bestellt wurde, hielt fest, dass das Anliegen allgemeine Zustimmung fand. Beinahe einstimmig wurde die Frage nach der Ostervigil am Abend oder in der Nacht der liturgischen Kommission übergeben, die eine Eingabe um das Privileg prüfen sollte. Im Protokoll des Kongresses wurde dazu festgehalten:

> In discussione specialem sibi vindicavit attentionem liturgia Sabbati Sancti, de qua iam in Congressu anni 1937 tractatum est. Animadvertit Abbas Seccoviensis iam tunc adfuisse plenam congregatorum unanimitatem quoad rem ipsam et proponit, ut totus Congressus ab ipsa S.R.C. [Ritenkongregation, Anm. d. Verf.] privilegium postulet liturgiam huius diei non mane, sed vespere celebrandi. Omnibus, duobus exceptis, placet Commissionem liturgicam etiam hac de re deliberare, et quando opportunum iudicaverit, privilegium petat.[93]

---

[91] Vgl. AEB, Nachlass EA Benedikt Reetz, Verschiedenes VIII/1,36, Brief an Abt Hildebrand Vannuci OSB vom 08.05.1947.

[92] Ebd., 3.

[93] Congressus Abatum, Protocollum, 26f.

Der Abt teilte diese Ereignisse 1949 dem Fürstbischof von Seckau, Ferdinand Pawlikowski († 1956), in einem Brief mit, da ihn der Bischof zweimal gebeten hatte, er möge für die Bischofskonferenz etwas Material zur Osternacht übermitteln. Nachdem die Nachricht eingetroffen war, dass Kardinal Frings 1949 im Namen der Fuldaer Bischofskonferenz[94] in Rom eine Eingabe getätigt hat,[95] teilte Reetz Pawlikowski seine Initiativen zur Osternacht mit:

> Auf unseren Äbtekongressen in Rom 1937 u. 1947 bemühte ich mich sehr in dieser Angelegenheit und fand die allgemeine Zustimmung. Weil aber keine Eingabe zustande kam, riet mir ein Consultor der Riten-Kongregation, für unsere Abtei die Eingabe zu machen. Das habe ich Ende 1947 getan und sämtliche Konsultoren der Kongregation waren in ihrer Sitzung einstimmig dafür das Privileg zu gewähren. In der Session der Kardinäle macht die Eingabe starken Eindruck, da man sich den Gründen nicht verschliessen konnte [...].[96]

Da keine konkrete Eingabe des Äbtekongresses an die Ritenkongregation erfolgte, entschied sich Reetz dafür, die Bitte um ein Privileg für die Abtei Seckau zu beantragen. Für die Ausarbeitung seiner Eingabe bat er Casel, mit dem er in regem Austausch stand,[97] um seine Anregungen: »Ich bitte um Ihre Vorschläge, damit ich sie in meiner Eingabe verarbeiten kann.«[98] Der lateinische Text der Eingabe, datiert auf den 15. November 1947, findet sich im AEB.[99] Reetz begründete seine Bitte um das Privileg für die Osternacht gegenüber der Ritenkongregation mit fünf Argumenten:[100]

---

94 Heute: Deutsche Bischofskonferenz.

95 Vgl. AAS, Seckauer Bischöfe (4), Fürstbischof Dr. Ferdinand Pawlikowski, Brief an Pawlikowski vom 20.12.1949.

96 Ebd.

97 Vgl. AAML, S7/CI, R-S.

98 AAS, Klöster M (113), Maria Laach, Brief an P. Odo Casel vom 12.04.1947.

99 Vgl. AEB, Nachlass EA Benedikt Reetz, Verschiedenes VIII/1,18, Eingabe vom 15.11.1947.

100 Für den lateinischen Text der Eingabe siehe Anhang.

1.) Argumente, die aus den liturgischen Texten entnommen sind: Die Texte dieser Liturgie stimmen überhaupt nicht überein mit der Morgenzeit des Karsamstages, welcher Tag ursprünglich ohne Liturgie war, z. B.:

a) »Der unsichtbare Erneuerer entzünde diesen nächtlichen Glanz« (*Oratio super grana incensi*),

b) »Dies ist die Nacht«: Mehrmals wird bei der Segnung der Osterkerze (Exsultet) gesungen und hinzugefügt: »O selige Nacht«,

c) »Gott du hast diese Nacht hell gemacht durch den Glanz der Auferstehung unseres Herrn...« (*oratio missae*),

d) »Dich allerdings, Herr, jeder Zeit (zu preisen), diese Nacht aber aufs höchste...« (*praefatio*),

e) »In Gemeinschaft feiern wir die hochheilige Nacht...« (*canon missae*).

2.) Historisches Argument: Im ersten Jahrtausend nach Christus und darüber hinaus hat die hochheilige Feier der Ostervigil in allen Kirchen des christlichen Erdkreises in der heiligsten Osternacht stattgefunden.

3.) Pastorales Argument: Im Allgemeinen ist es dem christlichen Volk in dieser Nachtwache, welche der hl. Augustinus »Mutter aller Vigilien«, der hl. Zeno von Verona »süßeste der Vigilien« nennt, nicht möglich morgens teilzunehmen. Denn sie werden gehindert, dass sie die Kirche aufsuchen, da sie am Karsamstag arbeiten müssen, die Liturgie jedoch allzu lang sei. – In der bedrängten Zeit des Krieges musste an vielen Orten diese Feier in der Abenddämmerung gefeiert werden und das christliche Volk ist mit großer Eile und Freude zum Gottesdienst wie in der Weihnacht unseres Herrn Jesus Christus herbeigeeilt.

4.) Bei den Orientalen ist die apostolische Tradition der Feier der Osternacht niemals unterbrochen, welche bei ihnen den Höhepunkt des ganzen liturgischen Jahres bildet. Die Rückkehr der Römischen Kirche zu dieser schönen Tradition begünstigt sicher die Einheit der Kirchen, die sowohl vom höchsten Pontifex als auch vom ganzen christlichen Volk ersehnt wird.

5.) Akademiker österreichischer Universitäten, welche sich zu Ostern mit großer Anzahl (200) in Seckau zur Osterfeier mit den Mönchen vollendet vereinigen, haben diese Bitte unterschrieben, wie in den beiliegenden Blättern offen liegt.[101]

---

101 Übersetzung des Verfassers.

Das alleinige Ziel seiner Eingabe sah Reetz in der Erlaubnis, die Osterfeier wieder in den nächtlichen Stunden als wirkliche Osternacht feiern zu können. Er erhoffte sich sehnlichst den Anachronismus der Osternacht am Karsamstagmorgen überwinden zu können.[102] Bezeichnend ist, dass die von Reetz gewählten liturgischen Texte, welche die Nacht benennen, mit denen der Eingabe der deutschen Bischöfe übereinstimmen.[103] Diese Begründung aus den liturgischen Texten war wohl überhaupt das ursprünglichste Argument für die Verlegung der Osterfeier in die Nacht, wie bei Parsch sichtbar wird.[104] Neben dem historischen Argument, dass die Osternacht im ersten Jahrtausend stets in den Nachtstunden gefeiert wurde, führte Reetz den pastoralen Aspekt an. Die Osterfeier am Morgen des Karsamstages wurde meist vor beinahe leeren Kirchen gefeiert. Mit der Verlegung der Osternacht sollte der positive Effekt eintreten, dass das Volk ungehindert und bereitwillig daran teilnehmen könne. Erneut hatte Reetz 1950 auf der sechsten Konferenz der Österreichischen Liturgischen Kommission auf den pastoralen Aspekt der Ostervigil in der Nacht hingewiesen.[105] Reetz führte weiter in der Eingabe eine größere Einheit mit den orientalischen Kirchen ins Feld, die stets an der Feier in der Nacht festgehalten haben. Als letztes Argument fügte er die Unterstützung von 200 Akademikern an, die bereits die Osternachtsfeier von neuem entdeckt hatten. Leider ist die Liste mit den Unterschriften der Eingabe in den betreffenden Archiven nicht aufzufinden. Reetz erbat in der Eingabe an die Ritenkongregation ein Privileg auf sechs Jahre, um zur Erprobung in der Abtei Seckau die Osterfeier wieder in den Nachtstunden feiern zu können. Für die Durchführung sollten alle Rubriken eingehalten werden, mit den Ausnahmen, dass für die Mönche die

[102] Vgl. B. Reetz, Ostern, Vorwort.

[103] Vgl. Th. Maas-Ewerd, Zeugnis, 10.

[104] Vgl. P. Parsch, Volksliturgie, 517.

[105] Vgl. AAS, Liturgie, Sakramente (161), Institutum Liturgicum, Protokoll der VI. Konferenz der österreichischen liturgischen Kommission (11.10.1950).

Komplet und Matutin entfallen, da die Matutin durch die Ostervigil mit den 12 prophetischen Lesungen ersetzt werde.[106] Hierbei bekam Reetz Gewissheit durch Casel, der sich über seine geplante Eingabe in Rom freute und bzgl. der Matutin äußerte: »Wenn Sie es erreichen können, dass die Ostermatutin ganz wegfällt, so wäre das freilich in vieler Hinsicht zu begrüssen; denn die eigentlichen Vigilien sind ja die zwölf Prophetien.«[107] Die Sichtweise, dass aufgrund der Ostervigil sowohl Komplet als auch Matutin ersetzt werden, ist im erneuerten Ritus umgesetzt worden. Die Argumente für die Rückkehr zur Ostervigil in der Nacht hat Reetz 1950 in *Bibel und Liturgie* noch einmal ausführlich dargelegt.[108] Dort sprach er sich gegen eine Kürzung der 12 Lesungen in den Kathedral- und Abteikirchen aus. Für Pfarrkirchen sah er hingegen die Möglichkeit, die Lesungen zu reduzieren, der Zisterzienserliturgie folgend auf drei oder nach dem *Sacramentarium Gregorianum* auf vier Lesungen.[109]
Reetz schilderte dem Fürstbischof von Seckau den Grund der Ablehnung seiner Eingabe trotz der breiten Zustimmung in der Kongregation: »Doch betonte man mit Recht, man könne ein solches Privileg nicht einer einzelnen Abtei gewähren. Man wolle zuwarten bis noch andere Eingaben gemacht werden.«[110] Neben dem Grund der Ablehnung aufgrund der Eingabe einer einzelnen Abtei berichtete P. Philipp Oppenheim OSB († 1949),[111] der für den Abt bei der Kongregation vorsprach, dass man den

---

106 Vgl. AEB, Eingabe 1947.

107 AAS, Klöster M (113), Maria Laach, Brief von P. Odo Casel vom 03.07.1947.

108 Vgl. B. Reetz, Feier.

109 Vgl. ebd., 141.

110 AAS, Brief an Pawlikowski vom 20.12.1949.

111 Oppenheim war Mönch der Abtei Gerleve und als Liturgieprofessor in Rom an den folgenden Universitäten tätig: Sant'Anselmo, Päpstliche Lateranuniversität und an der Propaganda fidei (heute Urbaniana). 1947 wurde er zum Konsultor der Ritenkongregation ernannt. Vgl. Encyclopedia, Oppenheim, Philipp, URL: https://www.encyclopedia.com/religion/encyclopedias-almanacs-transcripts-and-maps/oppenheim-philipp (Stand: 19.02.2022).

Karsamstag nicht ohne Messe und Officium sehen könne. Auch wolle man die Matutin und Laudes nicht leichtfertig aufgeben.[112] Reetz musste die negative Antwort *non expedire* (nicht zu ermöglichen) hinnehmen und weiter geduldig auf den großen Tag der erneuerten Osternacht warten.[113] In der Abtei Seckau wurde die Feier der Ostervigil trotz der großen Sehnsucht nicht wie anderenorts eigenmächtig verlegt, sondern bis zur offiziellen Reform gewartet, wie Reetz Abtpräses Raphael Molitor OSB († 1948) versicherte: »[...] denn es ist uns noch nie eingefallen, die Karsamstagsliturgie auf den Abend zu verlegen [...] Es würde mir nicht im Traum einfallen, durch ein solches Vorgehen der guten Sache viel mehr zu schaden als zu nützen.«[114]

Reetz hat mit seinem unbeugsamen und intensiven Engagement für die Rückkehr zur *hora competens* der Osternacht einen wichtigen Beitrag geleistet. Sein früher Vorstoß am Äbtekongress 1937 und der Wunsch nach einer gemeinsamen Eingabe muss als eine der ersten offiziellen Initiativen für die Osternacht gelten. Zumal er bereits 1930 in diesem Anliegen mit dem Präfekten der Ritenkongregation sprechen wollte. Neben dem persönlichen Schreiben über die Osternacht der Liturgiebischöfe Albert Stohr († 1961) und Simon Konrad Landersdorfer († 1971) an Pius XII. (1940) und der Stellungnahme der Fuldaer Bischofskonferenz durch Kardinal Bertram (1943)[115] kam es erst 1949 zur offiziellen Eingabe der deutschen Bischöfe für ein Privileg.[116]

Aufgrund eines Briefes von P. Georgius Bartsch OSB († 1973), dem Sekretär des Abtprimas,[117] kann angenommen werden, dass

[112] Vgl. AEB, Nachlass EA Benedikt Reetz, Verschiedenes VIII/1,18, Brief von P. Philipp Oppenheim vom 01.03.1948.

[113] Vgl. AAS, Papsttum (101), Heiliger Stuhl, Ablehnung der Eingabe durch SCR vom 02.01.1949.

[114] AAS, Präses (70), 1933–1953, Brief an Abtpräses Raphael Molitor vom 20.06.1948.

[115] Vgl. Th. Maas-Ewerd, Pius Parsch, 231.

[116] Vgl. Ders., Zeugnis, 3–11.

[117] Vgl. F. Berzdorf, Necrologium Beuronense, 220.

es eine frühere Eingabe als jene von Reetz gegeben hat. Bartsch schrieb an Reetz über die erwartete Antwort der Ritenkongregation: »Ostervigil von ihnen war nicht die erste aus Oesterreich; man ist ihr allgemein nicht gnädig gesinnt. P. Philipp hat noch einen Vorstoss gemacht. Also noch Geduld!«[118] Er schrieb, es habe bereits eine frühere Eingabe aus Österreich gegeben. Im Pius-Parsch-Archiv findet sich nach momentanem Forschungsstand kein Hinweis auf eine Eingabe seitens Parsch an die Ritenkongregation.[119]

Nähere Informationen finden sich hingegen in der Korrespondenz zwischen Reetz und Herwegen. Reetz schrieb an Herwegen, dass der Titularbischof und Rektor des Päpstlichen Institutes Santa Maria dell'Anima, Alois Hudal[120] († 1963) eine Eingabe bezüglich der Osternacht im Herbst 1936 an die Ritenkongregation plane, was ihm Hudal vermutlich am 15. August 1936 in Seckau mitteilte, als dieser das Pontifikalamt hielt. Für diese Eingabe[121] hatte Reetz die wichtigsten Argumente zusammengestellt und im September an Hudal geschickt.[122] Reetz bat Herwegen, dass ein Mönch aus Maria Laach weitere Argumente dafür übermitteln solle.[123] Im Archiv des Päpstlichen Instituts

---

118 AAS, Präses (70), Rundschreiben 1942–1980, Brief von P. Gregorius Bartsch vom 08.01.1948.

119 Hinweis erhalten von Lukas Gangoly, wissenschaftlicher Mitarbeiter (Archivar) am Pius-Parsch-Institut vom 23.02.2022.

120 Der österreichische Bischof war Rektor des Päpstlichen Institut Santa Maria dell' Anima in Rom. Hudal nahm im Nationalsozialismus eine unrühmliche Stellung zur Ideologie seiner Zeit ein. Von seinem Amt trat er 1952 durch Druck seitens des Vatikans zurück. Vgl. J. Sachslehner, Bischof Alois Hudal.

121 Hierbei handelt es sich vermutlich um das auf November 1936 datierte ausführliche Memorandum für die Verlegung der Karsamstagsliturgie. Das Memorandum dürfte an Bischöfe verschickt worden sein und nennt bereits die Unterstützung von deutschsprachigen und fremdsprachigen Kirchenfürsten, die eine Bitte an den Apostolischen Stuhl befürworten. Vgl. APISMA, K/6, Karsamstagsliturgie, Memorandum.

122 Vgl. APISMA, K/6, Karsamstagsliturgie, Brief von Reetz an Hudal vom 11.09.1936.

123 Vgl. AAML, III A 160/1, Brief an Abt Ildefons Herwegen vom 18.08.1936.

Santa Maria dell'Anima findet sich die Kopie einer Eingabe, datiert auf das Jahr 1935, die Theodor Kardinal Innitzer († 1955) im Namen aller österreichischen Bischöfe an die Ritenkongregation richtete. Handschriftlich wurde vermerkt, dass sie von Hudal ausgearbeitet wurde.[124] Auf dem Deckblatt notierte Hudal zur Eingabe: »Von mir hauptsächlich verarbeitet, dagegen waren Kardinal Faulhaber u. Bischof von Galen! Ihre negativen Gutachten verhinderten alles!«[125] Eine erste grobe Recherche im *Archivum pro sacris ritibus et caeremoniis* im *Dicasterium de causis sanctorum* von Mag. Michaela Wieser ergab, dass dort kein Vermerk zu einer Eingabe von Hudal oder Innitzer in den Jahren vor 1947 zu finden ist. Es dürfte daher zu keiner offiziellen Eingabe von Innitzer oder Hudal gekommen sein. Demnach kann nach momentanem Forschungsstand die Einschätzung von Reinhard Meßner festgehalten werden: »Aus Seckau kam Ende der vierziger Jahre die erste – zunächst erfolglose – offizielle Eingabe an den Heiligen Stuhl, die Feier der Osternacht wieder in der Nacht auf den Ostersonntag zu ermöglichen.«[126]
Reetz war von Anfang an eine treibende und verbindende Kraft für die Rückgewinnung der Osternacht. Dies zeigt ein Brief an Karl Rudolf, den Leiter des von Innitzer 1932 gegründeten Seelsorge-Instituts.[127] Nach dem Deutschen Katholikentag in Wien 1933, bei dem Reetz im Stadion eine Rede gehalten hat, bat ihn Rudolf, er möge Reformvorschläge für die Seelsorge übermitteln.[128] Unter den 37 Vorschlägen schrieb Reetz über die Osternacht:

[124] Vgl. APISMA, K/47, Karsamstagsliturgie 1935 und 1950.
[125] Ebd.
[126] R. Messner, Gottesdienst, 325.
[127] Vgl. Webportal des Österreichischen Pastoralinstituts, Geschichte des Österreichischen Pastoralinstituts, URL: https://www.pastoral.at/pastoralinstitut/geschichte-des-sterreichischen-pastoralinstituts [Abruf: 06.06.2022].
[128] Vgl. AEB, Nachlass EA Benedikt Reetz, Liturgie II,1, Brief von Karl Rudolf vom 24.09.1933.

> Hinarbeit auf die Feier der grossen Nacht, der vera beata nox, vom Karsamstag auf den Ostersonntag, eine Nacht, die allen Getauften jedes Jahr zu einem neuen Erlebnis werden sollte. Der Generalvikar von Rom, Kardinal Marchetti-Selvaggiani ist dafür. Vielleicht kann Kardinal Innitzer auch in dieser Richtung wirken, besonders beim Präfekten der Ritenkongregation Kardinal Laurenti.[129]

Auch im Hinblick auf sein eifriges Engagement an zwei Äbtekongressen, seine Eingabe an die Ritenkongregation 1947 und die Übermittlung von Argumenten an Hudal dürfen seine Bemühungen nicht unterschätzt bleiben. Auffallend ist in der Literatur zur Wiedergewinnung der Osternacht, dass neben den großen Gestalten und Wegbereitern wie Parsch und Casel Reetz unbeachtet und unerwähnt bleibt.[130] Nach aktuellem Forschungsstand muss eine neue Sichtweise eingenommen werden. Reetz war ein eifriger Netzwerker für die Erneuerung der Liturgie der Osternacht und hatte nach jetzigem Forschungsstand die erste offizielle Eingabe für die Osternacht in Rom eingebracht. Reetz bleibt das Verdienst, dass er sich für die Osternacht als ein »unermüdlicher Apostel«[131] eingesetzt hat, wie es Abt Bernard Capelle OSB († 1961)[132] formulierte.

4.4 Erneuerte Osternacht 1951 ad experimentum in Seckau

Die Veröffentlichung des *Ordo Sabbati Sancti instaurati*[133] war für viele Freunde der Osternacht trotz der Erwartungen an den

129 AEB, Nachlass EA Benedikt Reetz, Liturgie II,1, Brief an Karl Rudolf vom 28.09.1933.

130 Vgl. A. Heinz, Liturgiereform.

131 AEB, Nachlass EA Benedikt Reetz, Verschiedenes VIII/1,18, Brief von Abt Bernard Capelle OSB von Ostern 1951.

132 Capelle war einer von drei Liturgiefachleuten, die vom Präfekten der Ritenkongregation Kardinal Mircara, für eine breite Diskussion der Reformvorschläge 1949 hinzugezogen wurden. Neben Jungmann für den deutschsprachigen und Righetti für den italienischen Raum bildete Capelle den französischen Raum ab. Vgl. H.-E. Jung, Vorarbeiten, 224.

133 Ordo Sabbati Sancti. Quando vigilia paschalis instaurata peragitur, Vatikan 1951.

Hl. Vater eine große Freude und Überraschung. Sogar für Mitarbeiter der Ritenkongregation kam die Erneuerung der Osternacht unerwartet, da nur die Mitglieder der Reformkommission damit befasst waren.[134] Die Ankündigung der erneuerten Osternacht, vorerst für ein Jahr *ad experimentum* vom Papst erlaubt, wurde bereits durch das Dekret *De solemni vigilia paschali instauranda* am 9. Februar 1951 veröffentlicht, doch dürfte der Druck der *Acta Apostolicae Sedis* gedauert haben. Reetz erfuhr von der Reform der Osternacht durch eine Postkarte von Fr. Athanasius Recheis OSB († 2006), der in Sant'Anselmo in Rom studierte.[135] Die Karte wurde am ersten März desselben Jahres mit den freudigen Worten abgesandt: »Ecce annuntio vobis gaudium magnum: die Osternacht ist ad experimentum erlaubt. Eben erzählte es mir P. Petrus Siffrin, Konsultor der Ritenkongr. Ad nutum episcopi, d. h. man muß um seine Erlaubnis fragen [...]«[136] Recheis konnte seinem Abt bereits genauere Angaben zur *hora competens* und zur Verkürzung der 12 Lesungen auf vier mitteilen.[137]
Reetz ließ 1951 für das lang ersehnte Ereignis der erneuerten Osternacht auch Werbung machen. In der regionalen Zeitung des Murtals wurde eine Ankündigung und eine kurze Erläuterung abgedruckt. Für die Pfarre Seckau wurde eine doppelseitige Erklärung über die Feier und ihre einzelnen Riten erstellt.[138] Die erneuerte Osternacht, die nach Weisung des Diözesanbischofs in geeigneten Kirchen stattfinden konnte, wurde in der Landeshauptstadt Graz nur in der Pfarre Graz-Graben als Weltpriesterpfarre gefeiert,[139] in der Kathedralkirche St. Ägi-

[134] Vgl. A. Bugnini, Liturgiereform, 6.
[135] Vgl. AEB, Nachlass EA Benedikt Reetz, Verschiedenes VIII/1,18, Postkarte von Fr. Athanasius Recheis vom 01.03.1951.
[136] Ebd.
[137] Vgl. ebd.
[138] Vgl. AEB, Nachlass EA Benedikt Reetz, Verschiedenes VIII/1,18, Feier der heiligen Osternacht am 25. März 1951 (Einladung u. Erklärung).
[139] Vgl. AEB, Nachlass EA Benedikt Reetz, Verschiedenes VIII/1,18, Brief von Franz Königer vom 28.04.1951.

dius wurde zum Missfallen der Gläubigen noch die alte Form gefeiert.[140]
In Seckau begann die Osternacht um 22.00 Uhr mit der Feuersegnung eines großen Osterfeuers am Zellenplatz vor dem Kloster. Die Gläubigen waren bei dieser und der Segnung der Osterkerze anwesend und gingen anschließend voraus in die Kirche. Dann folgte gemäß dem Ritus der Einzug der Osterkerze in die dunkle Kirche und der dreimalige Ruf des *Lumen Christi*. In der Ankündigung der Osternacht wurden die Gläubigen angewiesen, eine eigene Kerze mitzunehmen, und darüber informiert, dass die lateinischen Texte der Feier, insbesondere das Exsultet und die Lesungen, im Schott-Messbuch zu finden seien. Die Gläubigen wurden eingeladen, sich für die Kommunion in der Osternacht vorzubereiten, damit besonders viele den Leib des Herrn in dieser großen Feier empfangen könnten.[141] Die Aussendung plante für den Schluss der Feier:

> Nach dem Segen zünden alle ihre Kerzen wieder an und singen das Lied »Der Heiland ist erstanden« und tragen dann das Osterlicht in ihren Herzen und vielleicht auch die brennende Kerze in einer Laterne nach Hause und entzünden damit das Osterfeuer im Herd und auf den Feldern.[142]

Die vom Volk allseits geliebte Auferstehungsfeier, die bis zur Reform von 1951 für die Gläubigen die eigentliche Osterfeier darstellte, wurde in kluger Weise nicht abgeschafft, sondern auf den Ostersonntagnachmittag verlegt.[143]

4.5 Reaktionen zur Osternacht von 1951 in Seckau

Die lang ersehnte Feier der Osternacht als wiedergewonnener Höhepunkt des ganzen liturgischen Jahres wurde von Reetz

140 Vgl. AEB, Nachlass EA Benedikt Reetz, Verschiedenes VIII/1,18, Brief von Karl M. Stepan vom 03.04.1951.
141 Vgl. AEB, Einladung und Erläuterung zur Osternacht 1951.
142 Ebd.
143 Vgl. ebd.

und der feiernden Versammlung mit höchster Zufriedenheit gefeiert: »Wir, die wir die erneuerte Osternacht gefeiert haben, sind zufrieden, sehr zufrieden und danken dem Heiligen Vater dafür, daß er die Ostervigil wieder geschenkt hat. Es ist diese Tatsache vielleicht der Höhepunkt dessen, was die liturgische Erneuerung bisher erreicht hat.«[144] Der geänderte Ritus der Osternacht fand ebenfalls großen Anklang, da er durch viele pastorale Modifikationen die aktive Teilnahme des Volkes ermöglichte: Brennende Kerzen der Gläubigen, Kürzung der Lesungen auf vier, Taufwasserweihe in *conspectu fidelium* und Erneuerung der persönlichen Taufe.[145] Gerade die Taufwasserweihe in der Mitte des Chores wurde von den Gläubigen positiv aufgenommen: »Wir haben zum ersten Mal diese ergreifende Funktion sehen dürfen.«[146]

Vor allem die große Beteiligung der Gläubigen an der neu erwachten Osternacht zeugte von der Rückkehr des Volkes zur Osternacht. Für die zahlreichen Teilnehmer, die 1951 in der Osternacht in Seckau mitfeierten, berichtete Karl Stepan[147] († 1972) als eine prominente Stimme. Er teilte seine Erlebnisse über die Osternacht Reetz mit:

> Als in der Karsamstagnacht nicht nur die Hunderte[n] von Ostergästen aus akademischen Kreisen, die jeweils zu Ihrem »Stammpublikum« zählen, die Kirche betraten, sondern auch die Bergbauern Ihrer Pfarrgemeinde ungemein zahlreich erschienen und aus Knittelfeld, Bruck und den anderen Städten des Murtales die Gläubigen mit Fahrzeugen aller Art herbeiströmten, entstand an manchen Stellen in der Basilika

---

144 B. Reetz, Osterliturgie, 61.

145 Vgl. ebd.

146 Ebd.

147 Stepan war Gefolgsmann von Bundeskanzler Engelbert Dollfuß und Bundesleiter der Vaterländischen Front. Von 1934 bis 1938 war Stepan Landeshauptmann der Steiermark, bis er 1938 sein Amt niederlegte. Nach 1945 war er Leiter des Verlags Styria und Generaldirektor der Kleinen Zeitung. Vgl. Stadt Graz, Karl Maria Stepan, Landeshauptmann, URL: https://www.graz.at/cms/beitrag/10096256/7773004/Karl_Maria_Stepan_Landeshauptmann.html [Abruf: 07.03.2022].

ein Gedränge, das jedem, der die Liturgie gerne in der Feierlichkeit wohlgewahrten Ordnung erleben möchte, einige Besorgnisse verursachte. Sie war aber völlig unbegründet.[148]

Die Feier der erneuerten Osternacht war in Seckau regelrecht zu einem Event geworden, was die Teilnahme des Volkes bezeugt. In der Liturgie der Osternacht gingen etwa 500–600 Gläubige zur hl. Kommunion. Reetz selbst war mit der Teilnahme von Jugendlichen, Männern und Frauen aus der Pfarre zufrieden, lediglich Kinder und Alte fehlten. Die Kinder sollten nach dem Plan von Reetz noch in den folgenden Jahren vorbereitet werden, damit auch sie an dieser großen Feier teilnehmen.[149] Ein weiterer langjähriger Ostergast erinnerte sich an seine Begegnung mit Reetz am eigentlichen Höhepunkt in seinem Leben und Wirken als Abt von Seckau: »Als ich am Ostertag 1951 den hochwürdigsten Vater Abt auf der Abtei besuchte, war er tief bewegt, Tränen der Begeisterung glänzten in seinen Augen, auf und abgehend sagt er: ›Christus ist auferstanden, Er ist in Wahrheit auferstanden, alleluja, alleluja, alleluja!‹«[150]

5. Von der Überzeugung zu einer Praxis der Zelebration *versus populum*

Um die tätige Teilnahme des Volkes zu fördern, feierte man in der Krypta von Maria Laach ab 1921 die hl. Messe als *missa recitata*, in der alle gemeinsam die lateinischen Antworten beteten: Stufengebet, Antworten, Gloria und Credo.[151] Der Priester stand am Altar bei der Feier nicht wie gewohnt in der gleichen Gebetsrichtung mit den Gläubigen: »Der Altar ist ein einfacher Tisch; an ihm wird zelebriert, indem der Priester dem Volke das

[148] AEB, Brief von Stepan vom 03.04.1951.
[149] Vgl. B. Reetz, Osterliturgie, 61.
[150] K. Albrecht, Begegnung, 19.
[151] Vgl. M. Conrad, Krypta-Messe, 4.

Gesicht zuwendet.«[152] Die sogenannte *Krypta-Messe* in Maria Laach scheint in der Liturgischen Erneuerung Deutschlands der Beginn gewesen zu sein, in der man erstmals *versus populum* die hl. Messe feierte.[153] Reetz war über die liturgischen Experimente in Maria Laach aufgrund der Verbindungen innerhalb der Beuroner Kongregation sicher gut informiert, in Seckau wurde mit der Zelebration *versus populum* aber noch gewartet.

Die erste nachweisliche Überzeugung über den pastoralen Nutzen einer Zelebration *versus populum* ist von Reetz aus dem Jahr 1933 belegt. Reetz schrieb an Rudolf unter den Reformvorschlägen seine Überlegung zum Altar: »Altar versus populum, damit die Einheit zwischen Priester und Volk umso mehr zur Geltung komme.«[154] Mit dieser größeren Einheit zwischen Priester und Volk wird die *participatio actuosa* zu verstehen sein, d. h., dass die Gläubigen die hl. Messe voll und ganz mitvollziehen können.

Für Seckau berichtet die Chronik aus dem Jahre 1938, dass sich Abt und Konvent für einen neuen Altar bei den Pfarrmessen mit der Möglichkeit, *versus populum* zu zelebrieren, entschieden haben: »In der Basilika wurde vor dem Aufgang zum Chor ein von Br. Rupert angefertigter Holzaltar als Pfarraltar zum Zelebrieren gegen das Volk hin aufgestellt.«[155] Dieser Altar, welcher als *Pfarraltar* bezeichnet wird, wurde für die hl. Messen der Pfarre verwendet, das Konventamt der Mönche wurde weiterhin auf dem Baldachinaltar in der Apsis *ad orientem* gefeiert.

Die Zelebration *versus populum* verteidigte Reetz erneut 1948, als mit der Enzyklika *Mediator Dei* die Frage aufkam, ob Pius XII. darin diese Neuerung verurteilte: »[…] dagegen ist es nicht weise und lobenswert, alles um jeden Preis auf das Altertum zurückzuführen. So würde z. B. vom rechten Weg abirren,

[152] Ebd., 3.
[153] Vgl. ebd., 16.
[154] AEB, Brief an Rudolf vom 28.09.1933.
[155] AAS, Chronik 1938, 12.

wer dem Altar die alte Form der Mensa, des Tisches wiedergeben wollte.«[156] In einer Erörterung dieser Fragestellung weist Reetz zurück, dass es sich bei der Tischform des Altares um etwas völlig Neues handle. Alle Liturgien würden zwei Formen des Altares kennen, die des Sarkophags und die des Tisches. Die Frage, ob der Papst womöglich darin auch die Zelebrationsrichtung zum Volk hin verwirft, verneint Reetz, da Rom wohl kaum die eigene römische Praxis verwerfe, da es im *Ritus servandus* des Messbuches lautet: »*Si Altare sit ad Orientem, versus populum, Celebrans versa facie ad populum, non vertit humeros ad Altare, cum dicturus est Dominus vobiscum* […].«[157] Seine Überzeugung bzgl. der Legitimität untermauert er mit dem Hinweis auf die Weltausstellung 1937 in Paris, bei der im vatikanischen Pavillon ein Altar *versus populum* zu sehen war. Die Kerzen standen sogar rechts und links neben dem Altar.[158] Seine Überlegungen zur Erlaubtheit der Zelebration zum Volk veröffentlichte er in gekürzter Form in sei-

Benediktinerabei Seckau

[156] Pius XII., Mediator Dei, 41.
[157] Missale Romanum. Editio VII juxta typicam vaticanam, Regensburg 1923, (31).
[158] Vgl. AEB, Nachlass EA Benedikt Reetz, Liturgie II,6, Ist der Altar versus populum durch die Enzyklika »Mediator Dei« verboten?

nem Beitrag zur Enzyklika von Pius XII. im Klerusblatt.[159] Ob der Altar bei der Weltausstellung 1937 im vatikanischen Pavillon die letzte Gewissheit war, sodass Abt und Konvent von Seckau einen sogenannten Volksaltar im Jahr 1938 aufstellten, bleibt eine legitime Vermutung. Reetz stimmte mit der Sichtweise Pius Parschs überein, dass die Zelebration *versus populum* eine Rückkehr zur *participatio actuosa* des Volkes sei, wie Parsch darlegte:[160]

> Das Zeichen des Aufgebens der aktiven Teilnahme war u. a. die Umwendung und Wegschiebung des Altars. Der Altar war bisher im Mittelpunkt gestanden, ein Tisch (Opfertisch) zum Volke gekehrt. Um diesen Altar war die Versammlung beim Gottesdienst ganz auf Gemeinsamkeit, auf eine wahre Familienfeier eingestellt. In ihr bedeutete der Altar Christus ... Nun aber wurde der Altar immer mehr an die Ostwand gerückt, und der Priester wendet dem Volk den Rücken zu, statt sein Antlitz. Der Priesterchor schiebt sich zwischen Altar und Volk. Dadurch wurde Trennung und Scheidewand immer größer.[161]

Bei der Behauptung, dass es sich bei der Zelebration *versus populum* um eine Rückkehr zur alten Praxis handelt, die sich in St. Peter in Rom durchgehend bewahrt hat, muss berücksichtigt werden: In St. Peter feierte man nur insofern *versus populum*, als in Wirklichkeit die Gebetsausrichtung *ad orientem* maßgebend war, wie es Reetz aus der Rubrik zum Messbuch angibt. Dies wird bestätigt durch die Tatsache, dass in der frühen Kirche die Gebetsrichtung nach Osten allgemein Geltung hatte.[162] Klaus Gamber († 1989) ist davon überzeugt, dass der Gedanke einer Zelebration *versus populum* erst in der Gegenwart aus der Missinterpretation der römischen Zelebrationsrichtung entstanden ist.[163]

---

[159] Vgl. B. Reetz, Mediator Dei, 57.
[160] Vgl. B. Reetz, Zielsetzungen, 43.
[161] P. Parsch, Volksliturgie, 95.
[162] Vgl. U. M. Lang, Conversi ad Dominum, 72–75; vgl. J. Ratzinger, Geist, 65f.
[163] Vgl. K. Gamber, Kult, 32.

Für die Diözese Graz-Seckau, mehr noch für Österreich, muss der Volksaltar in Seckau als einer der ersten seiner Art gelten. Pius Parsch feierte die hl. Messe in St. Gertrud bereits ab 1921 *versus populum*, um eine größere *participatio actuosa* des Volkes zu gewinnen.[164] In der Erzabtei St. Peter in Salzburg, die sich ebenfalls der Liturgischen Erneuerung verpflichtet sah, ist ein sogenannter Volksaltar ab 1940 belegt.[165]

6. Reetz als Förderer und Verteidiger des gregorianischen Chorals

Der Wunsch nach einer Wiederbelebung des Chorals beim Volk von Pius X. († 1914) wurde vor allem im deutschsprachigen Raum nicht allerorts freudig und verbindlich aufgenommen. Pius Parsch, der das deutsche Kirchenlied als die Form der aktiven Teilnahme des Volkes dem Choral vorzog, schrieb dazu:

> Der Choralgesang wird uns Deutschen immer fremd bleiben; wir werden ihn bewundern, wir werden anerkennen müssen, daß er der wahre kirchliche Gesang ist; aber das Volk wird sich schwer an ihn gewöhnen und noch schwerer ihn liebgewinnen. Der Romane singt ihn mit Leichtfertigkeit und mit Freude, weil er ja Blut von seinem Blute ist. Es ist gewiß nicht Ungehorsam und Leichtfertigkeit von uns Deutschen, daß die zwei bedeutsamen Choralerlässe der Päpste Pius X. und [Pius, Anm. d. Verf.] XI. in unseren Ländern so wenig Beachtung finden. Es ist da weniger ein Nichtwollen als ein Nichtkönnen der Grund. Daß dies ein rassenpsychologisches Problem[166] ist, sieht man auch daraus, daß gewisse deutsche Ge-

[164] Vgl. Pius-Parsch-Institut, Pius Parsch (1884–1954), URL: http://www.pius-parsch-institut.at/profil/pius-parsch [Abruf: 07.01.2022].

[165] Vgl. EPLUS Open Access Publikationsserver der Universität Salzburg, Pater Adalbero Raffelsberger OSB (1907–1952) und die Anfänge des Liturgischen Instituts der Erzabtei St. Peter zu Salzburg, URL: https://eplus.uni-salzburg.at/obvusbhs/download/pdf/4976553?originalFilename=true [Abruf: 07.01.2022].

[166] Die irrige Vorstellung der Eugenik und Rassentheorie wurde ab 1920 als eine der innovativsten Wissenschaften angesehen und war in Europa stark verbreitet. Die Haltung Parschs müsste für eine objektive Beurteilung ein-

> biete, die mit romanischem Blute vermischt sind, den Choral leicht und gern singen. Ich will selbstverständlich damit nicht die Berechtigung der Choralbewegung leugnen, sondern vor Übereifer warnen.[167]

Reetz schrieb rückblickend nach einigen Jahren über seine Emotionen über diesen Artikel: »Als ich im Jahre 1931 diese Zeilen in Bibel und Liturgie las, da war ich wohl sehr enttäuscht, denn die Zeitschrift hatte bisher doch ganz anders geschrieben und sie hat auch in späteren Jahren den richtigen Standpunkt eingenommen.«[168] Direkt nach dem Erscheinen von Parschs Zweifel am Volkschoral appellierte Reetz an P. Beat Reiser OSB († 1940), dem Choralmagister von Sant'Anselmo,[169] damit dieser kompetent den Choralgesang mit einem Schreiben verteidigen möge. Da P. Beat auf den Wunsch nach einer Verteidigungsschrift nicht einging, griff Reetz selbst zur Feder. Reetz wollte seinen Artikel in der *Theologisch-praktischen Quartalschrift* veröffentlichen, doch lehnte die Redaktion ab, da mehrere Sachverständige Bedenken äußerten, was die Durchführbarkeit eines Volkschorals betraf.[170]

Reetz konnte den Artikel in der *Katholischen Kirchenzeitung* (Salzburg) veröffentlichen.[171] Den Titel *Das Volk lernt Gregorianischen Choral* wählte Reetz, um an das gleichlautende Buch von P. Gregor Schwacke OSB († 1967) anzuknüpfen. Schwacke setzte sich in Westfalen in Deutschland erfolgreich für die Verbreitung des Chorals im Volk ein. Nachdem Reetz im Artikel

---

gehend erforscht werden. Es ist anzunehmen, dass er den Begriff der Rasse benutzte, um seine volksliturgischen Ansichten im Hinblick auf den Choral zu untermauern.

167 P. Parsch, Reform, 74.

168 AEB, Nachlass EA Benedikt Reetz, Liturgie II,5, Der kircheneigene Gesang (Manuskript).

169 Vgl. Klosterarchiv Einsiedeln, P. Beat (Karl) Reiser von Donsdorf, URL: http://www.klosterarchiv.ch/e-archiv_personen_popup.php?id=1906 [Abruf: 09.05.2022].

170 Vgl. AEB, Nachlass EA Benedikt Reetz, Liturgie II,5, Brief von Redaktion der ThPQ vom 14.10.1932.

171 Vgl. B. Reetz, Volk.

die wichtigsten Antworten des Buches zum Choral wiedergegeben hat, schilderte er seine eigene Auffassung. Reetz bekundete seine große Dankbarkeit, dass Schwacke den Beweisgang erbracht hat, dass das deutschsprachige Volk den Choral auch singen und lieben kann.[172] Danach ging Reetz auf den Artikel von Parsch ein: »Unbegreiflich aber scheint mir der Angriff auf den Choral, der von solchen ausgeht, die sich für die Liturgie und liturgische Bewegung einsetzen.«[173] Reetz gab in seinem Artikel die oben angeführten Worte von Parsch über die Unmöglichkeit des Chorals im Volk wieder und antwortete auf dessen Argumente. Dem Vorwurf, der Choral werde im deutschsprachigen Raum immer fremd bleiben, hielt Reetz entgegen:

> Der Choralgesang ist uns nicht fremder als die Kleidung der Priester und Leviten bei den gottesdienstlichen Funktionen, und schließlich ist er uns Deutschen nicht fremder als die heilige Kirche selbst. Wir treten nicht in Frack und Zylinder und langen Hosen an den Altar, sondern wir tragen eine kunstvolle, liturgische Gewandung, die uns über das Alltägliche hinaushebt. Wir reden mit Gott nicht in der Vulgärsprache, sondern in der gehobenen Sprache des Latein, das aus dem täglichen Gebrauch so ziemlich ausgeschaltet ist. Wir feiern den ganzen Gottesdienst nicht in Privathäusern, sondern in den Kirchen, d. h. in Kunstbauten, die alle von den profanen Bauten abstechen. Wir singen vor Gott nicht in der alltäglichen Musik der Menschen, sondern wir haben eine eigene religiöse, kirchliche Gesangsweise, den Choral, der mehr als jede andere Art von Musik Ausdruck unseres Gebetes, der selbst Gebet ist.[174]

Der Überzeugung Parschs, dass sich das Volk an den Choral schwer gewöhnen und ihn nicht lieb gewinnen werde, widersprach Reetz und wies darauf hin, dass dies der »stiefmütterlichen Behandlung«[175] zu schulden sei. Dass der Choral nur für romanische Sprachen geeignet sei, könne nicht stimmen, da auch im Kongo begeistert Choral gesungen werde. Er führte als

172 Vgl. ebd.
173 Ebd., 348.
174 Ebd., 349.
175 Ebd.

weiteres Beispiel an, dass in Trier und in Seckau die Kinder begeistert beim Choral mitsingen, sodass die Kinder auch für eine Radioübertragung sangen. Parschs Ausdruck über den Choral als *rassenpsychologisches Problem*[176] wies Reetz entschieden als unpassend zurück: »Müssen wir die Häresie des überspannten Nationalismus nun auch noch in die heiligen Bezirke hineintragen?«[177] Dass Parsch nur vor Übereifer warnen wollte, konnte Reetz nicht glauben, da er in Österreich keinen Eifer für den Choral erkennen konnte. Reetz maß den Worten von Parsch viel Gewicht zu, da dieser an der Spitze der liturgischen Erneuerung schon viel Positives erwirkt hatte.[178] Dennoch war sich Reetz in der Wichtigkeit und Perspektive für den Choral gewiss:

> Der Volkschoral muß auf dem Programm der liturgischen, vor allem der volksliturgischen Bewegung stehen. Er ist einer der wichtigsten Punkte zur Verwirklichung des allgemeinen Programms: Aktive Teilnahme des Volkes am Gottesdienst und damit: Erneuerung des christlichen Geistes. Die Arbeit ist der Mühe wert und des Erfolges sicher, denn sie hat den Segen der Päpste.[179]

Auf seinen Beitrag zur Förderung des Chorals unter dem Volk reagierte die Verlagsbuchhandlung Herder. Diese teilte Reetz mit, dass sie den Artikel mit »ausserordentlichem Interesse gelesen«[180] habe und in der gleichen Intention beim Schott-Messbuch einen Choralanhang plane, damit der Choral zur Aufgabe des Volkes werde.[181] Parsch als Auslöser des Artikels schrieb Reetz einen Brief, indem er seine Ansicht über den Choral als etwas Fremdes für das Volk verteidigte. Da der Brief ohne Jahr datiert ist, wurde er entweder 1931, nach Erscheinen des Arti-

[176] Siehe FN 166.
[177] B. Reetz, Volk, 349.
[178] Vgl. ebd.
[179] Ebd.
[180] AEB, Nachlass EA Benedikt Reetz, Liturgie II,5, Brief von Herder am 31.10.1933.
[181] Vgl. ebd.

kels von Parsch, oder ein Jahr später, nach dem Artikel von Reetz geschrieben. Parsch schrieb darin, dass er mit der Ablehnung von Reetz gerechnet habe, doch sollen die Schwierigkeiten beim Choral auch benannt werden.[182] Parsch wies Reetz auf ihre unterschiedliche Ausrichtung hin und hielt dem Abt ein Beispiel aus dem Milieu des Klosters vor Augen:

> Denn vergessen Sie nicht, daß ich Volksliturgiker bin, der sieht die Dinge anders als der Benediktiner. Wenn Sie ehrlich sind, geben Sie freilich [Anm. d. Verf.: schwer zu lesen] ebenfalls zu, daß der Choral für das Volk etwas fremdes ist. Ich halte Ihnen nur Ihre Laienbrüder vor; ich kenne keine Benediktiner-Abtei; die ihre Laienbrüder aktiv in die Liturgie und noch weniger in den Choral hineinzieht.[183]

Diese frühe Auseinandersetzung von Parsch und Reetz über den Choralgesang für das Volk kann auch als Grund angesehen werden, wieso die Korrespondenz zwischen den beiden äußerst bescheiden ist.[184] Reetz schätzte Parsch, doch in diesem Punkt schmerzte ihn die Position seines liturgischen Mitbruders. Für Reetz war der gepflegte gregorianische Choral eine hohe Priorität in seinem Benediktinerkloster. Dies galt es auch unter dem Volk und dem Klerus in Österreich zu fördern. Dafür wurde im Wiener Kirchenblatt 1936 ein Bild von der dicht gefüllten Basilika in Seckau mit der Überschrift abgedruckt: »Das Volk drängt sich beim festlichen Choralamt. Feierlicher Gottesdienst in Seckau.«[185]

---

182 Vgl. AEB, Nachlass EA Benedikt Reetz, Liturgie II,5, Brief von Pius Parsch am 22.12.1932.

183 Ebd.

184 Andererseits hielt Reetz das Begräbnis und die Predigt für seinen Mitbruder Parsch. Vgl. Pius-Parsch-Institut, Pius Parsch (1884–1954), URL: http://www.pius-parsch-institut.at/profil/pius-parsch [Abruf: 07.01.2022].

185 AEB, Nachlass EA Benedikt Reetz, Liturgie II,5, Wiener Kirchenblatt 08.03.1936.

Reetz widmete sich der Frage nach der angemessenen Liturgiesprache ausführlich in einem Artikel der Zeitschrift *Heiliger Dienst.*[186] Reetz anerkannte die Sehnsucht der Liturgischen Erneuerung nach der Volkssprache als positive Absicht, wies aber auf den nationalen Aspekt hin. Wie bereits Martin Luther († 1546) Deutsch als Liturgiesprache gefordert hatte, so forderten es Teile der Liturgischen Erneuerung in einer Zeit des »überspannten Nationalismus«[187]. Reetz sah die Notwendigkeit auf die Sehnsucht der »liturgisch begeisterten Menschen«[188] zu antworten, da es sich bei der Kultsprache ohnedies nicht um eine dogmatische, sondern um eine disziplinäre Frage der Kirche handle. Zugleich sah er in der Liturgiesprache die schwierigste Frage für die Liturgische Erneuerung.[189] Für Reetz stellte die lateinische Sprache die Universalität und die Einheit der Kirche dar. Latein sichere zwar nicht diese Universalität und Einheit, sondern der Hl. Geist. Doch erfährt man im Latein den einen Glauben:

> Kommt ein deutscher Katholik nach Frankreich oder England, nach Nord- oder Südamerika, nach China oder Japan und betritt eine katholische Kirche, um die Meßliturgie mitzufeiern, dann fühlt er sich nicht mehr als Fremder, wenn ihm plötzlich das Dominus vobiscum zugerufen wird, das ihm so vertraut ist und das er ganz genau versteht. Dann geht ihm auf einmal der Sinn und Wert der lateinischen Sprache auf […].[190]

Die lateinische Liturgiesprache sei daher das stärkste Symbol für die Einheit der katholischen Kirche, folgerte Reetz. Über die Hoffnung, dass mit der Einführung der Volkssprache sich der

---

[186] Vgl. B. Reetz, Kultsprache.
[187] Ebd., 69.
[188] Ebd., 70.
[189] Vgl. ebd., 68–70.
[190] Ebd., 136.

Eifer der Gläubigen hebe, zweifelte Reetz: »Ich zweifle nicht nur an diesem Erfolg, sondern ich weiß, daß er nicht eintreten wird.«[191] Er war sich vielmehr gewiss, dass nach Einführung der Volkssprache sich das Sprachgefühl nach ca. 40 Jahren geändert haben wird und so die Liturgiesprache erneut angepasst werden müsse. Reetz sah die Pflicht, die Verkündigung und die Liturgiekatechese in der »modernen Volkssprache«[192] zu halten.

Neben der Betsingmesse und dem deutschen Hochamt, bei denen die Volkssprache von den Gläubigen verwendet werden konnte, während der Priester Latein betete, verwies Reetz auf das Ideal des lateinischen Hochamtes: »Als höchstes anzustrebende Ideal bleibt für jede Pfarrgemeinde das lateinische Choralamt bestehen.«[193] Er unterschied auch zwischen dem Priester als Liturgen, der sich in der sakralen Sprache an Gott wendet, und dem Volk, das in *participatio actuosa* die lateinischen Antworten und Gesänge kennt. Reetz sah es als Ziel, das jeder Katholik den Sinn des Kyrie, Sanctus, Agnus Dei und in groben Zügen des Gloria und Credo kenne.[194] Mit dieser Sicht stand er bereits in Einklang mit den späteren Formulierungen des Zweiten Vatikanischen Konzils: »Es soll jedoch Vorsorge getroffen werden, daß die Christgläubigen die ihnen zukommenden Teile des Meß-Ordinariums auch lateinisch miteinander sprechen oder singen können« (SC 54).

Reetz vertrat als Hochform der Liturgie das lateinische Hochamt mit Choralgesang. »Alles in allem neigen wir uns in Ehrfurcht vor dem Willen Gottes, der uns durch den Heiligen Geist die lateinische Form und Sprache der Liturgie geschenkt hat.«[195] In seinem letzten Lebensjahr teilte er noch einmal seine Sorge um den Verlust der lateinischen Liturgiesprache mit, da man

[191] Ebd., 137.
[192] Ebd.
[193] Ebd., 181.
[194] Vgl. ebd., 180–187.
[195] Ebd., 187.

nicht beachte, dass das Konzil einen maßvollen Gebrauch der Volkssprache verfolgte.[196]

> Weil ich auf dem Konzil die lateinische Sprache verteidigte und für den maßvollen Gebrauch der Muttersprache plädierte, sind mir sehr viele Zuschriften zugegangen, besonders aus Laienkreisen, die mich sehr ermutigen in meiner Auffassung. Es ist überhaupt merkwürdig, daß vor allem die Laien an der lateinischen Liturgie festhalten, während der Klerus mehr die lateinische Liturgie durch eine deutsche ersetzen will.[197]

8. Resümee und Impulse für die Liturgie der Gegenwart

Reetz hat in seiner Amtszeit als Abt in verschiedenartiger Weise versucht, den Gläubigen eine tätige Teilnahme an der Liturgie zu eröffnen. Dennoch sah er sich immer den liturgischen Rubriken und dem Gehorsam verpflichtet, da er sich als Sohn der Kirche verstand. Obwohl Reetz den Pfarrmessen am früh eingeführten Volksaltar im Sinne der Liturgischen Erneuerung Raum gab, sah er das Hochamt mit der lateinischen Kultsprache und dem Choral als die Hochform der Liturgie, zu dem die Gläubigen heranzuführen sind. Für Reetz stand fest, dass eine *participatio actuosa* nicht nur in einer *versus populum* zelebrierten *missa recitata* oder Betsingmesse möglich ist, sondern auch im Reichtum des lateinischen Hochamtes. Das Hauptaugenmerk seines Strebens für eine Verlebendigung der Liturgie lag auf der Wiedergewinnung der Osternacht als wichtigster Feier des ganzen Jahres. Nach aktuellem Forschungsstand hat Reetz die erste offizielle Eingabe für die Verlegung der Feier in die Nacht bei der Ritenkongregation eingebracht. Darüber hinaus hatte er als ein Initiator und wichtiger Netzwerker der Sache gedient. Reetz pflegte mit vielen wichtigen Männern der Liturgischen Erneue-

[196] Vgl. B. Reetz, Gebrauch, 211.
[197] Ebd.

rung Kontakt und tauschte sich mit ihnen über die Liturgie der Osternacht aus. So war es für ihn das größte Geschenk an seinem 25-jährigen Abtsjubiläum, dass er die Reform der Osternacht durch den Papst verkünden konnte. Die Reform der Osternacht 1951 war für ihn der Höhepunkt der Liturgischen Erneuerung.[198] Reetz sah in der Liturgischen Erneuerung den Weg für eine Verlebendigung des Glaubens, er selbst war aber kein leichtfertiger und eigensinniger Reformer. Für ihn galt es in der Tradition verwurzelt und zugleich offen für die Veränderungen der Zeit zu sein:

> Unsere Aufgabe muß es bleiben, aufgeschlossen zu sein für das geistige Leben und die geistlichen Bedürfnisse unseres 20. Jahrhunderts, denn an ihm und in ihm haben wir nach dem Willen Gottes unsere Aufgabe zu erfüllen. Wir dürfen keine »Kleber« sein, die nur nach rückwärts schauen, die nur auf die Vergangenheit schwören, die nur nach dem Grundsatz leben: so wie es gestern war, so auch heute und morgen und in alle Zukunft. Wir dürfen auch keine »Hüpfer« sein, die nur vorwärts schauen, die die Welt auf den Kopf stellen wollen, die für die Tradition nichts übrig haben, die jeden Tag neue Theorien aufstellen, ohne jemals auch nur eine in die Tat umzusetzen. Laßt uns »Schreitende« sein, die mit dem einen Fuß fest in der Vergangenheit stehen und mit dem anderen ebenso fest und sicher in die Zukunft schreiten.[199]

Als Impulse für die Gegenwart können uns neben dem Eifer von Reetz für die Liturgie insbesondere folgende Punkte dienen: die Osternacht als wichtigste Feier des Jahres, Zelebrationsrichtung des Priesters, Latein als Zeichen der Einheit und Universalität der Kirche und Choral als der kircheneigene Gesang.

Sein Hauptanliegen der Osternacht hat eine deutliche Parallele zur heutigen Zeit. Damals feierten nur wenige die Osterliturgie am Karsamstag mit, die eigentliche Osterfeier war allgemein die sogenannte Auferstehungsfeier am Nachmittag. Heute wird die

198 Vgl. B. Reetz, Christi vices agere, 13.
199 Ebd., 5.

Osternacht aufgrund von Länge und Uhrzeit mancherorts spärlicher besucht als der Sonntagsgottesdienst. Für zahlreiche Christen in den südlichen Diözesen Österreichs besteht Ostern darin, zur sogenannten *Fleischweihe* (Osterspeisensegnung) zu gehen anstatt in die Osternacht. Selbst in Seckau, wo Reetz der Osternachtfeier wieder ihre Bedeutung zurückgab und Ströme von Menschen mitfeierten, nehmen heute bedeutend mehr Personen an der Fleischweihe als an der Osternacht teil. Reetz würde heute wie damals das Ziel verfolgen, diese unglückliche Verschiebung der Bedeutung pastoral klug zu korrigieren. Freilich haben sich die Zeiten verändert, abgesehen vom Brauchtum ist vielfach der Glaube geschwunden. Der Wunsch und der Versuch bleiben, die Osternacht als zentralste Feier des liturgischen Jahres den Gläubigen neu zu erschließen.

Bei der lateinischen Liturgiesprache und dem gregorianischen Choral ist festzustellen, dass sie, wenn überhaupt noch, in den Klöstern gepflegt werden. Im Blick auf den Eifer des Abtes Reetz für das Latein und den Choral ist in der Gegenwart eine neue Sehnsucht erwacht, die Schönheit der alten Melodien und Texte der Kirche wieder erklingen zu lassen. So könnten etwa vermehrt lateinische Ordinarien, Sakramentslieder, marianische Antiphonen etc. zur Verwendung kommen. Dies entspricht durchaus der Sicht des Zweiten Vatikanischen Konzils, dem es wichtig war, die lateinische Kultsprache für die Gläubigen nicht durch die Volkssprache zu verdrängen (vgl. SC 36.54).

Im Hinblick auf die Zelebrationsrichtung ist für eine Gruppe von Professoren, Priestern und Laien in der heutigen Zeit die Feier *versus populum* nicht mehr zwingend notwendig.[200] Neben der gesteigerten *participatio actuosa* sehen sie die Gefahr, dass das Mysterium der hl. Messe verloren geht. Wie in der Liturgischen Erneuerung nicht ganz klar war, ob die Zelebrationsrichtung einfach geändert werden kann, so begegnet uns heute die Meinung, die Zelebration *ad orientem* sei nicht mehr gestat-

[200] Vgl. E. Groiss/St. Kronthaler, Formen.

tet. Dabei ist zu beachten, dass gerade die Rubriken des Messbuchs für den deutschen Sprachraum von 1975 die Möglichkeit der hl. Messe *ad orientem* kennen.[201] Die Zelebration *versus populum* ist demnach eine Möglichkeit, aber keine Verpflichtung. Sowohl die *participatio actuosa* als auch das auf Gott ausgerichtete Mysterium dürfen in der hl. Messe nicht fehlen und benötigen immer wieder einer Verlebendigung. In der Zeit der Liturgischen Erneuerung war die Zelebration *versus populum* ein Mittel für die tätige Teilnahme. Dieses Mittel kann heute aufgrund der Erfahrungen der letzten Jahrzehnte und vor dem Hintergrund der Überlegungen zu Reetz in seiner Wirksamkeit angefragt werden.

Für alle liturgischen Veränderungen und Impulse bleiben zwei Grundzüge von Reetz als Maßstab: Gehorsam gegenüber der Kirche bei Reformen und Verlebendigung der Liturgie für das Volk in Form von mystagogischen Katechesen.

[201] Dies wird deutlich, da die Rubriken angeben, dass der Priester bei der Eröffnung, bei der Einladung zum Gabengebet, beim Friedensgruß, bei der Einladung zur Kommunion und beim Segen der Gemeinde zugewandt steht. Wäre die Zelebration versus populum verpflichtend, würden diese Hinweise überflüssig sein. Vgl. DBK/ÖBK/SBK (Hg.), Messbuch. Für die Bistümer des deutschen Sprachgebietes. Authentische Ausgabe für den liturgischen Gebrauch. Teil 1, Köln/Basel/Wien 1975.

Beatissime Pater !

Benedictus Reetz, Abbas B. M. V. de Seccau, Congregationis Beuronensis, ad Pedes Sanctitatis Vestrae humillime provolutus privilegium petit, ut in Abbatia sua Vigiliae Paschales non hora antemeridiana Sabbati Sancti, sed incipiente nocte Paschalis celebrari possint. Rationes autem, quae orator pro obtinendo privilegio adducit, sequentes sunt:

1.) ratio ex textibus liturgicis desumpta: textus huius liturgiae omnino non conveniunt cum tempore matutino Sabbati Sancti, qui dies fuit olim aliturgicus, v.g.

a.) "hunc nocturnum spendorem invisibilis regenerator accende" (Oratio super grana incensi),

b.) "haec nox est": pluries cantatur in benedictione cerei paschalis et additur "o vere beata nox",

c.) "Deus qui hanc sacratissimam noctem gloria Dominicae Resurrectionis illustras...." (Oratio missae),

d.) "Te quidem, Domine, omni tempore, sed in hac potissimum nocte.." (praefatio),

e.) "Communicantes et noctem sacratissimam celebrantes..." (canon missae).

2.) ratio historica: primo millenio post Christum et adhuc ulterius sollemnissime Vigiliae Paschales in omnibus ecclesiis orbis christiani in sanctissima nocte paschali celebratae sunt.

3.) ratio pastoralis: populus christianus generatim his Vigiliis, quae S. Augustinus "matrem omnium Vigiliarum" S. que Zeno veronensis "dulcissimas Vigilias" appellat, assistere mane non potest. Impediuntur enim quominus ecclesiam adeant, cum Sabbato Sancto laborare debeant, liturgia autem nimis longa sit. - Urgente tempore belli pluribus in locis haec liturgia celebrari debuit crepusculo et populus christianus summa cum festinatione et laetitia ad officia divina sicut in noche Nativitatis D.N.J.C. accurebat.

[202] AEB, Nachlass EA Benedikt Reetz, Verschiedenes VIII/1,18, Eingabe der BK an die Ritenkongregation 1948.

4.) Apud Orientales numquam interrupta fuit traditio apostolica celebrandi noctem Paschalem,quae apud eos ut culmen totius anni liturgici habetur. Reditus Romanae Ecclesiae ad hanc traditionem pulcherrimam certe faveret unioni Ecclesiarum tam desideratae a Summis Pontificibus et toto populo christiano.

5.) Academici Universitatum Austriae,qui ad diem Paschatis numero permagno (2oo)Seccovii ad sollemnia Paschalia cum Monachis peragenda adunantur,petitioni huic subscribunt,ut ex foliis adjaçentibus patet.

His rationibus expositis orator petit,ut experimenti causa privilegium praedictum ad sexennium concedatur. Ad praxim vero quod attinet omnia peragenda remanent secundum rubricas,prout habentur in libris liturgicis, cum hac sola differentia,quod omittantur Completorium et Matutinum,cum loco Matutini (quod in Regula S.P.N. Benedicti "Vigiliae" appellatur), Vigiliae Paschales cum 12 prophetiis celebratae sint et tempus non suppetat pro Officio longiore Breviarii monastici.

Et Deus..........

Datum in Abbatia B.M.V. de Seccau die 15. novembris 1947.

Literaturverzeichnis

Archivmaterialien

(AAML = Archiv Abtei Maria Laach; AAS = Archiv Abtei Seckau; AEB = Archiv Erzabtei Beuron; APISMA = Archiv des Päpstlichen Instituts Santa Maria dell'Anima)

AAML, S7/CI, R-S. [= Briefe an Odo Casel]
AAML, III A 160/1. [= Briefe an Ildefons Herwegen]
AAS, Abt Dr. Suitbert Birkle (190), Briefwechsel.
AAS, Annalen 1921–1939 (6).
AAS, Annalen 1945–1960 (7).
AAS, Klöster M (113), Maria Laach.
AAS, Liturgie, Sakramente (161), Institutum Liturgicum.
AAS, Liturgie, Sakramente (161), Liturgische Tagungen II.
AAS, Papsttum (101), Heiliger Stuhl.
AAS, Präses (70), 1933–1953.
AAS, Präses (70), Rundschreiben 1942–1980.
AAS, Seckauer Bischöfe (4), Fürstbischof Dr. Ferdinand Pawlikowski.
AEB, Nachlass EA Benedikt Reetz, Kirchenjahr III,4b. [= Triduum Sacrum]
AEB, Nachlass EA Benedikt Reetz, Liturgie II,1. [= Allgemeines]
AEB, Nachlass EA Benedikt Reetz, Liturgie II,2. [= Allgemeines]
AEB, Nachlass EA Benedikt Reetz, Liturgie II,5. [= Choral]
AEB, Nachlass EA Benedikt Reetz, Liturgie II,6. [= Mediator Dei]
AEB, Nachlass EA Benedikt Reetz, Verschiedenes VIII/1,18. [= Osternacht]
AEB, Nachlass EA Benedikt Reetz, Verschiedenes VIII/1,36. [= Congressum Abbatum 1947]
AEB, Nachlass EA Benedikt Reetz, Verschiedenes XIV/2,59. [= Ansprachen]
APISMA, K/6, Karsamstagsliturgie.
APISMA, K/47, Karsamstagsliturgie 1935 und 1950.

Literatur

ALBRECHT, Karl: Begegnung mit Vater Abt Dr. Benedikt Reetz O.S.B., in: SH 28 (1965) 18–20.

AMON, Karl: Volksliturgische Meßreform, in: Ferdinand KLOSTERMANN/Hans KRIEGL/Otto MAUER u. a. (Hg.), Kirche in Österreich. 1918–1965, Bd. 1, Wien/München 1966, 137–148.

AUF DER MAUR, Hansjörg: Feiern im Rhythmus der Zeit I. Herrenfeste in Woche und Jahr (GDK 5), Regensburg 1989.

BERZDORF, Franziskus: Necrologium Beuronense 1863–2018, Regensburg 2018.

BETZ, Johannes: Art. Eucharistie, IV. Dogmengeschichte der Eucharistielehre, in: LThK², Bd. 3, 1148–1152.

BOGLER, Theodor: Deutschland, in: DERS. (Hg.), Liturgische Erneuerung in aller Welt, Maria Laach 1950, 15–28.

BUGNINI, Annibale: Die Liturgiereform 1948–1975. Zeugnis und Testament, Freiburg i. Br./Basel/Wien 1988.

Congressus Abbatum: Protocollum. seu relatio de sessionibus quas rmi et illmi abbates congregationum confoederatarum, Norcia 1947.

CONRAD, Martin: Die »Krypta-Messe« in der Abtei Maria Laach. Neue Untersuchungen zu Anfang, Gestaltungsformen und Wirkungsgeschichte, in: ALW 41 (1999) 1–41.

DBK/ÖBK/SBK (HG.), Messbuch. Für die Bistümer des deutschen Sprachgebietes. Authentische Ausgabe für den liturgischen Gebrauch. Teil 1, Köln/Basel/Wien 1975.

Die Benediktusregel. lateinisch/deutsch, herausgegeben im Auftrag der Salzburger Äbtekonferenz, Beuron 1992.

Encyclopedia, Oppenheim, Philipp, URL: https://www.encyclopedia.com/religion/encyclopedias-almanacs-transcripts-and-maps/oppenheim-philipp [Abruf: 19.02.2022].

EPLUS Open Access Publikationsserver der Universität Salzburg, Pater Adalbero Raffelsberger OSB (1907 bis 1952) und die Anfänge des Liturgischen Instituts der Erzabtei St. Peter zu Salzburg, URL: https://eplus.uni-salzburg.at/obvusbhs/download/pdf/4976553?originalFilename=true [Abruf: 07.01.2022].

GAMBER, Klaus: Kult und Mysterium. Das Liturgieverständnis der frühen, ungeteilten Christenheit, Regensburg 1983.

GORDAN, Paulus: Gedenkblatt für Erzabt Dr. Benedikt Reetz, in: EuA 41 (1965) 63–68.

GROISS, Elvira/KRONTHALER, Stefan: Beide Formen sind berechtigt. Interview mit Univ.-Prof. Hans-Jürgen Feulner über die Ausrichtung des Priesters während der Messfeier, URL: https://www.erzdioezese-wien.at/site/nachrichtenmagazin/nachrichten/sonntagsarchiv/archive/34278.html [Abruf: 27.06.2022].

HAUNERLAND, Winfried: Liturgische Bewegung in der katholischen Kirche im 20. Jahrhundert, in: Jürgen BÄRSCH/Benedikt KRANEMANN (Hg.), Geschichte der Liturgie in den Kirchen des Westens. Rituelle Entwicklungen, theologische Konzepte und kulturelle Kontexte, Bd. 2, Münster 2018, 165–205.

HEINZ, Andreas: Liturgiereform vor dem Konzil, in: LJ 49 (1999) 3–38.

JUNG, Hans-Erich: Die Vorarbeiten zu einer Liturgiereform unter Pius XII. (Teil II), in: LJ 26 (1976) 224–240.

JUNGMANN, Josef A.: Die Vorverlegung der Ostervigil seit dem christlichen Altertum, in: LJ 1 (1951) 48–54.

– DERS.: Messe im Gottesvolk. Ein nachkonziliarer Durchblick durch Missarum Sollemnia, Freiburg i. Br./Basel/Wien 1970.

Klosterarchiv Einsiedeln, P. Beat (Karl) Reiser von Donsdorf, URL: http://www.klosterarchiv.ch/e-archiv_personen_popup.php?id=1906 [Abruf: 09.05.2022].

KOLBE, Ferdinand: Die Liturgische Bewegung (CiW 4), Aschaffenburg 1964.

LANG, Uwe Michael: Conversi ad Dominum. Zu Geschichte und Theologie der christlichen Gebetsrichtung, Einsiedeln/Freiburg 2006.

LEGAT, Benedikt: Verlebendigung der Liturgie. Eine liturgiegeschichtliche Untersuchung über den Beitrag von Abt Benedikt Reetz OSB an der liturgischen Erneuerung in Österreich in seiner Amtszeit in Seckau zwischen 1926–1957 (Diplomarbeit zur Erreichung des akademischen Grades Mag. theol.), Heiligenkreuz 2022.

MAAS-EWERD, Theodor: Pius Parsch und die Erneuerung der Osterfeier, in: Norbert HÖSLINGER/Theodor MAAS-EWERD (Hg.), Mit sanfter Zähigkeit. Pius Parsch und die biblisch-liturgisch Erneuerung (SPPI 4), Klosterneuburg 1979, 215–239.

– DERS.: Ein Zeugnis für die Bemühungen der deutschen Bischöfe und die Wiedergewinnung der Feier der Osternacht. Die Eingabe des Kölner Erzbischofs Kardinal Frings an Papst Pius XII. vom 22. November 1949, in: ALW 30 (1988) 1–20.

MESSNER, Reinhard: Gottesdienst und sakramentale Praxis, in: Michaela SOHN-KRONTHALER/Rudolf K. HÖFER/Alois RUHRI (Hg.), 800 Jahre Diözese Graz-Seckau. Von der Gründung bis zur Gegenwart, Wien/Graz/Klagenfurt 2018, 303–331.
Missale Romanum. Editio VII juxta typicam vaticanam, Regensburg 1923.
N.N.: Liturgische Tagung für Akademiker in der Abtei Seckau, in: Grazer Volksblatt 59 (7. April 1926) 6.
Ordo Sabbati Sancti. Quando vigilia paschalis instaurata peragitur, Vatikan 1951.
PARSCH, Pius: Ostern und unser Volk!, in: BiLi 1 (1926) 193–196.
– DERS.: Zur Reform der Singmesse, in: BiLi 6 (1931) 73–76.
– DERS.: Volksliturgie. Ihr Sinn und Umfang, Klosterneuburg 1940.
Pius-Parsch-Institut, Pius Parsch (1884–1954), URL: http://www.pius-parsch-institut.at/profil/pius-parsch [Abruf: 07.01.2022].
PIUS XII., Rundschreiben über die heilige Liturgie (Mediator Dei). Offizieller lateinischer und deutscher Text, Wien 1948.
QUISINSKY, Michael: Der Beuroner Erzabt Benedikt Reetz (1897–1964) und das II. Vaticanum (1962–1965), in: Peter HÄGER/Jakobus KAFFANKE (Hg.), Beuroner Forum. Edition 2015. Kulturelles, monastisches und liturgisches Leben in der Erzabtei St. Martin (Beuroner Forum 7), Münster 2015, 165–188.
RATZINGER, Joseph: Die sakramentale Begründung christlicher Existenz, Meitingen/Freising [4]1973.
– DERS.: Der Geist der Liturgie. Eine Einführung, Freiburg i. Br./Basel/Wien 2000.
RECHEIS, Athanas: Abt Benedikt Reetz, ein Pionier der religiösen Erneuerung (1897–1964), in: SH 59 (2005) 4–12.
REETZ, Benedikt: Das Volk lernt Gregorianischen Choral, in: KKZ 72 (1932) 348f.
– DERS.: Ostern – der königliche Tag, Wien 1946.
– DERS.: Das Wort des Papstes zur liturgischen Erneuerung, in: GlDei 2 (1947) 193–203.
– DERS.: Mediator Dei, in: KlBl(S) 81/8 (1948) 57–59.
– DERS.: Lateinische oder deutsche Kultsprache, in: HlD 3 (1949) 67–74. 102–107. 135–140. 180–187.
– DERS.: Warum wird die Feier der Osternacht gewünscht?, in: BiLi 17 (1950) 137–141.
– DERS.: Christi vices agere, Seckau 1951.
– DERS.: Neu erstandene Osterliturgie, in: KlBl(S) 84 (1951) 60–62.

– DERS.: Die Zielsetzungen der Liturgischen Erneuerung in der Gegenwart, in: LuM 24 (1959) 41–63.
– DERS.: Maßvoller Gebrauch der Muttersprache in der Liturgie, in: KlBl 44 (1964) 211f.

ROTH, Benno: Seckau. Der Dom im Gebirge, Graz ^{2}1995.

SACHSLEHNER, Johannes: Hitlers Mann im Vatikan. Bischof Alois Hudal, Wien 2019.

SCH., A.: Durch »Mediator Dei« verurteilte Irrtümer, in: KlBl(S) 81 (1948) 66f.

SCHWAB, Anselm: Erzabt Dr. Benedikt Reetz. Ein reiches Wirken für die liturgische Erneuerung in Österreich, in: HlD 9 (1957) 81.

Stadt Graz: Karl Maria Stepan, Landeshauptmann, URL: https://www.graz.at/cms/beitrag/10096256/7773004/Karl_Maria_Stepan_Landeshauptmann.html [Abruf: 07.03.2022].

Webportal des Österreichischen Pastoralinstituts: Geschichte des Österreichischen Pastoralinstituts, URL: https://www.pastoral.at/pastoralinstitut/geschichte-des-sterreichischen-pastoralinstituts [Abruf: 06.06.2022].

Zweites Vatikanisches Konzil, Konstitutionen, Dekrete und Erklärungen. Lateinisch und Deutsch (Teil 1), in: LThK^{2} 1966.

Timo Amrehn

Theologische Vulnerabilität

Eine Herausforderung für die Liturgie?

Der Verfasser ist Universitätsassistent (prae-doc) am Lehrstuhl für Liturgiewissenschaft und Sakramententheologie an der Katholisch-Theologischen Fakultät der Universität Wien. Zur Zeit arbeitet er an seiner Dissertation über Vulnerabilitätsphänomene in liturgischen Ritualen, die hier mittels einer groben Konzeptualisierung kurz vorgestellt wird.

Das mehrdimensionale Phänomen der Vulnerabilität[1] hat sich in der wissenschaftlichen Forschung über die letzten Jahre zu einem bedeutenden Schlüsselbegriff entwickelt. Die Ursprünge eines immer weiter gewachsenen, interdisziplinären Vulnerabilitätsdiskurses liegen aller Wahrscheinlichkeit nach in der Medizin. Für Anamnesen, Diagnosen sowie Behandlungen und Prävention physischer und psychischer Erkrankungen ist es unabdingbar, die Fragilität der *conditio humana*, d. h. »die Anfälligkeit von einzelnen Menschen oder bestimmten Gruppen für [unterschiedliche] Krankheiten genauer zu kennen«[2]. Auch semantisch lässt sich eine Vielschichtigkeit der aufgekommenen Deutungsmöglichkeiten beobachten. So findet man im Lateinischen über das Substantiv *vulnus* hinaus auch das Verb *vulnerare* (verletzen) sowie das Adjektiv *vulnificus* (verwundend), welche oftmals zur Beschreibung ganz unterschiedlicher (Umbruchs-)Situationen gebraucht werden.[3]

1 Die Begriffe »Vulnerabilität«, »Verwundbarkeit« und »Verletzlichkeit« werden in diesem Artikel synonym gebraucht.

2 H. Keul, Diskursgeschichtliche Einleitung, 7.

3 Noch im 19. Jahrhundert wurde das Substantiv »Vulnerant« unter anderem als Fremdwort geführt. Ein *Allgemeines Fremdwörterbuch* von Johann

Immer deutlicher entwickelte sich die Vulnerabilität daher insgesamt zu einer Zukunftskategorie, die sich spätestens ab dem Jahr 2020 in nahezu allen Wissenschaftsdiskursen[4] als Fachterminologie etabliert hat. Besondere gesellschaftliche Aufmerksamkeit erhielt der Begriff der Vulnerabilität jedoch in selbigem Jahr aufgrund damals exponentiell ansteigender Covid-19-Infektionen und wurde sogar 2022 durch das Robert-Koch-Institut in eine verschriftlichte Bewertung grundsätzlicher (Risiko-)Aspekte innerhalb einer Strategie zur Bewältigung der Covid-19-Pandemie in Deutschland zum Schutz vulnerabler Gruppen integriert.[5] In diesem Zusammenhang konstatierte der an der Ludwig-Maximilians-Universität in München lehrende Soziologe Stephan Lessenich bereits 2020: »›Vulnerabilität‹ ist spätestens seit der ersten großen Pressekonferenz der damaligen Bundeskanzlerin Angela Merkel zur Corona-Pandemie heißer

---

Christian August Heyse nennt neben Vulnerabilität zudem die Worte: »Vulnerant, m. ein Verwundender; Vulnerantinn, f. die Verwundende; Vulnerāt m. der Verwundete; Vulneratinn, f. die Verwundete; Vulneration, f. die Verwundung« J. C. A. Heyse, Fremdwörterbuch, 498.

[4] Vulnerabilität zeugt einerseits von einem sehr allgemeinen Phänomen, andererseits bedarf es aber aufgrund seines umfassenden und komplexen relationalen Spezifikums einer breit aufgestellten Inter- und Transdisziplinarität. Bereits fest integriert wurde der Begriff in verschiedene Disziplinen wie beispielsweise die Ökonomie sowie die Ökologie im Kontext der Klimafolgen-, Naturgefahren- und Naturkatastrophenforschung, aber auch die Humangeografie und die Stadt- und Migrationsforschung. Als die bekanntesten Vertreterinnen eigener Erforschung des Phänomens der Verletzlichkeit in Politikwissenschaft und politischer Philosophie zählen Judith Butler und Martha Nussbaum, welche die Vulnerabilität mit ihren Essays zu einem elementaren Grundbegriff in der Philosophie und in Debatten um Menschenrecht und Menschenwürde haben erstarken lassen. Vgl. hierzu H. Keul, Diskursgeschichtliche Einleitung, 7–9. Vgl. zudem auch J. Butler, Leben; sowie J. Butler/Z. Gambetti/L. Sabsay (Hg.), Vulnerability, und M. Nussbaum, Intolerance. Zur Vulnerabilität im Kontext ethischer Debatten vgl. ferner M. A. Fineman/A. Grear, Vulnerability; M. Moyaert, Vulnerability. Im deutschsprachigen Raum besonders H. Münkler/F. Wassermann, Vulnerabilität. Für die Pädagogik vgl. D. Burghardt u. a., Vulnerabilität. Für die Theologie vgl. u. a. H. Keul/T. Müller, Einleitung.

[5] Vgl. Robert-Koch-Institut, Risikobewertung.

Kandidat auf das Fremdwort des Jahres.«[6] Um das Phänomen der Vulnerabilität von Menschen oder sozialen Gruppen, bis hin zu Politik-, Wirtschafts- und Gesundheitssystemen zu erfahren und beobachten zu können, bedarf es jedoch nicht ausschließlich der Turbulenzen des 21. Jahrhunderts, es genügt ein aufmerksamer Blick in das individuelle Alltagsleben. Unter anderem wird so schnell deutlich werden, dass es »die allgemein menschliche Vulnerabilität [...] nicht abstrakt [gibt], sie ist immer als konkrete Vulnerabilität wirksam, und diese hängt von zahlreichen, häufig menschengemachten Faktoren ab. Alle Menschen sind verwundbar; aber sie sind es keineswegs gleich, und schon gar nicht in jeder Hinsicht.«[7] Es braucht also eine wohlüberlegte Differenzierung, um der Komplexität des Themenfeldes gerecht zu werden und um es angemessen erfassen zu können. Ein besonderes Verdienst des wissenschaftlichen Diskurses ist hierbei die Unterscheidung von *Wunde* und *Verwundbarkeit*.[8] Beides muss getrennt voneinander betrachtet werden – obgleich man es nie gänzlich voneinander trennen kann und darf – was auch im akademischen Vulnerabilitätsdiskurs nicht immer mit der notwendigen Klarheit gelingt.[9]

Die heutige Vulnerabilitätsforschung wird im deutschen Sprachraum derart breit bearbeitet, dass schon jetzt eine Metareflexion vollzogen werden kann,[10] welche wiederum eng mit

6 S. Lessenich, Diskurs.

7 H. Keul, Diskursgeschichtliche Einleitung, 10.

8 Vgl. ebd., 11.

9 So auch D. Burghardt u. a.: »Vulnerabilität meint nicht Verletzt- oder Beschädigt-Sein (wie so häufig in der einschlägigen Literatur, in der die Potentialität der Verletzbarkeit mit der Realität der Verletzung gleichgesetzt wird).« D. Burghardt u. a., Vulnerabilität, 13.

10 Vgl. H. Keul, Diskursgeschichtliche Einleitung, 12; sowie erste deutschsprachige Publikationen zur Metareflexion: D. Burghardt u. a. Vulnerabilität in verschiedenen Wissenschaften; H. Keul, Inkarnation, 216–232, bes. 216f., 227–231; M. Leidinger, Verletzbarkeit, 15–43. Ferner bietet R. Stöhr eine Zusammenschau einschlägiger Literatur zum Vulnerabilitätsphänomen vgl. hier R. Stöhr u. a., Schlüsselwerke. Auch H. Keul publizierte eine Auflis-

der Resilienz-,[11] aber auch mit Risiko-, Katastrophen- und Zukunftsforschung[12] verknüpft ist. Etwa ab dem Jahr 2010 eröffneten die Geistes- und Sozialwissenschaften, allem voran philosophische, theologische und pädagogische Disziplinen, eine neue Debatte. Ihr Kerngedanke erörtert, inwiefern es sinnvoll sei, »die menschliche Vulnerabilität immer [als] ein ›negatives Phänomen‹«[13], d. h. als eine Defizitbeschreibung, darzustellen. Der Diskurs braucht auch an dieser Stelle eine Multiperspektivität und nicht nur eine »Erforschung ausschließlich als Schwachstellenanalyse […] wie es die Naturwissenschaften tun«[14]. In dieser Polyphonie akademischer Perspektiven nimmt auch die Theologie eine nicht unbedeutende Rolle ein. So konstatiert beispielsweise die Kölner Forschungsgruppe »Vulnerabilität« im Jahr 2017:

> Vulnerabilität, die in anderen Zusammenhängen zumeist als negative Eigenschaft betrachtet wird, die es zu überwinden bzw. zu bewältigen gilt, erhält innerhalb der Theologie seit Neuestem einen gänzlich anderen Bedeutungshorizont. Sowohl die gesellschaftliche als auch die individuelle Verwundbarkeit bildet ein notwendiges und sogar wünschenswertes Merkmal, das die Voraussetzung für (Mit-)Menschlichkeit, Frieden und Verständigung schafft.[15]

Auch in kirchlichen Kontexten zeichnete sich zur Hochphase der bereits genannten Pandemie mit ihren restriktiven Einschränkungen in einzelnen Diözesen eine nicht zu unterschätzende Sensibilität gegenüber Verletzlichkeit(en) ab. Im Zuge der

---

tung von Monografien, Sammelbänden und Themenheften im deutschsprachigen Raum bis 2020, vgl. H. Keul, Diskursgeschichtliche Einleitung, 15f.

[11] Besonders erwähnenswert ist an dieser Stelle die DFG-Forschungsgruppe FOR 2686 mit dem Titel »Resilienz in Religion und Spiritualität. Aushalten und Gestalten von Ohnmacht, Angst und Sorge«. URL: https://gepris.dfg.de/gepris/projekt/348851031 [Abruf: 09.10.2023]. Vgl. ferner auch R. Wink (Hg.), Perspektiven.

[12] Vgl. M. G. Christoffersen, Living.

[13] H. Keul, Diskursgeschichtliche Einleitung, 13.

[14] Ebd.

[15] D. Burghardt u. a., Vulnerabilität, 29.

entsprechenden Sicherheitsmaßnahmen wurden etwa Gottesdienste, Begegnungen und Berührungen fast gänzlich vermieden, obwohl doch die »geistliche und soziale Sorge für die Kranken [besonders aber für die Vulnerablen insgesamt] […] genuiner Auftrag der Kirche [ist], gerade in Zeiten, da unsere gewohnten Sicherheiten in ihren Grundfesten erschüttert werden«[16]. Krankheit(en) oder Beeinträchtigung(en) stellen biographische Erlebnisse dar, die das Sein unausweichlich mit eigener Begrenztheit und Körperlichkeit konfrontieren und als mit der menschlichen Wirklichkeit untrennbar verbundene Eigenschaft zu gelten haben. Die Theologie erkannte vielfach – wenn auch gewiss nicht immer mit angemessener pastoraler Klugheit[17] – das Erkranken, Leiden und Sterben der Menschen nicht als schicksalshaften Zufall, sondern deutete es als ur-eigenes Faktum menschlicher Kontingenz (*insecuritas humana*) im Sinne des christlichen Glaubens. Allgemein konstatiert Katharina Westerhorstmann hierzu:

> Being thrown into illness and suffering challenges people to turn to what is essential in life, to reflect about being human as such, to recognize the value of solidarity and of relationship between human beings, and also to follow the path of the metaphysical circumstances of life.[18]

Ähnlich erklärt auch Hildegund Keul, zusammen mit Dorothee Sölle sowie Hans Jochen Margull, das Interesse der Theologie an Inhalten zu Vulnerabilität so, dass »Wunden, Leid und Schmerz […] zu [den] klassischen Kernthemen«[19] der Theologie gehören. Das Bewusstsein für vulnerable Gruppen, ja für das Phänomen der Vulnerabilität per se, wächst in theologischen Publikationen seither stetig.

---

[16] J. Winkler, Berühren verboten, 578. Vgl. zudem: Die Feier der Krankensakramente; sowie H.-J. Feulner, Krankensalbung, 14f.

[17] Vgl. exemplarisch für den Umgang mit an Lepra Erkrankten: H.-J. Feulner, Gottesdienstkultur.

[18] K. Westerhorstmann, What It Means to Be Human, 404.

[19] H. Keul, Diskursgeschichtliche Einleitung, 14. Vgl. zudem D. Sölle, Fenster sowie H. J. Margull, Verwundbarkeit.

Insgesamt ergibt sich die Annahme, dass der Aspekt der Verletzlichkeit besonders auch in Sakrament und Ritual fruchtbringend systematisch erforscht werden soll sowie ein Thema sowohl in den Formularen als auch in der Praxis sakramentaler Feiern sein kann. Diesem Anspruch auf wissenschaftliche Auseinandersetzung in der Liturgiewissenschaft, ausgehend von der Inkarnation und dem Kreuzesopfer Jesu Christi, soll durch eine eigenständige Dissertation nachgekommen werden. Sie widmet sich – nach einer Einführung in die Leiblichkeits- und Vulnerabilitätsforschung – zunächst mit einer Auswahl an biblischer Grundlegung und ihrer Adaption in der Theologie und Liturgie in Bezug auf die Affizierbarkeit[20] Gottes unter Berücksichtigung des in der Alten Kirche/Patristik bereits rezipierten Paradigmas der göttlichen Apatheia[21]. Den Schwerpunkt allerdings bildet die Verwundbarkeit – und damit indirekt verbunden auch

---

[20] Gottesbilder besitzen oft anthropomorphe Qualität. Persönliche Gottesvorstellungen werden dann zu metaphorischen Imaginationsräumen der Vulnerabilitätserfahrungen in der eigenen Biographie. Die Frage, die sich in diesem Zusammenhang stellt, ist, ob und »[i]nwiefern […] es theologisch sinnvoll [ist], davon zu sprechen, dass Gott sich von menschlicher Verletzlichkeit berühren und bewegen lässt.« A. BIELER, Leben, 78.

[21] Der Ausdruck ἀπάθεια findet sich auch in dem griechischen Verb πάσχειν (Aor.: πάθειν – Substantiv: πάθος – Adjektiv: παθητικός). Das Verb πάσχειν beschreibt in seinen Grundbedeutungen – im Gegensatz zur verneinenden Form ἀ-πάθεια – *ein dem Bezugsobjekt von außen herantretendes Widerfahren, Begegnen, Zustoßen* u. Ä., welches sich aktiv/reaktiv, positiv/negativ o. a. verhalten kann. Die durch präpositionierten Vokal negierte Wendung (ἀ-πάθεια) meint in Bezug auf das Göttliche jedoch die Unbeeinflussbarkeit, d. h. Unveränderbarkeit durch positive oder negative Seelenregungen. Ebenjene hat eine völlige unbeeinflussbare Leiden(schaft)slosigkeit, Unveränderlichkeit, Unwandelbarkeit, Unkörperlichkeit und Unsichtbarkeit zur Folge. Vgl. zum Apatheiabegriff grundlegend H. FROHNHOFEN, Apatheia tou theou, 30–48. In Folge eines Paradigmenwechsels in der philosophisch-theologischen Rede über Gott wird das Mitleid Gottes meist als eine vorauszusetzende Grundprämisse angenommen. Jedoch sollen sowohl das Apathie-Axiom sowie die theopaschitische Formel aufgrund ihrer dogmatischen Bedeutsamkeit nochmals mit Hilfe von rudimentären Erörterungssträngen behandelt werden. Vgl. zum Mitleid Gottes u. a. A. BIELER, Leben, 78–82; J.-H. TÜCK, Kann Gott leiden? und I. FISCHER u. a. (Hgg.), Mitleid.

der Aspekt der Wahrhaftigkeit[22] – in verschiedenen Frömmigkeitsformen (*pia exercitia – pietas populi*)[23] sowie in der Feiergestalt einiger Sakramente (Firmung/Eucharistie/ Krankensalbung).[24] Denn vor allem die

> Wahrhaftigkeit liturgischer Symbolik verlangt, dass die liturgische und besonders die sakramentale Symbolik anschaulich bleiben muss und aus sich selbst sprechen soll, da sie sonst ihren Hinweischarakter verlieren kann [...]. Wenn manche Symbole oder Rituale in der Liturgie im Laufe der Zeit »ausgehöhlt« wurden, also nicht mehr ohne weiteres in das wirkliche Leben der heutigen Menschen passen oder deren Symbolsprache nicht mehr (richtig) verstanden wird, dann müssen solche Symbole vorsichtig in die heutige Sprache »übersetzt« werden, damit sie als »wahrhaftig« und »authentisch« erfahren werden können, ohne dabei jedoch von einer kurzlebigen »Eventisierung« überformt zu werden.[25]

Dabei ergänzen bzw. vertiefen ausgewählte Fallbeispiele von liturgischen Feiern mit Menschen mit physischen und/oder psychischen Beeinträchtigungen jene Ausführungen.[26]
Abseits liturgiewissenschaftlicher, dogmatischer und kirchenrechtlicher Diskurse stellt die vulnerable Grundverfasstheit der gesamten Schöpfung – wie eingangs erwähnt – ein verbindendes Element unterschiedlicher Fachdisziplinen dar. Freilich wird dieses Forschungsthema nicht losgelöst von interdisziplinären Streiflichtern einiger Fachrichtungen behandelt werden können,

22 Vgl. H.-J. Feulner, Anmerkungen.
23 Vgl. Kongregation für den Gottesdienst und die Sakramentenordnung.
24 An dieser Stelle könnten zudem die Fragen relevant sein, inwiefern dogmatische Entwicklungen in Wechselbeziehungen mit der Liturgie stehen, und ob die mittlerweile doch eher zurückgetretene Rede von der Apatheia angesichts neuerer Entwicklungen in der Dogmatik auch Veränderungen in der Liturgie zur Folge hatte: Wie drückt sich das Paradigma göttlicher Apatheia in der Liturgie aus? Tut es das überhaupt?
25 H.-J. Feulner, Anmerkungen, 238.
26 Vgl. B. Kranemann u. a. (Hgg.), Heute Gott feiern; J. Eurich/A. Lob-Hüdepohl (Hgg.), Behinderung; P. Bukovec, Liturgie; Ders., Hochgebet; Ders., Modelltext.

da es in aller Kommunikation bzw. in allen Interaktionsprozessen vielfache Beeinflussungen von Verwundbarkeit(en) gibt. Gleichwohl lässt eine multiperspektivische Sensibilität eventuell gewisse Rückschlüsse auf den theologischen Umgang mit der Verletzlichkeit des Menschen und der damit verbundenen Affizierbarkeit Gottes zu, die sodann für die liturgische Praxis wie auch für weitere theologische Disziplinen interessante Ansätze bieten dürfte.

Abschließend soll die Liturgie als Heiligungs-dienst und Heils-dienst[27] mit den Motiven der Hoffnung, der Heilung und des Trostes in einem ökumenischen Vergleich (Protestantismus/byzantinische Ostkirchen) – je nach Forschungslage anhand erweiterter Gedanken religionsgeschichtlicher, besonders aber dogmatischer Parallelen – bearbeitet werden.

Die Conclusio beschreibt nicht zuletzt die Integration des Prinzips der Vulnerabilität als Chance für ein umfassendes Verständnis der Liturgie[28] und dessen gegenwärtige Relevanz.

---

[27] Die Schreibweise mit Divis wurde absichtlich gewählt, um die diesen Begriffen innewohnende Gewichtigkeit hervorzuheben.

[28] Der Ausdruck zeitloses Verständnis der Liturgie meint, die Liturgie in Sakrament und Wortverkündigung als zeitunabhängige Begegnung durch dialogisches Geschehen zwischen Gott und den Menschen zu verstehen. Das Heilshandeln Gottes durch Jesus Christus im Heiligen Geist unterliegt keinem weltimmanenten Verständnis, sondern muss in der Kirche als zeitlich universal betrachtet werden. Auf diese Weise besitzt das liturgische Geschehen als gemeinschaftliches Leben in der bereits angebrochenen eschatologischen Wirklichkeit des Reiches Gottes (κοινωνία) Offenbarungscharakter (ἀποκάλυψις) und nimmt den Menschen in die wirksame Macht Gottes (δύναμις) hinein, sodass die »Ursprungsgeschichte schon innerhalb der Weltgeschichte antizipiert«. R. Messner, Einführung, 204. Demnach kann dem Motiv der Verletzlichkeit innerhalb liturgischer Rituale bedeutender Offenbarungscharakter zukommen und so die Augen für Gottes barmherzige und heilende Wirkmächtigkeit öffnen. Vgl. zu einem zeitlosen Verständnis der Liturgie auch SC 7.

Darüber hinaus wurden anhand erster Überlegungen sowie beginnende quantitative und qualitative Forschungen folgende grundlegenden Thesen formuliert, welchen innerhalb der Dissertation nachgegangen werden soll.

- Das Vulnerabilitätsphänomen ist ein vielversprechender Ansatz für das christliche Verständnis des Göttlichen, aber auch für das christliche Verständnis der Zugewandtheit zu den Menschen.[29]
- Jesus Christus, der inkarnierte, gekreuzigte [= Verwundung] und auferstandene Gott-Mensch [= »Heilung« trotz weiterer Sichtbarkeit der Wunden] kann auf diese Weise durch den Heiligen Geist Zugang zu Gott Vater für die Menschen anbieten. In einer Beziehungsreligion kann dies für Menschen aufgrund der Verletzungen innerhalb der eigenen Biographie hoffnungsvoller und heilsamer Partizipationsraum von Herz und Verstand sein (vgl. Passionsfrömmigkeit etc.).
- Liturgische Rituale sind verdichtete Erfahrungsmomente eines katabatischen und anabatischen Geschehens, das »zeichenhaft und doch konkret Stärkung und aufrichtende Berührung«[30] zulässt. Das »schafft Nähe, Wärme, Sicherheit; [...] schenkt Kraft und Hoffnung«[31]. Sie werden neben ihrer wesentlichen Vermittlung des gnadengeschenkten Handelns Gottes in der Welt zum Medium personaler Begegnung und Beziehung.
- Der Aspekt der Verletzlichkeit bzw. Verwundbarkeit ist ein immanentes und allgegenwärtiges Momentum tagtäglichen

[29] Vgl. bspw. folgende Artikel: M.-T. Igrec, Vulnerabilität; H. Keul, Vulnerabilität; H. Springhart, Inklusion; L. Achathaler, Vulnerabilität; K. Hilpert, Vulnerabilität/Verletzlichkeit; M. Hallay-Witte, Vulneranz; K. Karl, Vulneranz; H. Keul, Wunde; auch die Veröffentlichung von T. Halík, Berühre die Wunden kann u. a. herangezogen werden.

[30] J. Winkler, Berühren verboten, 578.

[31] Ebd.

Lebens auf unterschiedlichen Ebenen. Auch innerhalb liturgischer Riten kommt dieser in sinnfälligen Zeichen (SC 7) vor und muss integraler Bestandteil der rituellen Performance und Ästhetik des Gottesdienstes sein.[32]

Anzuwendende Materialien

Die Ausrichtung des Dissertationsvorhabens beläuft sich naturgemäß auf eine Konsultation der relevanten liturgiewissenschaftlichen bzw. -historischen Literatur und eine Analyse der Quellentexte in liturgischen Büchern (Messformulare, Rituale, Andachtsbücher). Darüber hinaus werden weitere Literatur und Quellen zum Vulnerabilitätsphänomen herangezogen. Für die Recherche sind auch direktive wie pastorale kirchliche Anweisungen von Interesse. Insoweit ein Vergleich der römisch-katholischen Liturgie mit den Riten der protestantischen und der byzantinischen Tradition in Hinblick auf das Motiv der Vulnerabilität erfolgt, ist, vor allem im Hinblick auf Fragen der gegenseitigen Beeinflussung in der Geschichte, der Methodik einer modifizierten Vergleichenden Liturgiewissenschaft entwickelt ausgehend vom Werk Anton Baumstarks zu folgen.[33] Insgesamt soll der Fokus der Dissertation, besonders bezogen auf den Umgang mit verschiedenen liturgischen Ritualen bzw.

---

[32] »[W]obei es hier nicht um eine bloße ästhetische Schöngeisterei geht, sondern um das Grundverständnis liturgischen Geschehens. […] Die Schönheit und die Ehrfurcht eines Gottesdienstes sind nichts vom Menschen Machbares, […] sondern sie wurzeln in der Erfahrung der rettenden Nähe Gottes, sind Ausdrücke der Sehnsucht nach der Begegnung mit dem lebendigen Gott.« H.-J. Feulner, Anmerkungen, 245. Vgl. auch J. Wohlmuth, Überlegungen. Vgl. zudem Verständnis der Liturgie der römisch-katholischen Kirche als ein eigener *locus theologicus*: SC 10.12.13.

[33] Zugrunde gelegt im Standardwerk von A. Baumstark, Liturgie. – Zur Übersicht dieser klassischen Gesetzmäßigkeiten vgl. H.-J. Feulner, Anton Baumstark, 166f.; P. Bukovec, Grundlagen, 187–191; R. F. Taft, Anton Baumstark, 198–210.

Frömmigkeitsformen als *locus theologicus liturgicus*, eher auf liturgietheologischen Aspekten liegen.[34]

Ein erster Einblick: Vulnerabilität als innovative Heuristik der Liturgie

Das Motiv der Vulnerabilität wurde bisher innerhalb der Liturgiewissenschaft und bezogen auf Sakramente und Rituale nicht näher beleuchtet. Geradezu offensichtliche Kulminationspunkte, in welchen jenes Phänomen deutlich hervortritt, sind die Hochfeste am Heiligen Abend und am Karfreitag. Aus der Perspektive des Christentums sind die Inkarnation Gottes in Jesus sowie das Leiden und Sterben Christi am Kreuz zentrale Wirklichkeiten Gottes und deshalb auch Wirklichkeiten eines jeden Menschen. Das Verbindende und dennoch Überraschende zwischen Krippe und Kreuz ist das Motiv des Ausgeliefert-Seins in die Hände anderer, d. h. in die äußerste Verletzlichkeit.[35] Die Verbindung beider Geschehnisse ist die für nicht wenige unerhörte Botschaft, dass Gott zunächst als hilfloses und verletzliches Kind zur Welt kommt und später ausgeliefert am Kreuz die »schlimmstmögliche Folge der Inkarnation«[36] erfährt. »Der Weg, der mit der Krippe begann, führt konsequent zum Kreuz. […] An Weihnachten wird Jesus Christus der Schwachheit des Fleisches ausgesetzt. Mit der Kreuzigung wird er der Grausamkeit der Menschen ausgeliefert.«[37]

Hildegund Keul bringt die (indirekt auch liturgische) Verbindung zwischen Krippe und Kreuz prägnant auf den Punkt, wenn sie schreibt:

[34] Grundlegende Hinweise bzgl. der Theologie der Liturgie sind zu finden in: A. Gerhards/B. Kranemann, Grundlagen; H. Hoping/B. Jeggle-Merz (Hgg.), Liturgische Theologie; weiterführend J. Ratzinger, Theologie; C. Roth, Theologie; R. Messner, Was ist systematische Liturgiewissenschaft.

[35] Vgl. H. Keul, Weihnachten, bes. 61–98.

[36] Ebd., 83.

[37] Ebd., 84.

> Jesus hätte durchaus die Möglichkeit, der Tötung auszuweichen, wenn er von seiner Reich-Gottes-Botschaft abrückt und sich früh genug aus der Öffentlichkeit zurückzieht. Aber das wäre ein Verrat an der Reich-Gottes-Botschaft, der zugleich einen Verrat an Gott und Mensch bedeutet. Stattdessen bleibt Jesus konsequent bei seiner Position. Er tut das, was kein Mensch von einem Anderen verlangen, nicht einmal erbitten kann. »Das ist mein Leib, der für euch hingegeben wird« (Lk 22,19). Das eigene Leben zu opfern für Andere, das ist die höchste Gabe des Lebens, die überhaupt möglich ist. Sie ist eine Hingabe seiner selbst. Im Kreuz, dem »worst case«, zeigt sich das ganze Ausmaß, das im Wagnis der Inkarnation liegt. Spätestens das Kreuz zerbricht die religiöse Vorstellung von Gott, der über den Dingen thront und mit der Verwundbarkeit der Welt nichts gemein hat. Jesus fällt der Gewalttätigkeit der Menschen zum Opfer. Sein gemarterter, verstümmelter Körper offenbart schonungslos die Gewalt, die in Beziehungen von Menschen lauert. Hier wird deutlich, was Menschen einander anzutun in der Lage sind. Jesus wird auf brutale und noch dazu schändlichste Weise gefoltert und umgebracht. Sein ganzer Körper wird zu einer klaffenden Wunde.[38]

Freilich, endete die Botschaft beim Kreuzesopfer, wäre der einseitige Ausblick ein bedrückender. Doch bleibt die Selbstverschenkung Jesu nicht ausschließlich auf der Ebene brutaler Grausamkeit, sondern wird darüber hinaus selbst »ein Akt des Widerstandes gegen alle Kreuzigungen des Lebens, die unzählige Menschen erleiden müssen«[39]. Paradoxerweise liegt genau hierin zugleich etwas überaus Menschenwürdiges bzw. Humanes als ein Akt tiefster Hingabe »als sakramentales Vorausbild der Liebe des gekreuzigten Erlösers zu seiner Kirche«[40]. Denn »Liebe bedeutet [...], sich bis zum Leiden verletzlich zu machen, sich um andere zu kümmern, so dass man sich in einer realen, wechselseitigen Relation befindet – alle Risiken eingeschlossen«[41]. Der rettende Moment vollzieht sich dann als der siegreiche[42] »Machtwechsel

[38] Ebd., 87.

[39] Ebd.

[40] K.-H. Menke, Sakramentalität, 91.

[41] W. C. Placher, Verwundbarkeit, 240.

[42] Liturgisch kommt das Motiv des Siegenzeichens auch in der Dramaturgie der Kreuzverehrung am Karfreitag zum Ausdruck. Denn »[i]n der Militärsprache war das Siegeszeichen, griechisch *tropaion*, das Sinnbild des Trium-

vom Tod zum Leben [...] in der Auferstehung Jesu Christi«[43]. Entscheidend dabei ist, »dass die Wunden [des auferstandenen] Jesu nicht einfach verschwinden. Sie markieren den Körper und bleiben sichtbar. [...] Die Wunden sind nicht einfach weg, aber sie bluten nicht mehr. Sie haben in der Auferstehung Heilung erfahren.«[44] So kann festgehalten werden, dass, obgleich das Neue Testament das Erdenleben Jesu chronologisch von der Inkarnation bis zu Tod und Auferstehung erzählt, »[d]er theologische [und auch liturgische] Erkenntnisweg [...] umgekehrt [geht]. Er setzt bei der Auferstehung an und begreift von ihr her, was an Weihnachten geschieht. Die Geburtsgeschichten werden von Kreuz und Auferstehung her erzählt.«[45] Liturgietheologische Vulnerabilität aus christozentrischer Perspektive meint also eben nicht eine naturwissenschaftliche Defizitanalyse, sondern zielt ab auf ein *Magis*, nämlich auf das Leben in Fülle durch und gerade in aller Verletzlichkeit im Sinne heilender Auferstehungserfahrungen in der Kindschaft Gottes.

---

phes über den geschlagenen Feind (›Trophäe‹). Es wurde an der Stelle errichtet, an welcher der Feind sich zur Flucht wandte (griechisch *tropä* = Wende). Dabei wurde ein Holzpfahl in die Erde gerammt, an dessen oberem Ende ein Querbalken befestigt, daran hängte man erbeutete Waffen oder Ausrüstungsgegenstände des Feindes. Der Spitze des Längsholzes wurde oft noch ein Helm aufgesetzt. Es ist [somit] verständlich, dass antike Autoren im Kreuz Christi jenes *tropaion* wiedererkannten und als den Ort verstanden, an dem die Geschichte des Menschen eine Wende erfuhr, weil der Feind, der Tod, besiegt wurde. Am Kreuz und im Tod Christi wurde er ›entwaffnet und öffentlich zur Schau gestellt‹ (Kol 2,15). Der Begleitgesang zur Kreuzverehrung spricht daher auch davon, dass durch das Holz des Kreuzes Freude in alle Welt kam.« G. Fuchs, Einen sah ich, 64.

43 H. Keul, Weihnachten, 94.

44 Ebd. Vgl. zudem die johanneische Ostererzählung 20,19–29 des zweifelnden Thomas, der seine Hände in die Seitenwunde Jesu legt. Thomas wird durch die Berührung der Wunden Christi zum unmittelbaren Zeugen und Vorbild für einen existenziellen Moment der Wandlung durch die transformative Begegnung mit Verwundbarkeit (vgl. Joh 20,27f.). Ihm offenbart sich die Wunde als Partizipationsraum an bzw. in Gott.

45 H. Keul, Weihnachten, 97. Vgl. ferner Th. Schumacher, der Weihnachten als »Christus-Bekenntnis nach vorne gespiegelt« beschreibt. Th. Schumacher, Geschichte, 89.

Das weihnachtliche Responsorium *O Magnum Mysterium* sowie die Improperien während der Kreuzverehrung am Karfreitag betonen – liturgisch – Chiffren äußerster Vulnerabilität. Das *O Magnum Mysterium* war bis zur Liturgiereform im 20. Jahrhundert das vierte Responsorium innerhalb der Matutin an Weihnachten *In Nativitate Domini* und wurde nach seinem Incipit benannt. Im Anschluss an die vierte Lesung verdeutlicht es den staunenden Ausdruck der Kirche ob dieses Mysteriums der verletzlichen Selbsterniedrigung des Gottes in einer Futterkrippe (Lk 2,7) inmitten von Tieren (Jes 1,3). Pius Parsch schreibt zur Deutung, dass Tiere den Herrn sahen:

> Nach Gottes Willen sollte der Mensch über die Tiere herrschen. Der Teufel aber kleidete sich in die Gestalt eines Tieres, einer Schlange, um den Menschen zu erniedrigen und durch die Sünde »dem unvernünftigen Tiere gleich« zu machen (Ps 48,13). So steigt denn der zweite Adam vom Himmel in den Stall der Tiere herab, um den Menschen von seinem Falle zu erheben. Seine zarten Glieder frieren und werden durch den Hauch der Tiere erwärmt. Jetzt verstehen wir das Staunen der Kirche.[46]

Im zweiten Teil des Responsoriums begegnet eine Lobpreisung auf die Jungfrau Maria, die auserwählt und würdig war, Christus den Herrn zu tragen.

Als ob die Textgestalt des *O Magnum Mysterium* nicht für sich genommen schon zur Darstellung des Phänomens (nataler) Vulnerabilität beitragen würde, sind zudem die melodischen Unterlegungen von Interesse.[47] Denn abgeleitet von der Gregorianik entwickelt sich in der Geschichte der Kirchenmusik – besonders

---

[46] P. Parsch, Breviererklärung, 308.

[47] Nennenswerte Kompositionen früher sakraler Musik als auch neuzeitlicher Arrangements stammen von N. Gombert, C. de Morales, G. P. de Palestrina, W. Byrd, T. L. de Victoria, J. Stadlmayr oder G. Gabrieli. Bemerkenswert ist aber auch die weltweite Vielzahl der Arrangements aus der Neuzeit, beispielsweise von F. Poulenc, P. Villette, J. Harbison, F. La Rocca, J. Mäntyjärvi, J. Busto, A. Louie, V. Miškinis, I. Antognini, O. Gjeilo, J. Wilke, M. Lauridsen und M. Paus. Vgl. das reichhaltig ausgearbeitete Konzertheft von A. Partington, O Magnum Mysterium.

in den Kompositionen Johann Sebastian Bachs – ein sogenanntes Kreuz-Motiv.[48]

Abbildung 1: O Magnum Mysterium – Liber Usualis, 1962

Abbildung 2: Kreuzes-Motiv in Kompositionen von Bach

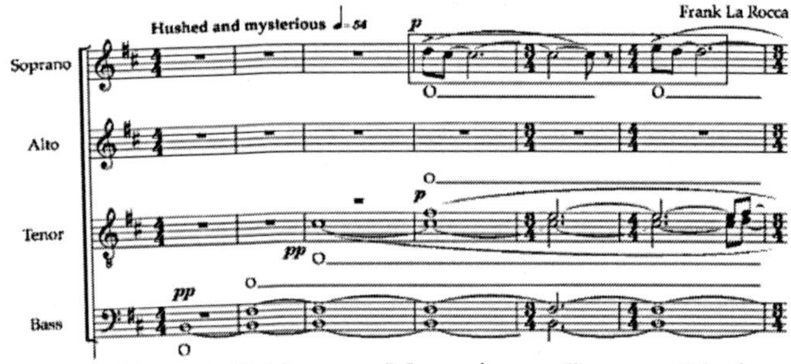

Abbildung 3: O Magnum Mysterium – Kreuzes-Motiv, Komposition nach Frank la Rocca

48 Das populäre Motiv der Tonfolge B–A–C–H (s. Abb. 2) wird in der Literatur als Kreuzmotiv erwähnt. P. Spitta schreibt zu den Kreuzungen der Stim-

Der US-amerikanische Komponist Frank La Rocca (*1951)[49] deutet diese wiederkehrende melodische Kreuzesmetapher unterschiedlicher Partituren:

> [T]he Cross motif [...] takes on the role of clear, actual harmonic motion in the lower parts – it is, if you will, being made more present, more tangibly incarnated as it permeates more deeply into the musical fabric – yet it remains, as the associated text says, »mystery«.[50]

Das Kreuzesmotiv zieht sich auch liturgisch gesehen bis in die Christmette[51] der Heiligen Nacht weiter. Im Evangelium dieser

---

men als einem malerischen Aspekt: »Die Neigung zur Tonmalerei äußerte sich in jener Zeit zuweilen auch in einer Art von Augenmusik [...]. Der Hauptteil des Bachschen Kreuzigungsthemas bildet, wenn man die äußersten und mittleren Noten durch Linien verbindet, das Zeichen des Kreuzes.« P. Spitta, Johann Sebastian Bach, 379. Der Begriff der Augenmusik meint dabei, dass das Kreuz nicht als solches akustisch vernehmbar, sondern nur im Notenbild der Partitur zu erkennen ist. – A. Schering deutet diese Kreuzesform in der Nomenklatur als Symbole für das Leiden Christi am Kreuz und als exemplarischer Ausdruck für die »übergeordnete Sinnbeziehung eines Elementarsymbols«. A. Schering, Symbol, 129f. Zitiert nach W. Kostujak, Flaschenpost, 61. – Nach W. Kostujak entsprachen vor allem die Kreuzsymbole in der Musik Bachs einem »probate[n] Erkennungszeichen für theologisch intendierte Verweise eines Komponisten auf Christus oder das ›Leiden am Kreuz‹«. Ebd., 61. Er selbst spricht jedoch nicht von Kreuzesmotiven, sondern von einem *Chiasmus*; was jedoch insofern irreführend ist, als F. Smend diese Titulierung für eine völlig andere Stilistik einer weiteren Kreuzfigur verwendet. Vgl. hierzu F. Smend, Johann Sebastian Bach, 49f. Kostujak ging sogar so weit, dass er die Konzeption des Kreuzmotivs später als unwissenschaftliche Spekulation bezeichnete, denn »[d]en derzeitigen Erkenntnissen zufolge war den Musikern des Barockzeitalters aber weder der Vorgang einer symbolwertigen Strichverbindung zwischen Notenköpfen geläufig, noch hätten sie je ein gesteigertes Interesse an der Einbeziehung des ›Chiasmus‹ in ihr klangrhetorisches Regularium und deren Nomenklatur an den Tag gelegt.« W. Kostujak, Flaschenpost, 61.

[49] Vgl. Homepage von F. La Rocca.

[50] F. La Rocca, The Apologetics of Beauty.

[51] In der römisch-katholischen Liturgie wird die nächtlich Eucharistiefeier am Heiligen Abend missverständlicherweise Christmette genannt. »[E]ine ›Mette‹ müsste dem Namen nach eigentlich eine *matutina* sein, also eine am sehr frühen Morgen begangene Vigil; der nächtliche Zeitansatz dieser Feier hat allerdings den Namen ›Mette‹ angezogen.« L. O. Lumma, Feiern, 134f.

Liturgie wird die Botschaft aus dem Johannesprolog verkündet: Er kam in das Seine und die Seinen nahmen ihn nicht an – und die Finsternis hat ihn nicht erfasst (Joh 1,5.11). Dieser Karfreitagsgedanke[52] begegnet also leise und unaufdringlich auch schon am Freudenfest der Geburt des Herrn, »weil das Leiden des Herrn ja mit der Krippe begann«[53].

Es lassen sich somit Momente ausmachen, wo österliche Liturgie den Weihnachtsfestkreis berührt und einen Vorausblick auf die Liturgie des Karfreitags wirft. Daher soll im Folgenden eine Annäherung zu den Improperien während der Kreuzverehrung am Karfreitag[54] versucht werden.

---

[52] Ein weiterer, ähnlich »ergreifender Augenblick im Stundengebet der Weihnachtsvigil, der allerdings so recht nur in der Gemeinschaft des betenden Chores empfunden werden kann, ist bei der früheren Prim die Ankündigung des Festtages aus dem Martyrologium durch den Lektor [heutzutage meist vor Beginn der Messfeier zur Christnacht vorgetragen]. Eine außergewöhnliche feierliche Sprache meldet mit Steigerung der Tonhöhe die Geburt des Herrn an. Diese selbst wird tiefsinnig im Passionston berichtet.« P. Parsch, Breviererklärung, 270. – »Die Kirche will uns damit sagen, daß es ihr bei all den großen Festen keineswegs darum zu tun ist, daß die Christen in freudigen Gefühlen schwelgen, sondern ihr Hauptziel ist ernster, wahrer ›Gottesdienst‹ Erfüllung des Willens Gottes.« Ebd., 287.

[53] Ebd., 270.

[54] Die unterschiedlichen Improperien-Motive altchristlicher Predigten sind nach W. Schütz Belege für das, was in der Liturgie thematisiert wurde: »Im Katechetischen spiegelt sich das Liturgische.« W. Schütz, Was habe ich dir getan, 21. – A. Gerhards wählt einen anderen Ansatz und meint, die Improperien-Motive seien als Fortführung einer katechetisch-homiletischen Tradition in die Liturgie integriert worden. Vgl. A. Gerhards, Imroperia, 1204. Auch im syrischen Gesangbuch des Severus von Antiochien (der aller Wahrscheinlichkeit nach, diese Texte zwischen 512 und 519 verfasste) und dem Canticum Passionis XVI von Romanos dem Meloden (+ 560) finden sich Analogien zu den Improperien. Vgl. H. Auf der Maur, Osterhomilien, 148f., Anm. 437 und 449–452. »Die liturgische Verwendung von hymnischen Improperien setzt sich in den italo-griechischen Hymnen für den Karfreitag fort. Die beiden, nach Baumstark aus dem 6. Jh stammenden Hymnen Ἄρχοντεο Ἑβραίων und Ἐϑήρευσάν με ἄνομοι verbinden erstmals Improperien-Schema und Kreuzverehrung. Der erste Hymnus, das Karfreitagsalphabet [die zweigliedrigen Strophen beginnen fortlaufend mit den Buchstaben des griechischen Alphabetes] […] wendet sich an Christus und im Unterschied zu den Improperien werden die Klagen nicht Christus selbst in den

Der Choralgesang[55] der Improperien[56] als direkte Klagereden des präexistenten Herrn[57] an seinem auserwählten Volk zählt zu den eindrucksvollsten Texten der römischen Liturgie, der in der heutigen Zeit jedoch teilweise nur noch schwer zugänglich ist. Ihr eigentlicher Charakter als der eines Rechtsstreites und im biblischen Kontext juristischer Prägung[58] widerspricht jedoch nicht einer genaueren Betrachtung im Resonanzraum der Verletzlichkeit. Inhaltlich wird den erquickenden (Gnaden-)Gaben Gottes an seinem Volk dessen treuloses Handeln antithetisch

Mund gelegt. Der etwas jüngere zweite Hymnus ist eine Klagerede des leidenden Heilands nach Art der abendländischen Improperien.« A.-M. PLUM, Adoratio Crucis, 233. Außerdem enthalten das Georgische Kanonar (9.–10. Jh.) und das griechische Typikon von 1122 improperienartige Gesänge, die »in der Karfreitagsliturgie des byzantinischen Ritus [...] eine ausgesprochen wichtige Rolle, wie sie im Osten insgesamt schon früh weit verbreitet sind. Bereits im gallikanischen Missale von Bobbio (um 700 n. Chr.) tauchen in der Liturgie des Karsamstages Improperien-Gebete – Schütz nennt sie ›echte Improperien‹ – auf. In den Preces *Insidiati sunt adversarii mei* und *Vide domine humilitatem meam* schildert Christus die ihm angetanen Leiden und bittet mit den Worten von Lk 23,24 für sie um Vergebung.« Zitiert nach ebd., 234; vgl. im Original W. SCHÜTZ, Was habe ich dir getan, 7; ferner 16–18 und E. A. LOEW, Bobbio Missal.

55 Eine Übersicht tradierter Choralweisen findet sich bei J. DRUMBL, Improperien, bes. 99f.

56 Eine – aus ursprünglich drei verschiedenen Elementen, nämlich dem Trishagion, der Improperia maiora und der Improperia minora zusammengefügte – Verschriftlichung der Imroperien liegt erstmals im gedruckten Missale Romanum von 1474 vor und ist bis zur Liturgiereform des 20. Jahrhunderts wesentlicher Bestandteil der Kreuzverehrung. Vgl. hierzu A.-M. PLUM, Adoratio Crucis, 216, sowie Chr. KREUTZ, O du mein Volk, 313. Zur detaillierten Darlegung der Traditionsgeschichte und des Aufbaus der Improperia maiora/minora vgl. A.-M. PLUM, Adoratio Crucis, 218–233. In der Gesamtschau der Improperien ergeben sich für die lateinische Fassung 12 Verse plus ein dreimaliges Trishagion, also 15 Versikel. Werner macht aufmerksam, dass die Zahl 15 dem Zahlenwert für הוהי – JHWH entspricht und es sich somit sicherlich nicht um eine willkürliche Anzahl handelt. Vgl. E. WERNER, Textgeschichte, 275. Weiterführende Literatur zu den Improperien vgl. W. SCHÜTZ, Was habe ich dir getan; H. BECKER, Popule meus; G. RÖMER, Liturgie.

57 Vgl. G. FUCHS, Einen sah ich, 66, sowie A.-M. PLUM, Adoratio Crucis, 221.

58 Vgl. ebd., 220–222.

gegenübergestellt: *Ego* te pavi manna per desértum: *et tu* me cecidísti álapis et flagéllis. Vorwurfsvoll und für das heutige sensibilisierte Verständnis vielleicht zu antijüdisch[59], klingen die dem Herrn in den Mund gelegten einzelnen Verse und die Repetitionen *Popule meus, quid feci tibi? Aut in quo contristávite? Respónde mihi.*

Liborius Olaf Lumma hält in diesem Kontext unmissverständlich fest, dass eine antijüdische Interpretation der Improperien »in keiner Weise der Art [entspricht], wie biblische Verse in christlicher Liturgie einen neuen Kontext erhalten. Auf [eine solche] Idee [...] kann nur kommen, wer sich als Christ von der Botschaft des Alten Testaments nicht mitbetroffen fühlt oder diese ignoriert.«[60]

Die Passion Jesu hat seither Menschen fasziniert, erschüttert und angerührt. So wird beispielsweise in einem deutschen Kommentar der 1940er Jahre ausdrücklich erwähnt, wie markerschütternd dieser Dialog zwischen dem Herrn und seinem Volk ist.[61] Vielleicht auch deshalb hat sich besonders im abend-

---

59 »Antijüdische Tendenzen mögen beim Gesang der Improperien auch gelegentlich mitgeschwungen haben. Es war dann aber meist eine Verkennung der eigentlichen Zielrichtung dieser Dichtung; im Grunde ist es ja die jeweilige Gemeinde, in deren Mitte sich das Geschehen vom Karfreitag vergegenwärtigt, die vom Herrn angesprochen und angeklagt wird.« G. Fuchs, Einen sah ich, 66. A. Gerhards tituliert die Improperien in einem engen Sinn als Anklagereihen, welche »im liturgischen Gebet oder Gesang, besonders der Pascha-Feiern, Jahweh oder Christus in den Mund gelegt werden«. A. Gerhards, Imroperia, 1199. E. Werner sieht sie als »litaneiähnliche[n] Midrasch auf die Passion«. E. Werner, Textgeschichte, 286. In einer Verlautbarung der deutschen Bischofskonferenz wurde dazu geraten, aus seelsorglichen und theologischen Gründen auf die Improperien zu verzichten und in Folge andere Gesänge für die Kreuzverehrung zu wählen. Vgl. Arbeitsgruppe »Fragen des Judentums«: »Die Liturgie gibt hinsichtlich der Improperien Wahlrecht. Seelsorgliche und theologische Gründe legen nahe, an die Stelle der traditionellen Improperien andere geeignete Gesänge zu setzen.«, 188. Was jedoch konkret mit seelsorglichen und theologischen Gründen gemeint ist, bleibt in selbigem Dokument unbeantwortet. Vgl. hierzu auch E. W. Stegemann, Wie im Angesicht; M. Brocke, On the Jewish Origin.

60 L. O. Lumma, Feiern, 89.

61 Vgl. H. Kaupel, Alttestamentliche Motive.

ländischen Mittelalter eine reiche Passionsfrömmigkeit herausgebildet, wodurch dem Karfreitag ein ganz besonderer Stellenwert zukam, nachdem er im vierten Jahrhundert aus der einzig und alles umfassenden Feier des Osterfestes herausgelöst wurde.[62] Lässt man sich auf die liturgische Dramaturgie des Karfreitags und die beeindruckenden Vertonungen der Improperien[63] – sofern diese während der Kreuzverehrung vorgetragen werden[64] – ein, verwundert es nicht, dass es angesichts des emotionalen Gesamtgepräges schon in der frühen Kirche »immer wieder zu Momenten großer Rührung, zu Klagerufen und lautem Weinen kam«[65]. Die Überlieferung derartiger Klagereden bzw. Tadelreden Gottes gegenüber seinem Volk lassen sich bis in das Alte Testament bei den Propheten Amos, Jesaja und bei Micha zurückführen.[66] Im Vergleich der Versionen des Graduale Romanum von 1974 und der poetischen Übersetzung nach Markus Fidelis Jäck (1768–1845) »wird in der deutschsprachigen Über-

---

[62] Vgl. G. Fuchs, Einen sah ich, 58f.

[63] Beispiele für einstimmige Vertonungen sind die gregorianischen Improperien und die von F. Mompou. Für mehrstimmige Arrangements vgl. exemplarisch: T. L. de Victoria, G. P. da Palestrina, O. di Lasso, G. B. Casali, P. Cannicciari, G. Giorgi, G. B. Zucchinetti, O. Ravanello, K. Goeyvaerts, F. X. Witt, L. Bárdos, J. Sanders, T. Gabriel und K. Penderecki. Darüber hinaus ist auch eine orchestrale Version von P. Eben bekannt.

[64] Da sich das Volk bzw. die anwesende Gemeinde die Klagen nicht selbst singen kann, benötigt es einen Chor mitunter auch für eine bessere Unmittelbarkeit und Eindringlichkeit dieses Dialoges. Vgl. A.-M. Plum, Adoratio Crucis, 238.

[65] G. Fuchs, Einen sah ich, 59. – Auch das Itinerarium der Egeria berichtet von emotional höchst aufgeladenen Szenen während der Kreuzverehrung am Karfreitag: Auf Golgota wurde dem Bischof hinter dem dort errichteten Kreuz ein Sitz aufgestellt, auf welchem er sodann Platz nahm. Gleichzeitig deckte man vor ihm einen herbeigetragenen Tisch mit Leinen ein, bevor man aus einem vergoldeten Reliquienkästchen das Kreuzesholz heraushob und zusammen mit der Inschrift dort abgelegte. »Und weil irgendwann einmal jemand zugebissen und einen Splitter vom Kreuz gestohlen haben soll, deshalb wird es nun von den Diakonen, die [um den Tisch] herum stehen, so bewacht, daß keiner, der herantritt wagt, so etwas wieder zu tun.« Egeria, Itinerarium, 273.

[66] Vgl. G. Fuchs, Einen sah ich, 65.

tragung gegenüber der lateinischen Fassung emotionalisiert, dramatisiert. Auch das Handeln Gottes und Leiden Christi wird dadurch persönlicher, gefühlsbetonter geschildert.«[67] Wenn die Kirche am Karfreitag des Leidens und Sterbens Jesu gedenkt, meint dies jedoch mehr als einen bloß hochemotionalen Trauertag. Es ist ein Tag des gesamten Ostergeschehens. Denn

> [i]n ihm bildet sich die Herrschaft Gottes ab, die sich gerade in der Umkehrung der irdischen Machtverhältnisse zeigt. [...] Jesus Christus wird am Kreuz »erhöht« (Hebr 2,9): Er wird am Kreuz als dem neuen Siegeszeichen des liebenden Gottes sichtbar über der Welt aufgerichtet. Der Karfreitag ist somit ein Tag, an dem Christen ihren Herrn als den verehren, der vom Kreuz herab herrscht und der das Kreuz als sein Siegeszeichen deklariert.[68]

Des Weiteren ist diese besondere Liturgie im Kirchenjahr auch weit mehr als eine bloße Erinnerung. Christine Kreutz hält fest:

> Jenes »Gedenken meint Vergegenwärtigung. In der Feier der Karfreitagsliturgie ereignen sich Passion und Tod Jesu von neuem. Und die zentrale Frage dieser Feier lautet nicht: Wer trägt die Schuld am Sterben des Gottessohnes? Sondern vielmehr: Wo leidet Gott heute? Wo stirbt Gott heute?«[69] – Anders gefragt: Wo macht sich Gott heute verletzlich?

Ausblick

Sowohl das Kreuzesmotiv in der melodischen Untermalung des weihnachtlichen *O Magnum Mysterium* als auch die Improperien während der Kreuzverehrung am Karfreitag zielen auf das Phänomen der Vulnerabilität ab. Indem die Gemeinde innerhalb der Liturgie aufgefordert wird, sich mit beiden tiefsten

---

[67] A.-M. Plum, Adoratio Crucis, 235.
[68] L. O. Lumma, Feiern, 86.
[69] Chr. Kreutz, O du mein Volk, 320.

Mysterien des christlichen Glaubens »zu identifizieren – und zwar sowohl mit dem biblischen Volk Israel als auch mit den Zeitgenossen Jesu – werden die ›alten‹ Heilandsfragen an jede und jeden einzelnen als Teil dieses Volkes neu gestellt: Wo richtest du das Kreuz auf? Wem schlägst du ins Gesicht? Zugleich aber auch: Wo ist deine Wüste? Wo wird dir Manna und Wasser gereicht? Wo erfährst du Befreiung?«[70]. Ergänzend kommt noch hinzu: Was sind deine verletzlichen Stellen? Wo kommt in deinem Leben durch das Holz des Kreuzes ein Mehr an Auferstehung und Freude in die Welt?

Weihnachten eröffnet uns die Verletzlichkeit des – als das Ursakrament der Selbstoffenbarung[71] – inkarnierten Gottessohnes, der sich am Karfreitag durch das Kreuz bis in den Tod verwunden lässt. Der Grund dieser Vulnerabilität »besteht in der Liebe, die zur Hingabe bereit ist und die eigene Verwundung nicht scheut. In diesem Gekreuzigten ist Gott selbst Mensch geworden.«[72] Besonders die liturgischen Feiern laden die Menschen dazu ein, die oft leise Stimme der Liebe Gottes zu erhören, um in ihrer anrührenden Schönheit und metaphorischen Verletzlichkeit die Herzen für das Mysterium Gottes zu öffnen. Liturgie bedeutet, dem zerbrechlichen Gnadengeschenk der dienenden Liebe Gottes zu begegnen (Katabasis) sowie sich die eigene Vulnerabilität im unerschütterlichen Glauben zu vergegenwärtigen, um durch den Verwundeten, in ihm und mit ihm schon einen Vorgeschmack auf die heilende Auferstehung am jüngsten Tag zu erfahren (Anabasis).

Aus diesen anfänglichen Überlegungen ergibt sich schließlich die Annahme, dass der Aspekt der Verletzlichkeit besonders auch in Sakrament und Ritual fruchtbringend systematisch erforscht werden soll sowie ein Thema sowohl in den Formularen als auch in der Praxis sakramentaler Feiern sein kann.

---

[70] Ebd.

[71] Vgl. K.-H. MENKE, Sakramentalität, 59–73.

[72] H. KEUL, Weihnachten, 89.

O Magnum Mysterium

Breviarium Romanum 1962[73]	Übersetzung
O magnum mystérium, et admirábile sacraméntum, ut animália vidérent Dóminum natum, iacéntem in præsépio: Beáta Virgo, cuius víscera meruérunt portáre Dóminum Christum.	O großes Geheimnis und wunderbares Heiligtum, dass Tiere den geborenen Herrn sahen, in der Krippe liegend. Selig die Jungfrau, deren Leib würdig war, Christus den Herrn zu tragen.

Improperien

Graduale Romanum[74]	Schott Messbuch 1983[75]	Poetische Übersetzung nach Markus Fidelis Jäck 1817[76]
1 (= Improperia maiora)[77] *Popule meus, quid feci tibi?* *Aut in quo contristávite?* *Respónde mihi.* V: *Quia edúxite de terra Ægýpti:* *(Mi 6,3)*	1 A: Mein Volk, was habe ich dir getan, womit nur habe ich dich betrübt? Antworte mir. V: Aus der Knechtschaft Ägyptens habe ich dich herausgeführt.	1 O du mein Volk! Was tat ich dir? Betrübt ich dich? Antworte mir! Ägyptens Joch entriss ich dich,

[73] BrevRom 1962, 75f.

[74] GradRom 1974, 176–181.

[75] Schott-Messbuch, 194–196.

[76] »O du mein Volk! Was tat ich dir?« (GL² 822, 1–7). Die poetische Übersetzung geht auf M. F. Jäck (1768–1845) zurück. Er war ein aus Konstanz stammender Domherr und Regens des Priesterseminars zu Mainz. Die Melodie wurde erstmals in einem Kölner Gesangbuch 1841 veröffentlicht und stammt aller Wahrscheinlichkeit nach von dem Musiklehrer und Organisten Hugo Prässar. Vgl. hierzu Chr. KREUTZ, O du mein Volk, 309–324 und A.-M. PLUM, Adoratio Crucis, 234–236. Die aktuelle Fassung im Gotteslob wurde gegenüber dem Originaltext Jäcks stark geglättet. Für die ursprüngliche Variante vgl. M. F. JÄCK, Psalmen, 97–99. Dennoch begegnet in der Partitur zu Beginn, trotz aller Transformation, auch hier das sog. Kreuz-Motiv.

[77] Die kursive Kennzeichnung markiert den fast wörtlichen biblischen Ursprung der Improperia maiora. Vgl. auch A.-M. PLUM, Adoratio Crucis, 222.

Graduale Romanum[74]	Schott Messbuch 1983[75]	Poetische Übersetzung nach Markus Fidelis Jäck 1817[76]
Parásti Crucem Salvatóri tuo.	Du aber bereitest das Kreuz deinem Erlöser.	und du wirfst Kreuzes Joch auf mich.
	A: Mein Volk, was habe ich dir getan, womit nur habe ich dich betrübt? Antworte mir.	
I. Hágios, ho Theós. II. Sanctus Deus.	I. Hágios, ho Theós. II. Sanctus Deus. III. Heiliger Gott.	Heiliger Gott!
I. Hágios Ischyrós. II. Sanctus Fortis.	I. Hágios Ischyrós. II. Sanctus Fortis. III. Heiliger, starker Gott.	Heiliger, starker Gott!
I. Hágios Athánatos, eléison hemás. II. Sanctus Immortális, miserere nobis.	I. Hágios Athánatos, eléison hemás. II. Sanctus Immortális, miserere nobis. III. Heiliger, unsterblicher Gott, erbarme dich unser.	Heiliger, unsterblicher Gott! Erbarme dich unser!
V: *Qui aedúxite per desértum quadragínta annis,* *et manna cibávi te,* *et introdúxi in terram satis óptimam:* *parásti Crucem Salvatóri tuo.* *(Dtn 8,2.3.7)*	V: Vierzig Jahre habe ich dich geleitet durch die Wüste. Ich habe dich mit Manna gespeist und dich hineingeführt in das Land der Verheißung. Du aber bereitest das Kreuz deinem Erlöser.	2 Ich führte dich durch vierzig Jahr und reichte dir das Manna dar; Das Land des Segens gab ich dir, und du gibst mir das Kreuz dafür.
I. Hágios, ho Theós. II. Sanctus Deus.	I. Hágios, ho Theós. II. Sanctus Deus. III. Heiliger Gott.	Heiliger Gott!
I. Hágios Ischyrós. II. Sanctus Fortis.	I. Hágios Ischyrós. II. Sanctus Fortis. III. Heiliger, starker Gott.	Heiliger, starker Gott!
I. Hágios Athánatos, eléison hemás. II. Sanctus Immortális, miserere nobis.	I. Hágios Athánatos, eléison hemás. II. Sanctus Immortális, miserere nobis.	Heiliger, unsterblicher Gott! Erbarme dich unser!

Graduale Romanum[74]	Schott Messbuch 1983[75]	Poetische Übersetzung nach Markus Fidelis Jäck 1817[76]
	III. Heiliger, unsterblicher Gott, erbarme dich unser.	
V: Quid ultra débui fácere tibi, et non feci?	V: Was hätte ich dir mehr tun sollen und tat es nicht?	3 Was hab ich nicht für dich getan?
Ego quidem plantávi te víneam meam speciosíssimam: (Jes 5,4; Jer 2,21)	Als meinen erlesenen Weinberg pflanzte ich dich,	Pflanzt dich als meinen Weinberg an,
et tu facta es mihi nimis amára:	du aber brachtest mir bittere Trauben,	und du gibst bittren Essig mir,
acéto namque sitim meam potásti: (Ps 69,22)	du hast mich in meinem Durst mit Essig getränkt	
et láncea perforásti latus Salvatóri tuo. (Joh 19, 29.34)	und mit der Lanze deinem Erlöser die Seite durchstoßen.	durchbohrst des Retters Herz dafür.
I. Hágios, ho Theós. II. Sanctus Deus.	I. Hágios, ho Theós. II. Sanctus Deus. III. Heiliger Gott.	Heiliger Gott!
I. Hágios Ischyrós. II. Sanctus Fortis.	I. Hágios Ischyrós. II. Sanctus Fortis. III. Heiliger, starker Gott.	Heiliger, starker Gott!
I. Hágios Athánatos, eléison hemás. II. Sanctus Immortális, miserere nobis.	I. Hágios Athánatos, eléison hemás. II. Sanctus Immortális, miserere nobis. III. Heiliger, unsterblicher Gott, erbarme dich unser.	Heiliger, unsterblicher Gott! Erbarme dich unser!
2 (= Improperia minora oder Ego-Verse) V: Ego propter te flagellávi Ægýptum cum primogénitis suis:	2 V: Deinetwegen habe ich Ägypten geschlagen und seine Erstgeburt,	
et tu me flagellátum tradidísti.	du aber hast mich geschlagen und dem Tod überliefert.	
Popule meus, quid feci tibi?	A: Mein Volk, was habe ich dir getan,	
Aut in quo contristávite? Respónde mihi.	womit nur habe ich dich betrübt? Antworte mir.	

Graduale Romanum[74]	Schott Messbuch 1983[75]	Poetische Übersetzung nach Markus Fidelis Jäck 1817[76]
V: Ego te edúxi de Ægýpto, deméiso Pharaóne in mare Rubrum:	V: Ich habe dich aus Ägypten herausgeführt Und den Pharao versinken lassen im Roten Meer,	
et tu me tradidísti princípibus sacerdótum.	du aber hast mich den Hohen- priestern überliefert.	
Popule meus, quid feci tibi? Aut in quo contristávite? Respónde mihi.	A: Mein Volk …	
V: Ego ante te apérui mare:	V: Ich habe vor dir einen Weg durch das Meer gebahnt,	4 Ich führte dich durchs Rote Meer,
et tu aperuísti láncea latus meum.	du aber hast mit der Lanze meine Seite geöffnet.	und du durchbohrst mich mi dem Speer.
		Der Heiden Macht entriss ich dich, du übergabst den Heiden mich. Heiliger Gott! Heiliger, starker Gott! Heiliger, unsterblicher Gott! Erbarme dich unser!
Popule meus, quid feci tibi? Aut in quo contristávite? Respónde mihi.	A: Mein Volk …	
V: Ego ante te praeívi in colúm- na nubis: et tu me duxísti ad praetorium Piláti.	V: In einer Wolkensäule bin ich dir vorangezogen, du aber hast mich vor den Richterstuhl des Pilatus geführt.	
Popule meus, quid feci tibi? Aut in quo contristávite? Respónde mihi.	A: Mein Volk …	
V: Ego te pavi manna per desér- tum:	V: Ich habe dich in der Wüste mit Manna gespeist,	5 Ich nährte in der Wüste dich,

Graduale Romanum[74] –	Schott Messbuch 1983[75]	Poetische Übersetzung nach Markus Fidelis Jäck 1817[76]
et tu me cecidísti álapis et flagéllis.	du aber hast mich ins Gesicht geschlagen und mich gegeißelt.	und du, du lässt verschmachten mich; Gab dir den Lebensquell zum Trank, und du gibst Galle mir zum Dank. Heiliger Gott! Heiliger, starker Gott! Heiliger, unsterblicher Gott! Erbarme dich unser!
Popule meus, quid feci tibi? Aut in quo contristávite? Respónde mihi.	A: Mein Volk …	
V: Ego te potávi aqua salútis de petra: et tu me potásti felle et acéto.	V: Ich habe dir Wasser aus dem Felsen zu trinken gegeben und dich gerettet, du aber hast mich getränkt mit Galle und Essig.	
Popule meus, quid feci tibi? Aut in quo contristávite? Respónde mihi.	A: Mein Volk …	
V: Ego propter te Chananaeórum reges percússi: et tu percussísti arúndine caput meum.	V: Deinetwegen habe ich die Könige Kanaans geschlagen, du aber schlugst mir mit einem Rohr auf mein Haupt.	6 Ich schlug den Feind, gab dir sein Land; Und grausam schlägt mich deine Hand. Das Königszepter gab ich dir, du gibst die Dornenkrone mir. Heiliger Gott! Heiliger, starker Gott! Heiliger, unsterblicher Gott! Erbarme dich unser!
Popule meus, quid feci tibi? Aut in quo contristávite? Respónde mihi.	A: Mein Volk …	

Graduale Romanum[74]	Schott Messbuch 1983[75]	Poetische Übersetzung nach Markus Fidelis Jäck 1817[76]
V: Ego dedi tibi sceptrum regale: et tu dedísti cápiti meo spíneam corónam.	V: Ich habe dir ein Königszepter in die Hand gegeben, du aber hast mich gekrönt mit einer Krone von Dornen.	
Popule meus, quid feci tibi? Aut in quo contristávite? Respónde mihi.	A: Mein Volk …	
V: Ego te exaltávi magna virtúte: et tu me suspendísti in patíbulo crucis.	V: Ich habe dich erhöht und ausgestattet mit großer Kraft, du aber erhöhtest mich am Holz des Kreuzes.	7 Ich gab dir Gnaden ohne Zahl; du schlägst mich an das Kreuzes Pfahl. O du mein Volk, was tat ich dir? Betrübt ich dich? Antworte mir! Heiliger Gott! Heiliger, starker Gott! Heiliger, unsterblicher Gott! Erbarme dich unser!
Popule meus, quid feci tibi? Aut in quo contristávite? Respónde mihi.	A: Mein Volk, was habe ich dir getan, womit nur habe ich dich betrübt? Antworte mir.	

Literaturverzeichnis

Achathaler, Lisa: Vulnerabilität. Zwischen (stummem) Widerstand und Mitvollzug, in: SaThZ 23/1 (2019) 89–106.

Auf der Maur, Hansjörg: Die Osterhomilien des Asterios Sophistes als Quelle für die Geschichte der Osterfeier (TThSt 19), Trier 1967.

Arbeitsgruppe »Fragen des Judentums« der Deutschen Bischofskonferenz, Pastorale Handreichung. Einführung in die Schriftlesungen der Liturgie der österlichen Bußzeit und der Heiligen Woche, in: Das Heilige Jahr 2000 Nr. 15 Wiederentdeckung der Verbundenheit der Kirche mit dem Judentum, hrsg. v. Jochen Jaschke, Bonn ²2000, 162–191.

BAUMSTARK, Anton: Liturgie Comparée. Principes et méthodes pour l'étude historique des liturgies chrétiennes, Chevetogne ³1953.

BECKER, Hansjakob: Popule meus quid feci tibi? Ein Beitrag zur Frage der Karfreitagsimproperien, in: JHL 14 (1969) 114–117.

BIELER, Andrea: Verletzliches Leben. Horizonte einer Theologie der Seelsorge, Göttingen/Bristol/CT 2017, 67–119.

Breviarium Romanum. Ex decreto Ss. Concilii Tridentini restitutum sumorum pontificum cura recognitum, cum textu psalmorum e vulgate bibliorum editione. Editio iuxta typicam, Bd. 1, Bonn – Denkendorf 2008.

BUKOVEC, Predrag: Grundlagen einer modifizierten Vergleichenden Liturgiewissenschaft, in: Hans-Jürgen FEULNER/Daniel SEPER (Hgg.), 50 Jahre Liturgiewissenschaft und Sakramententheologie an der Universität Wien. Rückblicke – Einblicke – Ausblicke (Österreichische Studien zur Liturgiewissenschaft und Sakramententheologie [ÖSLS] 12), Wien 2020, 181–232.

– DERS.: Ein Modelltext für demenzfreundliche Eucharistiefeiern. Das Hochgebet für Gehörlose in einem neuen Kontext, in: HlD 74 (2020) 205–213.

– DERS.: Liturgie an den Grenzen. Religionsdidaktische Impulse für die liturgiewissenschaftliche Fachdidaktik, in: ÖRF 29/1 (2021) 176–192.

– DERS.: Das Hochgebet für Gehörlose, in: ThPQ 169 (2021) 398–408.

BURGHARDT, Daniel u. a.: Vulnerabilität in verschiedenen Wissenschaften. Ein Überblick, in: Behinderte Menschen. Themenheft Verwundbarkeit und Widerstandskraft 39/2 (2016) 19–33.

– DERS. u. a.: Vulnerabilität. Pädagogische Herausforderungen, Stuttgart 2017.

BUTLER, Judith: Gefährdetes Leben. Politische Essays, Frankfurt a. M. 2005.

– DIES./GAMBETTI, Zeynep/SABSAY, Leticia (Hg.): Vulnerability in Resistance, Durham/London 2016.

BROCKE, Michael D.: On the Jewish Origin of the Improperia, in: Immanuel (Bulletin of Religious Thought and Research in Israel) 7 (1977) 44–51.

CHRISTOFFERSEN, Mikkel Gabriel: Living with Risk and Danger. Studies in Interdisciplinary Systematic Theology (FSÖTh 165), Göttingen 2019.

DFG-Forschungsgruppe FOR 2686 »Resilienz in Religion und Spiritualität. Aushalten und Gestalten von Ohnmacht, Angst und Sorge«. URL: https://gepris.dfg.de/gepris/projekt/348851031 [Abruf: 07.10.2023].

Die Feier der Krankensakramente. Die Krankensalbung und die Ordnung der Krankenpastoral in den Katholischen Bistümern des Deutschen Sprachgebietes, Freiburg i. Br. u. a. ²1994 [Pastorale Einführung, Nr. 1].

Drumbl, Johann: Die Improperien der lateinischen Liturgie, in: ALW 15 (1973) 68–100.

Egeria, Itinerarium – Reisebericht, übers. u. eingel. v. Georg Röwekamp (FC 20), Freiburg i. Br. ²2000.

Eurich, Johannes/Lob-Hüdepohl, Andreas (Hg.): Behinderung – Profile inklusiver Theologie, Diakonie und Kirche (Behinderung – Theologie – Kirche 7), Stuttgart 2014.

Feulner, Hans-Jürgen: Anton Baumstark (1872–1948), in: Benedikt Kranemann/Klaus Raschzok (Hg.), Gottesdienst als Feld theologischer Wissenschaft im 20. Jahrhundert (LQF 98/1), Münster 2011, 158–170.

– Ders.: »Cito longe fugas et tarde redeas!«. Gottesdienstkultur zu Zeiten von Lepra und Pest. Mögliche Lehren für die gegenwärtige Covid-19-Pandemie?, in: Wolfgang Buchmüller/Johannes Paul Chavanne (Hg.), Cor ad cor loquitur. Das Herz spricht zum Herzen [FS M. Heim], Heiligenkreuz 2021, 202–230.

– Ders.: Krankensalbung von schwer an Covid-19 Erkrankten. Überlegungen zu einer liturgischen Handreichung während einer Pandemie in endemischer Phase, in: Franziskus Knoll u. a. (Hg.), Bewährtes bewahren – Neues wagen. Innovative Aufbrüche in der Seelsorge und darüber hinaus [FS D. Nauer], Stuttgart 2022, 14–31.

– Ders.: Anmerkungen zu »Wahrhaftigkeit« und »Authentizität« im Gottesdienst der Kirche, in: Sven van Meegen (Hg.), Wahrhaftigkeit. Eine gesellschaftliche Herausforderung, Wiesbaden 2022, 231–253.

Fineman, Martha A./Grear, Anna: Vulnerability. Reflections on a New Ethical Foundation for Law and Politics, Ashgate 2013.

Fischer, Irmtraud u. a. (Hg.): Mitleid und Mitleiden (JBTh 30), Göttingen/Bristol 2015.

Frohnhofen, Herbert: Apatheia tou theou. Über die Affektlosigkeit Gottes in der griechischen Antike und bei den griechischsprachigen Kirchenvätern bis zu Gregorios Thaumaturgos (EHS. 23/318), Frankfurt a. M. u. a. 1987.

Fuchs, Guido: Einen sah ich sterben in das Leben gehen. Die Liturgie der Kar- und Ostertage, Regensburg 2011.
Gerhards, Albert: Art. Imroperia, in: RAC Bd. 17 (1996) Sp. 1198–1212.
– Ders./Kranemann, Benedikt: Grundlagen und Perspektiven der Liturgiewissenschaft, Darmstadt [3]2019.
Gotteslob. Katholisches Gebet- und Gesangbuch. Ausgabe für die (Erz-)Diözesen Österreichs, hg. v. den (Erz)Bischöfen Deutschlands und Österreichs und dem Bischof von Bozen-Brixen, Stuttgart/Wien 2013.
Graduale Romanum. Graduale Sacrosanctæ Romanæ Ecclesiæ de tempore et de sanctis […], Solesmes 1974.
Halík, Tomáš: Berühre die Wunden. Über Leid, Vertrauen und die Kunst der Verwandlung, Freiburg i. Br. 2013.
Hallay-Witte, Mary: Institutionelle Vulneranz und Vulnerabilität. Sich anvertrauen – ein ethischer Moment (Katholizismus im Umbruch 13), Freiburg i. Br. 2021, 211–229.
Heyse, Johann Christian August: Allgemeines verdeutschendes und erklärendes Fremdwörterbuch. Zweiter Theil von A bis Z, Hannover 1835.
Hilpert, Konrad: Vulnerabilität/Verletzlichkeit, in: Spiritual Care 10/3 (2021) 269f.
Hoping, Helmut/Jeggle-Merz, Birgit (Hg.): Liturgische Theologie. Aufgaben systematischer Liturgiewissenschaft, Paderborn u. a. 2004.
Igrec, Marie-Theres: Vulnerabilität. Die Verwundbarkeit des Humanen im Spiegel der Theologie, in: SaThZ 23/1 (2016) 1–10.
Jäck, Markus Fidelis, Psalmen und Gesänge der Heiligen Schrift nebst den Hymnen der ältesten christlichen Kirche, 2 Bde. Freiburg i. Br. 1817, 97–99.
Karl, Katharina: Vulneranz und Vulnerabilität. Beobachtungen zu einem Aspekt der priesterlichen Lebensform, in: Valentin Dessoy u. a. (Hg.), Riskierte Berufung – ambitionierter Beruf. Priester sein in einer Kirche des Übergangs (Kirche in Zeiten der Veränderung 11), Freiburg i. Br. 2022, 158–167.
Kaupel, Heinrich: Alttestamentliche Motive in den Karfreitags-Improperien, in: ThPQ 94 (1941) 150–154.
Keul, Hildegund: Inkarnation – Gottes Wagnis der Verwundbarkeit, in: ThQ 192/3 (2012) 216–232.
– Dies.: Vulnerabilität und Resilienz. Christlich-theologische Perspektiven, in: MThZ 67 (2016) 224–233.

– Dies.: Weihnachten. Das Wagnis der Verwundbarkeit, Ostfildern ³2017.
– Dies./Müller, T., Einleitung, in: Dies. (Hg.), Verwundbar. Theologische und humanwissenschaftliche Perspektiven zur menschlichen Vulnerabilität, Würzburg 2020, 9–11.
Keul, Hildegund: Diskursgeschichtliche Einleitung zur theologischen Vulnerabilitätsforschung, in: Dies. (Hg.), Theologische Vulnerabilitätsforschung. Gesellschaftsrelevant und interdisziplinär, Stuttgart 2021, 7–18.
– Dies.: Die Wunde als Ort von Vulnerabilität, Vulneranz und Resilienz. Religionstheoretische Perspektiven, in: Lisanne Teuchert u. a. (Hg.), Verletzt fühlen. Systematisch-theologische Perspektiven aus dem Zusammenhang von Verletzung und Emotion (RPT 119), Tübingen 2022, 69–86.
Kongregation für den Gottesdienst und die Sakramentenordnung, Direktorium über die Volksfrömmigkeit und die Liturgie. Grundsätze und Orientierungen (17. Dezember 2001) (VApS 160), Bonn 2001.
Kostujak, Wolfgang: Flaschenpost aus dem Meer der Geschichte? Die Bach-Rezeption auf hoher See, in: Neue Zeitschrift für Musik 168/6 (2007) 58–61.
Kranemann, Benedikt u. a. (Hgg.): Heute Gott feiern. Liturgiefähigkeit des Menschen und Menschenfähigkeit der Liturgie (Pastoralliturgische Reihe in Verbindung mit der Zeitschrift »Gottesdienst«), Freiburg i. Br. u. a. 1999.
Kreutz, Christine, O du mein Volk, was tat ich dir?, in: Ansgar Franz (Hg.): Kirchenlied im Kirchenjahr. Fünfzig neue und alte Lieder zu den christlichen Festen, Tübingen 2002, 309–324.
La Rocca, Frank: Homepage. URL: https://www.franklarocca.com/ [Abruf: 07.10.2023].
– Ders.: The Apologetics of Beauty. A Musical Theology of the Incarnation (03.12.2020). URL: https://www.deus-ex-musica.com/blog/2020/12/3/the-apologetics-of-beauty [Abruf: 07.10.2023].
Leidinger, Miriam: Verletzbarkeit gestalten. Eine Auseinandersetzung mit »Verletzbarkeit« anhand der Christologien von Jürgen Moltmann, Jon Sobrino und Graham Ward (Ratio fidei 66), Regensburg 2018.
Lessenich, Stephan: Diskurs und Coronavirus. Verwundbar ist, wer zu uns gehört (06.5.2020). URL: https://www.sueddeutsche.de/kultur/coronavirus-vulnerabilitaet-triage-1.4897768 [Abruf: 07.10.2023].

Liber usualis. Missæ et Officii pro Dominicis et Festis cum Cantu Gregoriano ex editione Vaticana adamussim excerpto, Paris u. a. 1962.
LOWE, Elias A.: The Bobbio Missal. A Gallican mass-book, London 1920.
LUMMA, Liborius Olaf: Feiern im Rhythmus des Jahres. Eine kurze Einführung in christliche Zeitrechnung und Feste, Regensburg 2016.
MARGULL, Hans Jochen: Verwundbarkeit. Bemerkungen zum Dialog, in: EvTh 34/6 (1974) 410–420.
MENKE, Karl-Heinz: Sakramentalität. Wesen und Wunde des Katholizismus, Regensburg 2012.
MESSNER, Reinhard: Was ist systematische Liturgiewissenschaft? Ein Entwurf in sieben Thesen, in: ALW 40 (1998) 257–274.
– DERS.: Einführung in die Liturgiewissenschaft, Paderborn u. a. ^{2}2009.
MOYAERT, Marianne, On Vulnerability. Probing the Ethical Dimensions of Comparative Theology, in: Religions 3/4 (2012) 1144–1161.
MÜNKLER, Herfried/WASSERMANN, Felix: Von strategischer Vulnerabilität zu strategischer Resilienz. Die Herausforderung zukünftiger Sicherheitsforschung und Sicherheitspolitik, in: Lars GERHOLD/Jochen SCHILLER (Hg.), Perspektiven der Sicherheitsforschung. Beiträge aus dem Forschungsforum Öffentliche Sicherheit, Frankfurt a. M. 2012, 77–95.
NUSSBAUM, Martha C., The New Religious Intolerance. Overcoming the Politics of Fear in an Anxious Age, Cambridge, Massachusetts 2012.
PARSCH, Pius: Breviererklärung, Mit einer Einführung von A. Zerfaß (PPSt 15), Freiburg i. Br. u. a. 2018.
PARTINGTON, Adrian: O Magnum Mysterium. Settings through the Ages (2015). URL: https://gloucesterchoral.com/wp-content/uploads/2015/10/O-Magnum-Mysterium-Booklet.pdf [Abruf: 07.10.2023].
PLACHER, William, Die Verwundbarkeit Gottes, in: Michael WELKER/David WILLIS (Hg.), Zur Zukunft der Reformierten Theologie. Aufgaben – Themen – Traditionen, Neukirchen 1998, 239–253.
PLUM, Anne-Madeleine: Adoratio Crucis in Ritus und Gesang. Die Verehrung des Kreuzes in liturgischer Feier und in zehn exemplarischen Passionsliedern, Tübingen 2006.

RATZINGER, Joseph: Theologie der Liturgie. Die sakramentale Begründung christlicher Existenz (JRGS 11), Freiburg i. Br. u. a. 2014.
Robert-Koch-Institut, Risikobewertung zu COVID-19 (05.05.2022). URL: https://www.rki.de/DE/Con-tent/InfAZ/N/Neuartiges_Coronavirus/Risikobewertung [Abruf: 07.10.2023].
RÖMER, Gerhard: Die Liturgie des Karfreitags, in: ZKTh 77 (1955) 39–93.
ROTH, Cornelius: Theologie der Liturgie und/oder liturgische Theologie? Pius Parsch und sein Standort innerhalb der Liturgietheologie, in: Andreas REDTENBACHER (Hg.), Liturgie lernen und leben – zwischen Tradition und Innovation. Pius Parsch Symposion 2014 (PPSt 12), Freiburg i. Br. u. a. 2015, 81–97.
SCHERING, Arnold: Das Symbol in der Musik, Leipzig 1941.
Schott-Messbuch für die Sonn- und Festtage des Lesejahres A. Originaltexte der authentischen deutschen Ausgabe des Meßbuches und des Meßlektionars, mit Einführungen hrsg. v. d. Benediktinern der Erzabtei Beuron, Freiburg i. Br. u. a. 2002.
SCHÜTZ, Werner: Was habe ich dir getan, mein Volk? Die Wurzeln der Karfreitagsimproperien in der alten Kirche, in: JHL 13 (1968) 1–38.
SCHUMACHER, Thomas: Geschichte der Weihnachtsgeschichte. Ein historischer und theologischer Schlüssel, München 2012.
SMEND, Friedrich: Johann Sebastian Bach. Kirchen-Kantaten, Bd. 4, Berlin ³1966.
SÖLLE, Dorothee: Das Fenster der Verwundbarkeit. Theologisch-politische Texte, Stuttgart 1987.
SPRINGHART, Heike: Inklusion und Vulnerabilität. Systematisch-theologische Überlegungen (Behinderung – Theologie – Kirche 10), Stuttgart 2018, 33–42.
SPITTA, Philipp: Johann Sebastian Bach. Bd. 2, Leipzig 1880.
STEGEMANN, Ekkehard W.: Wie im Angesicht des Judentums vom Tod Jesu sprechen? Vom Prozess Jesu zu den Passionserzählungen der Evangelien, in: Gerd HÄFNER/Hansjörg SCHMID (Hg.), Wie heute vom Tod Jesu sprechen?, Freiburg i. Br. 2022, 23–52.
STÖHR, Robert u.a.: Schlüsselwerke der Vulnerabilitätsforschung, Wiesbaden 2019.
TAFT, Robert F.: Anton Baumstark's Comparative Liturgy Revisited, in: DERS. (Hg.), Acts of the International Congress. Comparative Liturgy Fifty Years After Anton Baumstark (1872–1948) (OCA 265), Rom 2001, 191–232.

Tück, Jan-Heiner: Kann Gott leiden? Johann Baptist Metz und Jürgen Moltmann zur Frage der Gottespassion, in: Ders., Gottes Augapfel. Bruchstücke zu einer Theologie nach Auschwitz, Freiburg i. Br. u. a. 2016, 159–192.

Werner, Eric: Zur Textgeschichte der Improperia, in: Martin Ruhnke (Hg.), Festschrift Bruno Stäblein zum 70. Geburtstag, Kassel u. a. 1967, 274–286.

Westerhorstmann, Katharina: What It Means to Be Human. Anthropological and Ethical Reflections on Navigating the Vulnerability and Fragility of Human Existence During Times of Illness, in: Studia Gilsoniana 10 (2021) 385–407.

Wink, Rüdiger (Hg.): Multidisziplinäre Perspektiven der Resilienzforschung (Studien zur Resilienzforschung 1), Wiesbaden 2016.

Winkler, Jörg: Berühren verboten. Keine Sakramente für Kranke in der Corona-Pandemie? Beobachtungen und Perspektiven zur Praxis von Krankensalbung und Krankenkommunion in Pandemiezeiten in den Bistümern der Bundesrepublik Deutschland, in: Hans-Jürgen Feulner/Elias Haslwanter (Hg.), Gottesdienst auf eigene Gefahr? Die Feier der Liturgie in der Zeit von Covid-19, Münster 2022, 577–588.

Wohlmuth, Josef: Überlegungen zu einer theologischen Ästhetik der Sakramente, in: Walter Baier u. a. (Hg.), Weisheit Gottes – Weisheit der Welt, Bd. 2, St. Ottilien 1987, 1109–1128.

Abbildungsverzeichnis

Abbildung 1: Liber usualis. Missæ et Officii pro Dominicis et Festis cum Cantu Gregoriano ex editione Vaticana adamussim excerpto, Paris u. a. 1962, 737.

Abbildung 2: Frank La Rocca, The Apologetics of Beauty. A Musical Theology of the Incarnation (03.12.2020). URL: https://www.deus-ex-musica.com/blog/2020/12/3/the-apologetics-of-beauty [Abruf: 07.10.2023].

Abbildung 3: Frank La Rocca, The Apologetics of Beauty. A Musical Theology of the Incarnation (03.12.2020). URL: https://www.deus-ex-musica.com/blog/2020/12/3/the-apologetics-of-beauty [Abruf: 07.10.2023].

Adéchina Samson Takpé

Licht und Schatten der Inkulturation der Liturgie in Benin

Der Verfasser stammt aus der Republik Benin und wurde am 28. Juni 2014 zum Priester geweiht. Zurzeit absolviert er sein Doktoratsstudium an der Vinzenz Pallotti University in Vallendar zum Thema »Inkulturation der Liturgie in Benin«. Zugleich ist er seit dem 15. März 2023 Kooperator in der Pfarrei Hunsrück Idar St. Barbara und im Pastoralen Raum Idar-Oberstein.

Einleitung

Inkulturation ist eine Liebesgeschichte zwischen dem fleischgewordenen Wort und den Kulturen der Menschen. Der vorliegende Artikel befasst sich mit der Liebesgeschichte zwischen dem Wort und den Kulturen in Benin, einem westafrikanischen Land, das zwischen Niger (im Nordosten), Burkina Faso (im Nordwesten), Nigeria (im Osten), Togo (im Westen) und dem Atlantischen Ozean (im Süden) liegt. Das ehemalige Dahomey ist für seinen kulturellen und religiösen Reichtum bekannt, insbesondere durch die traditionelle Religion Afrikas Vodún. Das Evangelium, das dieses Land erobern wollte, hatte keine andere Wahl, als in einen Dialog einzutreten – einen dauerhaften Dialog, dessen Ergebnisse unvorhersehbar waren. Die Inkulturation hat in Benin verschiedene Formen angenommen, von den einfachsten bis zu den komplexesten. Während sie zur Zeit der Missionare und der ersten einheimischen Pastoren noch recht embryonal war, gewinnt sie heutzutage immer mehr an Gestalt. Nach einer historischen und heuristischen Analyse, in der das von den Vätern erhaltene Erbe untersucht wird, legt dieser Beitrag die Grundlagen und setzt Markierungen für einen Neuanfang. Wenn Benin die für die Inkulturation erforderlichen Strukturen und Kompetenzen geschaffen und die Theologie der Inkulturation in Benin die Module der kulturellen Bildung, der liturgischen Bildung und der Einführung in das Leben im Geist integriert hat, wird der Morgen einer kirchlichen und kulturellen Erneuerung anbrechen.

Paulus schrieb an die Korinther: »Ich habe gepflanzt, Apollos hat begossen, Gott aber ließ wachsen« (1 Kor 3,6). Nach dem Vorbild von Paulus in Korinth haben Missionare seit dem 17. Jahrhundert den Samen des Evangeliums auf dahomeyischem Boden ausgestreut. Den einheimischen Klerus, der durch ihre Fürsorge und Gottes Gnade entstand, lehrten sie, wie gepflanzt und begossen und Gott überlassen wird, wachsen zu lassen. Die Parallelität zwischen dem Anbau (dem Pflanzen und Gießen) und der Evangelisierung ist auffallend. Nicht alle pflanzen und gießen auf die gleiche Weise. Die Techniken des Pflanzens und Bewässerns variieren je nach Umgebung und verfügbarem Land. Der bodenlose Anbau unterscheidet sich vom Wanderfeldbau auf Brandrodung. Auch das Wachstum hängt von Boden und Klima ab. Inkulturation, ein ständiger Dialog zwischen Glauben und Kulturen, ähnelt der Kunst, unter Berücksichtigung von Boden und Klima zu pflanzen und zu gießen, um ein gutes Wachstum zu gewährleisten und eine reiche Ernte zu haben. Von den ersten Missionaren bis zu den heutigen Arbeitern des Evangeliums in Benin ist der Same des Reiches aufgegangen und streckt seine Wurzeln in den kulturellen Nährboden, der ihn aufgenommen hat. Die zeitgenössischen Aufrufe zur Synodalität laden die Kirche in Benin ein, eine Zwischenbilanz zu ziehen, um zu bewerten, was sie selbst hat, um mit den anderen Teilkirchen »den Weg zu gehen« *(syn-odos)*. Zwar hat es nie an Zwischenbilanzen gefehlt, insbesondere bei Jubiläen der Evangelisierung, von denen das 150-jährige Bestehen der Gesellschaft der Afrikamissionen (2006) das bemerkenswerteste war. Doch wurden diese Bilanzen kaum aus der Sicht der Liturgiewissenschaft und ihrer Dynamik gezogen, sondern aus ekklesiologischer oder missiologischer Sicht.[1] Der liturgiewissenschaftliche Blick auf die Aufnahme des Wortes innerhalb der beninischen Kulturen stellt daher die Besonderheit dieses Beitrags dar. Konnte der Weg, den wir in den letzten drei Jahrhunderten mit Jesus und seiner Kirche zurückgelegt haben, Männer und Frauen formen, die aus der Quelle der liturgischen Gnaden schöpfen und zu vollkommenen Beninern und Christen geworden sind? Kann die liturgische Inkulturation mit demselben Schwung fortfahren oder muss sie ihre Richtung ändern? Über welche Ressourcen verfügt sie und welche Kompetenzen fehlen ihr? Dies sind die Fragen, die diesem Artikel zugrunde liegen. Ziel ist es, sowohl einen kritischen Blick auf die Inkulturationsbemühungen in Benin zu werfen, als auch neue Wege vorzuschlagen, neu nicht in dem Sinne, dass sie unbekannt sind, sondern in dem Sinne, dass sie vielleicht noch nicht beschritten werden. Zu diesem Zweck wird der erste Teil des Artikels aus einem historischen Rückblick bestehen: die Inkulturationsbemühungen der Missionare, die Inkulturation mit den ersten einheimischen pastoralen Mitarbeitern und dann die weiter entwickelten Formen, die derzeit in Benin praktiziert werden. Der zweite Teil will aufzeigen, wie der weitere Weg unter Berücksichtigung des aktuellen Kontextes, der für die Inkulturationsarbeit notwendigen Strukturen und Kompetenzen sowie der zu erreichenden Ziele verlaufen kann. Zuvor sind jedoch einige biblische und theologische Überlegungen erforderlich.

Vorwort: Biblisch-theologische Überlegungen

»Dann sprach Gott: Lasst uns Menschen machen als unser Bild, uns ähnlich! [...] Gott erschuf den Menschen als sein Bild, als Bild Gottes erschuf er ihn« (Gen 1,26. 27). Während nach dem ersten Schöpfungsbericht das Bild Gottes im Menschen ist, ist

[1] Vgl. La Croix du Bénin.

es nach dem zweiten Schöpfungsbericht eher sein Atem: »Da formte Gott, der HERR, den Menschen, Staub vom Erdboden, und blies in seine Nase den Lebensatem. So wurde der Mensch zu einem lebendigen Wesen« (Gen 2,7). In beiden Fällen, ob Bild oder Atem, stellt der Schriftsteller eine ontologische Nähe zwischen Gott und dem Menschen her, obwohl die Entfernung zwischen Schöpfer und Geschöpf unendlich bleibt. Die ontologische Nähe macht die soziale Nähe möglich, als Gott beschließt, mit dem Menschen, den er gerade erschaffen hat, zu kommunizieren: »Gott segnete sie und sprach zu ihnen ...« (Gen 1,28–30). Um von seinem Geschöpf verstanden zu werden, musste Gott eine menschliche Sprache annehmen. Dies ist die ursprüngliche göttliche Akkulturation[2], die aus der Notwendigkeit der Kommunikation zwischen Gott und dem Menschen entstand. Das Ziel war, dass der Mensch in den Segensplan Gottes eintritt und in vollkommener Gemeinschaft mit ihm lebt. Die Stimme Gottes, die bei Anbruch des Tages durch den Garten Eden wandert, den Menschen anspricht und seine Antwort hervorruft, macht die Inkulturation zu einem dialogischen Prozess. Gott spricht, fragt den Menschen und dieser antwortet ihm (vgl. Gen 3,8–19). Die Inkulturation als Dialog zwischen Gott und dem Menschen begann im Garten Eden. Ihr Ziel ist es, dem Menschen immer wieder die Möglichkeit zu geben, Gott zu hören, ihn zu verstehen und ihm zu antworten, und zwar nicht nur durch das Wort, sondern auch durch Taten. Die Geschichte des auserwählten Volkes wird sich in diesem dialogischen Prozess abspielen, der letztendlich auch andere Völker miteinbezieht. Tatsächlich wollte Gott durch Israel alle Völker der Erde erreichen und sich ihnen als einer der ihren vorstellen. Die Beziehungen und der Austausch zwischen Israel und den umliegenden Völkern (Mesopotamier, Kanaanäer, Ägypter, Phönizier, Babylonier, Perser, Elamiter usw.) beeinflussten den Glauben und die Riten, die von den Vätern über-

[2] Vgl. A. Shorter, Toward a Theology of Inculturation, 104–106.

nommen wurden. So wie Israel kulturelle und religiöse Elemente aus den umliegenden Kulturen entlehnte, so entlehnten auch diese aus Israel.[3] Dies lässt eine weitere Achse der Inkulturation erkennen: die Interkulturalität. Shorter schreibt:

> The book of Genesis is not comprehensible without reference to the ancient creation myths and epic legends of Mesopotamia. Equally, the laws of the covenant are to be placed in the tradition of the Mesopotamian codes, particularly that of Hammurabi, c. 1700 BC, and the structure of the prophetic oracles of Israel bears a strong resemblance to that of the oracles discovered at Mari, a centre destroyed by the same Hammurabi.[4]

Der größte schriftsprachliche Bereich mit interkulturellem Einfluss scheinen die Psalmen und die Weisheitsliteratur zu sein. »A celebrated example is that of Psalm 104, which bears strong similarities to the hymn of Akhenaton (…). The similarities between the Egyptian hymn and the Jewish psalm are strong enough to suggest a direct borrowing.«[5] Doch in der Fülle der Zeiten hebt Gott die Inkulturation auf eine andere Ebene, eine Ebene, die sich der Mensch nicht vorstellen konnte. Die ontologische Nähe, die der Schriftsteller durch Bild und Lebensatem zu übersetzen versuchte, wandelt sich in eine Identitätsannahme. Gott wird Mensch: »Das Wort ist Fleisch geworden und hat unter uns gewohnt« (Joh 1,14). Gott wird Mensch und bleibt Gott. Obwohl er zu dem wird, was er nicht war, bleibt er, was er ist. Es ist ein Neuanfang in der Geschichte der Beziehung zwischen Gott und Mensch. Die Inkarnation ist die Grundlage

---

3 Vgl. ebd., 106.

4 Ebd., 107–108.

5 Ebd., 108. Es ist jedoch wichtig zu betonen, dass der literarische Kontakt zwischen den Schriften und die Abhängigkeitsverhältnisse immer schwer nachzuweisen sind. Denn es besteht die Möglichkeit eines gemeinsamen Topos, auf den beide Literaturen zurückgreifen, ohne dass jemand im redaktionellen Prozess den anderen kopieren müsste. Beispielsweise gibt es in der Yoruba-Sprache Fon-Sprichwörter, aber es liegen keine früheren Schriften vor, aus denen hervorgeht, wer wen kopiert hat.

für die Inkulturation im Neuen Bund. Gott nimmt menschliches Fleisch und menschliche Kultur an. Wie Papst Johannes Paul II. in seiner Rede am 15. Mai 1982 an der Universität Coimbra sagte, war die menschliche Inkarnation von Jesus Christus, dem Sohn Gottes, auch eine kulturelle Inkarnation.[6] Sie ist das Modell für jede Inkulturation. Und sie ist das Werk des Heiligen Geistes.

Als der Heilige Geist an Pfingsten herabkommt, gibt er jedem die Möglichkeit, die Heilsbotschaft in seiner eigenen Sprache zu hören. Während in Babel die eine Sprache zu Missverständnissen und Zerstreuung führte, bewirkt die Vielzahl der Sprachen an Pfingsten Verständnis und Einheit. So wurde die Kirche unter dem Zeichen der Inkulturation geboren. Deshalb schrieb Mariano Delgado, dass die Inkulturation eine Wesenseigenschaft des Christentums sei.[7] Der Wind des Geistes trug das Christentum von Palästina zu den heidnischen Nationen. Dadurch eröffneten sich der Inkulturation neue Horizonte. Im Zuge dessen sollte die erste Konzilsversammlung in Jerusalem über die Inkulturation des Glaubens in heidnisch-christlichen Umgebungen diskutieren, um das Zusammenleben in Gemeinden zu fördern, die sowohl aus Juden als auch aus Heiden bestanden (vgl. Apg 15). Die Frage, die sich stellte, ließ sich wie folgt formulieren: Musste man Jude werden, bevor man Christ werden konnte, oder konnte man ein guter Christ sein und gleichzeitig seine nichtjüdische soziokulturelle Identität bewahren? Die Schlussfolgerungen dieses Konzils waren für die Weiterentwicklung des Christentums von entscheidender Bedeutung: Um ein guter Christ zu sein, musste man nicht zuerst kulturell jüdisch werden. Man musste sich nur vor Götzendienst, Unzucht und allem, was dem Leben – symbolisiert durch das Blut – entgegensteht, hüten (vgl. Apg 15,20.29). Dieser Konsens wird im Laufe der Zeit die Inkulturation des christlichen Glau-

6 Vgl. La Documentation catholique, 549.
7 Vgl. M. Delgado, Inkulturation, 20–32.

bens in anderen Teilen der Welt begünstigen. Das Beispiel Afrikas und Benins ist im Folgenden von besonderem Interesse.

1. Die Geschichte der Inkulturation in Benin

Die Inkulturation ist in der Republik Benin ein hochaktuelles Thema.[8] Der Neuigkeitseffekt sollte jedoch nicht darüber hinwegtäuschen, dass die Inkulturationsbemühungen bereits mit den Missionsvätern begannen.

1.1 Inkulturation zur Zeit der Missionare

Die Missionare, die nach Afrika kamen, werden oft beschuldigt, *Tabula rasa* mit den Samen des Wortes gemacht zu haben, die in den einheimischen Kulturen vorhanden waren. Dennoch schrieb Bischof Melchior de Marion-Brésillac, der Gründer der Gesellschaft der Afrikamissionen, deren missionarische Tätigkeit entscheidend für die Evangelisierung von Dahomey war: »Man muss seine europäische Brille abnehmen und seine Augen mit einem Glas ausrüsten, das etwas mehr mit der lokalen Farbe harmoniert ... Sorgt dafür, dass ihr nichts gegen den Willen der Völker einführt, sondern bringt das Volk dazu, das zu wünschen, was ihr einführen wollt.«[9] Sein Nachfolger, Pater Augustin Planque, geht noch weiter: »Wenn ihr reine Schwarze als Kinder habt, lasst sie weiterhin die Tracht ihrer Familie tragen, denn wenn ihr sie wie die Weißen kleidet, deklassiert ihr sie und macht sie für die Zukunft zu Außenseitern ihrer Familie.«[10] Er

---

[8] Vgl. Vollversammlung des Beninischen Klerus vom 23. bis 27. Januar 2023 zum Thema der Inkulturation in Dassa-Zoumé.

[9] M. de Marion-Brésillac, *Souvenirs de douze ans de missions*; FV, p. 77, Nr. 54, zitiert nach: J. Comby, Formation, 16. Sämtliche in diesem Beitrag angegebenen französischsprachigen Quellen wurden vom Verfasser übersetzt.

[10] A. Planque an P. Thillier, 19. Mai 1870, in: Cl.-M. Échallier, L'audace, 342–343.

empfiehlt, den Einheimischen den Glauben anzubieten, sie aber »in ihren angestammten Gewohnheiten zu belassen, in denen sie glücklich sind und sich wohlfühlen«[11]. Die Bedeutung der lokalen Sprache für die evangelisierende Mission war ihm offensichtlich: »Die einheimische Sprache allein wird die einheimischen Christen machen, sonst würde jede Mission scheitern.«[12] Es geht nicht nur darum, die Sprache der Einheimischen zu lernen, um sie zu verstehen, sondern auch darum, sie in ihrer eigenen Sprache zu unterrichten, den Katechismus in der Sprache des Volkes zu halten:

> Es muss Katechismen und Unterweisungen in der Sprache geben, damit man leichter kommen kann, um sie zu hören. Und die Mission soll an den Einheimischen erfolgen: Das ist unser einziges Ziel. Die notwendige Konsequenz ist, dass alle Missionare die einheimischen Sprachen lernen müssen.[13]

Darüber hinaus haben Missionare wie Bischof François Steinmetz den interreligiösen Dialog bis zu einer echten Freundschaft mit den Priestern und Anhängern der traditionellen Religionen geführt. Diese Freundschaft ging so weit, dass beim Bau der Basilika in Ouidah die Christen und die Priester des Vodún, der traditionellen Religion in Südbenin, gemeinsam Sand schaufelten.[14] Der Bischof hatte außerdem einen guten Freund namens Agnilo, der, obwohl er Vodún-Priester war, mit der Mission vertraut war und an den vom Bischof geleiteten Eucharistiefeiern teilnahm.[15] Die häufige Teilnahme eines Vodún-

[11] Ebd.

[12] A. Planque an P. Courdioux, 19. Dezember 1872, ebd., 345.

[13] A. Planque an die Mitbrüder, 13. September 1872, ebd., 345–346.

[14] Vgl. J. Bonfils, La Mission catholique, 161.

[15] Mgr. François Steinmetz gibt ihm dieses lebendige Zeugnis: »Agnilo war dieses Werkzeug, das Gott benutzte, indem er ihn zunächst in seinem fetischistischen Glauben hielt, um seinen Landsleuten von Ouidah und ihren Gewissensführern das Verständnis unserer Religion näherzubringen.« Ebd., 163.

Priesters an Eucharistiefeiern ist ein beredter Ausdruck für das Ausmaß des interreligiösen Dialogs, der zu dieser Zeit stattfand. Darüber hinaus trugen zwei Synoden die Sorge der Missionsväter um die Inkulturation weiter: die Synode von Agoué im Jahr 1898 und die Synode von Lyon im Jahr 1907.

Die Synode in Agoué (16.–18. Januar 1898)

Die Synode der Apostolischen Präfektur Dahomey, die vom 16. bis 18. Januar 1898 in Agoué (Süd-Benin) stattfand, brachte die Sorge um die Inkulturation sowie die Sorge um den interkulturellen und interreligiösen Dialog zum Ausdruck. In diesem Sinne empfahl sie den Missionaren, die einheimischen Sprachen zu lernen und zu sprechen. Die Synodenväter erläutern:

> Das Erlernen der einheimischen Sprache ist [...] die erste Pflicht der Missionare. Das Volk wird nicht zu uns kommen, sondern wir müssen zu ihm gehen; dazu müssen wir in der Lage sein, mit ihm zu sprechen. Wenn wir nicht bekannt sind, wenn wir nicht kennen, dann liegt der Grund dafür oft in unserer Unkenntnis der Sprache. Vor allem durch den Besuch der Heiden werden wir sterbende Kinder finden und uns beliebt machen. So können wir auch die Sprache lernen.[16]

Übersetzen und Dolmetschen sind vereinfachte Lösungen, deren Grenzen die Synode betont: »Mit einem Dolmetscher kann man nicht immer sagen, was man will, und es ist manchmal schwierig, einen Dolmetscher zu haben, wenn man ihn braucht. Lebende Sprachen lernt man vor allem durch den Gebrauch: Sprecht also ständig mit den Einheimischen in ihrer Sprache.«[17] Die Synodenväter forderten die Missionare schließlich auf, »die örtlichen Bräuche zu respektieren, die nichts offensichtlich Böses oder Abergläubisches enthalten«[18]. An dieser Stelle lässt sich

[16] Ebd., 135.
[17] Ebd.
[18] Ebd., 137.

fragen, woher die häufige Kritik kommt, dass die Missionare die Kulturen der indigenen Völker dämonisiert hätten. Wurde die oben genannte Anweisung nicht befolgt oder haben sich die Missionare bei der Einschätzung der lokalen Werte geirrt, indem sie etwas als böse oder abergläubisch ansahen, was nicht böse oder abergläubisch war? Die Synode von Lyon gibt mehr Aufschluss.

Die Synode von Lyon (September 1907)

Die Lyon-Synode, die im September 1907 die Apostolischen Vikare und Präfekten, Mitglieder der Gesellschaft der Afrikamissionen, darunter Bischof François Steinmetz, versammelte, befasste sich unter anderem mit der Frage der Ehe in den Missionsländern, der Feier der Sakramente, dem Katechumenat, dem Ortsklerus, den Beerdigungen und anderen Zeremonien sowie dem Gebrauch von Sakramentalien wie dem Skapulier.
Zum Gebrauch des Skapuliers heißt es in der V. Frage, die von der Synode behandelt wurde:

> – Num aliquid cavendum ac discriminandum in scapularium collatione?
> 1. Erwägungen [sic!]. – Für eine sehr junge Mission scheint es nicht angebracht zu sein, das Skapulier sofort einzuführen. – Die Gefahr, dass das Skapulier zu leicht mit Amuletten gleichgesetzt wird, wäre für Geister zu befürchten, die noch nicht lange und stark genug von christlichen Ideen geprägt sind.
> Bei älteren Missionen ist diese Gefahr weitaus geringer und auf jeden Fall so weit abgeschwächt, dass sie kein ausreichender Grund mehr ist, den Christen die spirituellen Vorteile des Skapuliers vorzuenthalten.[19]

Zum Thema Beerdigung stellt die Synode in der XII. Frage fest:

> – Qua norma fidelis se habere debeant in parentum paganorum funeribus?

[19] Ebd., 190.

1. Es handelt sich um Christen, die an den heidnischen Begräbnissen ihrer heidnischen Verwandten teilnehmen. – Zweifellos können sie alle Pflichten der kindlichen Pietät erfüllen, aber man muss ihnen jeden abergläubischen Ritus oder Fetisch und jede Teilnahme an irgendeiner abergläubischen Zeremonie verbieten. Oftmals plädieren unsere Christen auf mildernde Umstände: »Ich bin nicht allein in meiner Familie«, sagen sie, »und kann nicht tun, was ich will.«[20]

Die Synodenväter sind der Meinung, dass »die Strömungen der Ideen sich schließlich ändern werden«[21]. Angesichts der Schwierigkeit, zwischen Aberglauben und Nicht-Aberglauben zu unterscheiden, befürworten sie die Einheit aller Missionare in ihrem Handeln.[22] Weiterhin erwägen sie die Christianisierung heidnischer Bräuche, »z. B. anstatt Essen auf dem Grab zu opfern, die Verwandten des Verstorbenen zu verpflichten, dieses Essen oder andere Almosen bei der Beerdigung den Armen zu spenden«[23]. In Gegenden, in denen »unmittelbar nach dem Herablassen des Sarges Münzen, Stoffstücke usw. in die Grube geworfen werden«[24], wonach das Ganze begraben wird, sollte »erreicht werden, dass es durch irgendeine kindliche Respektsbezeugung bzw. irgendeine wohltätige Handlung ersetzt wird«[25]. In Bezug auf die Kirchenmusik empfahl die Synode, dass »alle Gläubigen so weit wie möglich an den Gesängen der Kirche teilnehmen, nicht nur, wenn es sich um Lieder in der Volkssprache handelt, sondern auch an den liturgischen Gesängen«[26], und dass »wenn man die Melodie der Lieder in der einheimischen Sprache von Schwarzen komponieren lassen könnte, es besser wäre, dies zu tun«[27].

---

[20] Ebd., 194.
[21] Ebd.
[22] Vgl. ebd.
[23] Ebd.
[24] Ebd., 195.
[25] Ebd.
[26] Ebd., 196.
[27] Ebd.

Zwischen und nach den beiden Synoden sollten die entscheidenden Bemühungen von Pater Francis Aupiais (11. August 1877 – 14. Dezember 1945) beachtet werden. Als er 1919 zum Schulleiter in Porto-Novo ernannt wurde, organisierte er den Unterricht neu und fügte die lokalen Sprachen, die Geschichte und die Kultur des Landes in die Lehrpläne ein. »Man studierte die großen mythischen und historischen Erzählungen von Dahomey und im Werkunterricht wurden bestimmte handwerkliche Gegenstände nachgebaut: ›Guèlèdè‹-Masken zum Beispiel.«[28] Im Jahre 1925 organisierte Aupiais in Porto-Novo Pfarrfeste mit Volksfesten, um illegitime Verbindungen zu legalisieren.[29]
Im August 1925 gründete er die Zeitschrift »La Reconnaissance africaine«, die von Lehrern und bedeutenden Seminaristen aus Dahomey geleitet wurde. Der berühmteste unter ihnen war Paul Hazoumé (16. April 1890 – 18. April 1980), der später ein bekannter Schriftsteller wurde. Ziel der Zeitschrift war es, bei den Dahomeyern ein Bewusstsein für die »Bedeutung ihrer Geschichte zu wecken, während ihre Kultur durch die Mechanismen des Kolonialsystems untergraben wurde«[30], und die Werte, die in bestimmten traditionellen Bräuchen und Religionen steckten, bekannt zu machen. Leider erschien »La Reconnaissance africaine« nur von August 1925 bis Dezember 1927 und brachte es auf insgesamt 45 Ausgaben. Schließlich initiierte Pater Francis Aupiais eine inkulturierte Feier der Erscheinung des Herrn, die auf der Bedeutung von Zeichen der Ehrerbietung in den Ritualen religiöser und ziviler Zeremonien beruhte.
Die Darstellung des Mysteriums der Epiphanie hatte einen unverhofften Erfolg und übte einen entscheidenden Einfluss auf den Geist des Volkes aus. Pater Aupiais selbst schrieb in Zusammenarbeit mit dem König der Gounous das Heft des heiligen Dramas in der Sprache der Einheimischen.[31]

[28] E. Adé, L'inculturation expliquée, 38.
[29] Vgl. J. Bonfils, La Mission catholique, 202.
[30] E. Adé, L'inculturation expliquée, 39.
[31] J. Bonfils, La Mission catholique, 202.

Laut Edouard Adé »kann man in dieser Theaterinszenierung wahrscheinlich den ersten Ausdruck der Inkulturation für Französisch-Westafrika und Französisch-Äquatorialafrika sehen«[32]. Die ersten einheimischen Seelsorger schlossen sich dem Kampf der Inkulturation an.

1.2 Die Inkulturation mit den ersten einheimischen Bischöfen

An dieser Stelle soll vor allem die Figur von Robert Sastre (7. Juni 1926 – 16. Januar 2000) erwähnt werden, der von 1972 bis zu seinem Tod Bischof des Bistums Lokossa (Südwest Benins) war. 1956 erschien ein Buch, zu dem schwarze Priester in Afrika und in der Diaspora beigetragen hatten: *Schwarze-Priester melden sich.*[33] Dieses Meisterwerk gilt als das emblematische Werk, das die Fragestellung der Inkulturation des Glaubens im heutigen Afrika ins Rollen brachte. Robert Sastre, der damals noch Priester war, war einer der großen Verfechter der in dem Buch vertretenen Denkrichtung. Er verfasste die Artikel »Liturgie romaine et Négritude« und, in Zusammenarbeit mit Robert Dosseh, »Propagande et Vérité«. Im ersten Artikel versuchte er, eine Antwort auf die Frage zu finden: »Birgt das Christentum, so wie es ist, für den Schwarzen nicht die Gefahr der Entfremdung in sich? Anders ausgedrückt: Kann der Schwarze Christ sein, ohne seine Négritude aufzugeben?«[34] Zu dieser Frage, die er unter den verschiedensten Aspekten untersucht, gibt es eine starke Aussage in *Propagande et Vérité*:

> Vom Afrikaner zu verlangen, dass er sich der legitimen Liebe und des Respekts vor sich selbst und seinem Land entleert, um ihm als Ausgleich sogar das unvergleichliche Geschenk des Glaubens anzubieten, bedeutet, die Ökonomie der Erlösung Gottes zu verfälschen, der Mensch geworden ist, um uns zu retten.[35]

[32] E. Adé, L'inculturation expliquée, 39.
[33] Originaltitel: »Des prêtres noirs s'interrogent«, deutsche Übersetzung 1960.
[34] R. Sastre, Liturgie romaine, 154.
[35] R. Dosseh/R. Sastre, Propagande, 152.

Dennoch geht es bei der Inkulturation nicht darum, das Universelle zu partikularisieren, sondern das Besondere zum Universellen zu erheben.[36] Robert Sastre beschränkte sich nicht auf das geschriebene Wort. Er ließ seinen Worten Taten folgen und baute einen ausschließlich einheimischen Klerus und eine ausschließlich einheimische Schwesterngemeinschaft auf, um die Herausforderungen der Inkulturation und Entwicklung zu bewältigen. In Abomey war ein anderer Bischof sein Nacheiferer. Mit Lucien Monsi Agboka (3. Juni 1926 – 27. April 2008), dem Bischof von Abomey, wurden alle Liturgie- und Katechese-Kommissionen zu »Inkulturationskommissionen von großer Vitalität«.[37] Er trug wesentlich zur Entstehung des einheimischen Hànye-Chorgesangs und eines neuen Identitätsbewusstseins in der liturgischen Ritualität bei. Ausgehend von den Diözesen im Süden wurden in allen Diözesen Chöre in den Nationalsprachen gegründet, die allgemein als »Mutterchöre« bezeichnet werden. Die große Vielfalt an Rhythmen, Gesängen und Kadenzen schafft eine lebendige Liturgie, die die kulturelle Eigenart des Volkes hervorhebt. Die liturgische Anthropologie, die dieser Entwicklung zugrunde liegt, hebt die Gesten für bestimmte Teile der Eucharistiefeier wie die Gabenprozession und die feierliche Anamnese hervor. Auch das Ordensgelübde nahm kulturelle Elemente an, die die Selbsthingabe zum Ausdruck bringen. Es wurden große Anstrengungen unternommen, um das Wort Gottes und die liturgischen Texte zu übersetzen. Die Yoruba-Gebiete (insbesondere in den Diözesen Porto-Novo, Dassa-Zoumé, Parakou usw.) hatten in dieser Hinsicht weniger Sorgen, da Nigeria die Bibel und die wichtigsten liturgischen Bücher bereits in Yoruba übersetzt hatte. Die Ewe-Zone (vgl. Diözese Lokossa) profitierte vom Vorsprung Ghanas und Togos, wo die Bibel und einige liturgische Bücher bereits in Ewe übersetzt wurden. Die Übersetzungsbemühungen werden je-

[36] Vgl. R. SASTRE, Liturgie romaine, 163.

[37] B. ADOUKONOU, Leçon, 3.

doch insofern fortgesetzt, als es in Benin mehr Mina als Ewé gibt (auch wenn sich die beiden Sprachen ähneln) und die Diözese Lokossa eine Vielzahl von Dialekten aufweist, wobei Adja die Mehrheit stellt. Die am häufigsten gesprochene afrikanische Sprache in Benin ist Fon. Auch hier werden die Übersetzungsbemühungen fortgesetzt, wenn auch langsam. Damit all diese Inkulturationsbemühungen an Fahrt gewinnen konnten, musste in der Zwischenzeit unter der Schirmherrschaft von Bischof Lucien Monsi Agboka eine theologische und missionarische Bewegung für Inkulturation entstehen: der *Sillon Noir*.

1.3 Inkulturation mit dem Sillon Noir

Laut dem Gründer der Bewegung, Barthélemy Adoukonou, gehen die fernen Ursprünge des Mɛ̀wìhwɛ̀ndò *(Sillon Noir)* auf das erste Auftragstreffen der Seminaristen aus Dahomey in Cana, einer Ortschaft etwa 5 km von Bohicon in Südbenin entfernt, in den Jahren 1958–1959 zurück. Seminaristen waren nämlich »zu zweit in die Klöster gegangen, um Christus zu verkünden und die Vodún-Priester nach der Geschichte ihrer Vodún zu fragen und was ihre soziale Funktion sein sollte«[38]. Nachdem sie sich alles, was die Anhänger der traditionellen Religion erzählten, notiert hatten, traten sie anschließend in einen Dialog mit ihnen ein. Diese Evangelisierungsmission im Zeichen des interreligiösen Dialogs war ein unerwarteter Erfolg. Am Missionssonntag, dem 19. Oktober 1970, hielt Barthélemy Adoukonou, damals Vikar in der Gemeinde St. Franz von Assisi in Bohicon, eine Predigt, in der er forderte, alles Wahre und Heilige in den kulturellen und religiösen Traditionen Benins zu suchen, um Christus, dem Erben der Nationen, zu huldigen, wie es das Zweite Vatikanische Konzil gefordert hatte.[39] Der Widerstand, der dem Prediger nach dieser Predigt entgegenschlug, machte

---

[38] Ders., Le Sillon, 1.
[39] Vgl. ebd., 2.

ein klärendes Treffen noch am selben Abend notwendig. Er berichtet:

> Der Beschluss am Ende dieses Treffens lautete, noch an diesem Abend eine Kulturforschungsbewegung ins Leben zu rufen, die auf die Christianisierung der Kultur des schwarzen Menschen und den kulturellen Ausdruck des Glaubens abzielte. Das Wort »Inkulturation« war noch nicht geläufig; aber die doppelte Anforderung war uns klar, und das würden wir versuchen umzusetzen. An jenem Abend des 19. Oktober 1970 wurde Mɛ̀wìhwɛ̀ndò *(Sillon Noir)* als Suchbewegung für die Christianisierung von Traditionen und die Inkulturation des Glaubens ins Leben gerufen.[40]

Die Akteure waren davon überzeugt, dass »der Glaube die Kultur nicht verzerrt, sondern sie zu ihrer eigenen, von Schlacken gereinigten Wahrheit führt«[41]. Nach acht Jahren der Forschung, deren Früchte regelmäßig an den Ortsordinarius geschickt wurden, lud dieser die Protagonisten ein, die unterbreiteten Vorschläge umzusetzen. So machte Mɛ̀wìhwɛ̀ndò 1978 in Zogbodomè eine Probe inkulturierter Karfreitagsliturgie. Dies war ein Erfolg und ermutigte zu weiteren Inkulturationsinitiativen wie Gründonnerstag, Beerdigungen usw. Es folgten zahlreiche Veröffentlichungen der Bewegung nach der theologischen Doktorarbeit des Gründers, die er selbst als »die erste Frucht der Forschungen des Mɛ̀wìhwɛ̀ndò«[42] bezeichnete. Der Erfolg des *Sillon Noir* hat in der Diözese Dassa-Zoumé eine weitere ähnliche Bewegung ausgelöst: Àṣà ìbílẹ̀ fún ìgbàlà[43] (Zur Erlösung Inkulturieren).

1.4 Àṣà ìbílẹ̀ fún ìgbàlà – Inkulturieren zur Erlösung

Àṣà ìbílẹ̀ fún ìgbàlà (Zur Erlösung inkulturieren) ist eine theologische und liturgisch-pastorale Bewegung, die im Jahre 2002

---

[40] Ebd., 3.

[41] Ebd.

[42] Ebd., 4.

[43] IPA: /A.ʃa i'bi.lɛ fũ igbala/.

in der Diözese Dassa-Zoumé in der Republik Benin mit dem Ziel der Evangelisierung der Kulturen und der Inkulturation des Glaubens zum Heil der Menschen entstanden ist. Die Initiative ging von Msgr. Lucien Monsi-Agboka aus, dem damaligen Bischof der Diözese Abomey, in der die ersten Proben des *Sillon Noir* stattfanden. Aufgrund der positiven Reaktion des Gottesvolkes schlug der Bischof vor, eine ähnliche Erfahrung in der Diözese Dassa-Zoumé einzuleiten. Beachtung verdient, dass die beiden Diözesen lange Zeit unter der Jurisdiktion von Bischof Agboka eine einzige Diözese waren. Erst 1995 wurde die Diözese Dassa-Zoumé durch Abtrennung des nördlichen Teils der damaligen großen Diözese Abomey gegründet. Auf Anregung von Bischof Agboka bildete sich 2002 ein Gremium (bestehend aus Gaston Ogui Cossi, Moïse Adéniran Adékambi, Richard Eriolaboni Atchadé usw.), um eine inkulturierte Karfreitagsliturgie in den Yoruba-Kreisen (Ifè, Isha, Idaasha, Shabè) der Diözese Dassa-Zoumé ins Auge zu fassen. Die Wahl des Karfreitags erklärt sich dadurch, dass Àṣà ìbílẹ̀ fún ìgbàlà beabsichtigte, in die Fußstapfen des *Sillon Noir* zu treten.
Als kulturelle Grundlage für diese Inkulturation wurde das königliche Begräbnis gewählt, weil am Karfreitag des Todes Christi gedacht wird und Christus König ist. Aber Christus ist nicht nur König. Warum wird er besonders mit diesem Titel bezeichnet? Weil der König in den betreffenden traditionellen Gesellschaften die höchste Persönlichkeit darstellt und seine Begräbnisfeier am ausdrucksstärksten ist. Sie stellt ein wichtiges Ereignis im Leben der Gemeinschaft dar. An dieser Stelle taucht ein theologischer Einwand auf: Christus hatte keine Begräbnisfeier, sondern nur eine Beerdigung, die überdies in aller Eile erfolgte. Wäre es in diesem Zusammenhang theologisch korrekt, ein königliches Begräbnis für Christus zu feiern? Die Antwort auf diesen Einwand lautete, dass der inkulturierte Ritus nicht das Begräbnis Christi feiert. Er hebt seinen Tod anhand der kulturellen Elemente hervor, die die Bedeutung des Todes in den Yoruba-Kulturen am besten verdeutlichen. Und diese Elemente

kommen am deutlichsten zum Ausdruck, wenn es um den Tod des Königs geht. Auch Christus ist ein König. Er stirbt als König der Juden: »Pilatus ließ auch eine Tafel anfertigen und oben am Kreuz befestigen; die Inschrift lautete: Jesus von Nazaret, der König der Juden« (Joh 19,19). Wenn die Bedeutung des Todes hervorgehoben wird, dann geschieht dies, um den Wert des Lebens zu betonen.

Daraufhin wurden bei den Isha, Ifè, Idaasha und Shabè, die den Yoruba-Kulturraum der Diözese bilden, soziologische Untersuchungen über die Beerdigung von Königen durchgeführt. Nach diesen Voruntersuchungen wurde am Seminar Saint Gall in Ouidah, wo Gaston Ogui als Lehrer tätig war, eine Kampagne zur Sensibilisierung für die Inkulturation durchgeführt. Die durch die soziologischen Untersuchungen gewonnenen Informationen dienten als Grundlage für Workshops, in denen das Thema reflektiert wurde. Die Studenten beteiligten sich aktiv und freudig an den Debatten. Die Protokolle der Workshops führten zur Erstellung eines Arbeitspapiers. Auf der Grundlage des Arbeitsdokuments wurden dem Ortsordinarius, Bischof Antoine Ganyé von Dassa-Zoumé, Vorschläge für das Experimentum einer inkulturierten Feier unterbreitet. Nach seiner Genehmigung fand die erste Erprobung am Karfreitag, dem 18. April 2003, in Dassa-Zoumé statt. Dieser erste Versuch war, wie jeder erste innovative Schritt, von Zögern und Ausprobieren geprägt. Die zweite Erprobung fand am Karfreitag, dem 9. April 2004, in Savè statt; die dritte am Karfreitag, dem 25. März 2005, in Pira. Diese Erprobung war offiziell die letzte. Denn am 16. April 2006 hielt Kardinal Bernardin Gantin am Strand von Ouidah anlässlich der 150-Jahr-Feier der Gesellschaft der Afrikamissionen eine Rede, die alle Inkulturationsbemühungen in Benin bremsen sollte.[44] Erst die Feier des 50-jährigen Jubiläums der Union du Clergé Béninois im Jahr 2019, anlässlich derer ein Observatorium für Inkulturation eingerichtet

[44] Vgl. B. Gantin, Dieu a ouvert.

wurde, führte zu einer erneuten kräftigen Rückwendung hin zur Inkulturation. Diese wirft jedoch immer wieder Fragen auf und stößt auf Schwierigkeiten. Daher ist ein Neuanfang dringend erforderlich.

2. Überlegungen für einen besseren Neustart

Die *IV. Instruktion der Kongregation für den Gottesdienst und die Sakramentenordnung zur ordnungsgemäßen Durchführung der Konzilskonstitution über die Heilige Liturgie Sacrosanctum Concilium Nr. 37–40, Varietates legitimae*, betonte nachdrücklich, dass die verschiedenen kulturellen Kontexte und kirchlichen Situationen gut untersucht werden müssen, bevor auf die Inkulturation eingegangen wird.[45] Im Fall von Benin verdient zunächst die Dekulturation und Transkulturalität unsere Aufmerksamkeit.

2.1 Ein von Dekulturation und Transkulturalität geprägter sozialer Kontext

Von Dekulturation wird gesprochen, wenn ein Volk allmählich an kultureller Identität verliert. Kolonialherren setzten diese Strategie ein, um ihre Hegemonie zu sichern. Heute ist sie auch ein Aspekt von Globalisierung und technischer Zivilisation, die Materialismus und Nachahmung mit sich bringen. Praktisches Ergebnis der Dekulturation: Die neue Generation, die im Zeitalter der sozialen Netzwerke und der neuen Informations- und Kommunikationstechnologien geboren wurde, fühlt sich nicht wirklich von der Inkulturation betroffen. Sie hat vielmehr den Eindruck, dass diese nur ihre Eltern angeht. Zuweilen hat das, was als kulturelles Erbe präsentiert wird und was aufzuwerten ist, wenig Relevanz für ihr Leben. Dies ist eine Sachlage, auf die

[45] Vgl. VL 7.8.29.49.58.

die Akteure der Inkulturation zunehmend aufmerksam werden müssen. Andernfalls kann die Inkulturation genauso gut zu einer kulturellen Entfremdung führen wie die einfache Übernahme des Römischen Ritus.
Das Problem lässt sich mit dem einer Amphibie[46] vergleichen, die sich lange Zeit nur in einem ihrer beiden natürlichen Lebensräume aufgehalten und ihre Fähigkeiten für diesen Lebensraum weiterentwickelt hat. Wenn sie in den zweiten Lebensraum zurückgebracht wird, wird sie zunächst verwirrt sein und eine Selbsterziehung benötigen. Diese Tatsache erklärt den Sachverhalt, dass junge Forscher zunehmend den dynamischen Charakter der Kultur und Kulturen betonen. Inkulturation im Kontext von Dekulturation erfordert eine vorherige kulturelle Erziehung bzw. Bildung. Sonst wird sie als ein Werk der Archäologie und des Antiquariats gesehen, eine Beschäftigung von Menschen, die in der Vergangenheit nach althergebrachten Werten graben, um sie als Normen für die Gegenwart zu etablieren. Ein Geschäft, das Forschungen mit dem Ziel betreibt, in eine vermeintlich gute alte Zeit zurückzukehren. Wenn die kulturelle Identität unbewusst als Fossil und die Kultur als Museum verstanden wird, richtet sich Inkulturation an die Toten und nicht an die Lebenden. Kulturelle Bildung muss daher die gegenwärtige Dynamik der Kulturen berücksichtigen. Ein Aspekt dieser Dynamik ist die kulturelle Hybridisierung.
Kulturelle Hybridisierung bezeichnet den Prozess, bei dem sich zwei Kulturen vermischen und in einem Individuum oder einer bestimmten Bevölkerung zu einer einzigen werden. Während die Dekulturation grundsätzlich schlecht ist, weil sie Menschen von ihrer Kultur entfremdet, kann die kulturelle Hybridität hingegen ein Vorteil sein, wenn sie richtig angenommen wird. Es ist unvermeidlich, dass kulturelle Vermischungen neue Lebens- und Ausdrucksformen schaffen, in denen die vorherigen

[46] Tier, das im Lebens- und Jahresverlauf sowohl aquatische wie terrestrische Lebensräume bewohnt.

Formen umgewandelt und neu interpretiert werden. In diesem Sinne hat die Geschichte einigen Völkern wahrscheinlich keine Wahl gelassen. Die kolonisierten Völker sind kulturelle Mischlinge. Aber mehr noch als die Kolonialisierung hat die Globalisierung multikulturelle Subjekte geschaffen. Wolfgang Welsch spricht von transkulturellen Subjekten.[47] Er verortet die Transkulturalität auf drei Ebenen: 1. Auf dem Makroniveau (globale Ebene) internationalisieren sich die Kulturen. Elemente, die für einen bestimmten Kulturraum typisch sind, können sich in einem anderen Kontinent am anderen Ende der Welt wiederfinden. Auf globaler Ebene findet also eine kulturelle Verflechtung statt, die durch Verkehr, Tourismus, soziale Netzwerke und Informations- und Kommunikationstechnologien vorangetrieben wird. In Afrika finden sich französische Kulturzentren wie auch chinesische Schulen. 2. Auf der Mesoebene (nationale Ebene) kommt es zu einer immer deutlicheren »Entkoppelung von kultureller und nationaler Identität«[48]. Diese Mesoebene hatte sich in Afrika bereits mit der Balkanisierung zum Gesetz erhoben (vgl. Berliner Konferenz 1884–1885). Die gleichen Völker und Kulturen finden sich in mehreren angrenzenden Nationen. Die Ewe leben in Ghana, Togo und Benin, die Yoruba in Nigeria, Benin, Ghana, Togo, Burkina Faso, der Elfenbeinküste, den USA, Kuba und Brasilien. Infolgedessen wird die nationale Identität zu einem »kulturellen Patchwork«. 3. Auf der Mikroebene (individuelle Ebene) verbinden Forscher, Migranten, Touristen, Arbeiter in internationalen Unternehmen und Bewohner kosmopolitischer Gebiete zu ihrer kulturellen Identitätsbildung mühelos mehrere kulturelle Elemente unterschiedlicher Herkunft. Sie exportieren ihre eigene Kultur in die Kreise, in die sie gehen, und es kommt zu einer wechselseitigen kulturellen Beeinflussung. Dieses Phänomen der Transkulturalität fordert die Inkulturation auf, nicht nur eine kulturelle,

[47] Vgl. W. Welsch, Immer nur der Mensch?, 298–308.
[48] Ebd., 305–308.

sondern auch eine inter- und transkulturelle Erziehung zu integrieren. Denn das Gesicht der liturgischen Versammlungen ist zunehmend multikulturell. Die großflächige Vermischung aufgrund des sozialen Wandels zwingt zu mehr Offenheit bei der Inkulturation. Sie erfordert, dass der Schwerpunkt auf die Verständlichkeit der Riten gelegt wird und die universellsten Gesten gefördert werden. Die Annahme einer monokulturellen Gemeinde kann die Inkulturation für manche Beteiligten undurchsichtig machen. In jedem Fall ist die Inkulturation eine anspruchsvolle Aufgabe, die viele spezialisierte Strukturen und interdisziplinäre Kompetenzen erfordert. In Benin scheinen diese unzureichend zu sein.

2.2 Unzureichende Strukturen und Kompetenzen für die Inkulturation

Vorhandene Strukturen und verfügbare Kompetenzen
In Benin gibt es in fast jeder Diözese eine liturgische Kommission. Die diözesanen Liturgiekommissionen organisieren in Zusammenarbeit mit dem Ortsordinarius das liturgische Leben, insbesondere die feierlichen Hochämter. In diesen Kommissionen sind jedoch nur wenige Experten für Liturgiewissenschaft und Inkulturation vertreten. Die meisten Beauftragten haben sich autodidaktisch weitergebildet, um als guter Zeremoniar zu handeln, oder sind in ihrem Liturgiestudium beim kanonischen Bachelor stehen geblieben. Im Bereich der Kirchenmusik verfügt Benin über viel Potenzial und zahlreiche Ressourcen, sowohl was den gregorianischen Gesang (siehe die zahlreichen Cäcilien-Chöre) als auch die moderne Musik in lebendigen Sprachen (siehe die zahlreichen Mutterchöre sowie Jugend- und Kinderchöre) betrifft. In jeder Diözese gibt es eine Seelsorge für Kirchenmusik, deren Aufgabe es ist, Chöre zu unterstützen, sie auf Großveranstaltungen oder Aufführungen vorzubereiten, neue Kompositionen von Rhythmen und Liedern zu bewerten und diejenigen auszuwählen, die es wert sind, in der Liturgie

eingesetzt zu werden. Zusammen mit dem *Sillon Noir* entstand die Gruppe der »Intellectuels Communautaires« zur Wertschätzung der Kulturwerte. In einigen Diözesen werden liturgische Übersetzungskommissionen gebildet, die sich aus Seminaristen, Priestern und Laien zusammensetzen, die die Landessprachen gut beherrschen. Doch es mangelt an vielen Fähigkeiten.

Fehlende Strukturen und Ressourcen

Das Werk der Inkulturation erfordert »ein Pastoralliturgisches Institut, (...) das sich aus sachverständigen Mitgliedern, gegebenenfalls auch Laien, zusammensetzt.«[49] Bis heute gibt es das in Benin nicht, weder auf diözesaner Ebene noch auf interdiözesaner oder nationaler Ebene. Die Konzilskonstitution über die Heilige Liturgie, *Sacrosanctum Concilium*, sowie die Fünfte Instruktion der Kongregation für den Gottesdienst und die Sakramentenordnung »zur ordnungsgemäßen Ausführung der Konstitution des Zweiten Vatikanischen Konzils über die heilige Liturgie« (zu Art. 36 der Konstitution), *Liturgiam Authenticam*, empfehlen, dass jede Diözese eine Kommission für sakrale Kunst einrichtet.[50] Bisher hat keine beninische Diözese eine solche eingeführt. Es handelt sich jedoch um eine der notwendigen Kommissionen – nicht zuletzt – für die Inkulturationsarbeit. Darüber hinaus benötigen liturgische Kommissionen Fachleute für Liturgiewissenschaft und liturgische Inkulturation. Benin verfügt derzeit meines Wissens nur über zwei Doktoren der Liturgiewissenschaft, und beide sind in derselben Diözese tätig. Dieser Zustand ist unbefriedigend. Jede Diözese sollte sich darum bemühen, zwei Liturgiewissenschaftler zu haben. Die Seelsorgestellen für Kirchenmusik sind nicht immer mit Experten für Musikwissenschaft oder Kirchenmusik besetzt. Sie werden oft von Priestern geleitet, die sich mit Musiktheorie auskennen und während ihrer Ausbildung am Priesterseminar Gesangs-

[49] SC 44.

[50] Vgl. SC 46 und LA 99.

oder Kapellmeister waren. Leider vermittelt dieser Kurs nicht alle Fähigkeiten, um eine Kommission für Kirchenmusik zu leiten, wie in den Lehrdokumenten zur Inkulturation vorgesehen.[51] Die Konzilsverfassung spricht überdies von »höheren Kirchenmusik-Instituten«[52]. Auf der Ebene der liturgischen Übersetzung sind die für kirchliche Dokumente erforderlichen Qualitäten und Fähigkeiten bei weitem nicht vorhanden. Die Übersetzungen basieren auf verschiedenen vorhandenen französischen Übersetzungen (Jerusalem-Bibel, Ökumenische Bibelübersetzung, Liturgische Übersetzung usw.). Laut der Instruktion *Liturgiam Authenticam* über den Gebrauch der Volkssprachen bei der Herausgabe der Bücher der römischen Liturgie ist es grundsätzlich nicht gestattet, Übersetzungen aus bereits vorhandenen Übersetzungen in andere Sprachen zu erstellen. Denn diese muss man unmittelbar aus den Originaltexten nehmen: liturgische Texte der kirchlichen Tradition aus dem Latein, Texte der Heiligen Schrift je nachdem aus dem Hebräischen, dem Aramäischen oder dem Griechischen.[53]
Nachdem die Übersetzung aus den Ausgangstexten angefertigt wurde, muss die Bischofskonferenz sich mit vertrauenswürdigen Experten zusammensetzen, um die Authentizität der Übersetzung zu beurteilen und zu bestätigen.[54] Anschließend erlässt sie ein Dekret, das bestimmte Gültigkeitskriterien berücksichtigt.[55] »Die Approbation liturgischer Texte, sei sie endgültig, ›ad interim‹ oder ›ad experimentum‹, muss durch Dekret geschehen.«[56] Auch wenn die Bischofskonferenz ihr Approbationsdekret erlassen hat, ist der Prozess noch nicht abgeschlossen. Vor der Einführung der neuen Übersetzungen in die Liturgie müsste eine *recognitio* des Dikasteriums für den Gottesdienst und die

[51] Vgl. SC 112–121; VL 40.
[52] SC 115.
[53] LA 24.
[54] Vgl. LA 86.
[55] Vgl. LA 79a.
[56] LA 79.

Sakramentenordnung eingeholt werden, andernfalls »hat der Beschluss der Bischofskonferenz keine Gesetzeskraft«[57]. Um diese *recognitio* zu erhalten, muss die Bischofskonferenz unter anderem in einem spezifischen Bericht weitere Informationen geben, besonders »das bei der Übersetzung eingehaltene Verfahren bzw. die Kriterien; eine Liste der Personen, die an den einzelnen Arbeitsschritten beteiligt waren, zusammen mit einer kurzen Bemerkung über die Qualität der Fähigkeit und die Sachkenntnis eines jeden von ihnen«[58]. Schaut man sich diese Anforderungen an, ist zu erkennen, dass der vorgeschriebene Prozess der liturgischen Übersetzung – die auch zur Inkulturation gehört – in Benin noch nicht befolgt wird. Interdisziplinäre Kommissionen für historische, anthropologische, exegetische und theologische Forschung[59] wurden noch nicht ordnungsgemäß gebildet. Hinzu kommen die Kommissionen von Weisen zur Bewertung der örtlichen kulturellen Werte.[60] In diesem Sinne sollten die Bemühungen der »Intellectuels Communautaires« des *Sillon Noir* gefördert werden und andere Diözesen sollten diesem Beispiel folgen. Aber all diese Bemühungen werden ohne liturgische Bildung kaum Früchte tragen.

2.3 Inkulturation und liturgische Bildung

Es ist paradox, dass der Eifer für die Inkulturation in Benin nicht von einem gleichen Eifer für die liturgische Bildung begleitet wird. Das Paradoxon hängt möglicherweise damit zusammen, dass der Zusammenhang zwischen beiden nicht deutlich wahrgenommen wird. Diese Verbindung besteht jedoch auf mehreren Ebenen: Zunächst die Verbindung zwischen der römischen Liturgie und der liturgischen Bildung, die das Verständnis im Hinblick auf eine gläubige Inkulturation vermittelt,

[57] LA 80.
[58] LA 79.
[59] Vgl. VL 30.
[60] Vgl. ebd.

dann die Verbindung zwischen dem inkulturierten Ritus und der liturgischen Bildung, die das Verständnis für eine gute Aneignung vermittelt und fruchtbare Umsetzung im Leben einer Teilkirche bewirkt.

Römische Liturgie – liturgische Bildung – Inkulturation
Die liturgische Bildung ist der fortlaufende Prozess, durch den die Gläubigen das Verständnis der heiligen Riten erwerben, um mit ihrem ganzen Wesen und erfüllt vom liturgischen Geist voll und ganz, bewusst und tätig an der Feier der heiligen Geheimnisse teilnehmen zu können, sodass ihr ganzes Leben vom Geist der Liturgie geprägt und von ihrer Tugend durchdrungen ist.[61] Nachdem die Gläubigen eine liturgische Bildung zum geistlichen Leben erworben haben und immer besser verstehen, was in den heiligen Riten geschieht, nehmen sie auch an anderen Frömmigkeitsübungen teil, bei denen die liturgischen Gnaden wie ein überfluteter Fluss fließen und von jedem Teilnehmer entsprechend seinen spirituellen Bedürfnissen genutzt werden. Ohne eine liturgische Bildung, die ein gutes Verständnis der römischen Liturgie vermittelt, kann Inkulturation zum Verrat werden, wie die Auslegung oder Übersetzung einer unverstandenen Nachricht, die den Inhalt verschleiert, verrät oder ihm widerspricht.

Inkulturierter Ritus – liturgische Bildung – inkulturiertes christliches Leben
Jeder inkulturierte Ritus ist eine neue Welt, die es zu erforschen gilt, ein neues Universum, das es zu entschlüsseln gilt. Ohne eine vernünftige Einführung können inkulturierte Riten unter dem »Syndrom des vergrabenen Talents« leiden. Der Diener, der ein einziges Talent empfing, ging hin, um es in der Erde zu vergraben, anstatt es wertzuschätzen (Mt 25,14–30). Dies ist der Fall bei der Inkulturation, die nicht von einer liturgischen Aus-

[61] Vgl. SC 14–19.

bildung begleitet wird. Die inkulturierten Riten werden nicht gut verstanden und die Menschen haben Schwierigkeiten, sie sich anzueignen, sie fühlen sich verwirrt und verlegen. In diesem Sinne können auch die Beweggründe der oben erwähnten Rede von Kardinal Gantin verstanden werden: »Immer mehr Menschen, ob Christen oder nicht, stellen sich selbst Fragen und befragen uns zu diesen sogenannten kulturellen Praktiken, die sie gelinde gesagt seltsam finden. Dies führt zu Verwirrung und Unordnung. Ich selbst bin der Erste, der überrascht ist.«[62] Ja, ohne angemessene liturgische Bildung können inkulturierte Riten seltsam erscheinen und geradezu »Verwirrung und Unordnung« verursachen. Anstatt zu einer Begegnung mit dem fleischgewordenen Wort und zu einer wahren Bekehrung zu führen, erzeugt Inkulturation in diesem Zusammenhang das illusorische Gefühl einer erneuerten kulturellen Identität. Dies ist die Kritik, die Marie-Jeanne Muende Mampuya in Bezug auf den kongolesischen Ritus in ihrer Dissertation *Contexte historique du christianisme et inculturation de la liturgie catholique : de la liturgie orientale aux rites africains* (Université Nancy 2, 2009) formuliert. Bereits im Vorwort äußerte sie sich überrascht, »dass die Hauptakteure des zairischen Ritus, also die Hierarchie und die Priester, ihn vernachlässigen und nur von Zeit zu Zeit in diesem Ritus zelebrieren, während er regelmäßig angewendet werden sollte, um üblich zu werden«[63]. Diese Tatsache erlaubt es den Gläubigen nicht, »den Ritus zu verstehen und ihn sich als Ausdruck ihrer Eigenart, als Aufwertung der Kulturwerte und der nicht reduzierbaren Persönlichkeit ihres Volkes anzueignen«[64]. Anschließend führte sie Untersuchungen durch und befragte die Priester, um das Phänomen zu verstehen. Auf die Frage »warum der zairische Ritus nicht oft angewendet wird«, antwortet einer der Interviewpartner, Pater Augustin Kanku Lukusa:

[62] B. Gantin, Dieu a ouvert, 11.
[63] M.-J. Muende Mampuya, Contexte historique, iii.
[64] Ebd.

Er wurde schlecht rezipiert. Es scheint, dass die kirchlichen Autoritäten seine Bedeutung nicht verstanden haben. Die Verantwortlichen haben es nicht systematisiert, seine regelmäßige Anwendung nicht organisiert und feiern ihn selbst nicht regelmäßig. Auch an Orten der Priesterausbildung (Seminaren, katholischen Universitäten usw.) wird der Ritus nicht oft angewendet. Der Liturgiekurs, der oft von ausländischen Lehrern unterrichtet wird, vertieft nicht die Wissenselemente dieses Ritus (seine Geschichte, sein Inhalt usw.).[65]

Gläubige, die über den zairischen Ritus befragt wurden, geben zu,

> nie eine Einführung in diesen Ritus erhalten zu haben, um den Unterschied zu einem römischen Ritus zu kennen, der in den lokalen Sprachen gefeiert wird. Inkulturation erfassen sie nur durch Sprache, Symbole und Redestil, insbesondere die Alten, die die Steifheit (Trockenheit) lateinischer Zeremonien kannten.[66]

Beim Lesen des Buches »L'inculturation expliquée« des beninischen Theologen Edouard Adé, eines Protagonisten des *Sillon Noir*, fällt auf, dass hinter dem Gedankengang Missverständnisse stecken, die auf das Fehlen einer formellen Einführung in die inkulturierten Riten von Mɛ̀wìhwɛ̀ndò *(Sillon Noir)* oder einer öffentlichen und kontinuierlichen Katechese im Hinblick auf deren Rezeption zurückzuführen sind.[67] Was Àṣà ìbílẹ̀ fún ìgbàlà (Zur Erlösung inkulturieren) betrifft, der nicht einmal die Zeit hatte, eine interne Bewertung seiner drei offiziellen Erprobungen vorzunehmen, so ist es offensichtlich, dass er auch nicht in der Lage war, eine liturgische Bildung zur Inkulturation durchzuführen. Dies ist ein Defizit für die Inkulturationsarbeit in Benin. Die Frage der Harmonie zwischen Inkulturation und Leben im Geiste ist nicht weniger besorgniserregend.

---

[65] Ebd., 554.
[66] Ebd., 555.
[67] Vgl. E. Adé, L'inculturation expliquée, 73–74.

2.4 *Inkulturation und Leben im Geiste*

In Benin fehlt die Verbindung zwischen Inkulturation, Kerygma und Leben im Geist. Die kerygmatische Verkündigung und das Leben im Geist sind entscheidende Elemente im Prozess der Evangelisierung.[68] Die apostolische Tradition hat das Evangelium mit Betonung der kerygmatischen Verkündigung weitergegeben. Diese fördert eine echte Begegnung mit Christus. Das Leben im Geist ist das Hauptmerkmal eines jeden christlichen Lebens. Die katholische charismatische Erneuerung, die 1977 von Jean Pliya in Benin eingeführt wurde, hat sich in allen Diözesen und fast allen Gemeinden ausgebreitet. Sie macht das Kerygma und das Leben im Geist zu ihren eisernen Speeren.

---

[68] In seinem Apostolischen Schreiben *Evangelii gaudium* über die Verkündigung des Evangeliums in der heutigen Welt entwickelt Papst Franziskus ausführlich den zentralen Charakter des Kerygmas im Leben der Kirche. »Wir haben von neuem entdeckt, dass auch in der Katechese die Erstverkündigung bzw. das Kerygma eine wesentliche Rolle spielt. Es muss die Mitte der Evangelisierungstätigkeit und jedes Bemühens um kirchliche Erneuerung bilden. Das Kerygma hat trinitarischen Charakter. Es ist das Feuer des Geistes, der sich in der Gestalt von Zungen schenkt und uns an Christus glauben lässt, der uns durch seinen Tod und seine Auferstehung die unendliche Barmherzigkeit des Vaters offenbart und mitteilt« (EG 164). Dann erklärt der Papst, warum das Kerygma Erstverkündigung genannt wird. »Wenn diese Verkündigung die ›erste‹ genannt wird, dann nicht, weil sie am Anfang steht und dann vergessen oder durch andere Inhalte, die sie übertreffen, ersetzt wird. Sie ist die ›erste‹ im qualitativen Sinn, denn sie ist die hauptsächliche Verkündigung, die man immer wieder auf verschiedene Weisen neu hören muss und die man in der einen oder anderen Form im Lauf der Katechese auf allen ihren Etappen und in allen ihren Momenten immer wieder verkünden muss« (EG 164). Von hier aus stellt er die Verbindung zwischen Kerygma und Katechese her: »Man darf nicht meinen, dass das Kerygma in der Katechese später zugunsten einer angeblich ›solideren‹ Bildung aufgegeben wird. Es gibt nichts Solideres, nichts Tieferes, nichts Sichereres, nichts Dichteres und nichts Weiseres als diese Verkündigung. Die ganze christliche Bildung ist in erster Linie Vertiefung des Kerygmas, das immer mehr und besser assimiliert wird, das nie aufhört, das katechetische Wirken zu erhellen, und das hilft, jedes Thema, das in der Katechese entfaltet wird, angemessen zu begreifen. Diese Verkündigung entspricht dem Verlangen nach dem Unendlichen, das es in jedem menschlichen Herzen gibt« (EG 165).

Die Theologie der Inkulturation widerlegt weder das Kerygma noch das Leben im Geiste, die die Säulen der charismatischen Erneuerung sind. Und sowohl Theologen als auch charismatische Gläubige bedauern die Tatsache, dass die erste Evangelisierung des Kontinents nicht kerygmatisch war. Für den Theologen René Luneau ist es gewiss, »dass der eher bescheidene Platz, den im Denken einiger Christen die Person Jesu Christi des Herrn einnimmt, weitgehend den Versäumnissen der Erstverkündigung zuzuschreiben ist«[69]. Am Beispiel Burkina Fasos meint ein Befragter: »In der Tat war es nicht Jesus Christus, der im Mittelpunkt der missionarischen Erstverkündigung in Moogo gestanden hat. Das war kein *Kerygma* nach Art der ersten Missionare, die nach Pfingsten von Jerusalem auszogen.«[70] Wenn es kein Kerygma war, was war es dann?

Ist die Frohbotschaft, die wir erhalten haben, fragt Robert Ouédraogo, nicht ganz einfach die gute Nachricht einer weiterentwickelten, nachdenklicheren, konzeptionelleren, logischeren Religion mit einer bewundernswert programmierten und geordneten Anbetung Gottes mit deren üppiger Entfaltung mit Kirchen mit Triumphtoren und Türmen?[71]

Alle, Theologen und Charismatiker, wären daher für eine Neuevangelisierung, die mehr Gewicht auf das Kerygma legt. Die Theologie der Inkulturation betont aber auch die Notwendigkeit des gegenseitigen Respekts und die Bedeutung des Dialogs, wie Edouard Adé erklärt:

> Die kerygmatische Verkündigung, die im Mittelpunkt jedes authentischen Inkulturationswerks stehen muss, reicht aus, um die Klarheit des Angebots von Jesus Christus, das innerhalb der großen afrikanischen Familie gemacht werden soll, eloquent zum Ausdruck zu bringen. Diese Klarheit wäre niemals ein Vorwand, andere auf ihrem Weg des religiösen Bewusstseins zu verachten.[72]

---

69 R. Luneau, Und ihr, was sagt ihr von Jesus Christus?, 12.

70 Ebd., 11–12.

71 Ders., Et vous, que dites-vous de Jésus-Christ ?, 28.

72 E. Adé, L'inculturation expliquée, 19.

Ja, diese Verkündigung ist erforderlich. Aber ist sie wirklich erfolgt? Wenn alle inkulturierten Riten in Benin und Afrika betrachtet werden,[73] so ist nirgends die Erwähnung einer »kerygmatischen Verkündigung« oder einer »Verkündigung des Kerygmas« zu finden. Es sei denn, die Akteure oder Theologen der Inkulturation verwechseln das Kerygma – das eine Verkündigung ist (vgl. Apg 2,14–40, 3,12–26, 4,9–12, 13,17–41) – mit theologischer Unterscheidung, die etwas ganz anderes ist, auch wenn sie ebenfalls Teil des Inkulturationsprozesses ist.[74] Auch nirgendwo im Prozess der Inkulturation wird von der »Einführung in das Leben im Geiste« gesprochen. Die Theologie der Inkulturation scheint also grundsätzlich übereinstimmend zu sein, auf der Ebene der Praxis ist dies jedoch nicht der Fall. Andererseits kritisieren diejenigen, die sich mit der Inkulturation befassen, die charismatische Bewegung für ihren mangelnden Respekt vor den Samen des Wortes Gottes, die in Kulturen und religiösen Traditionen vorhanden sind, welche sich vom Christentum unterscheiden. Unter dem Vorwand eines »prophetischen Bruchs mit der Tradition«[75] riskieren charismatische Bewegungen, »das Volk Gottes in eine Sackgasse zu führen: indem sie die Gläubigen individuell in eine Form des Märtyrertums drängen, die in Wirklichkeit nur ›Selbstmord aus Verachtung‹ wäre, indem der kollektiven Vorstellungskraft einer Kulturgruppe Gewalt angetan wird, indem die Bande menschlicher Solidarität und kindlicher Frömmigkeit zerrissen werden, welche die Kultur geknüpft hat und die in keiner Weise im Wider-

[73] Vgl. Die inkulturierte Messe von Ndzong-Melen (1968) und der Ritus des Ossili Awu (für den Karfreitag) in Kamerun aus dem Impuls der kamerunischen Priester Englebert Mveng, Prosper Abega, Pie-Claude Ngumu und Jean-Marc Éla; Die malawische Liturgie (für die Messfeier und das Stundengebet), die aus den Überlegungen und Arbeiten der Klarissenschwestern von Lilongwe hervorgegangen ist; Die Liturgie von Tshikapa-Kele (Bistum Luebo, Zaire); Die Sankt-Merry-Messe (Paris, November 1981) – Vorschlag einer Synthese für eine typische afrikanische Liturgie.

[74] Vgl. VL 5, 20, 38, 58.

[75] E. Adé, L'inculturation expliquée, 44.

spruch zum katholischen Glauben stehen.«[76] Diese Kritik von Edouard Adé ist relevant. Diese Stellungnahme etlicher Mitglieder der charismatischen Erneuerung – die Verallgemeinerung also meiden! – zur Inkulturation hängt damit zusammen, dass die Bewegung aus pfingstlichen Milieus mit einem gewissen charakteristischen Extremismus stammt. Die Anstrengung der katholischen charismatischen Erneuerung sollte daher darin bestehen, auf die Lehre des Zweiten Vatikanischen Konzils über den interreligiösen Dialog – verstanden als Heilsdialog – zu achten.

> So sind auch die übrigen in der ganzen Welt verbreiteten Religionen bemüht, der Unruhe des menschlichen Herzens auf verschiedene Weise zu begegnen, indem sie Wege weisen: Lehren und Lebensregeln sowie auch heilige Riten. Die katholische Kirche lehnt nichts von alledem ab, was in diesen Religionen wahr und heilig ist. Mit aufrichtigem Ernst betrachtet sie jene Handlungs- und Lebensweisen, jene Vorschriften und Lehren, die zwar in manchem von dem abweichen, was sie selber für wahr hält und lehrt, doch nicht selten einen Strahl jener Wahrheit erkennen lassen, die alle Menschen erleuchtet.[77]

Die katholische charismatische Erneuerung sollte diese Aussagen ernster nehmen. Die Inkulturation hindert nicht daran, das Kerygma freimütig zu verkünden. Aber Freimut ist nicht gleichbedeutend mit Aggressivität. Um den Geist nicht auszulöschen, sollten die inkulturierten Riten ihrerseits die Verkündigung des Kerygmas miteinbeziehen und zu einem besseren Leben im Geiste führen. Andernfalls würde die soziologische oder anthropologische Dimension der Inkulturation zu Lasten ihrer theologischen Natur priorisiert.[78] Allerdings kann Inkulturation für den Glauben nur dann selbstmörderisch sein, wenn sie

[76] Ebd., 45.
[77] NA 2.
[78] Allerdings »ist Inkulturation nicht in erster Linie eine kulturelle Arbeit, sondern eine theologische Arbeit im Dienste des christlichen Glaubens, der christlichen Hoffnung und der Nächstenliebe«. Conférence Episcopale Régionale de l'Afrique de l'Ouest, Vademecum, 28.

ohne explizite Verkündigung der Person Jesu zu überstürzten Anpassungen führt.

Schluss

Die Inkulturation in Benin hat von den ersten Missionaren bis heute einen langen Weg zurückgelegt. Das Verdienst der Missionare besteht darin, unbekannte Wege eröffnet zu haben. Mgr. François Steinmetz und Pater Francis Aupiais bleiben die Pioniere der Inkulturation in Benin. Durch das Erlernen indigener Sprachen, den interreligiösen Dialog, die Übersetzungen, den katholischen Unterricht und die Anleitungen zur Christianisierung von Bestattungen versuchten die Missionare im Rahmen ihrer Möglichkeiten, die Brücke zwischen indigenen Kulturen und Evangelium zu bauen. Mit den ersten einheimischen Seelsorgern, insbesondere Mgr. Sastre und Mgr. Agboka, wurde die Inkulturation zu einem Verbündeten der Panafrikanismus- und Négritude-Bewegungen. Sie führte aber auch zu konkreten Unternehmungen wie der Entstehung eines örtlichen Klerus, der Gründung lokaler Faueninstitute und der Förderung von Chören in beninischen Sprachen. Ein entscheidender Schritt wurde 1978 mit der Gründung von *Sillon Noir* durch Mgr. Barthélemy Adoukonou unternommen, einer theologischen, pastoralen und missionarischen Bewegung im Süden Benins, die sich ausschließlich der Inkulturation widmet. Die Werke des *Sillon Noir* sprechen für sich. In seine Fußstapfen trat die »Zur Erlösung Inkulturieren«-Bewegung, die im Zentrum des Landes unter der Führung von Gaston Ogui entstand. Dies bedeutet, dass die Inkulturation in Benin trotz der Schwierigkeiten, die seine Geschichte kennzeichnen, in zunehmend formalem und strukturiertem Rahmen weitergeht. In einem Umfeld, in dem die überwiegend junge Bevölkerung kulturell kaum verwurzelt ist, kann Inkulturation jedoch zu Desorientierung und Missverständnissen führen, wenn ihr nicht eine kulturelle Erziehung, eine Ausbildung in Interkulturalität und die Förderung transkultureller

Kompetenzen vorausgehen. Die liturgische Bildung dient der Inkulturation wie der Sauerteig, der den ganzen Teig aufgehen lässt. Ohne sie können inkulturierte Riten ihre Relevanz nicht unter Beweis stellen. Sie erreicht ihr edelstes Ziel, wenn es gelingt, die Inkulturation in den Dienst des Lebens im Geiste zu stellen. Denn das Ziel ist nicht die Inkulturation, sondern die Erlösung. Der Geist, der die Nationen am Pfingsttag in Jerusalem versammelte und durch das Kerygma des Petrus zu jedem in seiner Muttersprache sprach, eröffnete das Zeitalter der Erlösung durch Inkulturation, eine Inkulturation, deren Herz das Kerygma von Jesus, dem Messias, Erlöser und Herrn, bleibt. Die harmonische Verbindung von Kerygma, Inkulturation und Leben im Heiligen Geist kann in der Kirche noch immer die Früchte des göttlichen Lobes, der Gunst bei dem Volk und des Wachstums hervorbringen, die sich in der Apostelgeschichte zeigen: »Sie lobten Gott und fanden Gunst beim ganzen Volk. Und der Herr fügte täglich ihrer Gemeinschaft die hinzu, die gerettet werden sollten« (Apg 2,47).

Literatur

Adé, Edouard: L'inculturation expliquée. Critères théologiques et enjeux pastoraux, Cotonou 2017.

Adoukonou, Barthélemy: Le Sillon a quarante ans, Rome 2010.

– Ders.: Leçon inaugurale pour le lancement de l'ISSR-NDI, Cotonou 2018.

Bonfils, Jean: La Mission catholique en République du Bénin. Des origines à 1945, Paris 1999.

Comby, Jean: Formation, esprit et méthodes missionnaires de la société des missions africaines de sa fondation à 1914, in: Histoire et missions chrétiennes 2 (2007) 11–29.

Conférence Episcopale Régionale de l'Afrique de l'Ouest: Vademecum pour l'Inculturation en Liturgie, Abidjan 2003.

Delgado, Mariano: Inkulturation als Wesenseigenschaft des Christentums, in: Klaus Krämer/Klaus Vellguth (Hg.), Inkulturation. Gottes Gegenwart in den Kulturen (ThEW12), Freiburg i. Br. 2017, 20–32.

DOSSEH, Robert/SASTRE, Robert: Propagande et vérité, in: Présence Africaine (Hg.), Des prêtres noirs s'interrogent, Paris 1956, 137–152.

ÉCHALLIER, Claude-Marie: L'audace et la foi d'un apôtre: Augustin Planque (1826–1907), cofondateur et premier supérieur général de la Société des Missions Africaines, fondateur des Sœurs de Notre-Dame des Apôtres, Paris 1995.

FRANZISKUS: Evangelii Gaudium. Apostolisches Schreiben über die Verkündigung des Evangeliums in der Welt von heute, 24. November 2013: Sekretariat der Deutschen Bischofskonferenz (Hg.), Verlautbarungen des Apostolischen Stuhls Nr. 194, Bonn 2013 (zitiert als: EG).

GANTIN, Bernardin, Dieu a ouvert aux païens la porte de la foi, in: La Croix du Bénin 881 (2006) 6, 10–11.

Kongregation für den Gottesdienst und die Sakramentenordnung, Varietates Legitimae. IV. Instruktion zur ordnungsgemäßen Durchführung der Konzilskonstitution über die Heilige Liturgie Sacrosanctum Concilium Nr. 37–40, 25. Januar 1994: Sekretariat der Deutschen Bischofskonferenz (Hg.), Verlautbarungen des Apostolischen Stuhls Nr. 114, Bonn 1994 (zitiert als: VL).

Kongregation für den Gottesdienst und die Sakramentenordnung, Liturgiam Authenticam. Der Gebrauch der Volkssprachen bei der Herausgabe der Bücher der römischen Liturgie. Fünfte Instruktion »zur ordnungsgemäßen Ausführung der Konstitution des Zweiten Vatikanischen Konzils über die heilige Liturgie« (zu Art. 36 der Konstitution), 28. März 2001: Sekretariat der Deutschen Bischofskonferenz (Hg.), Verlautbarungen des Apostolischen Stuhls Nr. 154, Bonn 2001 (zitiert als: LA).

La Croix du Bénin 881 (2006).

La Documentation catholique 79 (1982).

LUNEAU, René: Und ihr, was sagt ihr von Jesus Christus?, in: MIS (Hg.), Der schwarze Christus. Wege afrikanischer Christologie (ThDW 12), Freiburg i. Br. 1989, 7–20.

– DERS.: Et vous, que dites-vous de Jésus-Christ?, in: François KABASELE/Joseph DORÉ/René LUNEAU (Hg.), Chemins de la christologie africaine (JJC 25), Paris 2001, 21–40.

MUENDE MAMPUYA, Marie-Jeanne: Contexte historique du christianisme et inculturation de la liturgie catholique : de la liturgie orientale aux rites africains, Dissertation an der Universität Nancy 2, 2009.

SASTRE Robert: Liturgie romaine et Négritude, in: Présence Africaine (Hg.), Des prêtres noirs s'interrogent, Paris 1956, 153–169.

SHORTER, Aylward: Toward a Theology of Inculturation, Eugene, Oregon 2006.

WELSCH, Wolfgang: Immer nur der Mensch? Entwürfe zu einer neuen Anthropologie, Berlin 2011.

Zweites Vatikanisches Konzil, Konstitution über die heilige Liturgie Sacrosanctum Concilium, in: Peter HÜNERMANN (Hg.), Herders Theologischer Kommentar zum Zweiten Vatikanischen Konzil 1: Die Dokumente des Zweiten Vatikanischen Konzils. Konstitutionen, Dekrete, Erklärungen. Lateinisch-deutsche Studienausgabe, Freiburg im Breisgau 2004, 3–56 (zitiert als: SC).

Zweites Vatikanisches Konzil, Erklärung über die Haltung der Kirche zu den nichtchristlichen Religionen Nostra Aetate, in: Peter HÜNERMANN (Hg.), Herders Theologischer Kommentar zum Zweiten Vatikanischen Konzil 1: Die Dokumente des Zweiten Vatikanischen Konzils. Konstitutionen, Dekrete, Erklärungen. Lateinisch-deutsche Studienausgabe, Freiburg im Breisgau 2004, 355–362 (zitiert als: NA).

Teil III
Liturgie in Kontexten

Ewald Volgger

Anmerkungen zum Schreiben *Desiderio desideravi* von Papst Franziskus zur Liturgischen Bildung*

Der Verfasser ist Professor für Liturgiewissenschaft und Sakramententheologie an der Katholischen Privat-Universität Linz und Professor für Sakramententheologie an der Philosophisch-Theologischen Hochschule der Diözese Bozen-Brixen. Er gehört dem Deutschen Orden (Provinz Südtirol) an.

Papst Franziskus veröffentlichte am 29. Juni 2022 das Schreiben *Desiderio desideravi*, das die Absicht verfolgt, auf die liturgische Bildung des Volkes Gottes hinzuweisen.[1] Zuvor hatte der Papst mit der Veröffentlichung des Motu proprio *Traditionis custodes*[2] das Apostolische Schreiben *Summorum pontificum* von Papst Benedikt XVI. vom 7. Juli 2007 rückgängig gemacht.[3] Es sei hier bewusst »rückgängig gemacht« gesagt, auch wenn es in den Dokumenten so nicht terminologisch festgehalten ist. Was war das Anliegen des Papstes? Papst Franziskus hält in *Traditionis custodes* fest, dass es zukünftig nicht mehr die Möglichkeit der gleichzeitigen Geltung eines ordentlichen und eines außerordentlichen Ritus in der von *Summorum pontificum* ermöglich-

* Der Beitrag geht auf einen Vortrag zurück, den der Autor am 19. Jänner 2023 auf Einladung der Liturgiewissenschaftlichen Gesellschaft Klosterneuburg und des Katholischen Bildungswerkes Wien im Pius-Parsch-Institut in Klosterneuburg gehalten hat.

1 Franziskus, Desiderio desideravi.

2 Ders., Traditionis custodes.

3 Siehe dazu u. a. P. Farinella, Ritorno; A. Gerhards (Hg.), Ritus; M. Kunzler, Messe; E. Volgger, Liturgie; W. F. Rothe, Versöhnung; M. Rehak, Gebrauch; M. Graulich (Hg.), Summorum Pontificum.

ten Form in der katholischen Kirche geben soll. Mit dem ordentlichen Ritus ist die nachkonziliär geordnete Liturgie gemeint und mit dem außerordentlichen Ritus jene Liturgie, die zuletzt von Papst Johannes XXIII. 1962/63 unmittelbar vor dem Zweiten Vatikanischen Konzil approbiert worden war, allgemein »vorkonziliär« genannt. Franziskus begründet den Schritt, mit dem er *Summorum pontificum* rückgängig machen musste, mit deutlich gewordener und beobachtbarer Spaltung und der damit bedrohten Einheit der Kirche. Anerkennt man Einheit als eines der höchsten Güter der kirchlichen Gemeinschaft, ist dies doch ein gewichtiger Grund, der zum Handeln verpflichtet. Ein weiterer Grund ist, dass das Entgegenkommen den Piusbrüdern und den Lefebvrianern gegenüber nicht gefruchtet habe. Dieses wurde von Papst Benedikt XVI. als ein Triumph gefeiert und als Bestätigung der eigenen Linie empfunden; diese Gruppierungen signalisierten aber nicht Entgegenkommen, vielmehr forderten sie noch deutlicher die vollständige Anerkennung der alten Liturgie. Sie wollten damit bestätigt wissen, dass die Reform der Liturgie nach dem Zweiten Vatikanischen Konzil ein Irrweg war. Die Anfragen zur konkreten rechtlichen Bedeutung von *Traditionis custodes* haben Franziskus veranlasst, ein Schreiben nachzulegen, das er mit den Worten *Desiderio desideravi* beginnen lässt. Dem »lesenswerten, anregenden Dokument«[4] stellt der Papst Lk 22,15 voran und erinnert an die Bemerkung Jesu zu den Aposteln, er habe mit großer Sehnsucht danach verlangt, vor seinem Leiden das Paschamahl mit ihnen zu essen. Der Pontifex beabsichtigt, »Denkanstöße zu geben, um die Schönheit und Wahrheit der christlichen Feier zu betrachten« (TC 1).

Es geht um Denkanstöße und nicht um ein ausgearbeitetes Konzept liturgischer Ästhetik. Mit dem Begriff »Schönheit« ist zunächst nicht die Ästhetik im Sinne der äußeren Gestalt der Liturgie gemeint, sondern der theologische und mystagogische

---

[4] M. Benini, Denkanstöße.

Gehalt der Liturgie. Es soll aber gleichzeitig im Bewusstsein behalten sein, dass der Papst dieses Dokument für die Realität der Weltkirche mit ihren Ungleichzeitigkeiten, den inkulturativen Herausforderungen und den sprachlichen Verschiedenheiten in der Umsetzung der einen römischen Liturgie geschrieben hat, auch wenn wir es in unseren Breiten mit unserer Bewertung und Einordnung wahrnehmen. Diesen Aspekten nachzugehen, wäre ein eigenes Thema. Dazu müsste das Dokument beispielsweise in der Kirche Nordamerikas betrachtet werden, in welcher es andere Entwicklungen und unterschiedliche Akzente gibt, als wir sie bei uns in Europa beobachten können.

Liturgie als Beziehungsgeschehen

Die Denkanstöße, die Papst Franziskus geben will, akzentuieren zunächst die Inhalte der Liturgie. Er meint, liturgisches Feiern muss von der Sehnsucht Jesu geprägt sein, die einen bleibenden Ort gestiftet hat, um in die Liebe des dreifaltigen Gottes hineinzuführen. Damit ist Liturgie als personaldialogisches Geschehen deutlich gemacht, in dem Gläubige auf die Sehnsucht Jesu antworten und sich in die Bewegung sehnsüchtiger Beziehung einlassen. Die Sprache und die theologischen Inhalte dieses Dokumentes sind bemerkenswert, weil es wertvolle Zugänge eröffnet und in einer neuen Sprache äußert. Papst Franziskus meint, dass die Sehnsucht, die Jesus im Abendmahlsereignis anspricht, ein wichtiges Moment in der Meditation über das Ereignis im Abendmahlssaal darstellt. Sie ist ein Geschenk, das in der Kirche als Sehnsucht des Auferstandenen die Erfahrung der Gläubigen in allen Sprachen und Völkern weiter prägen möge. Die Sehnsucht Jesu nach der Tischgemeinschaft mit den Glaubenden, nach den Menschen, die ihn erkannt haben, die ihn kennen, geht dem Verlangen der Menschen voraus. Das heißt, dass das Beziehungsereignis der Liturgie ein gnadenhaftes Verlangen nach Beziehung und Gemeinschaft mit dem Auferstandenen ist. In meinen Augen spricht der Papst hier etwas an, was nicht genug im Blick bleiben kann. Was wir im Glauben erfahren, ist ein Geschenk der Beziehung, und wenn Beziehung nicht erfahrbar wird, dann kann auch das Wesentliche von Liturgie nicht erfahren werden. Der Papst setzt hier also ein Vorzeichen. Das gebrochene Brot als Gegenwärtigkeitssymbol seiner selbst, über das die Kraft des Heiligen Geistes angerufen wird und das in der Eucharistiefeier den Gläubigen gereicht wird, vergegenwärtigt die gehorsame Hingabe im Sinne des Vaters. Es soll die Gläubigen stärken und nähren auf ihrem Wachstumsweg in diesen Gehorsam hinein. Hier gipfelt die Sinnstiftung der Eucharistie. Wer immer Eucharistie feiert, und in weiterem Sinne natürlich auch, wer Liturgie feiert, wird in die gehorsame Hingabe Jesu als Konkretisierung des Paschamysteriums hineingenommen, um selbst in den Gehorsam gegenüber dem Vater hineinzuwachsen. Das macht Christsein aus. Die feiernde Gemeinschaft, die liturgische Gemeinschaft, so sagt Franziskus, vergegenwärtigt und vermittelt das Wort Jesu und vertraut auf sein Wirken. Das heißt, Liturgie ist der Modus der Vergegenwärtigung dessen, was Jesus in seinem Leben und durch sein Leben gewirkt hat. Das sakramentale Feiern ist eine Gestalt seines Wirkens heute, das macht Liturgie so wertvoll. Dieses Vorzeichen setzt Franziskus dem hinzu, was er Denkanstöße nennt. Damit sagt er, wann immer Gläubige miteinander oder auch einzeln über Liturgie nachdenken und sprechen, dreht es sich um die Frage: Worum geht es? Es scheint wohl bemerkenswert, dass Papst Franziskus zunächst nicht die Frage stellt »Wie geschieht Liturgie?«, sondern erörtert »Was geschieht in der Liturgie?« Damit sind wir beim innersten Kern dessen, was auch Christsein ausmacht.

Im zweiten Schritt erinnert Papst Franziskus an die mit den Konzilsaussagen in *Sacrosanctum Concilium* Nr. 1 bis 14 festgehaltenen Aspekte der Theologie der Liturgie. Er unterstreicht insbesondere Nr. 7, in der von den Gegenwartsweisen Jesu Christi in der Liturgie die Rede ist. Das klingt selbstverständlich, ist aber im Hinblick auf das Rückgängigmachen dessen, was Benedikt ermöglicht hat, doch eine ganz wesentliche und wichtige Unterstreichung, da die Liturgietheologie des Zweiten Vatikanischen Konzils die Grundlage des liturgischen Feierns der Kirche heute ist, die konkrete Konsequenzen hat. Der Pontifex fasst zusammen und meint: »Der christliche Glaube ist entweder eine Begegnung mit ihm, dem Lebendigen, oder er ist nicht« (*DD* 10). Ich mache diesen Satz als Kernaussage seines Dokumentes und als Theologumenon für die Bedeutung der Liturgie aus. Der christliche Glaube ist entweder eine Begegnung mit ihm, dem Lebendigen, oder er ist nicht. Es sei erinnert an die philosophischen Ansätze von Ferdinand Ebner, Martin Buber oder auch Karl Augustinus Wucherer-Huldenfeld, die den personal-dialogischen Ansatz für die und in der Theologie starkgemacht haben. Was heißt das? Konkret heißt das, schlagwortartig gesagt, Liturgie ist Dialog Gottes mit den Menschen und damit ein Kommunikationsereignis, wie dies *Sacrosanctum Concilium* Nr. 7 festgehalten hat. Der Papst unterstreicht: Was in der Liturgie geschieht, ist Kommunikation Gottes mit den Menschen. Daher muss die Art, wie gefeiert wird, von kommunikativer Gestalt sein. Wenn wir an die alte Liturgie und an Äußerungen von Repräsentanten der alten Liturgie denken, dann ist der entscheidende Punkt, dass die Kommunikation mit den Gläubigen zu kurz kommt oder gar unterbunden wird. Verkündigung ist aber ein wesentlich kommunikativer und dialogischer Vorgang. Der Papst erinnert auch, dass die Initiation die erste Begegnung ist und die Existenz des christlichen Menschen ausmacht, der hineingenommen wird in diesen Kommunikations-

prozess. Die Kirche ist das Sakrament des Leibes Christi und Subjekt der Liturgie. Damit wird deutlich, dass die vor Ort sich versammelnde Gemeinde Trägerin der Liturgie ist.
Im vorkonziliaren Verständnis feiert der von der Kirche ermächtigte Klerus die Liturgie für das gläubige Volk und vermittelt so die der Liturgie innewohnenden Gnadengaben. Im nachkonziliaren und damit aber auch im ursprünglichen bzw. altkirchlichen Verständnis der Liturgie feiert die versammelte Gemeinde als Trägerin der Liturgie, in der Ämter und Dienste ihre Aufgaben erfüllen. Erst wenn die Trägerin der Liturgie, die Gemeinde, versammelt ist, können Ämter und Dienste ihre Aufgaben wahrnehmen. Das ist eine Vorzeichenveränderung – ein Paradigmenwechsel von entscheidender Bedeutung. Er setzt voraus, dass in dieser liturgischen Versammlung alle Gläubigen als Teil der Gemeinde ihre Aufgaben erfüllen und so Anteil nehmen an der Gabe des Auferstandenen. Immer in dieser gegenläufigen Bewegung. In Nr. 16 würdigt Papst Franziskus das Verdienst des Zweiten Vatikanischen Konzils, diese Theologie der Liturgie wiederentdeckt und ihr die entsprechende Gestalt zugeordnet zu haben. Das Konzil hat das Bemühen und die Ergebnisse der Liturgischen Bewegung[5] aufgegriffen. In den Vorarbeiten von Persönlichkeiten wie Cypriano Vagaggini[6] in Italien, Romano Guardini[7] in Deutschland oder Pius Parsch[8] in Österreich und vielen anderen spielte die neu verstandene Theologie der Liturgie bereits eine wesentliche Rolle. Das Konzil bestätigte diese vorausgehende Entwicklung, machte sie sich zu eigen. Franziskus erinnert an die Autorität des Konzils und unterstreicht, dass Liturgie von diesen inneren Werten und ihrem Gehalt her zu sehen ist. Daher wiederholt er die Bedeutung von *SC* 1–14 für die Reform der Liturgie und wünscht, »dass die Schönheit des christlichen Feierns und ihre notwendigen Konsequenzen für

---

[5] Vgl. dazu z. B. F. Kolbe, Bewegung; W. Haunerland, Bewegung.
[6] C. Vagaggini, Theologie.
[7] Vgl. z. B. R. Guardini, Geist; Ders., Liturgie.
[8] Vgl. z.B. P. Parsch, Volksliturgie.

das Leben der Kirche nicht durch ein oberflächliches und verkürztes Verständnis ihres Wertes oder, was noch schlimmer ist, durch ihre Instrumentalisierung im Dienste einer ideologischen Vision, wie immer sie aussieht, entstellt wird« (*DD* 16). Hier wendet er sich gegen seine Gegner und meint, die Liturgie selbst sei das Gegenmittel gegen das Gift der spirituellen Weltlichkeit, und bedauert nachdrücklich, dass das Anhängen gewisser Kreise an die alte Liturgie Gift für die Kirche sei. Eine Vergiftung der Kirche: Dieses Fazit hat den Pontifex als Garanten der Einheit und als Brückenbauer wohl zum Handeln gedrängt.

Gefahren für die Liturgie

Der Papst erkennt zwei Strömungen als konkrete Gefahren für die Verwirklichung der Liturgie: Gnostizismus und Neo-Pelagianismus (vgl. *DD* 17). Wenn Liturgie zu sehr von der Immanenz der eigenen Vernunft und der eigenen Gefühle geprägt sei, dann wirke moderner Gnostizismus. Verdeutlichend wird wohl festzuhalten sein, dass der Papst damit »Befindlichkeitsliturgien« im Auge habe, wo die vertikale Dimension gottesdienstlichen Feierns zu kurz kommt. Die damit zusammenhängenden Erfahrungen wirken sich auf Leitende, Gestaltende und Mitfeiernde in gleicher Weise aus. Die Not ist bekannt, wenn Taufen oder Hochzeiten gefeiert werden und die eigentliche Dimension des Gottesdienstes verfehlt wird. Konkrete Hinweise dafür sind z. B. Liedelemente, die nicht mehr den Glauben besingen oder ins Spiel bringen, sondern dem Liedrepertoire des Austropop oder der Schlagerszene entnommen sind.[9] Man könnte viele Beispiele ergänzen, die deutlich machen, dass die Vertikalität der Liturgie zu schwinden droht. Der Neo-Pelagianismus »hebt den Wert der Gnade auf, um sich nur auf die eigene Kraft zu verlassen, was zu ›narzisstischem und autoritärem Elitebewusstsein

---

[9] E. Volgger, Kirchenmusik.

[führt], wo man, anstatt die anderen zu evangelisieren, sie analysiert und bewertet und, anstatt den Zugang zur Gnade zu erleichtern, die Energien im Kontrollieren verbraucht‹« (*Evangelii gaudium*, Nr. 94). Ein hartes Urteil, aber auch ein treffendes Urteil, das es zu bedenken gilt. Das Erfrischende dieses Dokuments ist, dass der Papst allen gegenüber, die dem Rubrizismus und dem Ästhetizismus frönen, ein sehr klares Wort spricht. Diese verzerrten Formen des Christentums haben verheerende Folgen für das Leben der Kirche, so Franziskus.
Als der Papst 2015 bei den Bischöfen nachgefragt hat, wie sich das Motu Proprio *Summorum Pontificum* ausgewirkt habe, gab es viele Rückmeldungen. Diese Rückmeldungen wurden nie veröffentlicht. Dargelegt wurden durch das Motu proprio entstandene Probleme, Anmaßungen von Priestern, Streit in Pfarrgemeinden oder Ordensgemeinschaften bis hin zur Spaltung und viele andere Dinge mehr. Es ist verständlich, wenn der Papst feststellt, dass verheerende Folgen nicht nur zu befürchten, sondern zu beobachten sind und dass es für ihn ein notwendiger Schritt war, die Ermöglichung der außerordentlichen Liturgie in dieser Form wieder rückgängig zu machen.

Konsequenzen aus der beobachteten Entwicklung

Ausgehend von diesen Erfahrungen und Reflexionen folgert der Papst in *Desiderio desideravi*, Nr. 23:

> Um es deutlich zu sagen: Jeder Aspekt des Feierns muss gepflegt werden (Raum, Zeit, Gesten, Worte, Gegenstände, Kleidung, Gesang, Musik, ...) und jede Rubrik muss beachtet werden: Diese Aufmerksamkeit würde ausreichen, um zu vermeiden, dass die Gemeinde dessen beraubt wird, was ihr zusteht, nämlich das Pascha-Mysterium, das in der von der Kirche festgelegten rituellen Form gefeiert wird. Aber selbst wenn die Qualität und die Norm der feiernden Handlung garantiert wären, würde dies nicht ausreichen, um unsere Teilnahme vollständig zu gewährleisten.

Ausgangspunkt einer liturgiegerechten Feier ist das Staunen über das Paschamysterium. Dieses meint, dass Christinnen und Christen geprägt sind vom Durchgang Jesu durch den Tod in das neue Leben und dass diese Erfahrungsmöglichkeit des Auferstandenen so wie damals die Jünger und Jüngerinnen heute noch so bewegt, dass eine Vertrauensgemeinschaft daraus wächst. Vom Auferstandenen geprägte Menschen deuten aus diesem Vertrauen heraus ihr Leben und richten es nach dem Wort und Beispiel des menschgewordenen Gottessohnes aus. Das meint Staunen über das Paschamysterium, für Andrea Grillo »das Herz der liturgischen Erfahrung«[10]. Dieser Gehalt muss jeder Liturgie eigen sein, weil er wesentlicher Inhalt liturgischen Feierns ist. Und der Papst merkt an – dies sei hier unterstrichen –, dass in jedem einzelnen Element, in jedem Aspekt des Feierns, im Räumlichen, im Zeitlichen, in Gesten, in Worten, Gegenständen dieses Grundgeheimnis mitschwingt, mitschwingen möge, mitschwingen muss und soll. Dafür braucht es liturgische Bildung. Das ist die Konsequenz aus seinen inhaltlichen Überlegungen.

Liturgische Bildung als Weg zum Verständnis der Liturgie

Das Gegenmittel zu den oben angesprochenen Problemen und Auswüchsen erkennt Papst Franziskus in »einer ernsthaften und belebenden liturgischen Bildung«, wie sie vom Zweiten Vatikanischen Konzil mit *SC* 14–20 in Blick genommen worden war.[11] Mit den folgenden zwanzig Punkten (vgl. *DD* 27–47) unterstreicht er, dass das Liturgieverständnis der Kirche nicht vom Kirchenverständnis gelöst werden kann:

10 Andrea Grillo erkennt in *DD* 24–26 die wesentlichen Aussagen des Dokumentes, denn das Staunen über das Paschamysterium sei das Herz der liturgischen Erfahrung; vgl. A. Grillo, Liturgia.

11 Zum Dokument *Sacrosanctum Concilium* (1963) und zu den Nummern 14–20 im Besonderen vgl. P. Hünermann/B. J. Hilberath, Dokumente, 3–56; Dies., Sacrosanctum Concilium, 1–227; bes. 78–86.

> Es ist die Realität der Moderne, mit der sich die auf dem Konzil versammelte Kirche auseinandersetzen wollte, indem sie ihr Bewusstsein bekräftigte, Sakrament Christi und Licht der Heiden zu sein (*Lumen Gentium*), indem sie sich in das religiöse Hören auf das Wort Gottes versetzte (Dei Verbum) und indem sie die Freuden und Hoffnungen der Menschen von heute als die ihren anerkannte (*Gaudium et spes*). Die großen konziliaren Konstitutionen sind untrennbar miteinander verbunden, und es ist kein Zufall, dass diese einzige große Reflexion des Ökumenischen Konzils – der höchster Ausdruck der Synodalität der Kirche ist, deren Hüter ich zusammen mit Euch allen zu sein berufen bin – ihren Ausgangspunkt in der Liturgie (*Sacrosanctum Concilium*) hatte. (*DD 29*)

Warum ist dieser Punkt so wichtig? Die Liturgie entspricht dem Wesen der Kirche, wie sie am Konzil in den Blick genommen wurde, und dem Auftrag, den sich die Kirche selbst im Namen des Auferstandenen gibt, so wie er in der Pastoralkonstitution beschrieben ist. Grundlage dieser Auffassung ist das Verständnis des Wortes Gottes, wie es in *Dei Verbum* grundgelegt ist. Nur im inneren Zusammenhang aller Dokumente des Zweiten Vatikanischen Konzils und damit in der Grundabsicht desselben ergibt sich das wahre Verständnis der Liturgie: Das Konzil ist Bedeutungsträgerin.[12] Wie die Kirche ihre pastorale Aufgabe wahrnimmt, so hat sie auch in der Liturgie den Menschen zu begegnen. So wie das Wort Gottes heute verstanden werden soll, so muss es auch in der Liturgie verkündigt werden.

Es ist hier nicht der Ort, die einzelnen Punkte zu kommentieren, auch wenn dies lohnenswert wäre. In Nr. 31 deklariert Franziskus: »Es wäre banal, die Spannungen, die es leider rund um die Feier gibt, als einfache Unterschiede zwischen verschiedenen Empfindungen gegenüber einer rituellen Form zu deuten.« In aller Deutlichkeit hält das höchste Lehramt der Kirche fest, dass alte und erneuerte Liturgie, außerordentliche und ordentliche Liturgie von einem Wesensunterschied geprägt und nicht einfach nur mit Empfindung(en) zu verbinden sind. Was

---

[12] Vgl. E. Volgger, Liturgie, 293.

heißt dies konkret? Wenn ein Priester dem Auftrag von *Summorum pontificum* des Papstes Benedikt XVI. von 2007 nachkommen wollte, dann ging er beispielsweise am Sonntag um 9:00 Uhr zum Messopfer und zelebrierte in lateinischer Sprache zum Altar gewandt mit einigen ausgewählten Männern die außerordentliche Liturgie; er musste dabei darauf achten, dass Frauen, auch Ministrantinnen und weitere liturgische Dienste, nicht in das Presbyterium kommen; die Kleriker besorgten die Liturgie. Wenn aber derselbe Priester um 11:00 Uhr gleichzeitig in derselben Pfarre mit der Gemeinde im ordentlichen Ritus feiert, hat er zu warten, bis die Gemeinde sich als Trägerin der Liturgie versammelt hat; er hat dafür zu sorgen, dass Frauen und Männer ihren Dienst wahrnehmen können – im gemeinsamen Raum des Altars und der Verkündigung –, und er muss dafür Sorge tragen, dass alle Getauften ihrer Aufgabe als Gemeinde gerecht werden können.[13]

> In den zwei Formen des einen Ritus begegnen sich Welten, in denen Gottesverständnis, Menschenverständnis und Liturgieverständnis aufeinanderstoßen. [...] Wie soll eine Gemeinde mit den unterschiedlichen Liturgiekonzepten einer solchen Herausforderung standhalten, wenn sie in der Ansicht darüber zerrissen ist?[14]

Es ist bemerkenswert, welchen Schluss Franziskus aus dieser Situation zieht:

> Die Problematik ist in erster Linie ekklesiologischer Natur. Ich verstehe nicht, wie man sagen kann, dass man die Gültigkeit des Konzils anerkennt – obwohl ich mich ein wenig wundere, dass ein Katholik sich anmaßen kann, dies nicht zu tun – und nicht die Liturgiereform akzeptieren kann, die aus *Sacrosanctum Concilium* hervorgegangen ist und die die Realität der Liturgie in enger Verbindung mit der Vision der Kirche zum Ausdruck bringt, die in *Lumen Gentium* auf bewundernswerte Weise beschrieben wurde. Aus diesem Grund fühlte ich mich –

[13] Zu den diesbezüglichen Problemen vgl. ausführlich E. Volgger, Liturgie, 287–291.

[14] E. Volgger, Liturgie, 294.

> wie ich in dem Brief an alle Bischöfe erklärt habe – verpflichtet zu bekräftigen, dass ›die von den heiligen Päpsten Paul VI. und Johannes Paul II. in Übereinstimmung mit den Dekreten des Zweiten Vatikanischen Konzils promulgierten liturgischen Bücher [...] die einzige Ausdrucksform der *Lex orandi* des Römischen Ritus [sind]‹ (Motu Proprio *Traditionis custodes*, Art. 1). (*DD* 31)

Es wird deutlich, dass sich die Gemeinschaft der katholischen Kirche hinter das Zweite Vatikanische Konzil stellt, um dem Auftrag in der Welt von heute – auch in der Liturgie – gerecht zu werden. Was ist die Konsequenz daraus? Papst Franziskus verweist auf *Sacrosanctum Concilium* Kap. 2, Nr. 14–20, wo 1963 die Aufgabe der liturgischen Bildung in Blick genommen und beschrieben wurde.

Die Aufgabe der liturgischen Bildung

Was ist nun die Aufgabe der liturgischen Bildung? Das Dokument setzt zunächst theologisch und spirituell an. Wenn ich mit Studierenden und auch mit den durch die Taufweihe beauftragten Verantwortlichen für die und in der Liturgie arbeite, dann ist meine erste Frage stets »Was feiern wir?«; erst wenn dies geklärt ist, folgt die weitere: »Wie feiern wir?« Zuerst muss der Inhalt, der innere Gehalt deutlich sein, dann können die adäquate Form und die entsprechende Gestaltung gefunden werden. Die Frage »Was ist Liturgie?« kann kurz und prägnant beantwortet werden: »Liturgie ist ein Feiern im Heiligen Geist.« Wenn der Heilige Geist Beziehungswirklichkeit ist, die »vom Vater und vom Sohn zugleich ausgeht« (Credo), d. h. gnadenhafte (geschenkte) Beziehung, d. h. Anteilgabe und Anteilnahme an der Beziehung des Vaters mit dem Sohn und des Sohnes mit dem Vater, dann sind Gläubige hineingenommen in diese Beziehungswirklichkeit. Liturgie feiert diese Beziehungswirklichkeit. Liturgische Bildung führt zur Liturgie hin, das heißt, sie lernt, Liturgie zu verstehen. Liturgisches Verstehen kommt aber auch von der Liturgie her, d. h. wer Liturgie feiert, wird von der Liturgie selbst geprägt. Der Papst bezieht sich auf grundlegende Reflexionen zur Liturgischen Bildung, wie sie von Romano Guardini im Sinne der Liturgiefähigkeit des Menschen angestellt wurden:

> Guardini sagt: »Damit ist auch die erste praktische Aufgabe gezeichnet: Getragen von dieser inneren Umformung unserer Zeit müssen wir wieder lernen, als volle Menschen im religiösen Verhältnis zu stehen.«[15] Das ist es, was die Liturgie ermöglicht, das ist es, wozu wir uns formen müssen. Guardini selbst zögert nicht zu bekräftigen, dass ohne liturgische Bildung »Reformen in Ritus und Text nicht viel [helfen]«[16]. Ich habe nicht die Absicht, das sehr umfangreiche Thema der liturgischen Bildung erschöpfend zu behandeln, sondern möchte einige Punkte zum Nachdenken anbieten. Ich denke, wir können zwei Aspekte unterscheiden: die Bildung zur Liturgie hin und die Bildung von der Liturgie her. Die Erste steht im Dienst der Zweiten, die wesentlich ist. (*DD 34*)

Franziskus nimmt die unterschiedlichen Orte, an denen Bildung und Ausbildung geschehen, in den Blick und spricht zuerst von der akademischen Ausbildung. Dabei sind insbesondere die Amtsträger entscheidend. Der Papst hat hier die Priester und Diakone im Blick. In unserer Region aber heißt es auch, die Amtsträgerinnen im Blick zu haben, da es doch viele sind, die als Wort-Gottes-Feier-Leitende, als Leiterinnen von Teilen des Stundengebetes oder auch anderer liturgischer Feiern ihrer Beauftragung zur Verantwortung für Gemeindeliturgie nachkommen. Nicht überall in der Weltkirche und auch in den Diözesen in unserer Umgebung ist die Verantwortung in gleicher Weise ausgeprägt. Frauen und Männer, die aufgrund der Taufweihe beauftragt werden, sind in der liturgischen Verantwortung mitzudenken. Für alle gilt, was dem Priester gesagt wird, wenn er geweiht wird: »Bedenke, was du tust, ahme nach, was du vollziehst, und stelle dein Leben unter das Geheimnis des Kreu-

---

15 R. Guardini, Bildung, 43.
16 Ders., Kultakt, 14.

zes.«[17] Dies gilt aber auch für die Gemeinde, für alle Gläubigen. Wenn die Gemeinde Trägerin der Liturgie ist und jede und jeder Einzelne dem Wesen der Liturgie entspricht, dann ist es das Herzensbedürfnis, dass jede und jeder bedenkt, was geschieht, was zu tun ist, und es nachzuahmen im Sinne dessen, was Jesus, der Auferstandene, wirken will.

Der Papst spricht von einem liturgisch-sapienzialen Ansatz. Das ist ein Begriff, mit dem er einen spirituellen Inhalt zum Ausdruck bringen will. Liturgie ist Quelle und Höhepunkt liturgischen Feierns. Eine vertraute Formulierung, die wir aus *SC* 10 kennen. Sie ist Grundlage der christlichen Gemeinschaft. Sie ist Mittelpunkt des Lebens, der Gemeinschaft. Daraus folgert der Papst in *DD* 37:

> Eine Feier, die nicht evangelisiert, also die nicht die frohe Botschaft für den Menschen bringt, ist nicht authentisch, ebenso wie eine Verkündigung, die nicht zu einer Begegnung mit dem auferstandenen Herrn in der Feier führt, nicht glaubwürdig ist. Beide sind ohne das Zeugnis der Liebe wie dröhnendes Erz oder eine lärmende Pauke (vgl. 1 Kor 13,1).

Hier scheint mir der Hinweis wichtig zu sein: Eine Verkündigung, die nicht zu einer Begegnung mit dem auferstandenen Herrn in der Feier führt, geht dem Auftrag der Liturgie fehl. In dieser Hinsicht ist jede und jeder Einzelne gefordert.

Die Lesung in den Laudes vom Montag der zweiten Woche gibt mit Jer 15,16 zu bedenken: »Kamen Worte von dir, so verschlang ich sie. Sie waren mir Glück und Herzensfreude.« Wie wird das Wort Gottes vermittelt, dass es für die Menschen Glück und Herzensfreude ist? Wie hören es die Zuhörenden und die für die Verkündigung Verantwortlichen, dass es Glück und Herzensfreude ist? Hörende und Verkündende sind in gleicher Weise gefordert, dem Wort Gottes Kraft zu verleihen und es im Herzen zu verankern, damit es die Dimension der Lebensfreude erreichen kann. Die darin mitschwingende Bezie-

[17] Pontifikale I, 94.

hungsgabe als gnadenhafte Zuwendung Gottes in Christus Jesus ermöglicht das Einschwingen in das vertraute Beziehungsverhältnis des Menschen mit Gott, aus dem ihm Glück und Herzensfreude erwächst. Wenn diese Offenheit und Disposition nicht gegeben sind, dann ist dieses Tun dröhnendes Erz und lärmende Pauke, wie der Papst mahnt.
Wenn ich mit Studierenden oder Verantwortlichen in den Pfarrgemeinden gefeierte Liturgie evaluiere, dann ist meine erste Frage: »Was war der Grundgedanke, den ich mitnehme?« Und wenn Mitfeiernde einen Grundgedanken festhalten, der im Austausch mit anderen in etwa ähnlich klingt, dann hat es eine gemeinsame Botschaft, vielleicht auch einen roten Faden, im Gottesdienst gegeben, die wirksam wurde. Meine zweite Frage ist dann: »Wo habe ich in der Feier Christuserfahrung gemacht?« Das verblüfft manche. Wenn der Papst akzentuiert, dass wir in allem, was wir liturgisch tun, Christuserfahrung ermöglichen, das heißt zu einer Begegnung mit dem auferstandenen Herrn geführt werden mögen, dann wird die Feier dies auch leisten und damit ihrem Wesen entsprechen. Es ist die Erfahrung der Zuwendung des Auferstandenen und seiner Gegenwart. Was beabsichtigt also liturgische Bildung und ständige Weiterbildung? Der Papst unterstreicht, dass bereits an allen Aus- und Weiterbildungsorten (Seminare, Pfarrgemeinde u. Ä.) erlebbar sein soll, dass Liturgie eine Sache der Beziehung und nicht nur des Verstandes ist. Entscheidend ist daher die Frage »Was bewirkt Christus in der Feier?«. Die Rubrikenkunde und das damit zusammenhängende Prinzip *rite et recte* (ritusgetreu und ordnungsgemäß) muss dem Prinzip der Ermöglichung der Gottes- und Christuserfahrung untergeordnet sein.

Liturgie fördert Christusförmigkeit

Jede und jeder wird entsprechend ihrer oder seiner Berufung durch die Teilnahme an der liturgischen Feier auf Christus hin geformt. Liturgie formt die Mitfeiernden. Der Begriff »formen«, »formieren«, vom Lateinischen »formare«, meint Prägung, die Bildung eines Menschen. Der Papst unterstreicht das Wesen dieser Einflussnahme auf unsere Entwicklung und unsere Befähigung zum sozialen Umgang:

> Bei der Feier geht es darum, dass wir dem Wirken des Geistes, der in uns wirkt, gefügig sind, bis Christus in uns geformt ist (vgl. Gal 4,19). Die Fülle unserer Bildung ist die Angleichung an Christus. Ich wiederhole: Es geht nicht um einen geistigen, abstrakten Prozess, sondern darum, Er zu werden. Das ist der Zweck, zu dem der Geist gegeben wurde, dessen Wirken immer und ausschließlich darin besteht, den Leib Christi zu bilden. So ist es mit dem eucharistischen Brot, so ist es mit jedem Getauften, der dazu berufen ist, immer mehr das zu werden, was er in der Taufe als Gabe empfangen hat, nämlich Glied des Leibes Christi zu sein. Leo der Große schreibt: »Unsere Teilnahme am Leib und am Blut Christi bewirkt nichts anderes, als dass wir zu dem werden, was wir essen«[18]. (*DD 41*)

Während der Pandemie-Einschränkungen habe ich die tägliche Messfeier des Papstes verfolgen können und damit auch seine tägliche Auslegung des Wortes Gottes. Das jüdische Prinzip lautet: Keine Lesung des Wortes Gottes ohne Auslegung und Erläuterung. Jedes Wort dient dem Leben, der Prägung in Christus, weil es der Geist bewirkt, der in uns lebt. Das ist das Vorzeichen, dass wir der Beziehung mit dem Auferstandenen in uns Raum geben. Johann Sebastian Bach spricht von der »Herzensstube« in seinen Oratorien, in der der Auferstandene wie das Christuskind beheimatet ist. Für die Reflexion des Wortes Gottes reicht es, wenn überlegt wird, welches der wichtige Gedanke des vorgetragenen Abschnittes ist, was dieser für mein Leben bedeutet und warum, und schließlich, was er verändern würde, wenn ich danach lebte und davon spräche. Es ist die Sehnsucht des Auferstandenen, uns zu formen. Das meint der Papst mit den Anfangsworten *Desiderio desideravi.*

[18] Leo Magnus, Sermo XII: De Passione III,7.

Also mit Sehnsucht habe ich verlangt, bei euch zu sein, nicht nur das Mahl zu halten, sondern im Wort euer Leben zu gestalten und euch dafür zu nähren mit dem Lebensmittel der Beziehung.

Liturgie bedarf der Symbolfähigkeit

Papst Franziskus verweist auf die Überlegungen von Romano Guardini, der die Rede von der Liturgie- bzw. Symbolfähigkeit des Menschen in die theologische Diskussion eingebracht hat. Symbole und Symbolverständnis gehören zum Wesen der Liturgie, weil das Gottesgeheimnis auch nur in analoger und symbolsprachlicher Gestalt ausgesagt werden kann. Bemerkenswert erscheint der Hinweis des Heiligen Vaters, dass »das Vertrauen in die Schöpfung zurückzugewinnen« sei (*DD* 46), denn nur wer die Schöpfung und den Schöpfer versteht und für sich anerkennt, kann insbesondere die schöpfungsbezogenen Symbole besser verstehen. Die Hinführung zu diesem Verständnis bedarf vieler. Der Papst spricht von den Eltern, den Großeltern, den Katecheten und Katechetinnen, Priestern u. v. a. Eine entsprechende Liturgiekatechese führt Kinder und Jugendliche zum Verständnis der Schöpfungswirklichkeit hin, in der einzelne Elemente mit ihrer Bedeutung für das Leben zum Symbol der Gottesbeziehung werden.

Liturgie und die ars celebrandi

Die Frage nach der Kunst des Feierns ist immer in Relation zur theologischen Bedeutung der Liturgie zu stellen:

> Die *ars celebrandi* kann nicht auf die bloße Einhaltung eines rubrizistischen Apparats reduziert werden, noch kann sie als eine phantasievolle – manchmal wilde – Kreativität ohne Regeln betrachtet werden. Der Ritus ist in sich selbst eine Norm, und die Norm ist nie Selbst-

zweck, sondern steht immer im Dienst der höheren Wirklichkeit, die sie schützen will. (*DD 48*)

In der Formung zu einer von den Verantwortlichen zu gestaltenden *ars celebrandi* ist die ganze Persönlichkeit gefordert, die sich ihrerseits von Christus prägen lässt. Es ist die Art, wie Christus heute den Menschen begegnen möchte. Dazu gehört auch die *ars dicendi*, die rechte und den Eigenschaften Gottes angemessene Sprache. Sie ist als Aspekt der Kunst des Feierns ebenfalls vom Heiligen Geist geprägt, von der inneren Bewegtheit der Christusgegenwart. Wichtig scheint mir zu sein, dass der Papst unterstreicht, die *ars celebrandi* sei im umfänglichen Sinn zu verstehen, nämlich für jedes einzelne Detail der Liturgie, für alle Gesten, für alle Handlungen, für jeden Vortrag des Wortes. Konkretisierend könnte z. B. gefragt sein: Was heißt dies für die zu gestaltende Stille, in der die Begegnung bzw. der Dialog mit dem Auferstandenen ermöglicht werden will? Was heißt das, wenn die Lektorin das Wort Gottes vorträgt und Sprachrohr des Auferstandenen ist? Hat sie in ihrem Herzen bereits erwogen, was es bedeutet, für ihn zu sprechen? Man könnte hier viele Beispiele anfügen.

Schweigen als kommunikationsstarker Ort

Der Papst macht das Schweigen stark (*DD* 52). In den Übertragungen päpstlicher Gottesdienste ist aufgefallen, dass der Papst den Mut hat, mit der Welt zu schweigen. Das hat vor ihm noch niemand gewagt und es hat auch niemand eingefordert, weil man immer glaubte, über das Medium Fernsehen könnte man nicht schweigen. Der Papst stellt fest:

> Die liturgische Stille ist viel mehr: Sie ist das Symbol für die Anwesenheit und das Wirken des Heiligen Geistes, der die gesamte feierliche Handlung belebt, weshalb sie oft den Höhepunkt einer rituellen Handlung darstellt. (*DD 52*)

In den Überlegungen des Papstes wird deutlich: Wer miteinander schweigen kann, hat das Wertvollste erreicht, was Liturgie tun kann.
Die Konsequenzen aus diesen Überlegungen heißen: Kein Zurück zur vorkonziliaren Form der Liturgie, weil die Liturgie als Ausdruck der ersten konziliaren Konstitution nur im engen Zusammenhang mit allen anderen verstanden und gesehen werden kann.

Erkunden und wieder entdecken

Abschließend weist der Papst darauf hin, dass wir vieles wiederzuentdecken hätten. Er nennt ein Beispiel. Er sagt, das liturgische Jahr und der Sonntag wären zu entdecken. Wer an den Sonntag denkt, wird nachvollziehen können, wie sehr dieser Tag als Tag der Auferstehung und der Erholung schon verloren gegangen ist. Wie kann unter den gegenwärtigen Bedingungen der Sonntag hochgehalten und gestaltet werden? Wie verhält sich die Überzeugungsgemeinschaft derer, die Christus, dem Auferstandenen, anhängen? Was heißt es, diesen ersten und zugleich achten Tag, an dem das Überschreiten der Zeit gefeiert und vollzogen wird, für das Verständnis der Schöpfung, der Neuschöpfung, der Auferstehung, der Wortgabe, der Geistgabe, der Erscheinungen der Wiederkunft, der Caritas, der Gemeinschaft neu zu entdecken und zu feiern. Wie wird dieser Tag gestaltet, wo möglicherweise kein Priester mehr vor Ort ist? Wie versammelt sich Gemeinde trotzdem zur Eucharistie, zur Wort-Gottes-Feier, in der all das wirkt, was es von der Liturgie zu sagen gilt? Was sind die Bedingungen für die Heiligung des Sonntags? Es geht dabei nämlich nicht einfach um die Pflichterfüllung der Messe, sondern um die Heiligung des Tages. Würde Liturgie ihrer Kraft und ihrem Wesen entsprechend gefeiert, könnte die Vielfalt des liturgischen Feierns dem Dilemma des Priestermangels abhelfen.

Christus ist gegenwärtig, wenn die Gemeinde betet und singt (vgl. *SC* 7). Das ist eine für die erneuerte Liturgie wichtige Grundaussage. Die feiernde Gemeinde mit all ihren Ämtern und Diensten ist notwendig, um die Feier ihre wirkliche Aufgabe erfüllen zu lassen und ihr Gestalt zu geben. Leiterinnen und Leiter müssen sich dieser Aufgabe bewusst sein. Dies gilt insbesondere für den Bereich der Musik, der bislang noch nicht explizit angesprochen worden ist. Die Musik kommt in diesem Dokument leider zu kurz. Sie wird so gut wie nicht genannt. Nur an einem Ort ist die Rede vom Singen. Wie wichtig dies ist, will ich an einem Beispiel verdeutlichen. Die Gemeinde ist gerufen, sich selbst im musikalischen Tun, im Einstimmig- und Harmonischwerden, zur Einheit zu führen, die im Miteinander der Berufung auf das Wort Gottes hört, und sich von ihm auf die christliche Lebensgestaltung hin formen zu lassen (zu verwandeln). Der Eröffnungsgesang ist die Ouvertüre der Feier, in der das Thema anklingt und der rote Faden der Feier aufgespannt wird. Singen ist ein extrovertierender Akt, durch den die Singenden aus sich heraustreten, die innere Überzeugung nach außen wenden. Liturgisch gesprochen: Sie singen sich den Glauben und das Vertrauen, in dem der Herr sie versammelt hat, gegenseitig zu und bestärken sich als Gemeinschaft darin, sich auf das Ereignis der Gottes- und Christusbegegnung einzulassen. Das Lied ist so Verkündigungs- und Bekenntnisakt, füreinander gesungen und sich gegenseitig einladend und fördernd auf Christus hin. Die Befähigung der Gemeinde zum Singen ist ein liturgischer Auftrag der Bildung. An diesem Beispiel kann deutlich werden, wie jedes einzelne Element der Liturgie, der Raum mit seinen Besonderheiten, die liturgische Zeit, jedes Symbol und alle Handelnden in ihrem liturgietheologischen Verständnis erkundet, vermittelt, eingeübt und schließlich erfahren werden können.

Zum Schluss sei angemerkt, dass das pastorale[19] Schreiben des Papstes einen wertvollen Impuls gibt, die Theologie der Liturgie, ihre spirituelle und mystagogische Entfaltung neu in Blick zu nehmen. Das Liturgieverständnis kann von den großen Äußerungen des Konzils in der Pastoralkonstitution, in der Konstitution über die Kirche und im Dekret über das Verständnis der Heiligen Schrift, natürlich auch von den weiteren Ergebnissen des Konzils nicht getrennt werden. Daraus erwächst die Gestaltung der Liturgie mit großer Achtsamkeit in all ihren Elementen. Auch wenn derzeit die liturgische Bildung in den Pfarrgemeinden den Strukturprozessen vielfach zum Opfer fällt, gilt es, diese Aufgabe auf Zukunft hin auf allen Ebenen neu aufzugreifen und zu fördern.

Literatur

Benini, Marco: Päpstliche »Denkanstöße«, in: Gottesdienst 56 (2022) 189–191.

Farinella, Paolo: Ritorno all'Antica Messa. Nuovi problemi e interrogativi. Con una prefazione di un testimone, Padre Rinaldo Falsini, S. Pietro in Cariano 2007.

Franziskus: Apostolisches Schreiben in Form eines Motu proprio *Traditionis custodes* über den Gebrauch der Römischen Liturgie in der Gestalt vor der Reform von 1970 (16. Juli 2021). URL: https://www.vatican.va/content/francesco/de/motu_proprio/documents/20210716-motu-proprio-traditionis-custodes.html [Abruf: 10.06.2023].

– Ders.: Apostolisches Schreiben *Desiderio desideravi* über die liturgische Bildung des Volkes Gottes (29.06.2022). URL: https://www.vatican.va/content/francesco/de/apost_letters/documents/20220629-lettera-ap-desiderio-desideravi.html [Abruf: 10.06.2023].

Gerhards, Albert (Hg.): Ein Ritus – zwei Formen. Die Richtlinie Papst Benedikts XVI. zur Liturgie (Theologie kontrovers), Freiburg 2008.

[19] M. Benini, Denkanstöße, 189.

Graulich, Markus (Hg.), Zehn Jahre Summorum Pontificum. Versöhnung mit der Vergangenheit – Weg in die Zukunft, Regensburg 2017.

Grillo, Andrea: Liturgia, stupore e formazione nella rilettura di »Desiderio desideravi« (7.07.2022). URL: https://www.cittadellaeditrice.com/munera/liturgia-stupore-e-formazione-nella-rilettura-di-desiderio-desideravi/ [Abruf 12.07.2023].

Guardini, Romano: Vom Geist der Liturgie, Mainz/Paderborn 1997 (unveränderter Nachdruck der 19. Auflage 1957).

– Ders.: Liturgie und liturgische Bildung, Würzburg 1992 (unveränderter Nachdruck der 1. Auflage 1966).

– Ders.: Der Kultakt und die gegenwärtige Aufgabe der Liturgischen Bildung (1964), in: Romano Guardini, Liturgie und liturgische Bildung, Würzburg 1992, 14.

– Ders.: Liturgische Bildung (1923), in: Romano Guardini, Liturgie und liturgische Bildung, Würzburg 1992, 43.

Haunerland, Winfried: Liturgische Bewegung in der katholischen Kirche im 20. Jahrhundert, in: Jürgen Bärsch/Benedikt Kranemann/Winfried Haunerland/Martin Klöckener (Hg.), Geschichte der Liturgie in den Kirchen des Westens. Rituelle Entwicklungen, theologische Konzepte und kulturelle Kontexte. Band 2: Moderne und Gegenwart, Münster 2018, 165–205.

Hünermann, Peter/Hilberath, Bernd Jochen: Die Dokumente des Zweiten Vatikanischen Konzils. Konstitutionen, Dekrete, Erklärungen. Lateinisch-deutsche Studienausgabe (HThK Vat II 1), Freiburg 2004.

– Dies.: Sacrosanctum Concilium. Kommentiert von Reiner Kaczynski (HThK Vat II 2), Freiburg 2004.

Kolbe, Ferdinand: Die Liturgische Bewegung (CiW 9. Ser. 4), Aschaffenburg 1964.

Kunzler, Michael: Die »Tridentinische« Messe. Aufbruch oder Rückschritt, Paderborn ^{2}2008.

Parsch, Pius: Volksliturgie. Ihr Sinn und Umfang (PPSt 1), Würzburg 2004 (unveränderter Nachdruck der 2. erweiterten [...] Auflage 1952).

Pontifikale I. Handausgabe mit pastoralliturgischen Hinweisen, hg. v. den Liturgischen Instituten Salzburg, Trier, Zürich, Freiburg/Basel/Wien 1994.

Rehak, Martin: Der außerordentliche Gebrauch der alten Form des römischen Ritus. Kirchenrechtliche Skizzen zum Motu proprio

Summorum Pontificum vom 07.07.2007 (MThS 64), St. Ottilien 2009.

Rothe, Wolfgang F.: Liturgische Versöhnung. Ein kirchenrechtlicher Kommentar zum Motu proprio »Summorum Pontificum« für Studium und Praxis mit einem Vorwort des Vize-Präsidenten der Päpstlichen Kommission »Ecclesia Dei«, Augsburg 2009.

Vagaggini, Cyprian: Theologie der Liturgie. Ins Deutsche übertr. und bearb. von August Berz, Einsiedeln/Zürich/Köln 1959.

Volgger, Ewald: Alte und/oder neue Liturgie? Zum Problem der Gleichzeitigkeit von vor- und nachkonziliarem Ritus, in: ThPQ 157 (2009) 283–294.

– Ders.: Kirchenmusik zwischen Ideal und Wirklichkeit, in: ThPQ 172 (2024) 34–42.

Johannes Paul Chavanne

Priester, König und Prophet

Die Liturgie der Taufe und das Leben der Christen*

Pater Johannes Paul Chavanne OCist, Doz., Dr. theol. habil. ist Dozent für Liturgiewissenschaft und Vorstand des Instituts für Liturgiewissenschaft und Kirchliche Musik an der Phil.-Theol. Hochschule Benedikt XVI. Heiligenkreuz sowie Mitglied des Wissenschaftlichen Beirates der Liturgiewissenschaftlichen Gesellschaft Klosterneuburg.

1. Hinführung: Sakramente und das Leben der Christen

In diesem Beitrag geht es um das Verhältnis der Liturgie der Taufe zum Leben der Christen. Es ist wichtig zu sehen, dass die Feier eines Sakramentes nicht einfach ein in sich abgeschlossener gottesdienstlicher Akt ist, der eine gewisse Zeit lang dauert und dann vorbei ist. Die Feier der Kindertaufe dauert in der Regel eine knappe Stunde und wird meistens an Menschen vollzogen, die noch gar nicht bewusst an der Feier teilnehmen können. Aber auch wenn jemand als Erwachsener getauft ist, ist das eine Feier, die eben eine gewisse Zeit dauert und dann ein Ende hat. Aber was hat so eine Feier dann für Folgen? Was für Inhalte sind in ihr enthalten? Was hat das mit dem Leben dessen, der so eine liturgische Feier an sich vollziehen lässt, zu tun? Wie wirkt sich Taufe auf das Leben aus?
Sakramentenfeiern sind etwas, was zutiefst mit dem Leben derer, die sie feiern, verbunden ist. Das Leben eines Menschen

* Bei diesem Beitrag handelt es sich um die schriftliche Fassung eines Vortrags im »Liturgieforum Klosterneuburg« am 20. Oktober 2023. Der gesprochene Stil wurde beibehalten.

drückt sich in so einer Feier aus. In einer Liturgie kommen entscheidende und grundsätzliche Glaubensüberzeugungen zur Sprache. Umgekehrt wirkt so eine Feier auf den Menschen ein, formt ihn, fordert ihn, stellt einen Anspruch und bewirkt etwas. Man ist also nicht einfach einmal getauft worden; man bleibt ein Leben lang ein Getaufter.
In der liturgischen Feier der Taufe kommen an vielen Stellen wichtige und entscheidende Elemente vor, die zum Ausdruck bringen, was christliches Leben bedeutet. Das Leben eines Getauften, das Leben eines Christen ist gewissermaßen das Einholen dessen, was in der Taufe geschehen ist. Im Leben eines Christen sollte das, was in der Taufe geschehen ist, gelebt und verwirklicht werden.

2. Die Taufe als Sakrament der Umkehr

Die Verkündigung Jesu beginnt mit einem einfachen, aber zentralen Aufruf: »Die Zeit ist erfüllt, das Reich Gottes ist nahe. Kehrt um, und glaubt an das Evangelium!« (μετανοεῖτε και πιστεύετε ἐν τῷ εὐαγελίῳ) (Mk 1,15). Μετανοέω heißt ›umkehren‹, das Denken ändern, das Leben und das Verhalten ändern, sich verändern, sich neu ausrichten und sich bekehren. Kehrt um und glaubt an das Evangelium. Jesus geht es in diesem Ausruf, mit dem er sein öffentliches Wirken beginnt und in dem wir seine Botschaft zusammengefasst finden können, um eine Bewegung des Menschen hin zum Glauben an seine Frohe Botschaft. Es geht um eine Richtungsänderung und das Beschreiten eines neuen Weges, hin zur Botschaft des Evangeliums. Christ sein und Christ werden bedeutet diese Botschaft anzunehmen, diesen Ruf zu hören und im eigenen Leben zu verwirklichen: Beweg' dich, richte dich neu aus hin zum Glauben an die frohe Botschaft des Evangeliums!
In der Liturgie der Taufe kommt diese Umkehr an einigen Stellen deutlich zum Ausdruck. Da ist zum einen das »Gebet um

Schutz vor dem Bösen«, auch »Exorzismus-Gebet« genannt. Dabei streckt der Zelebrant die Hände über dem Täufling aus und betet: »Schütze dieses Kind und halte von ihm fern, was schädlich und unmenschlich ist. Bewahre es vor Satans Macht, damit es dir in Treue folgt.« Bevor es zur Taufe geht, in der Gott den Menschen in sein Leben aufnimmt, wird um Schutz vor dem Bösen und Frei-Sein von Schaden und Unmenschlichkeit gebetet.

Noch deutlicher wird die Bewegung der Umkehr dann in der Absage und dem Glaubensbekenntnis sichtbar. »Abrenuntiation« heißt die Absage im Fachbegriff. Das Sakrament der Taufe ist ein Sakrament des Glaubens. Es wird im Glauben gespendet. Deshalb gehört das Glaubensbekenntnis ganz entscheidend dazu. Vor dem Bekenntnis des Glaubens an Gott steht aber die Absage an das Böse. Das klingt so: »Widersagt ihr dem Satan? Und all seinen Werken? Und all seinen Verlockungen?« – »Ich widersage.« Vor dem Bekenntnis zu Gott steht die Absage an das Böse. Darin wird Umkehrbewegung in der Liturgie inszeniert. Um sich Gott zuzuwenden, muss man sich zuvor vom Bösen abwenden. Nur wer Nein sagen kann, kann auch Ja sagen. In der Absage an das Böse und der Zusage zum Gott der Liebe, trifft der Taufkandidat eine Entscheidung darüber, »wem man Macht über sich gibt«[1].

Nach der Abrenuntiation folgt dann das positive Bekenntnis zum Glauben an den drei-einen Gott. Damit sind wir bei einem weiteren theologischen Grundpfeiler der Taufliturgie.

3. Taufe als Leben im drei-einen Gott

Das Bekenntnis des Glaubens ist dreigliedrig aufgebaut. Das ergibt sich aus dem Glauben der Christen an einen Gott in drei Personen. Gott ist Gott der Vater, Gott der Sohn und Gott der

[1] J. Kittler, Würde, 73.

Heilige Geist. So sind auch die drei Fragen des Zelebranten an den Täufling (oder an die Eltern und Paten als dessen Vertreter) so formuliert: »Glaubt ihr an Gott, den Vater, den Allmächtigen …? Glaubt ihr an Jesus Christus, seinen eingeborenen Sohn, unseren Herrn …? Glaubt ihr an den Heiligen Geist, …?« – »Ich glaube.« Auch das Glaubensbekenntnis, das im Anschluss an diese Fragen gemeinsam gesprochen wird, ist nach diesem trinitarischen Muster aufgebaut. Christen bekennen Gott als drei-einen Gott, den Vater und den Sohn und den Heiligen Geist.

Direkt an das Bekenntnis des Glaubens schließt sich die eigentliche Taufe an. Der Zelebrant fragt: »Wollt ihr, dass euer Kind nun in diesem Glauben die Taufe empfängt?« Die Taufe wird in einem konkret ausformulierten Glauben gefeiert. In dem Glauben nämlich, den die Christen bekennen, den Glauben, wie er in den Glaubensbekenntnissen der Kirche dargelegt ist.

Die eigentliche Taufe ist ein dreimaliges Untertauchen oder dreimaliges Übergießen mit dem zuvor bereiteten Taufwasser. Dazu wird gesagt: »N., ich taufe dich im Namen des Vaters und des Sohnes und des Heiligen Geistes.« An der zentralen Stelle der Taufliturgie wird der Name des einen und dreifaltigen Gottes, des Vaters und des Sohnes und des Heiligen Geistes, über dem Täufling ausgerufen. Das dreimalige Untertauchen bzw. Übergießen kann man (auch) als einen sichtbaren Ausdruck des Glaubens an den drei-einen Gott verstehen.

Aus alten Berichten der frühen Kirche wissen wir, dass das Bekenntnis an den drei-einen Gott und der drei-eine Taufakt ursprünglich ein zusammenhängendes Geschehen war. Der Täufling stieg in das mit Wasser gefüllte Baptisterium in der Taufkapelle. Dort fragte ihn der Taufspender: »Glaubst du an Gott den Vater?« Und nachdem er gesagt hat »Ich glaube«, übergoss er ihn das erste Mal mit Wasser. Dann fragte er: »Glaubst du an Jesus Christus, seinen Sohn?« Und nachdem er gesagt hat »Ich glaube«, übergoss er ihn das zweite Mal mit Wasser. Schließlich fragte er: »Glaubst du an den Heiligen Geist?« Und nachdem er gesagt hat »Ich glaube« übergoss er ihn das dritte Mal mit Wasser.

Getauft sein bedeutet hineingenommen zu sein in das Leben des drei-einen Gott. Der Glaube an die Dreifaltigkeit Gottes besagt: Gott ist in sich Gemeinschaft und Leben. Gott ist in sich Hingabe und Fruchtbarkeit. Gott ist in sich Verschiedenheit und Einheit. Gott ist Liebe. Als Christ zu leben, bedeutet somit an dieser lebendigen Wirklichkeit Gottes Anteil zu haben und im eigenen Leben diese Pole von Gemeinschaft, Leben, Einheit in Verschiedenheit, Hingabe und Fruchtbarkeit zu leben.

4. Taufe als Anteil an Tod und Auferstehung Jesu

Die Zahl Drei hat aber noch eine weitere Bedeutung. Im Glaubensbekenntnis sagen wir: »Ich glaube [...] an Jesus Christus, [...] gelitten unter Pontius Pilatus, gekreuzigt, gestorben und begraben, hinabgestiegen in das Reich des Todes, am dritten Tage auferstanden von den Toten ...« »Drei Tage nur hielt ihn das Grab« formuliert es ein Osterlied. Das dreimalige Untertauchen in das Wasser noch mehr als das dreimalige Übergießen, das bei uns die üblichere Form ist, erinnert an die dreitägige Grabesruhe Jesu und daran, dass er nach seinem qualvollen Tod am dritten Tage von den Toten auferstanden ist. Das dreimalige Untertauchen ist ein Bild für die dreitägige Grabesruhe Jesu, das Auftauchen aus dem Wasser erinnert an die Auferstehung Christi von den Toten.[2]

Es ist eine grundlegende theologische Deutung der Taufe: Durch die Taufe erhält der Mensch Anteil an Christi Tod und Auferstehung. Die Menschen werden »durch die Taufe in das Pascha-Mysterium Christi eingefügt. Mit Christus gestorben, werden sie mit ihm begraben und mit ihm auferweckt« (SC 6). Eine der möglichen Lesungen in der Liturgie der Taufe ist in diesem Zusammenhang wichtig: Röm 6,3–5:

[2] Vgl. dazu: A. Redtenbacher, Quelle, 227–234.

> Wir alle, die wir auf Christus Jesus getauft wurden, sind auf seinen Tod getauft worden. Wir wurden mit ihm begraben durch die Taufe auf den Tod; und wie Christus durch die Herrlichkeit des Vaters von den Toten auferweckt wurde, so sollen auch wir als neue Menschen leben. Wenn wir nämlich ihm gleich geworden sind in seinem Tod, dann werden wir mit ihm auch in seiner Auferstehung vereinigt sein.

Taufe bedeutet als Mensch hineingenommen zu werden in das Pascha-Mysterium Jesu Christi. Wir erhalten Anteil an Christi Tod und an Christi Auferstehung. In den Worten von 2 Tim 2,11: »Das Wort ist glaubwürdig: Wenn wir mit Christus gestorben sind, werden wir auch mit ihm leben.«

Es gibt eine einfache Form des Taufgedächtnisses, die ich an dieser Stelle nennen möchte, weil sie die beiden eben gezeigten Wirklichkeiten der Taufe – Anteil am Leben des drei-einen Gottes und Anteil an Christi Tod und Auferstehung – in einem einzigen kleinen Ritus zusammenfasst. Ich denke an das Kreuzzeichen (ggf. mit Weihwasser). Darin bezeichnet man sich mit dem Zeichen unserer Erlösung, dem Kreuz, an dem Jesus sein Leben für uns gab, das aber dann Durchgang war zur Auferstehung hin. Und man spricht dazu den Namen des drei-einen Gottes aus: »Im Namen des Vaters und des Sohnes und des Heiligen Geistes«, und nimmt so die Taufformel auf. Anteil am Leben des drei-einen Gottes und Anteil am Kreuz Jesu, beides ist im Kreuzzeichen enthalten. So ist das Kreuzzeichen eine schlichte und starke Form, sich seiner eigenen Taufe im Alltag zu vergewissern und sie innerlich anzunehmen.

5. Getaufte Christen als Priester, Könige und Propheten

Nach der eigentlichen Taufe mit Wasser folgen in der liturgischen Feier die sogenannten »ausdeutenden Riten«. Diese heißen so, weil sie in Riten und Worten das ausdeuten und so sichtbar machen, was in der Taufe geschehen ist. Das Erste, was nach dem Untertauchen in/Übergießen mit Wasser getan wird, ist die

Salbung mit Chrisam. Schon im Alten Testament wird uns von solchen Salbungen mit heiligem Öl berichtet. Da sind es Propheten, die Könige und Priester salben.

Bei der Taufe wird der Täufling am Scheitel mit dem Chrisam gesalbt. Dazu spricht der Zelebrant: »Der allmächtige Gott, der Vater unseres Herrn Jesus Christus, hat dich von der Schuld Adams befreit und dir aus dem Wasser und dem Heiligen Geist neues Leben geschenkt. Aufgenommen in das Volk Gottes, wirst du nun mit dem heiligen Chrisam gesalbt, damit du für immer ein Glied Christi bleibst, der Priester, König und Prophet ist in Ewigkeit.«

In diesen Worten, die die Salbung begleiten und deuten, sind viele wichtige theologische Aussagen enthalten. Unter anderem die, dass jeder/jede Getaufte Anteil am Priestertum, Königtum und Prophetenamt Jesu Christi hat. Weil die Getauften Glieder am Leib Christi sind, haben sie Anteil an seiner Berufung und Sendung, Priester, König und Prophet zu sein.

In 1 Petr 2,9 heißt es: »Ihr aber [gemeint sind die Christen] seid ein auserwähltes Geschlecht, eine königliche Priesterschaft, ein heiliger Stamm, ein Volk, das sein besonderes Eigentum wurde, damit ihr die großen Taten dessen verkündet, der euch aus der Finsternis in sein wunderbares Licht gerufen hat.« Da werden die Christen beschrieben als eine königliche Priesterschaft, die prophetisch Gottes Taten verkündet.

5.1 Das Priestertum der Getauften

Jeder/jede Getaufte ist Priester/Priesterin. Die Getauften haben Anteil am Priestertum Jesu Christi. Das ist das gemeinsame Priestertum aller Getauften, das dem besonderen amtlichen Priestertum des Dienstes zugrunde liegt und dem die geweihten Priester zu dienen haben. Worin besteht das Priestertum der Getauften? Das Zweite Vatikanische Konzil legt dar:

> Christus […] hat das neue Volk »zum Königreich und zu Priestern für Gott und seinen Vater gemacht« (vgl. Offb 1,6; 5,9–10). Durch die Wiedergeburt [der Taufe] und die Salbung mit dem Heiligen Geist werden die Getauften zu einem geistigen Bau und einem heiligen Priestertum geweiht, damit sie in allen Werken eines christlichen Menschen geistige Opfer darbringen und die Machttaten dessen verkünden, der sie aus der Finsternis in sein wunderbares Licht berufen hat (vgl. 1 Petr 2,4–10). So sollen alle Jünger Christi ausharren im Gebet und gemeinsam Gott loben (vgl. Apg 2,42–47) und sich als lebendige, heilige, Gott wohlgefällige Opfergabe darbringen (vgl. Röm 12,1); überall auf Erden sollen sie für Christus Zeugnis geben und allen, die es fordern, Rechenschaft ablegen von der Hoffnung auf das ewige Leben, die in ihnen ist (vgl. 1 Petr 3,15). […]; [D]ie Gläubigen […] wirken kraft ihres königlichen Priestertums an der eucharistischen Darbringung mit und üben ihr Priestertum aus im Empfang der Sakramente, im Gebet, in der Danksagung, im Zeugnis eines heiligen Lebens, durch Selbstverleugnung und tätige Liebe. (LG 10)

Jeder, der getauft ist, ist in diesem Sinne Priester. Das bedeutet, dass jeder unmittelbar vor Gott steht. Wenn wir in den Anliegen der Kirche und der Welt beten, dann üben wir dieses Priestertum aus. Wenn wir uns um ein heiliges Leben bemühen und unser Umfeld damit heiligen, dann üben wir dieses Priestertum aus. Vor allem aber üben wir es in der Liturgie aus. Jeder/jede Getaufte ist nicht einfach nur passiver Zuschauer bei den liturgischen Feiern, insbesondere bei der Eucharistie. Sondern alle Getauften sind Subjekte und Träger der Feier. Es ist nicht so, dass der geweihte Priester die Messe feiert und alle anderen schauen zu und lassen sich berieseln, wie es vielleicht im Theater oder im Kino ist. Nein, jeder und jede nimmt bewusst und tätig an der Feier teil – gemeinsam mit dem geweihten Priester. So, indem wir in innerer und äußerer Aktivität (dazu gehören schon das Hören, das Antworten und Mitbeten, das Mitsingen, die Körperhaltungen, das Geben bei der Gabenbereitung, der Empfang der Kommunion …) und bewusst die Eucharistie (mit-)feiern, üben wir unser Tauf-Priestertum aus und leisten so einen Beitrag zur Heiligung der Welt durch Gott.

5.2 Das Königtum der Getauften

Jeder/jede Getaufte ist König/Königin. Die Getauften haben Anteil an der Königswürde Jesu Christi. Wir kann man das verstehen? Ich sehe vor allem zwei Ebenen.

Die erste ist die Freiheit. Der König ist – vor allem in der antiken Denkwelt – der ganz Freie im Gegensatz zu den ihm Untergebenen. Christ-Sein bedeutet frei sein. »Zur Freiheit hat uns Christus befreit. Bleibt daher fest und lasst euch nicht von neuem das Joch der Knechtschaft auflegen!« (Gal 5,1). Der Weg in der Nachfolge Jesu ist ein Weg in die Freiheit. Jesus Christus macht die, die ihm zugehören, frei. Er befreit von der Eingrenzung ins Diesseits und von den Zwängen der Gesetze dieser Welt. Christlich verstandene Freiheit ist dabei nicht einfach Beliebigkeit. »Ihr seid zur Freiheit berufen, Brüder. Nur nehmt die Freiheit nicht zum Vorwand für das Fleisch, sondern dient einander in Liebe! Denn das ganze Gesetz ist in dem einen Wort zusammengefasst: Du sollst deinen Nächsten lieben wie dich selbst!« (Gal 5,13). Christliche Freiheit ist nicht nur die Freiheit *von* etwas – das auch! – aber sie ist dann vor allem die Freiheit *für* etwas (s. o.: 2. Die Taufe als Sakrament der Umkehr). Die Freiheit der Getauften ist eine Freiheit für Gott und für das Leben nach seinen Geboten, die im Kern nichts anderes meinen als Liebe. Gott lieben und den Nächsten lieben, das ist im Kern die ganze christliche Ethik. Seid ihr bereit euer Kind zu »lehren, Gott und den Nächsten zu lieben, wie Jesus es vorgelebt hat«? Das werden die Eltern eines Kindes, das zur Taufe gebracht wird, zu Beginn gefragt. Christliche Freiheit und christliche Königswürde bestehen auch darin, in Freiheit nach den Geboten Gottes zu leben. Dabei sind die Gebote Gottes als ein Weg zum Leben verstanden.

Ein zweiter Gedanke zur Königswürde der Christen. Beim König Jesus Christus geht es nicht um ein Königtum der imperialen Herrschaft und Machtinszenierung. Das Königtum Jesu ist ganz anders charakterisiert. Bei der Gerichtsverhandlung vor seinem Tod wird Jesus von Pilatus gefragt: »Bist du der König der Juden?« (Joh 18,33). Jesus gibt zur Antwort:

> Mein Königtum ist nicht von dieser Welt. Wenn es von dieser Welt wäre, würden meine Leute kämpfen [...]. Aber mein Königtum ist nicht von hier. [...]. Du sagst es, ich bin ein König. Ich bin dazu in die Welt gekommen, dass ich für die Wahrheit Zeugnis ablege. Jeder, der aus der Wahrheit ist, hört auf meine Stimme. (Joh 18,37)

Kurz nach diesen Worten erhält Jesus seine Krone – die Dornenkrone – und einen purpurroten Mantel (vgl. Joh 19,2), er wird verhöhnt von denen, die ihn schlagen, anspucken und geißeln: »Heil dir, König der Juden!« (Joh 19,3). Pilatus lässt ihn so dem Volk vorführen mit den Worten: »Da ist euer König!« (Joh 19,14). Und schließlich wird Jesus als König öffentlich proklamiert: »Pilatus ließ auch ein Schild anfertigen und oben am Kreuz befestigen: die Inschrift lautete: Jesus von Nazareth, der König der Juden« (Joh 19,19).

Das Königtum Jesu ist ein Königtum der Wahrheit, der Demut und des Leidens. Das Reich, über das er herrscht, ist kein Reich von äußerer Macht und irdischem Reichtum, sondern das Reich Gottes, das er verkündet hat und das er anbrechen ließ. Es ist, wie es in der Präfation des Christkönigsfestes heißt, »das Reich der Wahrheit und des Lebens, das Reich der Heiligkeit und der Gnade, das Reich der Gerechtigkeit, der Liebe und des Friedens«. Mit Christus zum König gesalbt zu sein bedeutet, an diesem Königtum Jesu Anteil zu haben und Maß zu nehmen.

5.3 Das Prophetenamt der Getauften

Schließlich ist in der Taufsalbung auch noch vom Prophetenamt die Rede. Jeder/jede Getaufte ist Prophet/Prophetin. Die Getauften haben Anteil am Prophetenamt Jesu Christi. Dieses Prophetenamt kommt noch in einem anderen ausdeutenden Ritus zur Ansicht: im Effata-Ritus. Dabei berührt der Zelebrant die Ohren und den Mund des Täuflings und spricht dazu das aramäische Wort »Effata« – Öffne dich! Der Ritus wiederholt das, was Jesus an einem Taubstummen getan hat. Es ist uns in Mk 7,32–37 überliefert: Man brachte einen Taubstummen zu Jesus und bat ihn, ihn zu berühren und zu heilen.

> Er nahm ihn beiseite, von der Menge weg, legte ihm die Finger in die Ohren und berührte dann die Zunge des Mannes mit Speichel; danach blickte er zum Himmel auf, seufzte und sagte zu dem Taubstummen: Effata! das heißt: Öffne dich! Sogleich öffneten sich seine Ohren, seine Zunge wurde von ihrer Fessel befreit, und er konnte richtig reden. […]. [Die Menschen] sagten […]: Er hat alles gut gemacht; er macht, dass die Tauben hören und die Stummen sprechen.

Daran ist der Effata-Ritus in der Taufe angelehnt: das Berühren von Ohren und Mund mit dem Wort Effata, das uns aus dem Mund Jesu in seiner aramäischen Muttersprache überliefert ist. Da hören wir ihn wirklich sprechen, wie er gesprochen hat. In der Tauffeier ist das so gedeutet: damit »du sein Wort vernimmst und den Glauben bekennst zum Heil der Menschen und zum Lobe Gottes«. Es geht also um ein Hören des Wortes Gottes mit den Ohren und um ein Bekennen des Wortes Gottes mit dem Mund. Der Ritus sagt: Gegenüber dem Wort Gottes sind wir alle taub und stumm. Die Taufe öffnet uns Menschen für das, was Gott uns sagen will, und macht uns hörbereit und hörfähig für das Wort Gottes. Und die Taufe legt in uns auch den Mut, das Wort Gottes vor anderen zu bekennen und dafür einzustehen, wenn es notwendig ist. Das ist Prophetentum: das Wort Gottes zu hören, offen zu sein für das, was Gott uns Menschen in unserer Zeit sagen möchte. Und den Mut zu haben, dieses Wort öffentlich und klar zu bekennen. Mit anderen Worten: Ein Prophet ist jemand, der das Wort Gottes nicht als etwas Vergangenes ansieht, sondern als etwas, das heute zu ihm und zu allen Menschen spricht. So gibt er der Botschaft Gottes Gegenwart und Zukunft. Das Wort Gottes soll in den Getauften Frucht tragen und wachsen (vgl. Mt 13,1–23; Kol 1,6).
Eine besondere Form, diese prophetische Dimension des Christ-Seins mit Leben zu erfüllen, verbindet sich mit dem

oben (s. o.: 5.1.) behandelten allgemeinen Taufpriestertum. Es ist der Dienst des Lektors/der Lektorin in der Liturgie. Wer als Getaufter sich als Lektor in der Eucharistiefeier oder anderen gottesdienstlichen Feiern einbringt, übt sein allgemeines Priestertum und sein Prophetenamt gleichermaßen aus.
Es gibt noch einen weiteren ausdeutenden Ritus, der im Zusammenhang mit der prophetischen Berufung aller Christen zu nennen ist: das Entzünden und die Übergabe der Taufkerze. Die Taufkerze des Täuflings wird an der Osterkerze, die für den gekreuzigt-auferstandenen Christus steht, entzündet und übergeben. Dazu wird gesagt: »Empfange das Licht Christi.« Dieses Licht wird dem Getauften anvertraut. Jesus Christus, das »Licht der Welt« (Joh 8,12), hat den Getauften erleuchtet. Deshalb soll er/sie als »Kind des Lichtes« (Eph 5,8) leben. Jesus ist Licht, wer ihm nachfolgt, »wird nicht in der Finsternis umhergehen, sondern wird das Licht des Lebens haben« (Joh 8,12). Christen sind deshalb in und mit Jesus »Licht der Welt« (Mt 5,14). Auch das ist Leben als Prophet Jesu Christi: das Licht, das der Glaube gibt, in einer oft dunklen Welt hochzuhalten und leuchten zu lassen und Acht zu geben, dass es nicht erlischt.

6. Die Getauften als Kinder des Vaters

Die Liturgie der Taufe schließt mit dem gemeinsamen Beten des Vaterunsers. Zur Einleitung in dieses Gebet, das Jesus selbst uns gelehrt hat, wird gesagt: »[D]ieses Kind wurde durch die Taufe neu geboren und so heißt und ist es Kind Gottes.« Als Kinder Gottes sagen wir zu ihm Vater. Ihr habt »nicht einen Geist empfangen, der euch zu Sklaven macht, so dass ihr euch immer noch fürchten müsstet, sondern ihr habt den Geist empfangen, der euch zu Söhnen (und Töchtern) macht, den Geist, in dem wir rufen: Abba, Vater!« (Röm 8,15). Als Kinder Gottes sprechen wir Gott als Abba, Vater an.

Pius Parsch hat in seiner Messerklärung eine sehr schöne Deutung des Vaterunsers gegeben. Er beginnt sie so:

> Vater unser – gleich das erste Wort (Abba = Vater) bezeichnet die Größe der Stunde, die für die Erde angebrochen ist. Das Wort: Vater unser, versetzt uns sofort in eine neue Welt. Nicht Sklaven Gottes [...] sind wir; nein, Gott ist der Vater, wir sind seine lieben Kinder, Erben des Himmels. Gott dürfen wir Vater nennen; uns fällt das Beglückende dieser Tatsache nicht so auf; aber die ersten Christen waren außer sich vor Staunen, dass sie sagen durften: Abba, Vater! [...]. Wir treten also ins Vaterhaus Gottes, nicht als Bettler, sondern als Kinder. Welches Vertrauen liegt schon in diesem ersten Wort! Wir sind eine große Gottesfamilie, untereinander Brüder und Schwestern. Der Christ betet nicht egoistisch für sich, er betet für diese Familie.[3]

Getauft zu sein bedeutet, ein Kind Gottes zu werden. Die Taufe bewusst zu leben bedeutet, in diese Kindschaft Gottes hineinzuwachsen. In einem der beliebtesten Taufevangelien, in dem davon berichtet wird, dass Jesus Kinder zu sich kommen ließ, um ihnen die Hände aufzulegen und sie zu segnen, wird berichtet, dass Jesus gesagt hat: »Lasst die Kinder zu mir kommen; hindert sie nicht daran! Denn Menschen wie ihnen gehört das Reich Gottes. Amen, das sage ich euch: Wer das Reich Gottes nicht so annimmt wie ein Kind, der wird nicht hineinkommen« (Mk 10,14–15).

Ein getaufter Mensch kann sozusagen das Kind in sich lebendig bleiben/werden lassen. »In der Taufe feiern wir geliebt zu sein.«[4] Der/die Getaufte weiß sein/ihr Leben von Gott geschenkt, vertraut darauf, dass Gott ihn/sie sieht und beschützt und weiß, dass Gott immer auf ihn/sie wartet und für ihn/sie sorgt. Ein Kind Gottes empfängt das, was Gott ihm in seiner Güte schenkt. Gott lässt seine Kinder nicht zugrunde gehen. Das ist die große Hoffnung aller Getauften.

---

[3] P. Parsch, Messerklärung, 321f.

[4] J. Kittler, Würde, 67.

Kittler, Johannes: Die Würde des Menschen feiern. Taufe, Firmung, Eucharistie, Würzburg 2023.

Parsch, Pius: Messerklärung im Geist der liturgischen Erneuerung. Neu eingel. von A. Heinz (PPSt 4), Würzburg 2006.

Redtenbacher, Andreas: Zur Quelle des Lebens finden. Taufe durch Untertauchen, in: HlD 52 (1998) 227–234.

Liborius Olaf Lumma

Liturgie verstehen, Liturgie gestalten – Zwischen Tradition und Kreativität*

Der Verfasser ist Privatdozent für Liturgiewissenschaft und Sakramententheologie am Institut für Bibelwissenschaften und Historische Theologie der Universität Innsbruck. Er ist Ökumene-Beauftragter der Diözese Innsbruck, Mitglied des Ökumenischen Rates der Kirchen in Österreich, gehört zur Redaktion der Zeitschrift »Heiliger Dienst« und arbeitet zur Zeit an einer umfassend überarbeiteten fünften Auflage seines Sachbuchs »Crashkurs Liturgie«.

Der heutige Abend ist betitelt *Liturgie verstehen, Liturgie gestalten – Zwischen Tradition und Kreativität*, und dieser Titel macht deutlich, dass Liturgie einerseits etwas schon Vorhandenes ist, in das man irgendwie »eintaucht«, andererseits aber etwas, das umfangreiche Vorbereitung verlangt. Dabei müssen zahllose Entscheidungen getroffen werden, von denen jede Einzelne erheblichen Einfluss darauf haben kann, was die Mitfeiernden dann tatsächlich spüren, wahrnehmen, erleben oder, wie man auch gerne sagt: was bei ihnen ankommt.

Die praktischen Herausforderungen haben sich durch die Liturgiereform des Zweiten Vatikanischen Konzils um ein Vielfaches vermehrt, kurz gesagt: Man muss heute viel mehr entscheiden und hat dadurch als Liturgieverantwortlicher auch viel mehr Einfluss, als das vor dem Konzil gewesen ist.

Kaum ein Begriff ist dem Konzil dabei so wichtig gewesen wie

* Bei diesem Beitrag handelt es sich um die schriftliche Fassung eines Vortrages, den der Autor am 12. Mai 2023 im »Liturgieforum Klosterneuburg« gehalten hat. Der Vortragsstil wurde beibehalten.

participatio actuosa (oder *actuosa participatio*), also die aktive Teilnahme (oder Teilhabe) aller Versammelten, die sich nicht wie *stumme Zuschauer* (SC 48) verhalten und auch nicht so erleben sollen, sondern als Trägerinnen und Träger der Liturgie, als liturgische Versammlung, für die die Zusage Jesu gilt: »Wo zwei oder drei in meinem Namen versammelt sind, da bin ich mitten unter ihnen« (Mt 18,20). Und das soll nicht nur *behauptet* werden, sondern das soll *erlebt* werden, ganzheitlich, mit Leib und Seele.

Da nun aber Menschen und liturgische Versammlungen unterschiedlich sind, braucht es Gestaltungsmöglichkeiten. Zugleich wird die Gestaltung dann aber auch – mehr als das vor dem Konzil der Fall war – zur Machtfrage: Wer entscheidet denn, welche Gedenktage liturgisch begangen werden und welche nicht, welche Lesungen ausgewählt werden (sofern es mehrere zur Auswahl gibt – das ist gar nicht so selten), welches Hochgebet in der Eucharistiefeier vorgetragen wird, welche Lieder gesungen werden, wie die Fürbitten lauten und so weiter? Alles das sind ja auch Machtfragen, und die hat es vor dem Konzil nicht in so großem Umfang gegeben wie heute. Freilich: Das vorkonziliare Zeremoniell wirkte abgehobener, klerikaler und bühnenhafter, als es seinem Inhalt entsprach: Das war ja genau die Kritik des Konzils an dem, was es vorgefunden und für reformbedürftig befunden hat.

Vor einigen Wochen bin ich auf ein 2021 erschienenes Buch des evangelischen Theologen Reinhard Thöle gestoßen – Spezialist für Ökumene und Ostkirchenkunde – mit dem provokanten Titel *Geheiligt werde dein Name. Christliche Gottesdienste zwischen Anbetung und Anbiederung*. Nicht alles an dem Buch hat mich überzeugt – Thöle selbst gibt zu, dass er manchmal in Zynismus abgleitet, und an solchen Stellen fühle ich mich als Leser nicht *überzeugt*, sondern bestenfalls *überredet* –, aber ein Abschnitt hat mich besonders angeregt. Er ist betitelt mit *Liturgia abscondita*, also »verborgene« oder »verhüllte Liturgie«, und hier ist ein Auszug:

Der Gottesdienst ist das Ergebnis einer Begegnung von zwei Dimensionen: Die Verborgenheit Gottes trifft auf ein sterbliches menschliches Leben.

Die Verborgenheit Gottes kann vom Menschen nicht entschlüsselt werden. Sie stellt klar, dass der Mensch im Gottesdienst nicht von sich aus eindringen kann in das göttliche Handeln. Es würde dem Gottesdienst eine blasphemische Dimension verleihen und dem Menschen zutiefst schaden, wollte er sich anmaßen, diese Verborgenheit zu entschleiern. Der Mensch kann noch nicht einmal feststellen, ob der verborgene Gott in der »Liturgia abscondita« handelt oder nicht. Er muss aber darum bitten und kann darauf vertrauen. Der im Gottesdienst wie abwesende Gott ist jedoch keine Schwäche, sondern eine Stärke, ein Schutz und eine Tragkraft. Wird die Wirklichkeit des verborgenen Gottes nicht mehr angenommen und nicht mehr gesucht, entfällt die Voraussetzung dafür, das zu erfahren, was man nicht verstehen kann.

Diese Verborgenheit Gottes begegnet nun dem Menschen. [...] Der Mensch begegnet dem wie verborgenen Gott nicht irgendwie abstrakt, frei, metaphysisch oder in einer Gedankenwelt, sondern in seinen anthropologischen Strukturen. Diese Strukturen sind vorgeschaltete und entwickelte Rezeptoren, die als religiöse Sehnsucht und als Ahnung des Transzendenten bereits vorhanden sind. [...]

Das Gleichnis Jesu vom neuen Wein, der nicht mehr in die alten Schläuche passt, sondern diese zerreißt, ist eine Aufforderung zu neuen Schläuchen, aber nicht dazu, die Schläuche generell als überflüssige äußere Form abzuschaffen (Mt 9,17). [...]

Leider ist die [Liturgia abscondita] nicht nur aufgrund ihres eigenen Charakters schwierig zu erheben, sondern auch, weil sie verschüttet und vergraben ist unter jahrhundertealten theologischen Streitigkeiten und Rechthaberein, unter der irdischen und geistlichen Machtgier konfessioneller Systeme, unter persönlicher Geltungssucht kirchlicher Amtsträger und den alltäglichen Schwächen der Gläubigen. Die »Liturgia abscondita« verleitet dazu, um sie selbst ein perfektes System von Mechanismen zu errichten, bei denen es nicht mehr um Gott als Hauptakteur des gottesdienstlichen Geschehens geht, sondern um eine religiös verbrämte kollektive oder individuelle Biografiearbeit der menschlichen Akteure. Es geht dann gar nicht um die Gottesbegegnung im Gottesdienst, sondern die Verwendung der Welt des Gottesdienstes für eigene Zwecke.[1]

---

[1] R. Thöle, Christliche Gottesdienste, 107–109.

Wenn ich dieser Idee der Liturgia abscondita folge, dann sind folgende Punkte festzuhalten:

- Liturgie kann und soll die tiefste religiöse Sehnsucht des Menschen berühren.
- Das kann nur geschehen, wenn die Liturgie den Menschen in dem ernst nimmt, wie er ist: leiblich, zeitlich, sinnlich. Liturgie drückt sich daher vor allem über Symbole aus, nicht über Belehrung und Information (diese sind bestenfalls Nebeneffekte).
- Der eigentlich Handelnde in der Liturgie ist Gott.
- Gott begegnet dem Menschen in der Liturgie: Offenbarung Gottes trifft auf »Empfängnisbereitschaft« des Menschen.
- Zugleich ist Gott unverfügbar. Er bleibt im Letzten immer verborgen.
- Wer eine Liturgie verantwortet, vorbereitet, leitet oder darin einen besonderen Dienst wahrnimmt, muss sich selbst für den verborgenen und unverfügbaren Gott öffnen und einen Rahmen schaffen, in dem auch die anderen Mitfeiernden in ihrer Leiblichkeit, Zeitlichkeit und Sinnlichkeit dem verborgenen und unverfügbaren Gott begegnen können.
- Wer eine Liturgie verantwortet, vorbereitet, leitet oder darin einen besonderen Dienst wahrnimmt, steht immer in der Versuchung, Gott, die Liturgie und die versammelte Gemeinde zur Bühne für die eigenen Interessen, die eigenen Überzeugungen und die eigene Spiritualität zu machen.

Es gibt eine Art Sicherungsmechanismus, der bei der Liturgievorbereitung helfen soll, nicht in diese Falle zu tappen. Dieser Sicherungsmechanismus ist das liturgische Buch. Das *Messbuch* für die Messe, das *Stundenbuch* für das Stundengebet, das *Werkbuch* für die Wort-Gottes-Feier. Dabei geht es mir nicht darum, jetzt mit dem erhobenen Zeigefinger auf jene zu zeigen, die hier und da mal ein paar Wörter umformulieren – ich werde das nachher an einem Beispiel sogar selber tun. Es geht mir auch nicht um die Frage, wie regelmäßig denn nun das Messbuch sprachlich überarbeitet oder wie oft die Bibel neu übersetzt werden sollte. Es geht mir auch nicht darum, welche rechtlichen Zuständigkeiten bei der Herausgabe liturgischer Bücher der Papst, der Bischof, die Bischofskonferenz hat. Oder wer in die praktische Arbeit an den liturgischen Büchern einbezogen wird und wer dabei unterrepräsentiert ist.

Es geht mir vielmehr um eine *Haltung*, mit der ich mich der Liturgie annähere, wenn ich die Aufgabe habe, die nächste Sonntagsmesse, das nächste Begräbnis, die Trauermette am Karsamstag, die Maiandacht oder die Wort-Gottes-Feier am Pfingstmontag vorzubereiten. Nähere ich mich dieser Aufgabe mit der Vorstellung an, dass ich etwas »mache«, um für etwas, das ich selber vorher schon weiß, die passende Form zu finden, damit alle Mitfeiernden auf denselben Stand kommen wie ich? Oder sehe ich die Liturgie als etwas, das größer ist als ich, größer als die Menschen, mit denen ich mich versammeln werde: etwas, das Raum und Zeit überschreitet, damit der verborgene Gott – wenn er will – in Raum und Zeit unter uns Menschen ankommen kann?

Das liturgische Buch verweist mich immer von vornherein auf etwas, das größer ist als ich selbst: die Diözese, die Weltkirche und nicht zuletzt auch die Geschichte, besonders die Verbindung mit allen, die vor mir geglaubt haben.

Noch einmal: Es geht mir nicht darum, Ihnen jetzt zu sagen, dass sie immer alles nach Vorschrift machen müssen, so wie es eben im Messbuch, im Taufrituale, im Gotteslob, im Stundenbuch und so weiter steht. Ich mache hier keine Schulung in Kirchenrecht oder in liturgischem Recht. Nicht alles, was vorgeschrieben ist, ist auch immer heilsam. Nicht alles, was verboten ist, ist schlecht oder falsch.

Das Konzil traut denen, die Liturgie vorbereiten, leiten und verantworten, durchaus zu, selber im jeweiligen Kontext unter Berücksichtigung der versammelten Gemeinde die passenden Entscheidungen treffen zu können. Es setzt dabei aber auch den Willen und die Fähigkeit zur Bildung voraus (SC 19) und nennt dabei namentlich biblische Bildung, besonders die Kenntnis der Psalmen (SC 90), sowie geschichtliche und liturgiegeschichtliche Bildung (SC 16). Das Konzil will aus dem Vollen der Musikgeschichte schöpfen und zugleich Raum lassen für die Weiterentwicklung liturgischer Musik im je neuen kulturellen Kontext (SC 112. 121).

Sprachliche Fähigkeiten, körperlich-ästhetische Fähigkeiten, musikalische Fähigkeiten, theologische Bildung, der souveräne und authentische Umgang mit symbolischen Ausdrucksformen sind zentral für die Kompetenz, Liturgie zu gestalten. Kreativität ist gefragt, aber eben Kreativität nicht *um der Kreativität willen*, auch nicht Kreativität *um der Liturgieverantwortlichen willen*, sondern Kreativität *um der Liturgie willen*, die schon längst da ist, die schon längst 2000 Jahre Geschichte in sich trägt, ja mehr noch: die auch die ganze Geschichte des Alten Testaments in sich trägt.

Ich kenne die Gemeindesituationen nicht, aus denen Sie hierhergekommen sind. Ich weiß nicht, welche Aufgaben Sie in Ihren Pfarren oder Gemeinschaften haben. Deswegen kann ich jetzt nur ganz beispielhaft eine Idee vorstellen, und ich muss darauf hoffen, dass Sie selber einen Weg finden, wie Sie das auf Ihre eigenen Tätigkeitsfelder übertragen können – sofern ich Sie überhaupt überzeugen kann, in diese Richtung zu gehen.

Dieses Beispiel ist ein Tagesgebet, nämlich vom 8. Sonntag im Jahreskreis, den es kurioserweise heuer und im kommenden Jahr liturgisch gar nicht gibt. Das nächste Mal wird er uns am 2. März 2025 begegnen. Das Evangelium des Tages ist dann Lk 6,39–45 mit der Unterscheidung zwischen dem guten Baum, der gute Früchte hervorbringt, und dem schlechten Baum, der schlechte Früchte hervorbringt, dem guten Menschen, der Gutes aus seinem Herzen hervorbringt, und dem bösen Menschen, aus dem das Böse hervorkommt. Voraus geht das Gleichnis vom Splitter im Auge des Bruders, den man sieht, während man den Balken im eigenen Auge nicht sieht.

Dieses Evangelium gibt es in der derzeit geltenden Leseordnung nur alle drei Jahre. Das Tagesgebet ist aber schon viel älter, es wurde und wird auch heute noch in den beiden anderen Jahren mit anderen Evangelien und anderen Bibeltexten verbunden. Es stammt mindestens aus dem 6. Jahrhundert und bringt eine Thematik zur Sprache, die aktueller nicht sein könnte: den Frieden. Das Gebet heißt:

Da nobis,
quaesumus, Domine,
ut et mundi cursus pacifico nobis tuo ordine dirigatur,
et ecclesia tua tranquilla devotione laetetur.

Alex Stock, der alle Tagesgebete im Jahreskreis und noch einiges mehr übersetzt hat, versucht folgende Übertragung ins Deutsche, die den komplexen und anspruchsvollen, aber vielleicht gerade deswegen auch poetischen und inspirierenden lateinischen Satzbau möglichst genau abbildet:

Gib uns, wir bitten dich, Herr,
dass der Lauf der Welt die Bahn deines Friedens nimmt, uns zugute,
und deine Kirche sich dir in freudiger Ruhe widmet.[2]

Zugegeben, das klingt beim ersten Hören etwas sperrig, aber es zeigt gut, wie verschiedene Elemente in der lateinischen Sprache eng miteinander verbunden, ja ineinandergeschoben werden können.
Beachten Sie, dass der Text direkt mit einer Bitte beginnt. Noch ehe Gott überhaupt angesprochen wird, wird er schon mit einer Bitte bedrängt. Das kommt in lateinischen Gebeten recht häufig vor. Der Mensch steht in seiner Not vor Gott, und das, was als Erstes aus ihm herausplatzt, ist die Bitte: *Gib uns*. Manchmal heißt es auch *Gewähre* oder *Sende* oder *Komm* – und erst dann wird Gott namentlich angeredet, hier als *Dominus*, also *Herr*. Wir bitten um zweierlei (im Lateinischen *et ... et*, also *sowohl ...*

[2] A. Stock, Orationen, 38.

wie auch ...). Das eine ist der Frieden, und zwar als eine Bahn, wie eine Schiene, in der sich der Lauf der Welt bewegen möge. Denken Sie an die Rede vom *pilgernden Gottesvolk*. Wir sind zeitliche Wesen, wir sind auf einem Weg in die Zukunft, und das drückt sich hier aus in der *Bahn des Friedens*. Es ist aber nicht einfach irgendein Friede, sondern es ist der *Friede Gottes*. Und auch wenn es uns Menschen immer wieder ratlos macht, so wissen wir doch aus der Heilsgeschichte, dass Gott die Welt nicht immer auf den Wegen führt, die uns gefallen – der Weg Gottes führt sogar bis ans Kreuz. Wenn wir um den Weg *deines (= Gottes) Friedens* für die Welt bitten, dann wissen wir, dass nur Gott weiß, was die Welt wirklich braucht.

Doch genauso wie wir um den Frieden Gottes für die Welt bitten – der möglicherweise nicht sichtbar sein wird –, bitten wir auch um sichtbaren Frieden, um Frieden, wie er uns in unserer Leiblichkeit und Zeitlichkeit entspricht. Denn die Kirche will sich Gott doch *in freudiger Ruhe* widmen können, wie es in der letzten Zeile heißt. Es ist nicht der Wunsch der Kirche, inmitten von Angriffskrieg und Vernichtung als moralische Anstalt glänzen zu können, weil sie sich um anständige Begräbnisse für Soldatinnen und Soldaten kümmert und Zuflucht für Arme und Obdachlose bereitstellt. Natürlich soll sie das tun und tut es auch oft, aber sie will es nicht. Was sie wirklich will, ist in sichtbarem Frieden leben.

Das alles und noch mehr steckt in diesem 1500 Jahre alten Gebet, auch wenn man das vielleicht beim ersten Hören nicht erkennt. Aber mal ehrlich: Ein Gebet, an dem es nichts mehr zu entdecken gibt, das wäre doch auch fad.

In einem Schott aus der Konzilszeit verwendete man folgende Übersetzung ins Deutsche:

> Wir bitten dich, Vater im Himmel:
> lenke den Lauf der Welt nach deiner Ordnung in Frieden
> und gib deiner Kirche, daß sie ungestört und in Freuden dir diene.[3]

---

[3] A. Schott, Meßbuch, 499.

Das ist sicher eine recht passable Übersetzung, aber sie zeigt doch auch ein wenig die Haltung des Übersetzers: Der Ausdruck *nach deiner Ordnung* ist gewiss eine treffende Übersetzung von *in tuo ordine*, allerdings hat er im Deutschen auch etwas sehr Rechtliches, fast Erzieherisches – »sei ordentlich!« –, das er im Lateinischen vielleicht nicht unbedingt hat. Daher hat es Alex Stock auch lieber mit der *Bahn* versucht, um anzuzeigen, dass die Ordnung Gottes nicht unbedingt einengen muss, aber sehr wohl eine Richtung und ein Ziel hat.
Zum anderen geht es im lateinischen Gebet letztlich darum, dass die Kirche sich freuen kann; im Schott aber geht es darum, dass sie Gott *in Freuden dient*: Auch das ist sicher nicht falsch, aber auch hier klingt es vielleicht doch unnötig streng und erzieherisch: Wir sollen dienen und dabei froh sein.
Als man dann nach dem Konzil recht wenig Zeit hatte, um die komplette Liturgie aus dem Lateinischen in die Volkssprachen zu übertragen, hat man im Deutschen dazu geneigt, möglichst einfach verständliche Sätze aneinanderzureihen und immer mit der Anrede zu beginnen. Das ist nun die Fassung, wie sie heute in unserem deutschsprachigen Messbuch steht:

> Allmächtiger Gott,
> deine Vorsehung bestimmt den Lauf der Dinge und das Schicksal der Menschen.
> Lenke die Welt in den Bahnen deiner Ordnung,
> damit die Kirche in Frieden deinen Auftrag erfüllen kann.

So leid es mir tut, aber meiner Meinung nach ist das die schwächste der drei Fassungen. Dass man im ersten Satz alles etwas ausführlicher formuliert als im Lateinischen, mag ja noch nachvollziehbar sein – so bleibt alles auch beim ersten Hören ganz gut verständlich –, aber der Begriff der *Vorsehung* schafft unnötige Probleme: Er klingt nicht nach einer kosmischen Harmonie, sondern eher nach einem Automatismus, dem wir nicht entrinnen können.

Statt der *Bahn* von Alex Stock und der *Ordnung* aus dem alten Schott finden wir beides zugleich: *die Bahnen deiner Ordnung*. Das ist durchaus eine spannende Lösung, aber danach wird es problematisch. Es folgt nämlich das entscheidende Wort *damit*: Die göttliche Ordnung der Welt bekommt auf einmal einen Zweck, und dieser Zweck ist, dass die Kirche *deinen Auftrag erfüllen kann*. Während im Lateinischen auf zweierlei Weise der Friede erbeten wird, wird im deutschen Messbuch die Ordnung der Welt dem Nutzen für die Kirche untergeordnet. Und von einem Auftrag, den die Kirche erhalten hätte, ist im Lateinischen auch nicht die Rede. Dort war es die *Ruhe*, hier ist es nun auf einmal ein *Auftrag* – und damit bekommt das ganze Gebet einen völlig verfehlten moralischen Unterton.

Ich versuche nun die Brücke zur Kreativität in der Liturgiegestaltung. Es wäre ein kolossales Missverständnis, wenn man sagte: Vor dem Konzil war alles haarklein vorgeschrieben, nach dem Konzil darf ich als Liturgieverantwortlicher tun, was mir gefällt.

Die neue Freiheit, die wir dem Konzil verdanken, ist nicht dazu da, dass wir Liturgieverantwortliche unsere persönlichen Meinungen, Wünsche, Hoffnungen und Ängste in die Liturgie eintragen, und alle anderen müssen das dann über sich ergehen lassen (oder weggehen und nicht wiederkommen). Kreativität in der Liturgievorbereitung im Sinn der Freiheit, die das Konzil uns gibt, bedeutet: Es ist meine Verantwortung, dem Schatz, den die Liturgie schon längst in sich trägt, so Ausdruck zu verleihen, dass die versammelte Gemeinde an diesem Schatz Anteil haben kann und durch ihn ihr Kirchesein verwirklicht. Die Gemeinde ist nicht mein Publikum, vor dem ich mein persönliches Theaterstück aufführen kann, sondern sie *ist Kirche* und durch die Liturgie *wird sie Kirche* – wobei Liturgie und Kirche größer sind als die konkrete versammelte Gemeinde. Die Gemeinde überschreitet Raum und Zeit, sie lässt sich in der Liturgie in die Offenbarung hineinführen. Die Liturgie *verheutigt* die Offenbarung: unverfügbar und doch erfahrbar.

Wenn es meine Aufgabe ist, eine Messe oder eine Wort-Gottes-Feier am 8. Sonntag im Jahreskreis vorzubereiten, dann könnte ich doch einmal versuchen, die Botschaft dieses Tagesgebets neu in Worte zu fassen. Erinnern wir uns: Es gibt den göttlichen Frieden, der vielleicht nicht ident ist mit dem, was wir selber uns wünschen; zugleich gibt es unser ganz handfestes Gebet um konkreten Frieden für uns und für die Kirche. Gerade für uns in Österreich hat der Krieg vor gut einem Jahr ein neues, erschreckendes Gesicht bekommen, weil er sich direkt vor unserer Haustüre abspielt – etwas, das die jüngere Generation gar nicht mehr kennt und was die Älteren nach den Balkan-Kriegen der 1990er-Jahre vielleicht schon für endgültig beendet hielten. Hier ist also nun mein eigener Versuch, wie das dann klingen kann:

> Schaff doch Frieden, Herr,
> deinen Frieden, dass er den Lauf der Welt begleitet und erfüllt,
> und lass uns, deine Kirche, Frieden finden in dir.

Das ist natürlich keine Wort-für-Wort-Übersetzung, sondern es ist ein Versuch, Ihnen vorzuführen, was ich unter Kreativität in diesem Zusammenhang verstehe: mit meinen eigenen sprachlichen Fähigkeiten den Inhalt des Gebetes neu in Worte zu fassen – in der Hoffnung, dass die Gemeinde, die sich mit mir versammelt, sich diesem Gebet anschließen, sich darin wiederfinden und davon erfasst werden kann, um schließlich bewusst und aktiv *Amen* dazu zu sagen und das Gebet damit zu bestätigen.
Diesen Versuch kann ich hier nur sehr abstrakt vorstellen. Er mag vielleicht ganz anders ausfallen, wenn ich meine Gemeinde, ihre Zusammensetzung, ihre Ausdrucksformen, ihr Sprachverständnis gut kenne. Oder wenn ich dasselbe Gebet für einen Gottesdienst mit Erstkommunionkindern aufbereite. Oder wenn ich solche Gebete Sonntag für Sonntag formuliere, sie vielleicht sogar in einem kleinen Liturgieteam präsentiere und auf diese Weise Erfahrungen sammle und Rückmeldungen erhalte.

Ich belasse es bei diesen Hinweisen und freue mich schon auf die Diskussion, in der wir gleich darüber näher ins Gespräch kommen können. Ich hoffe, dass Sie anhand dieses Beispiels, das nun je neu in konkrete Liturgien zu übertragen wäre, erkennen konnten, was ich Ihnen vermitteln wollte und warum dieser Abend *Zwischen Tradition und Kreativität* betitelt ist: Die Liturgie gehört nicht denen, die sie vorbereiten. Liturgievorbereitung darf nicht Macht über die Versammelten sein, sondern soll konkrete Menschen auf der Grundlage theologischer und künstlerischer Kompetenzen der Verantwortlichen in das hineinnehmen, was christliche Existenz ausmacht und was sich in der Liturgie rituell ausdrückt, erfahren und vertieft wird. Verantwortung für die Liturgie zu tragen ist gerade nach dem Zweiten Vatikanischen Konzil eine Gratwanderung, ein hoher Anspruch, aber zugleich – das kann ich aus eigener Erfahrung bezeugen – eine der spannendsten und bereicherndsten Herausforderungen, denen man sich in der römisch-katholischen Kirche stellen kann.

Literaturverzeichnis

Schott, Anselm OSB: Das Meßbuch der heiligen Kirche mit neuen liturgischen Einführungen, Freiburg/Basel/Wien 1966.

Stock, Alex: Orationen. Die Tagesgebete im Jahreskreis neu übersetzt und erklärt, Regensburg 2011.

Thöle, Reinhard: Geheiligt werde dein Name. Christliche Gottesdienste zwischen Anbetung und Anbiederung, Baden-Baden 2021.

Johannes Kittler

Liturgie als Renovierungsaufgabe anhand eines konkreten Projekts

Der Verfasser ist Augustinerchorherr des Stiftes Klosterneuburg. Er war über 40 Jahre in der Pfarrseelsorge tätig (Kaplan in Klosterneuburg, St. Martin, und Korneuburg, St. Ägyd, dann Pfarrer in Wien, Maria Hietzing). Heute wirkt er als Bildungsreferent am Pius-Parsch-Institut und ist Mitglied des Erzbischöflichen Beirates für Sakralräume in Wien.

Die späten 1990er und die frühen 2000er Jahre waren eine Zeit, in der viele Kirchen renoviert und einige wenige noch neu gebaut wurden. Dabei legte man großen Wert auf die (Neu-)Gestaltung von liturgischen Orten im Sinne des Zweiten Vatikanischen Konzils und des darauf basierenden Messbuches von Papst Paul VI. Gab es unmittelbar nach dem Konzil viele Experimente und Provisorien, versuchte man nun, Jahrzehnte danach, fixe Lösungen zu finden. Dafür wurden in manchen Diözesen eigene Räte eingerichtet, die den Pfarrgemeinden Hilfestellung geben, Verhandlungen mit dem Bundesdenkmalamt erleichtern und Wildwuchs verhindern sollten.[1]

Heute ist dieser Schwung vorbei. Finanzielle Mittel werden knapper, Renovieren immer teurer, Kirchen werden eher geschlossen als neu gebaut und auch die Coronapandemie hat vielen Plänen ein Ende gesetzt. Wozu braucht es dann noch einen Artikel über Kirchenrenovierung?

Erstens wissen gelernte Österreicher, dass nichts so lange währt wie ein Provisorium. Deren gibt es immer noch viele. In ge-

[1] In der Erzdiözese Wien entstand 2001 ein »Altarbeirat«, der heute den Namen »Erzbischöflicher Beirat für Sakralräume« trägt.

wohnter Umgebung fallen sie einem kaum mehr auf. Betritt man aber eine fremde Kirche, empfindet man sie oft als störend. Scheinbar zufällig herumstehende »Liturgiemöbel« sind als Versuch, etwas auszuprobieren, zu rechtfertigen. Dauerlösung sind sie keine. Außerdem fehlt Provisorien oft die künstlerische Qualität, mit der der übrige Kirchenraum ausgestaltet ist. Zweitens sind auch sogenannte endgültige Lösungen nicht immer gelungen. Und drittens ist Nachdenken über die Gestaltung liturgischer Orte immer Nachdenken über die derzeitige Praxis von Liturgiefeiern einer konkreten Gemeinde im Rahmen der Gesamtkirche. Und das zahlt sich immer aus.

1. Was ist eine Kirche?

Unter Kirche versteht man zunächst die Versammlung (griechisch *ekklesia*) im Geist Christi, des auferweckten Herrn (griechisch *kyrios*, woraus sich das Wort Kirche ableitet). Später nennt man auch das Haus, in dem sich die Gemeinschaft versammelt, Kirche. Das bedeutet, dass das Gebäude Kirche immer in Interaktion mit der konkreten Gemeinschaft Kirche vor Ort gesehen werden muss, ja überhaupt erst aus der Versammlung der Gemeinschaft seinen Sinn erhält. Der Liturgiewissenschaftler Philipp Harnoncourt beschrieb daher ein Kirchengebäude als Betriebsstätte, Heimat der Kindheit und Denkmal der Glaubensgeschichte.[2]

Betriebsstätte

Harnoncourt wählt diesen Ausdruck ganz bewusst für den Kirchenraum, um seine Funktionalität zu betonen. Ein Gebäude, in dem sich die Gemeinde versammelt, in dem Gottesdienst gefeiert wird und das für persönliches Gebet offen sein soll, braucht

[2] Vgl. Ph. Harnoncourt, Erneuerte Liturgie, 24–26.

gewisse Voraussetzungen, um den Erfordernissen zu entsprechen. Ist das nicht der Fall, sind Veränderungen notwendig. »Die Liturgiereform ist, unter diesem Gesichtspunkt betrachtet, ein neues Betriebskonzept der Kirche – genau genommen: die Rückkehr zum ursprünglichen Betriebskonzept – mit sehr klaren Konsequenzen für Bau und Einrichtung der Betriebsstätte.«[3] Es geht also darum, dass der Kirchenraum seiner Funktion als Raum für Versammlung und Feier einer Gemeinde gerecht wird. »Fruchtbar ist eine Neugestaltung nur dann, wenn sie die Mitfeier – den inneren wie äußeren Mitvollzug – die ›*actuosa participatio*‹ fördert.«[4]

Heimat

Eine Kirche ist für viele Menschen auch heute noch ein Teil der Heimat. Deshalb darf man die emotionale Ebene nicht vergessen. Aber Heimat verändert sich. Zu- und Wegzug von Menschen und veränderte Lebensbedingungen schaffen einen Wandel. Wer Heimat nicht mitgestaltet, entfremdet sich ihr und beklagt einen Bruch zwischen seinen oft verklärten Erinnerungen und der heutigen Realität. Genauso ist auch Veränderung in der Kirche – egal ob Gemeinschaft oder Gebäude – emotional besetzt. Menschen erinnern sich an wichtige Ereignisse (Hochzeit, Taufe der Kinder u. a. m.) und bedauern, dass sich die Kirche seit damals verändert hat. So gilt es bei Renovierungen neben der sachlichen auch die Gefühlsebene nicht zu vergessen. Das erfordert Verständnis und klares Kommunizieren von Argumenten.

Denkmal der Glaubensgeschichte

Gebäude, die nicht mehr im Gebrauch stehen, sind tote Gebäude. Man trägt sie ab oder erhält sie, wenn sie wertvoll sind, als

---

3 Ebd., 24.

4 Ch. Schönborn, Vorwort, 2.

Denkmal. Damit werden sie aber zweckentfremdet. In einem Denkmal wohnt man nicht, arbeitet man nicht. Ein Denkmal will an etwas Vergangenes erinnern. Genauso ist es mit einer Kirche. Ohne Verwendung als Kirche ist sie keine mehr. Sie ist bestenfalls ein Denkmal, das an frühere Zeiten erinnert. Daher ist bei einer Kirche »dieser lebendige Gebrauch, nicht aber ein bestimmter Zustand, zu erhalten. Dass dabei einander entgegenstehende Tendenzen wirksam werden können – kostbares Erbe bewahren, notwendiges Neues zulassen – ist aber nicht nur im Kirchenbau festzustellen.«[5] Viele ältere Kirchen haben Kunstwerke, die die Glaubensgeschichte einer Gemeinde zeigen. Dieser kulturelle Reichtum ist selbstverständlich zu erhalten, muss aber immer im Zusammenhang mit dem Glauben und der Feierpraxis der gegenwärtigen Gemeinde gesehen werden. Entlarvend für das Unvermögen, historisch wertvolle Kunstwerke in Kirchen mit der Gegenwart zu verbinden, sind viele Kirchenführer, die auf Schriftständen aufliegen. In diesen Broschüren findet man meistens nur historische und kunstgeschichtliche Daten, während theologische Erklärungen oder Gemeindeleben kaum vorkommen. Selbst Funktionsorte wie Ambo oder Hauptaltar werden (wegen mangelnder künstlerischer Qualität?) oft nicht erwähnt. Die meisten Kirchenführer sind reine Kunstführer und behandeln Kirchen wie Museen. Dabei bedeutet Kultur erhalten Leben erhalten. Und Leben ist immer Entwicklung und Veränderung. Viele unserer Kirchen haben eine Entstehungs-, Veränderungs- und Entwicklungsgeschichte von mehreren hundert Jahren. Welches Verständnis von Kultur steckt dahinter, wenn eine solche Kulturentwicklung plötzlich beendet sein muss und es keine Weiterentwicklung geben darf? Welches Verständnis von Gottesdienst besteht, wenn Gottesdiensträume möglichst unbequem sein müssen und den von der Kirche geforderten Vorstellungen nicht entsprechen dürfen? Welche Zweifel an der kulturellen Qualität unse-

[5] Ph. Harnoncourt, Erneuerte Liturgie, 25.

rer historischen Räume müssen bestehen, wenn jemand meint, dass das Verrücken einer Sitzbank diese Räume bereits zu zerstören vermag? Welcher Kulturpessimismus muss vorhanden sein, wenn wir der Gegenwart keine künstlerische Qualität zutrauen? Veränderung ist Zeichen von Lebendigkeit. Wer notwendige Veränderungen nicht zulässt, versetzt Kirche (Gemeinschaft wie Gebäude) den Todesstoß. Kirchenrenovierung ist auch eine Entscheidung, ob wir Kirchen Kulturpessimisten überlassen oder ob wir Hoffnung in die Kraft unserer Kultur setzen.

2. Wechselseitige Beeinflussung von Gottesdienst und Kirchenraum

Gottesdienst kann man fast überall feiern. Jeder Pfarrer oder Kaplan kann das bestätigen. Auf Reisen, Schikursen, Jungscharlager, bei Familienrunden und Pfadfindertreffen werden sehr unterschiedliche Räume für die Feier von Gottesdiensten verwendet. Selbst Papstmessen finden in Sportstadien, Parks oder auf großen Plätzen statt. Diese Gottesdienststätten sind mehr oder weniger dafür geeignet und müssen entsprechend gestaltet werden. (Was übrigens eine sehr gute Übung für Liturgiebildung ist). Man kann überall Gottesdienst feiern, denn »die Heiligkeit des liturgischen Geschehens formt einen ›heiligen Raum‹ und ›heilige Orte‹ im Raum, denn aus der Relation zum heiligen Geschehen ergibt sich auch die Heiligkeit jener Dinge, die das heilige Geschehen zu seiner Ermöglichung in Raum und Zeit braucht«[6]. Aber wenn man schon einen dafür reservierten Raum (Kirche) hat, sollte er die Feier unterstützen oder zumindest möglichst wenig behindern. Denn Ort und Art und Weise des Feierns beeinflussen einander gegenseitig. »In dieser Spannung ist die Feier der Liturgie im Raum angesiedelt: sie gibt einerseits

[6] J. Keplinger, Vorstehersitz, 357.

dem Raum ihre Form, andererseits steht sie in ihrem Vollzug immer schon im Einfluss seiner gewonnenen Form.«[7] Kirchenräume sind zu Stein (Beton, Glas, Holz ...) gewordene Glaubenszeugnisse unserer Vorfahren und wir können erkennen, wie sie gefeiert haben. Gleichzeitig beeinflussen veränderte Kirchenräume das Feierverhalten. Als zum Beispiel im 4. Jahrhundert das Christentum im Römischen Reich zur Staatskirche wurde, erwiesen sich die bisherigen Gottesdienstorte (Privathäuser, Katakomben) alsbald zu klein und man baute große Basiliken, die eine Neuinszenierung der Gottesdienste notwendig machten. So entstanden Prozessionen in der Messfeier[8] wurden eigene Abteilungen für Dienste geschaffen (z.B. Chorschranken) u.a.m., was die Art des Feierns deutlich veränderte. Es ist ein gewaltiger Unterschied, ob man den Rücken der Mitfeiernden sieht oder ihr Gesicht, ob wir uns zu einem Altar an der Ostwand der Kirche hinwenden oder wir uns um eine Mensa in der Mitte versammeln, ob der Prediger in einer Kanzel über den Köpfen der Mitfeiernden schwebt oder auf Augenhöhe steht, ob der/die Leiter/-in des Gottesdienstes auf einem »Thron« sitzt oder den Vorsitz führt, ob Chor und Orgel/Musikinstrumente als Teil des Volkes wahrgenommen werden oder von ihm getrennt eine »Messe aufführen«. Wie gesagt, Gottesdienst feiern ist fast überall möglich, aber das Grundanliegen der Liturgiereform setzt »auf die heilende, wenn auch mitunter schmerzende Kraft der Begegnung«[9]. Und es ist schwierig zu feiern, wenn die Symbolik des Raumes und der Einrichtung der Intention der Feier widerspricht.

---

[7] Ebd., 358.
[8] Vgl. J. Kittler, Unterwegs, 252.
[9] K. Richter, Kirchenräume, 66.

3. Pfarr- und Wallfahrtskirche Maria Hietzing in 1130 Wien, Am Platz 1

Die Kirche, deren Innenrenovierung hier geschildert wird, ist heute eine *Pfarrkirche* einer lebendigen Gemeinde mit ca. 3000 Katholiken im ehemaligen Vorort und jetzigen 13. Bezirk Hietzing der Stadt Wien in unmittelbarer Nähe zum ehemaligen Kaiserschloss Schönbrunn. Wobei in der Großstadt die Anzahl der im Pfarrgebiet wohnenden Katholiken für die Lebendigkeit der Gemeinde oft weniger eine Rolle spielt als die pastorale Situation auch in den umliegenden Gemeinden. Neben der Pfarrkirche gibt es noch zwei weitere Kirchen. Zu Beginn der 2000er Jahre feierten in der Pfarre im Schnitt 600–700 Menschen die Sonntagsmesse mit, davon 450 in der Pfarrkirche. Die Legende von der Marienstatue im Hochaltar ist ein wichtiges Narrativ für die Identität des ehemaligen Dorfes. Auch wenn die Blütezeit der *Wallfahrt* längst vorbei ist, kommen auch heute noch einzelne Gruppen mit Bus oder U-Bahn oder »wallen« durch den Schlosspark zur Kirche. Der Schwerpunkt liegt aber auf den vielen Einzelpersonen, die in der Kirche Stille und Möglichkeit zum persönlichen Gebet suchen, eine Kerze anzünden oder ihre Gebetsanliegen in ein dafür aufliegendes Buch eintragen. Die zeitweise blühende Wallfahrt, die Nähe des Kaiserhauses (Lieblingskirche von Maria Theresia, die ein eigenes Oratorium erhielt und deren Eltern Kaiser Karl VI. und Elisabeth Christine von Braunschweig-Wolfenbüttel hier getraut wurden) und nicht zuletzt das Patronat des Stiftes Klosterneuburg bewirkten, dass aus der ehemaligen kleinen Kapelle im Laufe der Geschichte ein historisches Kleinod mit hervorragenden Kunstwerken wurde, das bis heute viele gläubige und kunstinteressierte Menschen anzieht.

Daraus ergaben sich folgende Konsequenzen:

Die Renovierung einer solchen Kirche stößt nicht nur in der Pfarre selbst, sondern auch bei Bundesdenkmalamt, Erzdiözese Wien, Stift Klosterneuburg, Bezirk Hietzing und darüber hi-

naus auf großes Interesse. Es müssen mehrere Institutionen in die Planung einbezogen werden und es braucht eine breitgestreute und regelmäßige Information über die Pfarrgrenzen hinaus.
Die Kirche soll nicht nur für Gottesdienste der Pfarrgemeinde, sondern auch als Gebetsort für viele Kirchenbesucher tagsüber (Offene Kirche, erreichbare Kerzenkapelle) geeignet sein. Außerdem braucht es auch eine Möglichkeit zur Besichtigung der Kunstwerke (Führungen, Museum).

4. Beschreibung des Kirchenbaus

Eine kleine Kirche (maximal 240 Sitzplätze) mit gotischen Mauern (romanische Reste nur mehr erahnbar) wurde durch Ungarneinfälle und Türkenbelagerungen mehrfach zerstört. Der Chorraum mit Apsis war wahrscheinlich die ursprüngliche Kapelle, an den seit dem 15. Jahrhundert ein wesentlich breiterer, fast quadratischer Raum anschließt, der die Funktion eines Hauptraumes übernahm. 1688–1700 erfolgte eine gründliche Renovierung mit einer barocken Innenausstattung (Fresken, Stuck, Altäre) und dem Anbau einer Seitenkapelle (Hl. Leopold) durch das Stift Klosterneuburg. 1865 wurde die Kirche durch eine neugotische Westfront mit einem integrierten Glockenturm erweitert. Dadurch entstanden eine Verlängerung der Kirche und eine Betonung der Ost-West-Achse. Kirchenbänke verstärkten diesen Eindruck. Im 20. Jahrhundert erfolgten einige kleinere Veränderungen wie eine kleine Lourdeskapelle, Tabernakeltüren, Retabel des Hochaltares, Fenster u. a. m.
Um 1990 war die Kirche renovierungsbedürftig. Der Innenraum war dunkel und stark verschmutzt, die Altäre durch misslungene Renovierungen in der ersten Hälfte des 20. Jahrhunderts in dunklen, veränderten Farben gehalten, der Stuck und die Fresken schmutzig und brüchig und die Orgel kaum noch bespielbar. Verstärkt wurde dies alles durch eine laute Umluft-

heizung, die das Raumklima zerstörte und zuletzt nicht mehr eingesetzt werden konnte. Auch die liturgischen Provisorien mit pseudobarockem Altar und Ambo im mit Holzstufen erhöhten und einem bunten, unpassenden Teppich belegten Chorraum waren unbefriedigend und entsprachen weder den Vorstellungen der Feiergemeinde noch der künstlerischen Qualität des Kirchenraumes. Die ersten Entwürfe und Kostenvoranschläge entstanden 1991. Doch andere wichtige Projekte (Außenrenovierung, Kirchendach, neues Pfarrheim) verzögerten die Innenrenovierung noch 10 Jahre. Was sich im Nachhinein als Glück erwies. So hatten wir viel Zeit für Vorbereitung und Bildung.

Da Kirche ein Gebäude bezeichnet, in dem sich die Gemeinschaft Kirche versammelt, muss diese Gemeinschaft bei einer Renovierung des Gebäudes entsprechend beteiligt sein; nicht nur bei der Gebäudesanierung, sondern auch bei der Umsetzung der liturgischen Gestaltung. Deshalb gab es eine Reihe von theoretischen und praktischen Veranstaltungen für alle Interessierten der Gemeinde. Drei Themenkreise wurden bearbeitet:

1. Vorgaben der Gottesdienstgemeinde. Wie wollen wir als Gemeinde vor Ort Gottesdienst feiern?
2. Vorgaben der Weltkirche. Wie passen unsere Vorstellungen in den gesamtkirchlichen Kontext (liturgische Vorschriften und Regeln)?
3. Vorgaben des Kirchenraumes. Wie kann man das in unserem Kirchengebäude umsetzen?

5. Zeit der Provisorien

Wie in vielen anderen Kirchen wurden auch in Maria Hietzing nach dem Zweiten Vatikanischen Konzil Provisorien errichtet, die eine Entwicklung im liturgischen Denken und Praktizieren zeigen.

5.1 Späte 1960er Jahre oder »Altar umdrehen«

Ein einfacher, breiter Tisch wurde als Zelebrationsaltar vor den Hochaltar gestellt. So konnte der Priester, wie in der Allgemeinen Einleitung zum Messbuch (262) gefordert, dem Volk zugewandt die Messe feiern und den Altar umschreiten und das Volk konnte das Geschehen auf dem Altar leichter mitverfolgen. Allerdings bildete der Tisch eine Trennung zwischen Priester und Volk. Er erinnerte eher an eine Verkaufsbude und erzeugte eine Frontstellung. Die Sessio unmittelbar vor dem Hochaltar erweckte den Eindruck, als ob der Priester »im Tabernakel« säße. Es war zu wenig Platz, um sich um den Tisch zu versammeln. Vor allem aber war die Konkurrenz durch den unmittelbar dahinterstehenden Hochalter viel zu groß. Der Tisch hatte gegen den großartigen Hochaltar keine Chance.

5.2 1977 oder »wir basteln einen Altar«

Aus dem Material der vom Bundesdenkmalamt als wertlos bezeichneten Kanzel wurde ein Altar und ein Ambo gefertigt, die im Zentrum des Chorraumes, der um eine weitere Stufe erhöht wurde, ihren Platz fanden. Die dort befindlichen Bänke wurden in zwei Reihen an die Wände gestellt. Diese Lösung war großartig für alle, die sich im Chorraum um Altar und Ambo versammeln konnten. Bei voller Kirche wurde der Chor aber zur »Bühne« und der bedeutend größere Raum zum »Zuschauerraum«. Wie viele romanische und gotische Kirchen besteht auch Maria Hietzing aus zwei Haupträumen, die sich kaum verbinden lassen: einem fast quadratischen Zentralraum und einem um eine Stufe erhöhten, nur halb so breiten länglichen Chor. Der einschneidende Triumphbogen verstärkt die Trennung.

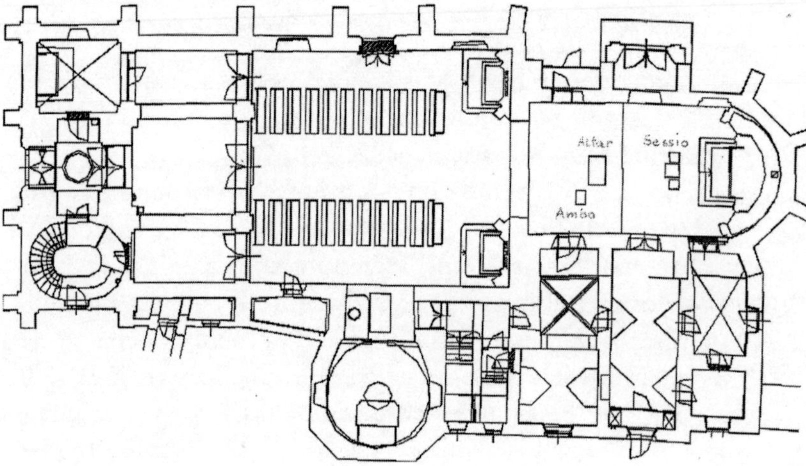

Vorgefundener Zustand 1990

5.3 1992 Versuch der Verbindung beider Räume oder »das Scheitern an der Architektur«

Beim Versuch, Chor und Hauptraum zu verbinden, wurde die Stufe des Chores in den Hauptraum hinein verlängert. Darauf fand der Altar zwischen den Seitenaltären Platz, während Ambo und Sessio im Chor verblieben. Der Vorteil: Da der Altar in den Zentralraum rückt, ist dieser nicht mehr nur Zuschauerraum. Der große Nachteil: Der Altar steht im engsten Teil der Kirche, wodurch liturgisches Handeln erschwert wird und wie ein Pfropfen wirkt, der beide Teile erst recht teilt. Dieser Versuch widersprach der Architektur der Kirche und löst das Problem nicht. Die Erklärung dafür liefert Philipp Harnoncourt: »Die Hauptorte der Feier wie Sessio, Ambo, Altar, Taufstein gehören in Konzentrationszonen, nicht aber in Zonen von Übergängen. […] Eine liturgische Einrichtung, die zum erlebbaren Raumkonzept im Widerspruch steht, wird immer Unbehagen auslösen.«[10]

[10] Ph. Harnoncourt, Erneuerte Liturgie, 27.

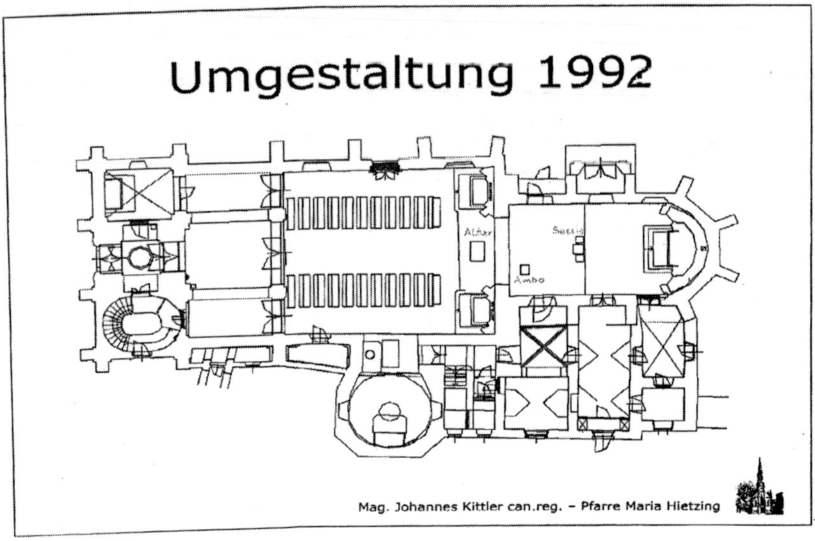

Umgestaltung 1992

6. Projekt Innenrenovierung der Kirche Maria Hietzing

Das Projekt hatte drei Problemkreise:

- Sanierung der Infrastruktur
- Restaurierung der Kunstwerke
- Neugestaltung wichtiger Gottesdienstorte gemäß den Gottesdiensterfahrungen der Pfarrgemeinde und den Vorschriften der katholischen Kirche.

Dazu war ein mehrjähriger Planungsvorgang mit denkmalpflegerischen, bautechnischen und liturgischen Schwerpunkten notwendig. Verantwortlich dafür war der Pfarrgemeinderat, vor allem die Ausschüsse für Liturgie und Bau, die sowohl die innerpfarrliche Planung als auch die Koordination mit Bundesdenkmalamt, Erzdiözese Wien, Stift Klosterneuburg, Architektenbüro, Beratern und ausführenden Firmen durchführte. Wobei dem Bauamt des Stiftes als Besitzer der Kirche eine besondere Rolle zukam.

6.1 Sanierung der Infrastruktur

Diese ist nicht nur für den Erhalt des Gebäudes, sondern auch für die Gottesdienstfeier notwendig. Schon Pius Parsch hat darauf hingewiesen: »Wenn nun das Gotteshaus die Kirche darstellt, und zwar die Kirche, wie sie aus Christus lebt, in Christus ihre Wurzeln hat, so muss es ein Familienhaus, eine Gemeinschaftsstätte ersten Ranges sein.«[11] Er spricht vom »wohligen Gemeinschaftsraum gestalten, nicht eine Halle für Massenveranstaltungen, sondern einen intimen Familienraum, der auch äußerlich angenehm wirkt, heizbar, mit bequemen Bänken versehen, mit Matten ausgelegt u. a.«.[12] Es ging um eine Verbesserung des Raumklimas, die sowohl den Menschen als auch den Kunstwerken zu Gute kommt. Eine Verbesserung der Lüftung konnte durch doppelt verglaste Fenster, die geöffnet werden können und einen Luftabzug für den Ruß in der Kerzenkapelle erreicht werden. Eine umweltverträgliche Heizung – Wärmepumpe mit Brunnenwasser –, die die Temperatur in der Kirche auch im Winter nicht unter 12–15 Grad Celsius fallen lässt. Außerdem wurde ein neues Konzept für die Nebenräume (Sakristei, Kinderwortgottesdienstkapelle, Pfarrmuseum im Kaiseroratorium) und Kapellen erstellt und deren Einrichtung und Fußböden zum Teil erneuert.

6.2 Restaurierung der Kunstwerke

Das denkmalpflegerische Konzept ging vom Erscheinungsbild von 1830 mit späteren Ergänzungen aus. Das machte die Kirche heller und brachte bei Hochaltar, Seitenaltären und Fresken die ursprüngliche Farbenpracht zurück. Vieles kam wieder zur Geltung, was lange nicht zu sehen war, und ermöglichte die kulturpädagogische Kraft der Kunstwerke neu auszuschöpfen.

---

[11] P. Parsch/R. Kramreiter, Neue Kirchenkunst, 15.
[12] Ebd.

6.3 Gesamtkonzept für die Neugestaltung liturgischer Gottesdienstorte

> Die räumliche Trennung von Presbyterium und Schiff, von Liturgiebereich (Bühne) und Zuschauerraum, ist nicht mehr erwünscht. Was für Neubauten ein eindeutiger Auftrag ist, erweist sich aber für traditionelle Altbauten oft als aussichtloses Bemühen, denn aus einer offensichtlichen Zwei-Raum-Anlage – das ist bei romanischen und gotischen Kirchen die Regel! – ist es meist nur unter Negierung der architektonischen Gegebenheiten möglich, einen Ein-Raum zu schaffen.[13]

Alle Versuche, Altar und Ambo im Chorraum zu platzieren, machten den schmalen Chor zur Bühne und das saalartige Kirchenschiff zum Zuschauerraum. Auch die Idee von Architekt Roland Rainer, den Ambo im Chor und den Altar im Kirchenschiff zu errichten um die Wortfeier im Chor und – mit einem Platzwechsel aller Teilnehmenden – die Eucharistie im Kirchenschiff zu feiern, wurde u. a. wegen Platzmangels im Chor verworfen. Die Lösung konnte nur in einem Gesamtkonzept liegen, bei dem die Funktionsorte auf die unterschiedlichen Räume aufgeteilt werden.

6.3.1 Festlegung der Handlungsorte

Die Stufe, die den Chor über das Kirchenschiff erhöhte, wurde beseitigt, sodass der gesamte Kirchenraum eine Ebene bildet. Stufen gibt es nur zum Hochaltar den Seitenaltären und in die Seitenkapelle. Da auch der Eingang in die Kirche stufenlos ist, entstand eine barrierefreie, rollstuhl-, rollator- und kinderwagengerechte Kirche.
Das Kirchenschiff – also der saalartige, große Hauptraum – wurde mit neuem Hauptaltar, neuem Ambo und neuer Sessio zum Zentrum für Messfeier und Wort-Gottes-Feier. Der Hauptaltar steht ohne Stufe auf vier großen in den Boden ein-

[13] Ph. Harnoncourt, Erneuerte Liturgie, 21.

gelassenen Steinplatten in der vorderen Hälfte des Hauptraumes. Der Ambo vor einer Seite des Triumphbogens ist auf den Altar ausgerichtet. Altar und Ambo sind von einem nach Kircheneingang und Hochaltar hin offenen Sesselkreis umgeben.[14] Die Sessio, vor der anderen Seite des Triumphbogens, unterscheidet sich von den übrigen Stühlen nur durch zusätzliche Armlehnen und steht etwas abgesetzt in der ersten Sesselreihe gemäß dem Amtsverständnis des hl. Augustinus: Für euch bin ich Bischof, mit euch bin ich Christ. Vorsitz in der Leitung – ebenbürtig im Feiern. Von diesem Platz aus hat man die ganze Kirche im Blick und kann zu allen Mitfeiernden sprechen, ohne auch nur einem von ihnen den Rücken zukehren zu müssen. Ambo und Sessio stehen wie der Altar ebenerdig ohne Stufe oder Podest. Um die Kontinuität der Entwicklung der Kirche von der Gotik bis zum 21. Jahrhundert zu dokumentieren, blieb als Zugeständnis zur Denkmalpflege die hintere Hälfte der Kirchenbänke (fünf Reihen) bestehen.
Im Chorraum unmittelbar neben der 14. Kreuzwegstation (Grablegung Jesu) fanden Taufbecken, Osterleuchter und Auferstehungskreuz ihren Platz. Aus dem Grab Jesu entsteht durch die Feier der Auferstehung in der Taufe neues Leben. Dort ist Raum genug, um sich zu versammeln, und die Tauffeier kann vom Großteil des Kirchenraumes aus mitverfolgt werden. Hier sind keine Stühle, sondern Hocker ohne Lehnen, die eine Ausrichtung zur Taufstelle wie auch zum Hauptaltar ermöglichen. Der Bereich des Hochaltares wurde durch Stufen und eine Steinbrüstung vom Chor abgetrennt und ist jetzt mit dem einzigen Tabernakel der Kirche die Sakramentskapelle.

[14] »Bogen- und Kurvenformen unterstützen den Zuwendungsaspekt der Versammlung oft besser als geradlinige Aufreihungen in Rechteckformationen. Diese erzeugen eine meist als zwanghaft empfundene Konfrontation mit dem Gegenüber, während die Versammlung in Kreis- und Ellipsenform die Menschen Zuwendung spüren lässt.« L. Zogmayer, Keine Inszenierung, 162.

In der Seitenkapelle stehen Stühle, die zum Hauptaltar, zum Ambo und zur Sessio hin ausgerichtet sind.
Der Raum unter der Orgelempore wird zum Auffangraum bei einer großen Anzahl von Gottesdienstteilnehmern. Er kann durch eine Glaswand abgetrennt werden, die die Verschmutzung des übrigen Kirchenraumes durch Rauch aus der Kerzenkapelle und Autoabgase der nahen Straße verhindert, und bildet gemeinsam mit der Kerzenkapelle einen Gebetsraum, der den ganzen Tag geöffnet ist und von den Bewohnern des Bezirkes und Besuchern gerne angenommen wird.

Foto: Paul Prader

6.3.2 Künstlerische Qualität

Was bei Neugestaltungen von liturgischen Funktionsorten oft übersehen wird, ist die künstlerische Qualität. Viele Lösungsversuche überzeugen deshalb nicht, weil sie neben der Qualität der vorhandenen Kunstwerke verblassen oder in Konkurrenz zu ihnen gehen. »Nicht selten meint man, dass hier formales Sich-Einfügen in oder Anpassen an das Vorhandene zur idealen Lösung führen müsste. Die Enttäuschung wird jedoch nicht ausbleiben, denn schwacher Abklatsch zeigt seine ganze Armseligkeit sehr schnell, wenn er mit hochrangiger Kunst konkurriert.«[15] So war es auch in Maria Hietzing. Da der vorhandene Holzaltar und der Ambo – beide aus Teilen der ehemaligen Kanzel gebaut – den Richtlinien der Erzdiözese Wien nicht entsprachen und das Taufbecken aus Gips auseinanderzubrechen drohte, wurde der Bildhauer Wolfgang Stracke beauftragt, Hauptaltar, Ambo, Taufbecken, Kerzenleuchter, Auferstehungskreuz und Osterleuchter zu gestalten. Eine enorme Herausforderung für den Künstler. Denn »das zu schaffende Kunstwerk muss im Dialog mit den Vorgaben des Raumes, den historischen Bedingungen und den Kunstwerken stehen«[16]. Der Hauptaltar ist aus einem einzigen Stück weißem Donaukalkmarmor und steht ein wenig versenkt auf vier großen Bodenplatten, die aus dem gleichen Material gefertigt sind. Er wirkt archaisch, ohne grob zu sein, und passt in seiner Eleganz und beruhigenden Kraft in den Kirchenraum. Da er deutlich vom Hochaltar und den Seitenaltären abgesetzt ist, tritt er nicht in Konkurrenz zu ihnen. Ambo und Taufbecken sind aus dem gleichen Material. Osterleuchter, Kerzenleuchter neben dem Altar und Ständer für das Vortragekreuz, das als Auferstehungskreuz mit Steinen ausgeführt ist, sind aus Bronze. Es ist Stracke gelungen, Kunstwerke zu schaffen, die sich bei aller Eigenständigkeit in das künstlerische Ensemble der Kirche so einfügen,

---

[15] Ph. Harnoncourt, Erneuerte Liturgie, 27.

[16] E. Holzhausen, Kunst, 22.

als ob sie schon immer hier gewesen wären, obwohl sie deutlich als Schöpfung des 21. Jahrhunderts erkennbar sind.

Foto: Martin Wihsbeck

7. Zusammenfassung

Durch diese Renovierung ist es gelungen, in der kulturellen und religiösen Geschichte dieser Pfarrgemeinde und ihres Kirchengebäudes einen Schritt weiterzugehen. Die barocke Ausstattung lässt heute noch die Aufbruchstimmung und Lebensfreude dieser Epoche nach den überstandenen Kriegen und Bedrohungen erahnen. Bilder, Statuen, Fresken, Verzierungen, heilige Geschichten und Musikinstrumente wollen das Herz des Besuchers ergreifen. Eine sinnlich wahrnehmbare Theologie will den Glauben an den rettenden Gott schmackhaft machen. Was den Charme der Kirche ausmacht, ist die Harmonie der unterschiedlichen Kunststile. Gotik, Barock, Rokoko, Neugotik und Moderne gehen nicht in Konfrontation, sondern treten in einen

Dialog miteinander. So ist die Kirche ein Glaubenszeugnis der Menschen dieses Ortes von der Gotik bis zur Gegenwart.

8. Persönliche Schlussbemerkung

Als Erzbischof Kardinal Christoph Schönborn am Ende der Altarweihe im Jahre 2005 zu mir als damaligem Pfarrer sagte: »So, Johannes, jetzt hast du den Altar, wie du ihn wolltest«, habe ich lange darüber nachgedacht. Wollte ich den wirklich so? Selbstverständlich habe ich bereits Jahre davor bestimmte Vorstellungen gehabt und Skizzen angefertigt. Aber die waren unterschiedlich und nicht eine war ident mit der Lösung, die später umgesetzt wurde. Also könnte man sagen, ich hatte nicht den Altar, wie ich ihn wollte. Erzbischof Schönborn hatte Unrecht. Aber geht es für einen Pfarrer wirklich darum, dass etwas so geschieht, wie er es will? Die Kriterien für eine Neukonzeption der liturgischen Funktionsorte habe ich damals folgendermaßen zusammengefasst:

1. Sie soll zur Art und Weise passen, wie die konkrete Gemeinde Maria Hietzing Gottesdienst feiert.
2. Sie soll den kirchlichen Vorschriften gemäß dem Messbuch entsprechen.
3. Sie soll zur künstlerischen Qualität der Kirche passen.

Fast 20 Jahre später erlaube ich mir zu behaupten, dass dies in hervorragender Weise gelungen ist. Und zwar nicht deshalb, weil alle meine Vorstellungen abgenickt haben. Sondern weil es jahrelang Vorarbeiten in der Pfarrgemeinde gab. Wir haben uns theologisch gebildet, verschiedenste Vorstellungen diskutiert und Beispiele in anderen Kirchen angeschaut. Wir haben mit Vertretern der Erzdiözese und des Bundesdenkmalamtes beraten und gestritten und wir haben einen großartigen Künstler gefunden. Viele haben zu diesem Erfolg beigetragen. Unser Gottesdienst konnte sich besser entfalten, das Kirchengebäude ist um einige Kunstwerke bereichert und wir haben die Art der

Versammlung um den Altar zum Motto unseres ganzen Pfarrlebens gemacht: »Wo zwei oder drei in meinem Namen versammelt sind, da bin ich mitten unter ihnen« (Mt 18,20). Das wollte ich. Deshalb hatte Erzbischof Schönborn doch Recht, der Altar ist so, wie ich ihn wollte.

Literaturverzeichnis

Harnoncourt, Philipp: Erneuerte Liturgie als Bauaufgabe, in: Wolfgang Bergthaler u. a. (Hg.), Funktion und Zeichen. Kirchenbau in der Steiermark seit dem II. Vatikanum, Graz 1992, 21–29.

Holzhausen, Elena: KUNST IM DIALOG mit Liturgie, Raum und gottesdienstlicher Versammlung, in: Pastoralamt der Erzdiözese Wien (Hg.), Richtlinien für die Neugestaltung eines Altarraumes, Wien 2011, 22–23.

Keplinger, Josef: Der Vorstehersitz. Funktionalität und theologische Zeichenstruktur (PPSt 11), Freiburg i. Br. 2015.

Kittler, Johannes: Unterwegs: Prozessionen und Umgänge, in: Michael Langer/Andreas Redtenbacher/Claußb Peter Sajak (Hg.), Unterwegs zum Geheimnis. Handbuch der Liturgiepädagogik (SPPI 9), Freiburg i. Br. 2022, 252–256.

Parsch, Pius/Kramreiter, Robert: Neue Kirchenkunst im Geist der Liturgie, neu eingeleitet von R. Pacik (PPSt 9), Würzburg 2010.

Richter, Klemens: Kirchenräume und Kirchenträume. Die Bedeutung des Kirchenraums für eine lebendige Gemeinde, Freiburg i. Br. ²1998.

Schönborn, Christoph: Vorwort, in: Pastoralamt der Erzdiözese Wien (Hg.), Richtlinien für die Neugestaltung eines Altarraumes, Wien 2011, 2–3.

Zogmayer, Leo: Keine Inszenierung von Ferne, in: Albert Gerhards/Thomas Sternberg/Walter Zahner (Hg.), Communio-Räume. Auf der Suche nach der angemessenen Raumgestalt katholischer Liturgie, Regensburg 2003, 161–176.

Klaus Sperr

Die Liturgie des Alltags

Geistliches Leben einer ökumenischen Kommunität

Klaus Sperr OJC ist evangelischer Pastor und gehört seit 2005 zur Kommunität »Offensive Junger Christen e. V.«. Er war lange Zeit für die »Liturgie des Alltags« verantwortlich, arbeitet heute hauptsächlich als Seelsorger sowie Leiter des Assoziiertenkurses (Noviziat).

Inmitten der Studentenunruhen des vergangenen Jahrhunderts gab es in unserem Land eine kleine Gruppe, die sich unter dem Titel »Sorge um Deutschland« zusammengefunden hatte. Es waren Frauen und Männer, die sich in den Streit der Zeit einbringen wollten. Dazu suchten sie Antworten aus dem Evangelium. Sie luden junge Menschen zum Hören und Diskutieren ein. Zu denen, die sich der nächsten Generation annehmen wollten, gehörten auch Irmela und Horst-Klaus Hofmann. Sie wurden so zu den Gründern unserer Kommunität.
Eine solche Schüler- und Studentenkonferenz fand vom 19. bis zum 21. April 1968 auf dem Gelände der Evangelischen Marienschwesternschaft in Darmstadt-Eberstadt statt. Auf dem Einladungsflyer stand »Alle reden von Revolution – wir auch«. Und es wurde aufgerufen zu einer »*Offensive junger Christen*«. Horst-Klaus Hofmann berichtete im Rückblick auf dem Evangelischen Kirchentag 1977 über diese Zeit:

> Ich gehöre zur Offensive Junger Christen. Wir sind ein Kind der Studentenunruhen. Der allererste Anfang war am 16. und 17. Juni 1967. Genau vor 10 Jahren, hier in Berlin im Ring politischer Jugend, als einer fragte: »Wie kommt man zu einem leidenschaftlichen, revolutionären persönlichen Glauben, der sich gesellschaftlich auswirkt?« (…) Da-

> mals sind unsere Schüler- und Studentenkonferenzen entstanden mit dem Ziel, junge Leute durch eine geistliche Erneuerung aus der Selbstbezogenheit herauszuführen, indem sie für die Auseinandersetzung an Schule und Universität und für die Verantwortung in der Gesellschaft zugerüstet werden.[1]

Der Wunsch war, möglichst viele junge Frauen und Männer mit dem Evangelium zu erreichen und sie zu einem *»leidenschaftlichen, revolutionären persönlichen Glauben«* einzuladen und zuzurüsten. Die Hoffnung war, dass diese ihr Christenleben nicht defensiv im Rückzug – oder aggressiv mit Gewalt –, sondern offensiv zur Veränderung ihrer Gesellschaft leben könnten, also »Licht und Salz sein«, um es mit einem Jesus-Wort zu sagen. Die Ehefrau und Mitgründerin Irmela Hofmann hält dann fest: »Innerhalb von zwei Jahren hatten wir auf 26 Schüler- und Studentenkonferenzen mehr als 2000 junge Leute kennengelernt und sie mit der Botschaft des Evangeliums zu einer neuen Lebensart herausgefordert.«[2] Und mehr als dies war auch nicht auf der Agenda von Irmela und Horst-Klaus Hofmann. Doch Gottes Agenda enthielt offensichtlich mehr.
Nach einer dieser Tagungen blieben zwei junge Frauen zurück. Sinngemäß sagten sie den Hofmanns: »Was Sie uns sagen, klingt plausibel – wir wollen gerne prüfen, ob das auch funktioniert.« Hofmanns waren begeistert und fragten zurück: »Wie wollt ihr das denn machen?« Antwort: »Wir dachten, wir ziehen bei Ihnen zu Hause ein – wenn es in Ihrer Familie funktioniert, könnte es auch bei uns funktionieren.« Dieser Moment war der Beginn des Übergangs von der »Tagungsarbeit« zur sogenannten »Mannschaftsarbeit«. Die Hofmanns öffneten ihr Einfamilienhaus und es begann das *»Experiment des gemeinsamen Lebens«*. Lehre und Leben sollten zueinanderfinden und einander befruchten. Und als dann im Folgejahr wieder welche kamen und die Zahl derer, die wirksames Christsein auf diese Weise erpro-

[1] I. Hofmann, Kein Tag, 150.
[2] Ebd., 38.

ben wollten, immer größer wurde, verkauften die Hofmanns ihr Häuschen in Mannheim und kauften dafür ein ehemaliges Schülerinnenheim in Bensheim an der Bergstraße. Aus den Schüler- und Studententagungen war nun die »Offensive junger Christen« (OJC) geworden. Erwecklich-lutherisch, wenn auch nicht in konfessionellem Sinn, sondern als Aufbruch durch den Ruf des Evangeliums. Von Beginn an – allein schon durch die Prägung von Horst-Klaus Hofmann als CVJM-Sekretär – war die OJC ökumenisch ausgerichtet. Bis heute sind wir eine *»ökumenische Familienkommunität in der Evangelischen Kirche«*. Das ist unsere Verortung, die uns aber nicht daran hindert, einen weiten Blick zu haben und uns als Teil der weltweiten Kirche Jesu Christi, des Reiches Gottes, zu verstehen. So gehören heute gut 80 Frauen, Männer und Kinder zu unserer Kommunität. Junge und Alte – Ledige, Ehepaare und Familien – Evangelische, Römisch-Katholische und Freikirchler. Uns verbindet der Ruf Jesu in diese Gemeinschaft und die Aufgabe, unseren Kirchen und unserer Welt zu dienen.

So also wurde die OJC. Und wir sind sicher: Sie wurde so von Gottes Hand geführt. Entstanden im »Kampf um das Leben und Denken der jungen Generation«. Und Hofmanns war dabei klar: Wer so kämpfen will, braucht ein tragfähiges Fundament. So gab es früh eine »Innere Ordnung« als ein erster Versuch einer geistlichen Regel. Und es gab den Text »Schafft und Schult« als richtungsweisende Formulierung des Apostolats dieser jungen Gemeinschaft. Klar war, dass, wenn sich die OJC nicht als kurzatmiger Idealismus erledigen wollte, es einen Halt außerhalb ihrer selbst brauchte. Trotz des Beginns mit den Tagungen und auch hervorgebracht durch das Anliegen der beiden jungen Frauen zum gemeinsamen Lebens-Experiment, fand man früh zu der richtungsweisenden Formulierung *»nicht Akademie, sondern Kolonie«. Nicht einfach eine theoretische Denk-Werkstatt, sondern eine praktische Lebens-Werkstatt wollte die OJC sein.* Dabei sollte nicht Denken verdrängt werden – im Gegenteil –, es sollte aber unbedingt ins Leben finden. Denn:

»Konstruktive Realitäten lassen aufhorchen.« Dies alles stellte umso mehr die dringliche Frage nach dem Fundament, aufgrund dessen man leben und das man an die jungen Menschen weitergeben wollte.

Quellen

Auch die OJC ist nicht aus heiterem Himmel gefallen. Auch uns gilt dies Wort, dass nur der Zukunft hat, der seine Geschichte kennt. In der Frühzeit unserer Gemeinschaft hielt Irmela Hofmann fest: »Unser Glaube an Christus bedeutet uns mehr als das Wissen von Wahrheiten. Im eigenen und gemeinsamen Leben erfahren wir Vergebung, die wir weitergeben wollen, teilen wir unsere Gemeinschaft mit anderen, finden in der Stille die Quelle der Inspiration und neue Kraft. Wir wissen, dass jede Zelle nur so lebendig bleibt, wie sie über sich hinauswächst.«[3] Die *»Stille«* ist ein wesentlicher Impuls, den die Hofmanns nicht nur aus dem CVJM, sondern auch durch Frank Buchman und seine »Moralische Aufrüstung« (englisch: MRA – Moral Re-Armament)[4] mitbekommen haben. Sein Leitsatz war: »Wenn der Mensch horcht, spricht Gott, wenn der Mensch gehorcht, handelt Gott. Und wenn Menschen sich ändern, werden Völker anders«[5]. Der Ausgangspunkt jedes wirksamen – oder sagen wir es in biblischer Sprache: fruchtbaren – Christenlebens ist die persönliche Stille vor und mit Gott. Das Hören auf den Gott, der redet, in Gebet und täglichem Bibelstudium. Daraus gewann diese Bewegung vier Grundregeln für ihr Zusammenleben und ihren Dienst: Ehrlichkeit, Reinheit, Selbstlosigkeit und Liebe. Das wollten sie leben und so sollte Gott wirksam werden können. Bis heute ist die morgendliche Stille ein – vielleicht *der* – Eckpfeiler unserer Christus-Nachfolge.

---

[3] Ebd., 5.

[4] Siehe dazu: K. Sperr, Life-Changers.

[5] P. Howard, Welt, 223.

Man muss zu den Quellen auch Dietrich Bonhoeffer und seine Bücher »Nachfolge« und »Gemeinsames Leben« zählen. Es war eine der Gaben des Ehepaars Hofmann, inspirierende Quellen zu schöpfen und fruchtbar zu machen, um *»Grundentscheidungen für eine gottesdienstliche Lebensführung«* treffen zu können. So der Titel eines Beitrages aus dem Jahr 1985 von Reinhard Frische, der nicht ohne Folgen blieb.[6]

Ich will an dieser Stelle auf ein anderes wesentliches Wort unseres Gründers hinweisen: Horst-Klaus Hofmann nannte sich immer wieder einen *»Abendmahlschristen«*. Da – am Tisch der Versöhnung, an den uns Jesus Christus selbst einlädt – lag und liegt die eigentliche Quelle der OJC-Gemeinschaft. Von Anfang an gab es bei uns eine wöchentliche Abendmahlsfeier unter der Leitung eines ordinierten Geistlichen oder kirchlich beauftragten Liturgen. Auch Letzteres war den Hofmanns wichtig. Mag die OJC auch ab und zu etwas unkonventionell daherkommen, sie war nie eine der damals zahllosen Hippie-Gruppen. Sie wollte und will eine geistliche Gemeinschaft sein. Und in der *bilden bis heute zwei geistlich-liturgische Momente die Mitte: die persönliche Stille und das gemeinsame Abendmahl.* Wort und Eucharistie – die beiden Formen, in denen sich unser Herr Jesus Christus den Seinen immer wieder schenkt.

Alles in allem bündelt sich hier der Wunsch, den Glauben ins Leben zu ziehen – und das Leben in den Glauben zu ziehen. Ein mir befreundeter Pfarrer pflegt zu sagen: »Es geht nicht um eine geordnete Stille am Tag, sondern um einen durch die Stille geordneten Tag.« Genau darum geht es uns. Und genau darum gibt es die »Liturgie des Alltags«.

[6] R. Frische, Grundentscheidungen.

Als die OJC auf ihren 40. Geburtstag zuging, passierten zwei Dinge. Zum einen – und das mag überraschen – wollten wir endlich die Kommunität gründen. Und zum anderen wurde uns dabei rasch klar, dass dies auch einer gemeinsam verbindlichen geistlichen Regel bedurfte.

Die OJC begann 1968 als eine Bewegung. Es gab ein Gründerehepaar. Andere kamen dazu ... manche gingen nach einiger Zeit der Mitarbeit wieder ... andere blieben. Insgesamt eine eher fluide Situation, die ganz aus Freiwilligkeit und völlig ohne ausgesprochene äußere Verbindlichkeit bestand. Nun schien es an der Zeit, dies zu ändern. Es war der Wunsch derer, die mehr oder weniger von Anfang an dabei waren, ebenso wie derer, die erst in den letzten Jahren dazugestoßen waren. So bewegten wir uns auf die etwas eigenartige Situation zu, unser 40-jähriges Jubiläum zu feiern und aus diesem Anlass uns sozusagen erst recht zu gründen. Es haben 2008 insgesamt 23 Personen die OJC-Kommunität gegründet. Bis heute sind weitere 23 Ledige und Ehepaare eingetreten. Alle haben wahrgenommen: »Der Schritt in die Kommunität schafft eine neue geistliche Wirklichkeit. (...) Von nun an ist diese Gemeinschaft die deine; du bist mit verantwortlich für ihre Treue.«

Dieser Satz stammt aus der geistlichen Regel der OJC-Kommunität.[7] Im Februar 2008 hatte unser damaliger Prior eine Vorlage ausgearbeitet. Wir waren uns gemeinsam darin einig, dass wir keinen frommen Idealismus beschreiben, sondern die erfahrene Wirklichkeit dokumentieren wollten. Darum haben wir uns eine Zeit des Lesens, Denkens, Betens und Austauschens genommen. In diesen vier Jahren hat diese Vorlage etliche wesentliche Präzisionen erhalten und wir haben sie dann miteinander am 14. Februar 2012 verabschiedet.

[7] OJC, Grammatik, [90].

In unserem Sprachgebrauch nennen wir sie einfach »*Grammatik*«. »Jede Art des Zusammenlebens basiert auf Absprachen, die praktiziert und verinnerlicht werden. Das gilt auch für geistliche Gemeinschaften. (…) Grammatik beschreibt, was wir brauchen für ein gemeinsames Leben, in dem es primär um ein Hören und Sprechen, Verstehen und Tun geht: um das Hören und Sprechen mit Gott, um das Hören und Sprechen miteinander und um das Hören und Sprechen, das über die Gemeinschaft hinaus in die Welt hineinwirkt.«[8] Bei alledem wurde uns wichtig, vier Ebenen zu beachten. Sie gehören zwar zueinander, aber sie sind doch zu unterscheiden. Wir versuchen klar im Auge zu halten den Unterschied zwischen den »Letzten Dingen« und den »Vorletzten Dingen«. Dem also, was allein Gott zusteht, und dem, was auch der Schwerkraft dieser Welt unterliegt. Und wir unterscheiden zwischen den »Atmosphären« und den »Regeln«. Letztere sollten klar sein und einen gedeihlichen Rahmen ausmachen. Ihr gesundes Gegengewicht ist so ausgedrückt: »Lebensräume sind wesentlich durch Atmosphären geprägt.«[9] Es geht uns mit unserer geistlichen Regel nicht um einen Gesetzestext, sondern um *den Ausdruck einer Kultur des Lebens*. Und diese Kultur lebt ganz wesentlich von dem, was wir »Liturgie des Alltags« nennen.

Liturgie des Alltags

Die »Liturgie des Alltags« steht in der Abfolge der Abschnitte unserer Regel ziemlich in der Mitte. Vor allem aber steht sie in der Mitte unseres Lebens. Zumindest ist dies unser Anspruch. *Liturgie meint in unserem Zusammenhang diese oben genannte »gottesdienstliche Lebensführung«,* unser Sein vor Gott, unser Leben aus und in Gottes Gegenwart. Darum auch der Zusatz »Alltag«. Liturgie kann nur dann unser Leben tragen, wenn es

8 OJC, Grammatik [8].
9 OJC, Grammatik [17.119].

mit diesem in engster Verbindung steht. Also: keine Liturgie, die nur auf Sonntag und Gottesdienst ausgerichtet ist, sondern eine, die unseren Alltag durchzieht und bestenfalls auch prägt. Dieses Anliegen findet sich auch in der ökumenisch ausgerichteten »Liturgischen Bewegung«, zu der u. a. auch Pius Parsch viel beitrug. Im Zusammenhang mit ihm ist auch von der »Volksliturgischen Bewegung« zu lesen. Die Liturgie (da noch eher gottesdienstlich verstanden) sollte verständlich sein und von allen mitvollzogen werden (*participatio actuosa*). Insofern knüpft unser Liturgieverständnis durchaus an Vorläufer an. Liturgie – egal ob im gottesdienstlichen oder persönlichen Horizont – ist kein Selbstzweck. Sie will uns immer wieder in die Nähe Gottes bringen und so unseren Alltag durchziehen und in diesem durch verändertes Leben wirksam werden.
Die klassischen Elemente unserer »Liturgie des Alltags«[10] sind in unserer geistlichen Regel sozusagen eingerahmt. Ihr voraus geht der »Römische Brunnen«[11]. Dahinter steckt der Gedanke, dass wir Menschen vom Empfangen leben: »Täglich neu meine Hände ausstrecken wie eine Schale, empfangen von dem, der alles gibt; mich erinnern, dass ich das Wesentliche nicht in mir selbst trage.« Nicht das Machen – was einer so aktionsträchtigen Gemeinschaft wie unserer durchaus als Versuchung stets naheliegt –, sondern das Empfangen ist entscheidend. Auch als Voraussetzung der »Liturgie des Alltags«. Dieser folgt im Text

---

[10] OJC, Grammatik [58–69]: Gebet, Austausch, Mittagsgebet, Abendgebet, Seelsorge wahrnehmen, Beichte, Abendmahlsfeier, Gottesdienste, Bibelarbeiten, Kommunitätstage und Retraiten.

[11] OJC, Grammatik [55.56]. Das Bild stellt einen dreischaligen Brunnen vor Augen. Aus der Spitze fließt das Wasser in die erste Schale. Die wird gefüllt und läuft über in die nächste Schale. Dieser Vorgang wiederholt sich zur dritten Schale. Für uns symbolisiert die Quelle das Lebenswasser Gottes – es fließt in unsere erste Schale: unsere Gottesbeziehung – von dort in die zweite: unsere Beziehung untereinander – und schließlich in die dritte: unsere Beziehungen zur Welt und ihren Menschen. Alles beginnt mit dem Empfangen. Nur so kann unser Leben einerseits gesättigt und andererseits überfließend werden.

unserer Regel dann eine weitere Einordnung: das »Kreuz der Wirklichkeit«[12]. Wir sind in unserem Leben zwischen vier Polen eingespannt: Kontemplation und Aktion sowie Konspiration und Rekreation. Alle vier Bereiche sind nötig und wir sind gewiesen, darauf zu achten, dass sie in einem gesunden Verhältnis zueinander bleiben. Keiner dieser Pole soll dominieren, keiner soll verkümmern. »Lass dich ansprechen und antworte – suche den Rhythmus der Zeiten, auf dass dein Leben ausdauernd und schöpferisch bleibt«, heißt es dort. *Diese Klammer umgibt also unsere »Liturgie des Alltags«: das Empfangen und der Rhythmus der Zeiten.* Und umgekehrt: Empfangen und Rhythmus haben die Liturgie, die gottesdienstliche Lebensführung, als ihre Mitte.

Bevor ich beispielhaft vier Momente unserer »Liturgie des Alltags« knapp skizziere, noch ein Hinweis. Neben den in unserer Regel genannten Elementen gibt es weitere. Die Aufzählung dort ist nicht vollständig. Sie bildet die Mitte unserer Liturgie, aber es gibt auch Ränder. So wie es neben unserer Regel noch eine zweite Säule gibt: »Auftrag und Leitbild«. Ist das erste eher grundlegend zeitlos, so ist das zweite eher konkret und aktuell. Dort ist die Rede vom Dreiklang unseres Lebens: christuszentriert leben – schöpferisch denken – gesellschaftlich handeln. Dazu sehen wir uns von Gott berufen. Entsprechend sind wir diesem Lebensvollzug auch verantwortlich. In unserem Leitbild gibt es den Abschnitt Lebenskultur. Dort werden weitere Elemente, die unsere »Liturgie des Alltags« ausmachen, genannt. Das geht z. B. von Dankbarkeit über Geschwisterlichkeit und Konfliktbereitschaft bis hin zu Gastfreundschaft und Feiern.[13] Dazuzuzählen wären beispielsweise auch Sonntagsbegrüßung und Geburtstagserzählen. Auch das alles gehört zu einer gottesdienstlichen Lebensführung. *Es geht uns eben weit mehr um*

[12] OJC, Grammatik [70–74].

[13] Ein konkretes Beispiel ist die Sonntagsbegrüßung – siehe dazu https://www.ojc.de/kommunitaet/#Liturgie.

eine prägende Kultur als ausschließlich um eine bestimmte Observanz.
Auf vier Beispiele möchte ich kurz aufmerksam machen. Zwei aus der persönlichen Liturgie: Stille und Austausch. Und zwei aus der gemeinschaftlichen Liturgie: Mittagsgebet und Abendmahl.
Jeder Tag beginnt bei uns mit der *persönlichen Stille*. Das Hören auf Gott, das Gespräch mit ihm, das Gott-Hinhalten unseres konkreten Lebens – in Dank und Sorge, im Fragen und Antworten. Bibellesen und Gebet sind die Quelle unseres Lebens. Das ist eine Konstante von den Anfängen bis heute. Denn: »Das Wesentliche ist nicht, was wir sagen, sondern was Gott uns und durch uns sagt.«[14]
Dazu kommt der *Austausch*. Wir treffen uns in der Regel wöchentlich in kleinen Gruppen und nach Geschlechtern getrennt. »Austausch ist in der OJC-Geschichte von Anfang an der besondere Raum und die besondere Zeit, in der wir uns in diesem geschützten Raum voreinander zeigen, indem wir aus dem Versteck der vielen Absicherungen, die wir alle um uns aufgebaut haben, heraustreten und uns einander zu erkennen geben – als Bedürftige und Sünder, als Inspirierte und Träumer.«[15] Wir sind dabei getragen von dem Gedanken: »Jeder Austausch lebt vom ›Christus mitten unter uns‹. Das ist der entscheidende Faktor«[16]. Und wir wissen: »Treue und Verbindlichkeit spielen eine wichtige Rolle […] Regelmäßigkeit entlastet.«[17]
An allen Wochentagen findet in verschiedenen Kapellen unserer Gemeinschaft, aber mit derselben Liturgie das *Mittagsgebet* statt. Es besteht aus einem liturgisch gehaltenen Introitus, zu dem auch Wochenlied und Wochenpsalm gehören, und einem anschließenden freien Gebet. Wir nennen es ein politisches Mittagsgebet. Es dient der Fürbitte für die Anliegen von Kirche

[14] C. Geister, Gedanken, 253.
[15] F. Klenk, Perle, 46.
[16] Ebd., 48.
[17] Ebd., 49.

und Welt. Denn es gehört zu unserer Berufung, dass wir unseren Beitrag leisten zur Erneuerung von Kirche und Gesellschaft. Nicht nur im Gebet, aber eben auch dort. Über lange Zeit bestand unser Mittagsgebet alleine aus dieser Fürbitte. Seit etlichen Jahren haben wir aber erkannt, dass das zu wenig ist. Wer bittet, muss auch danken. Seitdem ist das Freitagsgebet ein ganz bewusstes Dankgebet. Wir erzählen einander von den (meist) kleinen und (ab und an auch) großen Wundern und Geschenken, die uns dankbar machen. Denn erst der Dank macht die Gabe zu einem nachhaltigen Segen!

Der Hauptgottesdienst unserer Gemeinschaft ist die (mindestens) wöchentliche *Feier des Heiligen Abendmahles*. Es ist gar nicht selbstverständlich, dass wir als ökumenische Kommunität in der Evangelischen Kirche gemeinsam am Tisch des Herrn stehen. Darum dazu einige Wort mehr. Wir – evangelische, römisch-katholische und freikirchliche Christen – wollen als Glieder unserer Kirchen und als Mitglieder der Kommunität versöhntes Leben zum Ausdruck bringen. Wir sind uns dabei bewusst, dass wir jetzt schon etwas leben, das in dieser gebrochenen Welt nur zeichenhaft dargestellt werden kann. In der »Konstitution über die heilige Liturgie« des Zweiten Vatikanischen Konzils findet sich dieser Satz: »In der irdischen Liturgie nehmen wir vorauskostend an jener himmlischen teil (…).«[18] Mir ist *praegustando* – vorauskostend – als ein Schlüsselwort besonders wichtig geworden. Was wir tun, ist nicht die Wirklichkeit unserer konfessionellen Kirchen – es ist auch nicht ein leichtfertig-schwärmerisches Übergehen aller Grenzen oder ein bunter konfessioneller Mischmasch – es ist schlicht und einfach ein kleiner Geschmack von dem, was kommen wird, wenn wir in Gottes ewiger Herrlichkeit am Tisch unseres Herrn Jesus Christus sitzen werden. Wir wagen – ebenso bescheiden wie verantwortlich – jetzt schon ein bisschen etwas davon zu

---

[18] Sacrosanctum Concilium 8,1, zitiert nach: P. Hünermann (Hg.), Dokumente.

schmecken, vorauszukosten. Mit unserer Feier weisen wir auch von uns weg hin auf Gottes versöhnende Ewigkeit, der wir alle entgegengehen. Das heißt aber auch, dass wir uns im Letzten weder unseren Kirchen noch unserer Kommunität verpflichtet wissen, sondern allein Jesus Christus. Denn allein von ihm her leben wir. Unsere Regel bringt dies zum Ausdruck: »Jesus Christus lädt zum Abendmahl ein. Er ist der Gastgeber, wir sind die Gäste.«[19] Dieser Satz wird auch in jeder unserer Abendmahlsfeiern als klärende Erinnerung genannt.

Unser Abendmahl ist eine durch eine bewährte Liturgie getragene Feier. Bei der Kommunion stehen wir im Kreis um den runden Altar unserer Michaelskapelle. Der Liturg ist Teil dieses Kreises, ergreift die Initiative, gibt erst Brot und dann Wein in den Kreis – und dann bricht jeder dem Nächsten Brot und gibt ihm Wein – Christi Leib und Leben. Alle bilden zusammen einen »Ring der Tischgemeinde«[20]. Diese Circumstandes-Haltung bringt am stärksten zum Ausdruck, dass wir als Schwestern und Brüder des einen Herrn die Gäste seines Tisches und seiner Versöhnung sind. ER ist unsere Mitte! Für unser Jubiläumsmagazin 2018 hat eine der Jüngeren unserer Gemeinschaft ihre eigenen Erfahrungen der Annäherung an unser Kommunitäts-Abendmahl niedergeschrieben. Daraus nur zwei Sätze: »Jesus ist als der Gekreuzigte und Auferstandene gegenwärtig und ich darf IHN selbst in Brot und Wein immer und immer wieder empfangen und damit alles bekommen, was ich für mein Leben brauche. (…) Ich stelle mich und den anderen unter die Macht des Friedens, die uns einander in einem neuen Licht sehen lässt.«[21]

Das waren in aller Kürze vier von weit mehr Lebensvollzügen unserer »Liturgie des Alltags«. Es ist auch das Wechselspiel zwischen den eher persönlichen und den eher gemeinschaftlichen Vollzügen, die uns in Spannung und Lebendigkeit halten wol-

---

[19] OJC, Grammatik [66].
[20] Vgl. F. Debuyst, Romano Guardini.
[21] C. Schneider, Kommunizieren, 114f.

len. Bei alledem sind wir angeregt durch eine Feststellung unseres Gründers. Er generalisierte unseren Auftrag so: »Unser Produkt ist Hoffnung.« Nicht dass wir sie machen könnten. Keineswegs. Aber dass wir sie anzubieten haben, das ist gemeint. So ergibt sich daraus die Frage, wie wir Hoffnungsträger bleiben können. Die »Liturgie des Alltags« ist hier nicht eines von vielen Elementen, sondern von entscheidender Bedeutung. Und wir wissen: »Niemand glaubt immer. Wir brauchen einander, weil jeder von uns zeitweilig nicht glaubt.«[22] Und nur wenn wir im Glauben bleiben, können wir Berufung und Sendung – unser Apostolat – auch wirksam leben.

Ausblick

Ich erlaube mir zum Schluss noch vier Anmerkungen zu möglichen Untiefen. Sie richten sich primär an mich selbst und unsere eigene Kommunität. Nicht als Klage, sondern als Anregung zur Aufmerksamkeit. Sie benennen je zwei Pole, die vorsätzlich mit einem »und« verbunden sind, nicht mit einem »oder« bzw. »gegen«.

Alte und Junge. Die OJC ist eine Familienkommunität. Bei uns leben Ledige, Ehepaare und Familien mit Kindern. Bei uns sind das ganz willentlich keine drei Konvente in einer Kommunität, sondern eben eine gemeinsame Gemeinschaft. Und das alles in verschiedenen Generationen. Ganz überwiegend erleben wir dies als großen, bereichernden Schatz. Aber ab und an prallen auch Erwartungen und Bedürfnisse aufeinander. Gerade auch im Bereich unserer »Liturgie des Alltags«. Die Jungen handeln allzu leicht (leichtfertig?) nach dem Motto »Das war eure Zeit, jetzt ist unsere Zeit«. Die Alten neigen schwer (schwerfällig?) dazu Form und Inhalt als kongruent anzusehen. Da geht es um

[22] Eugen Rosenstock-Huessy, zitiert nach: G. Besier/H. Klenk/Ch. R. Vonholdt, Christliche Hoffnung, 3.

die Frage nach dem Verhältnis von Tradition und Neuerungen. Das eine gegen das andere auszuspielen, wobei sich dann eher die Lauteren durchsetzen, wäre eine gefährliche Untiefe. Wie gelingt es uns, den gemeinsamen Weg zu sichern? Sicher nicht mit irgendeinem kleinsten gemeinsamen Nenner. Bei uns gibt es den hilfreichen Ansatz von »sich auseinandersetzen und zusammenreden«. Sich mit dem anderen auseinandersetzen in dem Wissen, dass in allen derselbe Geist Gottes wirksam ist. Sich zusammenreden, weil unsere Berufung eine gemeinsame ist und sie nur so fruchtbar werden kann – für uns und durch uns für andere.

Funktionalismus und Spiritualität. Wir sind eine umtriebige und durchaus produktive Gemeinschaft. Vieles funktioniert gut. Gerade in solch einer Situation schieben sich schnell (allzu oft vermeintliche) sachliche Argumente in den Vordergrund. Dann wird tendenziell eher die Kraft im Funktionalen als im Spirituellen eingesetzt. Etwas platt ausgedrückt: mehr Dienst, weniger Gebet. Vor allem das gemeinsame Feiern wird schnell auf die Mühe begrenzt. Aber eine Gemeinschaft (egal ob Familie, Kirche, Gesellschaft, Kommunität), die nicht mehr feiert, ist höchst bedroht. Wir dürfen Spiritualität nicht auf wenige formale Funktionen begrenzen – es geht eben um die gottesdienstliche Lebensführung. Bei uns fing alles mit der »Sorge um Deutschland« an. Diese Sorge ist zuerst mit Gott zu teilen (Liturgie), sodann sind wir selbst zu befragen (Seelsorge) und schließlich soll uns das zu wirksamer Aktion führen (Mission).

Freiheit und Erziehung. Wir leben heute in Gesellschaft und Kirche – Gott sei es gedankt – in einer sehr freiheitlichen Atmosphäre. Dass dies einen guten Weg nimmt, ist aber nicht aus sich selbst heraus selbstverständlich. Unser früherer Bundeskanzler Helmut Schmidt sprach immer wieder von der »Erziehung zur Demokratie«. Vielleicht ist der gemeinschaftliche Vollzug auch eine Art Erziehung zur geistlichen Präsenz, zu einem gottesdienstlichen Lebensstil?! Wir Alten brauchen das ebenso wie die Jungen. Gerade da brauchen wir einander. Schon 1973 stellte

sich die Frage: »[…] ob es nicht unverantwortlich sei, die jungen Leute nach dem gemeinsamen Jahr ohne eine feste Regel oder eine Gemeinschaft zurückgehen zu lassen«[23]. Das gilt auch für die, die hierbleiben. Haben wir noch den Mut zur Erziehung?
Das Viele und das Eine. Mit den Jahren – die OJC ist nun 55 Jahre alt – nimmt die Fülle zu, an Menschen, Meinungen, Erfahrungen, Dienstbereichen und vielem mehr. Und vieles ist auch geworden. Das ist Grund, viel Grund, zum Dank. Und doch stellt sich immer wieder die Frage nach dem »Einen«, nach dem Eigentlichen und Unverzichtbaren, nach der Berufung Gottes, dem Herz der Kommunität. Wenn wir uns die Gemeinschaft wie einen Menschen vorstellen, dann ist das persönliche wie gemeinschaftliche geistliche Leben vor Gott das Herz. Es braucht auch Augen, Ohren, Hände, Füße etc. – aber das Herz ist das über das Leben entscheidende Organ. Um das lebendig zu erhalten, dürfen Berufung und Sendung nicht verwechselt oder gar ausgetauscht werden. Entscheidend ist nicht, was wir tun – entscheidend ist, wie wir vor Gott leben, so dass ER durch uns wirksam werden kann.
Horst-Klaus Hofmann gab uns mit: »Klarheit kommt aus der Stille, Mut aus der Geschichte, Freude aus der Zukunft.« Klarheit, Mut und Freude sind stets gefragt. Wir leben vom Handeln Gottes – letztlich allein von seinem Handeln – daran erinnert uns die »Liturgie des Alltags« in ihren vielfältigen Formen Tag für Tag. Denn: »[…] die Erinnerung an Gottes Handeln ist der Orientierungssinn aller christlichen Leidenschaft«[24]. Und Erinnerung meint Vergegenwärtigung, so haben wir es von unseren jüdischen Geschwistern gelernt. Dann gilt auch, was Emil Brunner einmal schrieb: »Eine Kirche, die der Welt ein Beispiel wahrer, persönlicher Gemeinschaft gibt, ist das große Wunder in der Welt, nach dessen Geheimnis die Menschen immer wieder fragen müssen und fragen werden.«[25] Darum bleibt als

[23] I. Hofmann, Kein Tag, 78.
[24] R. Frische, Grundentscheidungen, 280.
[25] Emil Brunner, zitiert nach: I. Hofmann, Kein Tag, 42.

Schlusswort in die Zukunft nur diese alte Erkenntnis unseres Gründers aus dem Jahr 1977: »So soll unter uns – gerade wenn wir von verbindlichem Leben reden – von Anfang an die frohe Botschaft sichtbar sein. Es geht um keine neue Leistung. [...] Das Wort vom verbindlichen Leben beginnt mit dem Wort vom für uns geopferten, geschenkten Leben, es beginnt mit der Heimkehr zu Christus.«[26]

Literaturverzeichnis

Besier, Gerhard/Klenk, Hermann/Vonholdt, Christl R. (Hg.): Christliche Hoffnung, Weltoffenheit, Gemeinsames Leben. Festgabe für Horst-Klaus Hofmann, OJC zum 70. Geburtstag, Reichelsheim 1998.

Debuyst, Frédéric: Romano Guardini. Einführung in sein liturgisches Denken, Regensburg 2009.

Frische, Reinhard: Grundentscheidungen für eine gottesdienstliche Lebensführung, in: Horst-Klaus Hofmann/Irmela Hofmann, Anstiftungen: Chronik aus 20 Jahren OJC, Moers 1988, 263–283.

Geister, Cornelia: Einige Gedanken zum Thema: Stille Zeit, in: Horst-Klaus Hofmann/Irmela Hofmann, Anstiftungen: Chronik aus 20 Jahren OJC, Moers 1988, 253–256.

Hofmann, Horst-Klaus/Hofmann, Irmela (Hg.): Anstiftungen: Chronik aus 20 Jahren OJC, Moers 1988.

Hofmann, Irmela: Kein Tag wie jeder andere, Wuppertal 1978.

Howard, Peter: Welt im Aufbruch. Die Geschichte von Frank Buchman und den Männern und Frauen der Moralischen Aufrüstung, Caux 1951.

Hünermann, Peter (Hg.): Die Dokumente des Zweiten Vatikanischen Konzils, Lateinisch-deutsche Studienausgabe, Freiburg i. Br. 2012.

Klenk, Friederike OJC: Die Perle im Gemurmel. Vom Gewinn der Aufrichtigkeit: Austausch – eine geistliche Übung, in: Salzkorn, Jubiläumsmagazin 2018, 46–49.

OJC Kommunität/Klenk, Dominik: Wie Gefährten leben. Eine Grammatik der Gemeinschaft, Basel 2013.

---

[26] I. Hofmann, Anstiftungen, 247.

SCHNEIDER, Carolin OJC: Kommunizieren per Brot. Was mir unser Abendmahl bedeutet, in: Salzkorn, Jubiläumsmagazin 2018, 114–115.

SPERR, Klaus: Life-Changers. Die MRA als Impulsgeber, in: OJC Salzkorn 4.2021, 27–29, auch unter: www.ojc-salzkorn.de/produkt/salzkorn-4-2021/ [Abruf: 17.10.2023].

Brigitte Doege

Die Abendmahlsprobe als Problemindikator mittelalterlicher Eucharistietheologie und -frömmigkeit?*

Die Verfasserin ist Doktorandin im Fach Liturgiewissenschaft an der Vinzenz Pallotti University, Vallendar, und wissenschaftliche Assistentin am Pius-Parsch-Institut.

Am Ende seiner Studie »Offertorium. Das mittelalterliche Meßopfer« wirft der 2021 verstorbene Kirchenhistoriker Arnold Angenendt die Frage auf, inwieweit die mittelalterliche Messopfertheologie noch heute weiterwirkt.[1] Dieses Schlusskapitel findet sich als Wiederabdruck im 63. Jahrgang des Liturgischen Jahrbuchs unter dem Titel: »Das mittelalterliche Messopfer. Konsequenzen bis heute?«

Sicherlich stellt die Abendmahlsprobe einen Extremfall im Umgang mit dem Altarsakrament dar und soll, an das Oberthema der Tagung anknüpfend, lediglich als ein plakatives Beispiel dienen. Aber ein solcher Extremfall kann sich nur entwickeln und über einen Zeitraum von fünf Jahrhunderten halten, wenn die eucharistietheologischen Vorgaben es zulassen. Insofern spiegelt die Abendmahlsprobe die eucharistietheologische Unsicherheit in der Zeit zwischen dem 9. und 13. Jahrhundert wider. Dennoch bleibt die Frage interessant, ob und, wenn ja, inwie-

* Der Beitrag basiert auf einem Vortrag, der am 3. März 2023 auf der Jahrestagung der AKL-Junior in Bamberg unter dem Oberthema »Liturgie – doch nur Hokuspokus?!« gehalten wurde. Dem vorgegebenen Zeitrahmen von 30 Minuten mit anschließender Diskussion entsprechend konnte die Fragestellung nur angerissen und nicht detailliert und umfassend dargestellt werden.

1 Vgl. A. Angenendt, Offertorium, 469–488.

fern die eucharistietheologischen Entwicklungen des Frühmittelalters heute noch Theologie und liturgische Praxis beeinflussen.

Das Gottesurteil als Mittel der Rechtsfindung im Frühmittelalter

Gottesurteile (angelsächsisch *Ordal*) als Mittel der sakralen Rechtsfindung sind in nahezu allen archaischen Rechtssystemen anzutreffen. In einer Rechtsstreitigkeit mit unklarer Beweissituation dient es der Wahrheitsfindung, indem ein Zeichen einer höheren Macht herbeigeführt wird. Wo menschliches Wissen versagt, erwartet man von der Allwissenheit der Gottheit eine Klärung der Schuldfrage. Gottesurteile beruhen auf der Vorstellung, dass in einer absichtlich herbeigeführten Gefährdungssituation die Gottheit den Unschuldigen schützt und den Schuldigen straft. »Das Gottesurteil versteht sich von Gott her, nämlich als ein Urteil, das er selbst fällt und nicht der Mensch.«[2]
Während im Umfeld Israels Gottesurteile weit verbreitet waren, finden sich im Alten Testament abgesehen vom sogenannten Eifersuchtsgesetz in Num 5,11–31 nur Reste und indirekte Hinweise, ebenso im Neuen Testament. Auch in der griechischen Kultur waren Gottesurteile wenig gebräuchlich und weder im römischen Recht noch in der Alten Kirche kamen sie zur Anwendung.
Im Frühmittelalter, durch den Kontakt mit dem germanisch geprägten Rechtssystem und mit Bezug auf eine Stelle bei Paulus, wo es heißt: »Jeder soll sich selbst prüfen; erst dann soll er von dem Brot essen und aus dem Kelch trinken. Denn wer davon isst und trinkt, ohne den Leib zu unterscheiden, der zieht sich das Gericht zu, indem er isst und trinkt« (1 Kor 11,28f.), findet

[2] Ebd., 226.

das Gottesurteil Eingang in die Rechtsprechung.
Angenendt sieht als eine Ursache dafür ein verändertes Gottesbild. »Das Beispiel des Ordals ist Anzeichen für Gottes allgegenwärtiges und allwirksames Handeln; ebenso ist es Anzeichen für die göttlich garantierte Entsprechung von Tun und Ergehen.«[3] Gott ist der Übermächtige, der jederzeit auf Welt und Menschen einwirkt. Der Mensch erweist sich durch sein Handeln entweder der Sphäre Gottes oder im negativen Fall der des Teufels zugehörig. »Das Ordal war also ein Gerichtsverfahren, durch das man Gott nötigen wollte, in einer strittigen Frage [...] endgültig zu entscheiden.«[4] Es konnte auch angewandt werden, »um die Unschuld anderer oder die Gerechtigkeit ihrer Sache zu erweisen«[5].
Angenendt reiht das Gottesurteil in seine Aufzählung der Riten ein, die im Frühmittelalter als »Sakramente« bezeichnet wurden.[6] Jedoch war die kirchliche Haltung zu Gottesurteilen durchaus ambivalent. Während die Synoden von Mainz und Worms im neunten Jahrhundert, von Seligenstadt im elften und Reims im zwölften Jahrhundert Gottesurteile bejahten,[7] werden sie zur gleichen Zeit von den Päpsten Nikolaus I. und Stephan V. im neunten Jahrhundert, Alexander II., Alexander III., Innozenz II. und Innozenz III. im zwölften Jahrhundert und Honorius III., Coelestin IV. und Gregor IX. im 13. Jahrhundert abgelehnt.[8]
Auch im *Decretum Gratiani* findet sich keine einheitliche Linie.[9] Faktisch wirkte jedoch der Klerus an der rituellen Durchführung der Ordale mit, indem er Eisen, Wasser oder womit sonst das Ordal durchgeführt werden sollte, segnete und

3 A. Angenendt, Frühmittelalter, 184.
4 P. Browe, Eucharistie, 240.
5 Ebd., 246.
6 A. Angenendt, Liturgie, 284.
7 Vgl. L. Carlen, Gottesurteil, 942.
8 Vgl. ebd., 943.
9 Vgl. Decretum Gratiani, pars. II, causa II, quest. 5, cc. 20–26.

meist vor der eigentlichen Probe eine Messe zelebrierte, bei der der Beschuldigte mit der Mahnung, nicht zum Sakrament und zum Gottesurteil hinzuzutreten, wenn er schuldig sei, auch die Kommunion empfing. Das »diente bei dem an sich weltlichen Rechtsgeschehen als Vorbedingung dafür, daß der Angeklagte ›rein‹ zur Probe antrat und sich nicht zauberisch einen Vorteil verschaffen konnte«[10].

Interessant ist hier, dass Angenendt den Kommunionempfang im Zusammenhang mit einem Gottesurteil als »extramissal« bewertet, obwohl dem Ordal eine Messe vorausgeht, da »das konsekrierte Brot gar nicht eigentlich zur geistlichen Gemeinschaft mit Jesus Christus gereicht [wurde]«[11].

Das Vierte Laterankonzil verbot 1215 Klerikern die Beteiligung bzw. den Segen bei Gottesurteilen wie Wasser- oder Feuerprobe. Bis ins 13. Jahrhundert waren Gottesurteile in der gesamten abendländischen Kirche verbreitet, in Spanien sind sie vereinzelt noch bis ins 17. Jahrhundert belegt.

Louis Carlen zählt in seinem Artikel zu Gottesurteilen in der Kirchen- und Rechtsgeschichte in der dritten Auflage des Lexikons für Theologie und Kirche insgesamt elf verschiedene Formen des Gottesurteils auf, darunter die Feuer- und Wasserprobe, die Kesselprobe, den Zweikampf, das Losordal, die Kreuzprobe, den Probebissen mit einem entweder unbekömmlichen oder gesegneten Lebensmittel, aber auch die Abendmahlsprobe.[12]

Die Abendmahlsprobe – ein Ordal?

In einem Artikel aus dem Jahr 1928 hat sich der Jesuit Peter Browe eingehend mit dem mittelalterlichen Phänomen der Abendmahlsprobe auseinandergesetzt.

[10] A. Angenendt, Offertorium, 226.
[11] Ebd.
[12] Vgl. L. Carlen, Gottesurteil, 942.

Von der während des gesamten Mittelalters äußerst seltenen Verwendung der Präsentation einer konsekrierten Hostie als Beschwörungsmittel – die er mit der oft dargestellten Szene der Bekehrung des exkommunizierten Herzogs Wilhelm von Aquitanien[13] illustriert, den Bernhard von Clairvaux 1134 nach gescheiterten Verhandlungen im Verlauf der Messfeier, indem er mit der Hostie auf einer Patene zu ihm vor die Kirchentüre kam, zum Nachgeben beschwor – grenzt Browe die Kommunionspendung als Beschwörungsmittel ab. Aus der verbreiteten Angst heraus, einem Schuldigen die Kommunion zu spenden, schickte der Priester der Kommunionspendung eine Beschwörung voraus, die Kommunion im Falle der Schuld nicht zu nehmen. »Er entlastete sein Gewissen, indem er das des Kommunikanten belastete. Das war natürlich kein Ordal, sondern Beschwörung und Schreckmittel.«[14] Besonders häufig kam diese Beschwörungsart bei der Ordalkommunion im Zusammenhang mit einem Gottesurteil vor. Ab Mitte des neunten Jahrhunderts wurde es üblich, dass ein Priester vor der eigentlichen Probe die Ordalmesse las, dem Prüfling einen Eid auf seine Unschuld abnahm und ihm, »nachdem er ihn beschworen, nicht zum Sakrament und zum Gottesurteil hinzuzutreten, wenn er schuldig sei«[15], die Kommunion reichte. Dieser Kommunionempfang war, auch wenn die Spendeformel »*Corpus et sanguinis D. n. J. sit tibi hodie ad comprobationen*«[16] es nahelegen würde, noch keine Probe auf Schuld oder Unschuld. Die Reinigung vom Schuldvorwurf erfolgte erst im anschließenden Ordal. »Aber aus dieser Ordalkommunion hat sich ein eigenes Reinigungsmittel, eine Art Gottesurteil, entwickelt, die sog. Abendmahlsprobe, »*examen per eucharistiam, purgatio per corpus et sangui-*

[13] Ein Beispiel befindet sich auf dem linken Innenflügel des Maulbronner Altars, der in der Staatsgalerie in Stuttgart zu sehen ist.

[14] P. Browe, Eucharistie, 245.

[15] Ebd., 241.

[16] Ebd.

nen Domini nostri Jesu Christi«[17]. In Deutschland[18] ist diese Möglichkeit der Reinigung von einem Schuldvorwurf durch Feier der Messe bzw. Kommunionempfang, losgelöst von einem anderen Gottesurteil, ab der zweiten Hälfte des neunten Jahrhunderts belegt. Die Synode von Worms 868 hat darüber zwei Dekrete erlassen, während die Synode von Mainz 852 sie noch nicht erwähnt. Das erste der beiden Dekrete behandelt Diebstähle in Klöstern und schreibt vor, »daß der Abt oder ein anderer, den er dazu bestimmt, in Gegenwart der Brüder die Messe lese, und daß sie zur Reinigung den Leib und das Blut U. H. J. Chr. empfangen und sich so als unschuldig[19] erweisen sollen.« Die Umsetzung dieses Dekrets blieb weitgehend auf Klöster beschränkt.

Das zweite bezieht sich auf Priester oder Bischöfe, denen ein Kriminalvergehen zur Last gelegt wird. Sie sollten »die Messe lesen, dabei den Kanon laut beten, dann kommunizieren und sich so als unschuldig erweisen«[20]. Dieses Dekret wurde in Deutschland bis zum 13. Jahrhundert angewendet, im angelsächsischen Raum wird die Abendmahlsprobe schon ab dem beginnenden zwölften Jahrhundert nicht mehr erwähnt. Sie blieb weitestgehend ein Privileg für Kleriker, einerseits mit dem Ziel, sie vor anderen für solche Anschuldigungen üblichen Ordalformen wie der Feuer- oder Wasserprobe zu schützen. »Andererseits herrschte besonders in Deutschland eine große Abneigung gegen den Eid, der in anderen Ländern als gerichtliches Beweis- und Reinigungsmittel für Geistliche eingeführt war.[21] Mit der Abendmahlsprobe war es möglich, sowohl Eid als auch

[17] Ebd.

[18] Peter Browe, auf den sich die Ausführungen über die Abendmahlsprobe in großen Teilen beziehen, verwendet diese missverständliche Angabe. Da er keine näheren Angaben macht, welches Gebiet er damit meint, das Herrschaftsgebiet der Karolinger bzw. der römisch-deutschen Kaiser oder den deutschen Sprachraum, wird sie hier beibehalten.

[19] Ebd.

[20] Ebd., 242.

[21] Ebd.

Ordal zu umgehen. In Frankreich, wo die Vorbehalte gegen den Eid bei Klerikern nicht bestanden, war sie wesentlich weniger beliebt und verbreitete sich nennenswert erst im elften Jahrhundert. Auch in Teilen von Italien, wo das römische Beweisverfahren angewendet wurde, fand die Abendmahlsprobe nur wenig Verbreitung.

Ob die Abendmahlsprobe tatsächlich zu den Gottesurteilen zu zählen ist, war sowohl zu Beginn der Neuzeit wie auch im ausgehenden 19. und beginnenden 20. Jahrhundert nicht unstrittig. Während Benno Hilse dies vehement bestreitet und darin lediglich eine Eidbekräftigung sieht,[22] geht Peter Browe davon aus, »daß das Mittelalter, das allerdings in strafrechtlichen Dingen nicht so scharf unterschied, wie man das heute tut, die Frage mit ›ja‹ beantwortet hat; ihm galt die *probatio per corpus Domini* als ein wahres Ordal.«[23] Arnold Angenendt verweist zu dieser Frage auf Gregor von Tours, der zum Nachweis seiner Unschuld drei Messen feiern musste.[24]

Grundsätzlich stellt Browe fest, dass »der Übergang von der Kommunion als Beschwörungsmittel und Eidbekräftigung zum ordalhaften Eid und wirklichen Ordal fließend«[25] war, was es erschwert, festzustellen, um welches dieser Prozessmittel es sich im Einzelfall handelt. Dort aber, wo man von einer Abendmahlsprobe ausgeht, die als ein echtes Ordal intendiert war, erwartete man sich auch wie bei anderen Ordalen zum Beweis der Schuld ein Eingreifen Gottes in Form eines sichtbaren Zeichens. »Deshalb gestaltete man die Probe so, daß er leicht ein Zeichen geben konnte.«[26] Eine Möglichkeit war, darauf zu achten, ob der Proband fähig war, den normalerweise leise zu sprechenden Kanon ohne Stocken oder Zittern in der Stimme laut zu beten oder

22 Vgl. B. Hilse, Gottes-Urtheil, 24f.
23 P. Browe, Eucharistie, 244.
24 Vgl. A. Angenendt, Frühmittelalter, 183.
25 P. Browe, Eucharistie, 241.
26 Ebd., 245.

zu singen oder, wenn man das Eingreifen Gottes bei der Kommunion erwartete, ob der Beschuldigte sich an der Hostie verschlucken würde. Es findet sich teilweise auch die Erwartung, dass ein Verbrecher im Bewusstsein seiner Schuld beim Verzehr der Hostie oder zumindest in zeitlicher Nähe dazu sterben oder zumindest körperlich geschädigt werden müsse.
Als einen weiteren Beleg für den Ordalcharakter der Abendmahlsprobe führt Browe ein Vorbereitungsgebet aus Italien an, das er, wenn auch mit einem Fragezeichen versehen, in das elfte Jahrhundert datiert. Hier wird das Eingreifen Gottes im Schuldfall ausdrücklich erfleht:

> Großer und furchtbarer Herr und Gott,
> der du gerecht und stark,
> Schrecken erregend und barmherzig,
> milde und mächtig bist
> und das Verborgene im Menschen kennst,
> den niemand betrügen kann
> und vor dem alles offenbar ist,
> *gib, dass das Volk,*
> das in deinem heiligen Tempel versammelt ist,
> durch die Anrufung der heiligen und ungeteilten Dreifaltigkeit
> *die Wahrheit erfährt …,*
> *dass es erkennen kann,*
> *ob dieser Priester das Vergehen,*
> *dessen man ihn beschuldigt,*
> *begangen hat oder nicht.*
> Wir bitten inständig die Majestät,
> *dass er, wenn er schuldig ist,*
> *den verehrungswürdigen Leib deines Sohnes nicht nehmen könne,*
> *dass er ihm zum Unheil gereiche*
> *und ihm nur Schmerzen und bitterste Trübnis bringen möge.*[27]

Auch die unterschiedlichen Bezeichnungen, unter denen die Abendmahlsprobe bei den mittelalterlichen Schriftstellern,

[27] Ebd., Hervorhebungen durch die Verfasserin. Um der besseren Lesbarkeit willen wurden in das Gebet, das bei Browe als Fließtext wiedergegeben ist, Zeilenumbrüche eingefügt.

Theologen und Kanonisten behandelt wird, weisen für Browe darauf hin, dass sie es für ein wirkliches geistliches Ordal hielten, das als gleichwertiger Ersatz für die bei Laien angewandten Gottesurteile gelten konnte. »Sie sprachen von: *examinatio sacrificii, iudicum examinationis, corporis et sanguinis examen,* von *eucaristialis probatio* und von *summae examinatio sententiae.*«[28]
Auch durch die Kritik, die in der zweiten Hälfte des zwölften Jahrhunderts von Seiten der Theologie, angeregt durch Gratian, an den Gottesurteilen generell aufkommt, sieht sich Browe bestätigt: »Besonders die Art, wie sie die Frage der Erlaubtheit behandelt haben, beweist, daß sie von ihnen unter die Ordale eingereiht wurde.«[29] Den Anfang der Kritik machte Petrus Cantor, aber auch die späteren Scholastiker sahen in der Abendmahlsprobe »eine Versuchung Gottes [...], weil man, wie bei den übrigen Ordalen, ohne Berechtigung ein Zeichen der Schuld oder Unschuld von ihm erwarte oder erbitte.«[30]
Schwierigkeiten bereiteten den Kritikern jedoch die beiden Artikel der Wormser Synode, die Aufnahme in das *Decretum Gratiani* gefunden hatten.[31] »Die meisten erklärten sie mit der *Glossa ordinaria* oder mit dem heiligen Thomas für abgeschafft; einige wenige sprachen von einem Irrtum einer einzelnen Synode.«[32] Eine weitere Erklärungsmöglichkeit, die in der Abendmahlsprobe kein Ordal, sondern lediglich ein Mittel zur Abschreckung, Bekehrung oder Eidverstärkung sah, findet sich hauptsächlich bei nachtridentinischen Theologen, vor allem bei spanischen Jesuiten, woraus Browe folgert, dass sich die Abendmahlsprobe im Sinne einer Reinigungskommunion in Spanien noch bis ins 17. Jahrhundert erhalten hat, während sie im übrigen Europa schon Mitte oder Ende des 13. Jahrhunderts nicht mehr praktiziert wurde.[33]

---

[28] Ebd., 247.
[29] Ebd.
[30] Ebd.
[31] Vgl. Decretum Gratiani, pars. II, causa II, quest. 5, cc. 23 u. 26.
[32] P. Browe, Eucharistie, 247f.
[33] Vgl. ebd., 249.

Davon unabhängig, ob man nun die Abendmahlsprobe als Abschreckungs- und Bekehrungsmittel, als Eidverstärkung oder als Gottesurteil deutet, stellt sich die Frage, wie es zu einem solchen Umgang mit dem Altarsakrament kommen konnte. Welche Entwicklungen in der Eucharistietheologie der Spätantike und des Frühmittelalters trugen dazu bei?
Bis in die zweite Hälfte des vierten Jahrhunderts war in der Eucharistie die Feiergemeinde die Handelnde, für die der Vorsteher stellvertretend das Hochgebet laut und feierlich vortrug. »Weder konsekrierte hier der Priester, noch opferte er gar.«[34] Mit der Verfestigung der Ämter besonders des Bischofs und Presbyters trat die Bedeutung der Feiergemeinde immer stärker in den Hintergrund. »Die priesterliche Hervorhebung fängt damit an, daß die in Stellvertretung Christi vollzogene Konsekration zum Wesenskern sazerdotaler Tätigkeit erklärt wird.«[35] Aus der Vorstellung, dass es Gott selbst ist, der die Opfergaben der Gemeinde verwandelt und austeilt, entwickelte sich im achten und neunten Jahrhundert die Deutung, »daß der Priester vor Gottvater Jesu Christi geopfertes Fleisch und Blut darbringt«[36]. Die Bedeutung der Gemeinde reduzierte sich darauf, sich dem Opfer des Priesters anzuschließen. »Das priesterliche Opfern verendgültigte die seit dem Frühmittelalter angebahnte Umdeutung der Eucharistie zur Messe, die sowohl Bitten erfüllte wie Sühne erwirkte.«[37] Damit ist der Schritt zum Verzwecken der Messe getan. Im Mittelpunkt steht nicht mehr das, was die Eucharistie an der Gemeinschaft der Glaubenden bewirkt, sondern das, was die Messe für den Einzelnen bezweckt: Bitterfüllung, Sündentilgung, Läuterung der Verstorbenen.

---

[34] A. Angenendt, Meßopfer, 224.
[35] Ebd., 224f.
[36] Ebd., 225.
[37] Ebd.

Auffallend ist, dass die Anwendung der Abendmahlsprobe zeitlich zwischen dem ersten und zweiten Abendmahlsstreit und dem Vierten Laterankonzil, also in der Zeit vom neunten Jahrhundert bis 1215, zu verorten ist. Hinter diesen Auseinandersetzungen stehen hyperrealistische Vorstellungen im Zusammenhang mit der Wandlung der eucharistischen Gaben. Der im ersten Abendmahlsstreit von Paschasius Radbertus vertretene und von Rathramnus und anderen Theologen zurückgewiesene Ultrarealismus, der die Identität des eucharistischen mit dem historischen Herrenleib behauptete, siegte im zweiten Abendmahlsstreit und wurde erst durch die Transsubstantiationslehre dahingehend korrigiert, dass der sakramentale Leib Christi nicht der historische, sondern der erhöhte sei. Hinter diesen Kontroversen steht der Verlust des (neu)platonischen Bilddenkens. Das Abbild wurde nicht mehr, wie im antiken Denken, als objektiv-reale Erscheinungsweise des Urbilds verstanden, sondern als bloßer Verweis und damit als Realitätsabschwächung. »Das zeigt, daß die Kontroverse zutiefst durch einen grundlegenden Wandel im philos. Wirklichkeitsverständnis bestimmt war.«[38]

Im allgemeinen Denken verfestigten sich jedoch solche hyperrealistischen Vorstellungen u. a. auch durch im Frühmittelalter immer wieder kursierende Berichte über blutende Hostien.

Durch die Transsubstantiationslehre kam es zwar zu einer Rückbesinnung auf die Geistigkeit des Opfers, jedoch auch zu einer starken Fokussierung auf die Einsetzungsworte, »alles andere sei im Hochgebet nur ›Dekor‹«[39]. Das hatte zur Folge, dass das Bewusstsein dafür verloren ging, dass es bei der Feier um einen von allen Mitfeiernden zu durchschreitenden Heilsweg geht. Der Aspekt der Verwandlung der Gemeinde zu Christi Leib geriet aus dem Blick und der Fokus richtete sich auf die »priesterliche Wandlung, welche die ›Herstellung‹ (*confectio*)

---

38 H. Jorissen, Abendmahlsstreit, 37.

39 A. Angenendt, Meßopfer, 227.

des Leibes und Blutes Christi bewirkte«[40], notfalls auch losgelöst von der Feier.

War es in den ersten Jahrhunderten der Normalfall, dass die Gläubigen in der Eucharistiefeier, an der sie teilnahmen, auch die Kommunion empfingen und andererseits nur die konsekrierten Hostien aus dieser Feier und nicht aus einer früheren ausgeteilt wurden, so änderte sich das nun. Es wurde auf Vorrat konsekriert und die Kommunion auch losgelöst von der Messe ausgeteilt.

Schon im vierten Jahrhundert beklagte Ambrosius die sich ausbreitende Unsitte des seltenen Kommunionempfangs. Als Gründe hierfür führt Martin Stuflesser eine gesteigerte Ehrfurcht vor dem Sakrament gepaart mit einem gesteigerten Sündenbewusstsein an.[41] In diesem Zusammenhang spielen auch die Vorstellungen von kultischer Reinheit eine Rolle, die im Neuen Testament bereits überwunden waren, ab der Spätantike jedoch wieder Raum gewannen. Damit zusammenhängende Vorschriften machten zumindest den verheirateten Laien den Kommunionempfang fast unmöglich. Die Vereinigung mit Christus verlagert sich hin zur heiligen Schau. Die Elevation der konsekrierten Hostie wurde zum Zentrum der Messe. »Nach dem Anblick der erhobenen Hostie gingen viele hinweg, oft nur zur nächst erreichbaren Hostien-Schau.«[42] Gleichzeitig fand der Kommunionempfang nicht mehr in, sondern immer häufiger nach der Messe statt. Das Phänomen des seltenen Kommunionempfangs zog sich durch das gesamte Mittelalter, so dass sich verschiedene Synoden dazu veranlasst sahen, Regelungen zu treffen. Diese reichten von einer dreimaligen bis zu einer einmal jährlichen Pflichtkommunion.

Es kam also im Verlauf des Frühmittelalters von zwei Seiten aus zu einer Aufspaltung des inneren Zusammenhangs von Eucharistiefeier und Kommunionempfang: Auf der einen Seite wurde

---

[40] Ebd.

[41] Vgl. M. Stuflesser, Eucharistie, 67.

[42] A. Angenendt, Meßopfer, 230.

es der Regelfall, der Messe beizuwohnen, ohne die Kommunion zu empfangen, auf der anderen Seite wurde nicht mehr die Kommunion gespendet, die aus der konkreten Feier hervorgegangen war, sondern zunehmend vorkonsekrierte Hostien aus vorausgegangenen Feiern ausgeteilt.
Die im Bezug auf die Abendmahlsprobe bedeutendste Veränderung bleibt jedoch die verengte Sicht auf die Eucharistiefeier, die sich weitgehend auf die somatische Realpräsenz des Leibes und Blutes Christi in Brot und Wein konzentrierte, während der Dank an den Vater, der Blick auf »die Aktualpräsenz der im Pascha Christi gipfelnden Heilstaten«[43] und damit das Mit-Handeln und Mit-Opfern der Feiergemeinde aus dem Blick geriet.

Im Blick auf heute

Selbstverständlich gäbe es neben der Priesterzentriertheit der Feier, der Fokussierung auf die Einsetzungsworte und die konsekrierte Hostie und der Aufspaltung von Eucharistiefeier und Kommunionempfang noch weitere Aspekte mittelalterlicher Eucharistietheologie, die man auf ihr Weiterwirken als konkrete Problematik in unseren heutigen Gottesdiensten hin befragen könnte, doch würde das den hier vorgegebenen Rahmen sprengen.
Auch würde es zu weit führen, die Reformbemühungen des Konzils von Trient, der Liturgischen Bewegung, einzelner Päpste sowie des Zweiten Vatikanischen Konzils und seiner Rezeption zu beleuchten.
Stattdessen sollen impulshaft einige Gedanken in die Diskussion gegeben werden:
Als es zu Beginn der Corona-Pandemie zum ersten Lockdown kam und keine Gottesdienste in Präsenz gefeiert werden konnten, waren reflexhaft von manchen Priestern die Beteuerungen

[43] H. B. Meyer, Eucharistie, 202.

zu hören, auch wenn die Gemeinde nicht mitfeiern könne, würden sie selbstverständlich für die Gläubigen (ohne die Gläubigen) Eucharistie feiern.
Schnell waren auch Stellungnahmen zu lesen, die den Gläubigen den Wert der geistigen Kommunion im Zusammenhang mit Fernseh- oder Streaming-Gottesdiensten nahelegten. Die Problematik, die Online-Gottesdienste in Bezug auf den Gemeinschaftscharakter der Feier und die aktive Teilnahme aller Gläubigen mit sich bringt, wurde dagegen in dieser Anfangszeit der Pandemie nur wenig thematisiert.
Man konnte den Eindruck gewinnen, die theologischen Einsichten der letzten 100 Jahre wären nur ein sehr dünnes Eis, das jederzeit brechen und Denkmuster aus längst überwunden gehofften Epochen wieder freisetzen könnte.
Die emotional diskutierte Problematik der Wort-Gottes-Feiern mit Kommunionspendung wirft nicht nur die Frage nach dem Eigenwert der Wort-Gottes-Feier auf, die ihr durch die Realpräsenz Christi in seinem Wort gegeben ist, sondern auch die nach der Trennung von gefeierter Eucharistie und gespendeter Kommunion. Ein häufiges angeführtes Argument für die Kommunionspendung ist die Sehnsucht der Gläubigen nach der Eucharistie, was aber realistisch betrachtet ein Argument für flächendeckende sonntägliche Eucharistiefeiern wäre, auch wenn das natürlich aus personellen Gründen zurzeit so nicht leistbar ist. Damit ergibt sich die Frage, ob es sinnvoll ist, sich von der pastoralen Notsituation, dass es aufgrund der Anzahl an Priestern nicht mehr in jeder Gemeinde möglich ist, an jedem Sonntag Eucharistie zu feiern, also einer Frage, die vermutlich besser im Diskurs mit Dogmatik und Kirchenrecht zu lösen wäre, auf sakramententheologisches Glatteis führen zu lassen.
Die Reihe der Fragen ließe sich an dieser Stelle sicher noch beliebig fortsetzen.

LITERATUR

ANGENENDT, Arnold: Das Frühmittelalter. Die abendländische Christenheit von 400 bis 900, Stuttgart 1990.

– DERS.: Das mittelalterliche Meßopfer. Konsequenzen bis heute?, in: LJ 63 (2013) 223–244.

– DERS.: Liturgie im Frühmittelalter, in: Jürgen BÄRSCH/Benedikt KRANEMANN (Hg.), Geschichte der Liturgie in den Kirchen des Westens. Rituelle Entwicklungen und kulturelle Kontexte, Bd. 1, Münster 2018, 273–292.

– DERS.: Offertorium. Das mittelalterliche Meßopfer (LQF 101), Münster [3]2014.

BROWE, Peter: Die Eucharistie im Mittelalter. Liturgiehistorische Forschungen in kulturwissenschaftlicher Absicht. Mit einer Einführung hg. von Hubertus LUTTERBACH und Thomas FLAMMER, Berlin [7]2019.

CARLEN, Louis: Gottesurteil, III. In der Kirchen- u. Rechtsgeschichte, in: LThK[3] 4, 942–943.

DECRETUM GRATIANI, URL: https://geschichte.digitale-sammlungen.de/decretum-gratiani/ [Abruf: 06.12.2023].

HILSE, Benno: Das Gottes-Urtheil der Abendmahlsprobe. Ein Beitrag zur Rechts- und Kirchen-Geschichte. Berlin 1867.

JORISSEN, Hans: Abendmahlsstreit, in: LThK[3] 1, 36–39.

MEYER, Hans Bernhard: Eucharistie. Geschichte, Theologie, Pastoral (GdK 4), Regensburg1989.

STUFLESSER, Martin: Eucharistie. Liturgische Feier und theologische Erschließung, Regensburg 2013.

»... er war prophetisch in seiner Sicht von Liturgie und Kirche«: Über Pius Parsch und die Liturgische Bewegung

Petrus Bsteh, geboren 1932, aufgewachsen in Wien, studierte 7 Jahre Philosophie und Theologie an der Päpstlichen Universität Gregoriana in Rom. Nach 4 Jahren pastoraler Tätigkeit in Baden bei Wien setzte er seine theologischen Studien in Leuven und später Freiburg im Breisgau fort. Dazwischen folgte das Studium der Afrikanistik in London. Von 1966 bis 1971 wirkte er als Professor für Systematische Theologie in Kampala/Uganda sowie 1974–1976 in Tamale/Ghana. Nach seiner Rückkehr aus Afrika war er Subregens im Wiener Priesterseminar und lehrte in der Hochschule der Steylermissionare in St. Gabriel. Von 1982 bis 2000 war er Rektor des Afro-Asiatischen Instituts in Wien (AAI) sowie der fremdsprachigen Gemeinden aus Afrika, Asien und Lateinamerika (ARGE AAG). Er gründete 1985 das Forum (früher Kontaktstelle) für Weltreligionen, dessen Vorstandsvorsitzender er seit damals ist, und gibt gemeinsam mit dem Religionsjuristen Richard Potz die Zeitschrift »Religionen unterwegs« heraus.

Das Interview wurde im Rahmen des Projekts »Pius-Parsch-Zeitzeugenbefragung« von Lukas Gangoly und Daniel Seper am 21. April 2021, bedingt durch die Covid-19-Pandemie online, durchgeführt.

L. Gangoly: Vielen Dank für Ihre Bereitschaft zu einem Gespräch mit uns! – Ich würde gerne mit der Einstiegsfrage beginnen, wie Sie zu Pius Parsch gekommen sind. Können Sie sich noch erinnern, wie Sie ihn und seine Liturgie, seine Lehre zur

Liturgie kennengelernt haben und welchen Eindruck Sie damals von ihm hatten?

P. Bsteh: Ja, ich kann mich gut an das Haus meines Onkels Gottfried Domanig in Klosterneuburg mit seiner Familie erinnern. Das Haus hatte einen großen Raum mit einem riesigen Tisch, auf dessen Stirnseite sich ein wunderbares Mosaik aus Ravenna mit dem Christuskopf und dem Menora-Leuchter befand. In diesem Raum fanden auch die Treffen mit Pius Parsch statt. Ich weiß noch, dass wir ihn alle »Onkel Pius« nannten; wir standen in einem eher engen Verhältnis zu ihm. Mir fiel schon damals auf, dass er vielseitig orientiert war, gleichzeitig aber auch auf ein Thema hinarbeitete; es war sein Anliegen, eine Art »Urgemeinde« zu gründen, die exemplarisch für die Zukunft der Kirche sein würde. Er war sehr sachlich ausgerichtet, konzentriert. *Suaviter in modo, fortiter in re*. Das, was er *»mit sanfter Zähigkeit«* bezeichnete, zeichnete ihn aus, und ich würde auch noch hinzufügen, dass er diese *»sobria ebrietas«* innehatte, diese begeisterte Nüchternheit, und *»ebria sobrietas«*, die nüchterne Begeisterung.

Unsere Familie war damals ausgebombt, und 1946–48 lebten wir Bstehkinder in verschiedenen Internaten. Aber an den Sonntagen gingen mein Bruder Andreas und ich regelmäßig von Grinzing nach St. Gertrud, um den Gottesdienst mitzufeiern. Wir machten das gerne, nicht nur wegen der guten Agape nach der Messe, sondern vor allem wegen der Liturgie. Ich sehe Pius Parsch noch vorne sitzen. Es hat mich damals beeindruckt, wie er die Laudes in die Messliturgie integrierte. Die Predigt war ungemein nüchtern, sachbezogen liturgisch und menschlich durchgereift. Mir haben sich manche Predigten so eingeprägt, dass ich später im Druckwerk der Predigten die eine oder andere Stelle noch einmal gefunden und bis heute nicht vergessen habe.

Pius Parsch kam eher vom Schauspielerischen her. Die Inszenierung der Liturgie, die Kostümierung der teilnehmenden Personen … das kann man vor diesem Hintergrund als eine Art

»himmlisches Theater« betrachten, wenn ich das so sagen darf. Zugleich aber war es ausgerichtet auf das Wesentliche der Eucharistie, die eucharistische Gegenwart des Herrn. Das ist mir in deutlicher Erinnerung geblieben und hat mich tief geprägt.
Wir beteten damals schon Teile des Stundengebets zu Hause. Es gab ein Büchlein mit dem Stundengebet. Die Vesper, die Komplet ... – das waren schöne Gebete. Da habe ich oft drin geblättert, »herumgebetet«, ohne aber regelmäßig Brevier zu beten.
Eine nachhaltige Formung erhielt ich in diesem Kontext auch durch meine Mutter. Sie war die jüngste Schwester von Gottfried Domanig und nahm bereits an den ersten Bibelrunden teil, die Pius Parsch damals im Hause Domanig abhielt. Sie hat uns Kindern jeden Samstagnachmittag – und wir waren eine große Familie und sehr lebhafte Kinder – die Liturgie des Sonntags erklärt. Das hat uns interessiert, weil sie aus der Fülle der Inhalte der Bibelrunden von Pius Parsch die Sonntagsliturgie in unserer Familie sehr lebendig weitergeben konnte. Wir sind bis zum Ende des Krieges am Samstagnachmittag immer um eine Kerze gesessen und die Mutter hat uns in die Sonntagsliturgie eingeführt. Das war ein Erbe von Pius Parsch, das sich in meinem Herzen tief verankerte. – Das sind einige meiner frühen Erinnerungen.

D. Seper: Pius Parsch hat den Ruf, manchmal sehr forsch gewesen zu sein, er hatte diese nüchterne Art, die Sie gerade angesprochen haben. Aber er hat sich auch manchmal nahbar und durchaus mit Humor gezeigt. Glauben Sie, er wurde mit dem Alter zunehmend offener?
P. Bsteh: Das kann ich so nicht bestätigen. Ich habe ihn als einen Mann kennengelernt, der begeistert war und in dieser Begeisterung nüchtern. Diese Nüchternheit war geisterfüllt, das hat mich beeindruckt. Dass er das ein oder andere Mal besonders forsch oder temperamentvoll aufgetreten wäre, ist mir nicht in Erinnerung. Ich habe ihn als ruhigen Liturgen erlebt. Er war ein geschätzter Gast bei meinem Onkel. Pius Parsch hat einmal eine

kleine Schrift herausgegeben, in der er den Besuch eines Priesters in der Familie ein bisschen romantisch beschreibt. Diese etwas inszenierte Form der Begegnung Priester und Laien ist mir nicht – auch später nicht – bei ihm selbst aufgefallen. Im Gegenteil, später erfuhr ich, wie viel er auch sozial getan hatte, etwa mit der Schaffung von Arbeitsplätzen in der Zwischenkriegszeit, als er sein Bibelwerk aufbaute. Von einem zeremoniellen, klerikalen oder forschen Auftritt des Priesters kann keine Rede sein. Er war ganz engagiert, sozial und umgänglich.
Eine andere persönliche Erinnerung darf ich noch ergänzen: Eine meiner Schwestern erkrankte am Ende des Krieges schwer. Sie bekam Tuberkulose und war in einem schlechten Zustand. Einmal fragte mich Pius Parsch bei der Agape nach der Liturgie, wie es denn meiner Schwester ginge, und sagte dann: »Ich hab' eine Medizin für sie.« Ich erinnere mich gut, wie ich da mit ihm die heiligen Hallen des Stiftes Klosterneuburg durchschritten habe, wie ich ehrfürchtig vor seiner Zimmertüre stand und er mit der Medizin herauskam. Es war ein Glas mit Gänsefett, und er sagte: »Das wird deine Schwester stärken.« Ja, so war der nüchterne und auch humorvolle Onkel Pius.

L. Gangoly: Würden Sie sagen, dass sein spezielles Charisma, ohne das er sicher nicht so erfolgreich gewesen wäre, aus dieser Nüchternheit kam?
P. Bsteh: Das Charisma war vielschichtig. Er war beispielsweise aus seinem Charisma heraus inspirierend für die Architektur. Ich denke da an Clemens Holzmeister und natürlich an Robert Kramreiter, der die Klosterneuburger Kapelle St. Gertrud adaptierte. Parsch inspirierte die Architekten in der monumentalen Ausgestaltung ihrer architektonischen Pläne, beispielsweise das Parlament von Ankara,[1] aber auch bei den Kirchenbauten, beispielsweise Clemens Holzmeister, der in Fulpmes (Tirol) geboren war und unter anderem den Plan für die neue Kirche in Na-

[1] Umgebaut von Clemens Holzmeister, der lange in der Türkei lebte.

vis (Tirol) entwarf. Als ich aus Afrika zurückkam, habe ich in dieser Pfarre ausgeholfen und daher diese Architektur noch sehr gut in Erinnerung. Auch das hat mich beeindruckt.
Geistesgeschichtlich beeinflusste Parsch auch den Kreis um Karl Strobl in einer Weise, etwa durch Kurt Schubert, der im Bibelwerk und als Judaist tätig war, oder Friedrich Heer, der später »Gottes erste Liebe« schrieb. Der Historiker Heer war sehr stark von der Liturgie geprägt, obwohl er eigentlich von seiner Mentalität aus durchaus nicht liturgisch eingestellt war. Ich kann mich noch an die ausgiebigen Gespräche im Haus Domanig erinnern. Mein Onkel Gottfried hatte ein spezielles Talent, bedeutende Leute um sich zu sammeln. Da kamen interessante Diskussionen mit Pius Parsch zustande, die im Anschluss an die Liturgie oder von der Liturgie sehr beeinflusst und inspiriert waren.
Interessant wäre es auch, den Zusammenhang zwischen Pius Parsch und dem vierten Seckauer Abt, Benedikt Reetz, zu erforschen. Reetz, der in Sant'Anselmo studierte und später dann auch Erzabt in Beuron und Präses der Beuroner Kongregation wurde, führte die Abtei Seckau nicht nur durch sein Engagement für die Schule dort in eine markante Entwicklung hinein: Es wurde eine Abtei, die für die liturgische Erneuerung stand und große Ausstrahlung hatte. Beim Begräbnis von Parsch 1954 war Reetz dabei. Auch der Mitbruder von Benedikt Reetz, Laurentius Hora, muss in diesem Zusammenhang erwähnt werden (er stammte übrigens aus Pilsen). Seine Anregungen waren zweifellos für Boeckls Apokalypse (in der Seitenkapelle der Abteikirche von Seckau) entscheidend.

D. Seper: Sie haben angesprochen, dass Parsch vom Theater beeinflusst war, auch in der Weise, wie er die Liturgie verstand und gestaltet hatte. Das brachte ihm Kritik von anderen Vertretern der Liturgiebewegung ein, aber anscheinend hat es Menschen angezogen. Was denken Sie, was die Liturgie so attraktiv und anziehend gemacht hat, dass Menschen wie Sie aus Wien gekommen sind?

P. Bsteh: Das kann man schwer beschreiben. Es war in einer Weise prophetisch. Parsch hat meines Erinnerns nie eine Anspielung an die Zeitgeschichte gemacht, weder an den Nationalsozialismus noch auch an den Kommunismus, und hat doch beide hautnah erlebt. Das hat er alles schon in den 1920er Jahren sehr wach mitbekommen, als wir knapp an der Räterepublik vorbeigeschrammt sind durch den Austromarxismus. Er lebte sehr bewusst und hat durchaus bedacht, in welch kritischer Zeitsituation sich die Kirche befand. Seine Liturgie in St. Gertrud fand ja in unmittelbarer Nachbarschaft zur großen russischen Kaserne in Klosterneuburg statt. Wie um ein Gegengewicht zu setzen, zielte er mit seiner Weise der Liturgiegestaltung auf das Eigentliche ... Parsch wollte ein urkirchliches Modell in die Zukunft führen. Das war seine Intuition, seine prophetische Gabe, die er instinktiv und überaus zielstrebig verfolgte. Das war für viele ansprechend. Das Theatralische hat mich wenig davon abgelenkt zu sehen, was sich wirklich abspielte. Unsere eigene Familie erlebte viel vom Terror der Nazizeit und auch vom folgenden Kommunismus. Es gab sehr reale Probleme, die das Christentum, nicht unähnlich wie in der Urkirche, bedrängt haben, und da wollte Pius Parsch eine wegweisende Zukunft aus dem Geist der Liturgie bauen. Die Gemeinde sollte als Kerngemeinde ein Modell für eine Kirche der Zukunft sein, die in einer Diasporasituation leben kann, in einem religiösen Pluralismus, auch in einem Atheismus. Christliche Gläubigkeit sollte so tiefe Wurzeln haben, dass sie nicht nur bestehen, sondern auch fruchtbar werden kann. Diese Überzeugung war es, die das Charisma dieses Mannes ausmachte, und das strahlte aus und überzeugte viele. Ich kann mich nicht erinnern, dass Parsch je eine politische Anspielung in einer Predigt gemacht hätte. Er blieb immer bei den biblischen Thematiken.
Was mich auch beeindruckte, waren die Prozessionen mit dem Urgedenken der *statio*. Dieser Gedanke war mir zunächst fremd, das ist auch jetzt in keinem Messbuch mehr zu finden. Bedauerlicherweise, denn für Papst Johannes XXIII. hatte die

statio-Prozession eine ganz wichtige, auch ekklesiologische Bedeutung. Johannes XXIII. reiste nicht in alle Welt wie seine Nachfolger, sondern wollte ein bodenständiger Bischof von Rom sein, der genau wusste, dass die *römische Kirche aus Juden und Heiden* exemplarisch sein sollte in der Vielfalt der übrigen Ortskirchen. Diese Vielfalt war teilweise in den *stationes* repräsentiert, in den griechisch, ägyptisch oder syrisch sprechenden Gemeinden Roms. Dorthin zog er mit den Gläubigen, sozusagen aus dem urkirchlichen Zentrum hinaus, um die Perichorese dieser Einheit in Vielfalt zu dokumentieren. Das war etwas, was sich in den Prozessionen von St. Gertrud auch in irgendeiner Form immer wieder spiegelte.

D. Seper: Eine der zentralen Forderungen von Pius Parsch war die aktive Teilnahme des Volkes. Denken Sie, dass man mit der Prozession, neben der von Ihnen gerade erklärten theologischen Seite, als eine zweite Seite so dem Volk die Möglichkeit gab, an der Liturgie aktiv teilzunehmen und ihr nicht nur beizuwohnen?
P. Bsteh: Sicherlich gehört das mit dazu, die Prozession ist ein wesentlicher Faktor der Liturgie. Die Liturgie ist kein statisches Moment, wo jeder in der Bank nur sitzt, kniet oder hockt, wie es vielfach im Barock war. Die Bewegung war wichtig, auch heilsgeschichtlich, zuerst die Prozession des Einzugs und dann der Verwirklichung. Auch die Gabenprozession war damals durchaus auch etwas Sozialpolitisches. Es wurden ja Gaben in der Opfergabenprozession dargebracht, die auch karitativ relevant waren. Das Gabengebet mit der Unterscheidung der Gaben in jene für den Altar und jene für die Gläubigen bekam von daher seine Deutung. Da war Pius Parsch ganz wirklichkeitsnah. Es sollte die soziale Dimension des Dienstes, die ja ein urkirchliches Charakteristikum war, zum Tragen kommen. Niemand durfte getauft werden, der nicht in seiner Katechese zunächst einmal die Werke der Barmherzigkeit zu üben gelernt hat, und die waren spezifisch christlich. Das war der Grund,

wieso man in der alten Kirche die Getreideausgaben den Christen anvertraute. Das heutige »Quattro Coronati« bei San Clemente macht das auch sichtbar: Das war der Getreidespeicher Roms, vor allem für die Armen am Forum, dem Großmarkt. Und das war den Christen übergeben worden. Die Ausspeisung, also *panem et circenses* war nicht nur Werbung und Politikum des Kaisers, die Brotausgabe wurde gewissermaßen auch ein Dienst der Kirche. Diese Dimension versuchte Pius Parsch präsent zu machen. Er hatte wache Augen und Ohren für das, was sich in seiner Umgebung liturgisch anbahnte. Das Verhältnis zu Romano Guardini und anderen wäre noch eigens zu beleuchten. Pius Parsch hat von ihm (»Vom Geist der Liturgie«!) viel aufgenommen, allerdings mit seiner ganz eigenen Distanz, die meinem Empfinden nach etwas konkret Prophetisches in sich hatte und in seiner Nüchternheit auch sehr konzentriert, symbolisch dicht war.

D. Seper: War die Art, wie Parsch Liturgie gefeiert hatte mit dem Opfergang etwas Spezielles, das St. Gertrud ausgezeichnet hat, oder wurde das auch in anderen Pfarren in Wien oder Österreich gepflegt?
P. Bsteh: Von meiner Erfahrung her, die ja damals vor allem auf Wien begrenzt war, gab es das nicht. Ich habe diese Liturgie das erste Mal bei Pius Parsch sozusagen *in concreto* gesehen. Das war mir sonst fremd. Ich habe auch die Messe in Grinzing mitgefeiert, in der ein Pfarrer aus Klosterneuburg zelebrierte. Dort ist alles ganz brav abgelaufen, da war prophetisch nicht viel zu spüren. Ein braver Pfarrer, der dort seinen Dienst versah und die Morgenmesse las (wie man damals sagte), aber es gab nichts Ausstrahlendes. Meine Tante[2] war begeistert von Thomas Michels aus Maria Laach, der Professor in Salzburg war und ungemein inspirativ für die Salzburger Hochschulwochen und die epochale Zeitschrift *Kairos*, die später gegründet wurde. Das

[2] Gemeint: die Gemahlin von Gottfried Domanig.

war ein unglaublich starkes, dichtes, geistiges Potential, das sich da in Klosterneuburg sammelte, eine ganz dichte Atmosphäre, die Pius Parsch sehr stark apperzipiert hat und die von ihm auch inspiriert wurde.

D. Seper: Sie haben vorhin Guardini angesprochen, der eine herausragende Gestalt war. Hatte man auch bei Parsch bereits zu Lebzeiten erkannt, dass er eine prophetische Gabe hatte, oder ist das erst in der Rückschau so wahrgenommen worden?
P. Bsteh: Guardini war vor allem in Burg Rothenfels ein Romantiker. Dort gab es eine Gemeinschaft, die sich urkirchlich selektiv und ein bisschen eklektisch zusammengefunden hatte. Das war für ihn ein begeisterndes Modell des Christseins. Guardini selbst hatte nie eine Gemeinde. Er war mit einem Pfarrer befreundet und auch in der Nazizeit in dieser Pfarre immer wieder zugegen, aber er hatte nie eine Gemeinde gegründet. Da fällt mir ein ... Pius Parsch hatte in Taufers[3] zwei Ministranten, die von ihm für die Liturgie inspiriert wurden. Einer war Josef Andreas Jungmann, der später das wunderbare epochale Werk *Missarum Sollemnia* schrieb und wirklich führend in der theoretischen Ausarbeitung der Liturgie war. Mein Bruder Andreas, der im Canisianum in Innsbruck studierte, hat uns immer wieder erzählt: »Wenn du Liturgie lernen willst, dann lies den Jungmann. Wenn du dir die Liturgie abgewöhnen willst, dann versuch bei Jungmann zu ministrieren.« Der zweite Ministrant war der oft nicht erwähnte, aber ganz bedeutende Josef Hofinger, der später in Manila das sehr wichtige *Institut für Liturgie und Katechese Ostasiens* gründete und das gleichnamige Institut in Ggaba, Uganda, für Ostafrika anregte und später auch besuchte, da war ich selber dabei. Hofinger, übrigens auch ein Jesuit, hat im praktisch-liturgischen Sinn gewirkt im Unterschied zu Jungmann, der reiner Theoretiker war. Das ist typisch für Jesuiten. Die Jesuiten in Rom haben vielfach ihr ganzes Leben lang nie eine Ge-

[3] Parsch war 1912 zu Besuch in Sand bei Taufers.

meindemesse gehalten. Man stelle sich vor, was das über das Priesterbild aussagt und bedeutet! – Einen Sekretär des Papstes, Robert Leiber, hatten wir zu seinem Priesterjubiläum eingeladen, er hatte da das erste Mal eine Gemeinde im Rücken, und das waren wir Seminaristen. Ein anderer Jesuit, Sebastian Tromp, der maßgeblich an *Mediator Dei* mitgearbeitet hatte und im Zweiten Vatikanum eine ziemlich eigenartige Rolle spielte, feierte privat seine Messe jeden Morgen um 7 Uhr früh am Grab des Aloisius von Gonzaga. Da durfte nichts und niemand dazwischenkommen, erst recht kein Ministrant! Dies sei nur erwähnt, um die Spannungsverhältnisse wegen *Mediator Dei* darzustellen, die Pius Parsch letztendlich ziemlich getroffen hatte, denn er war wirklich ein Mann der Kirche. Er hatte seine Vision der Kirche, die sicher sehr nach Rom ausgerichtet war, aber als Einheit in Vielfalt. Auch aus der Erfahrung der Orthodoxie, von der er als Feldkaplan so tief beeindruckt war, all das hat ihn – auch in seinem ökumenischen Interesse – sein Leben lang beschäftigt.

L. Gangoly: Ist das der Grund, warum Pius Parsch die Jesuiten kritisch-distanziert sah?
P. Bsteh: Ja, der Grund waren seine Erlebnisse mit den Jesuiten. Ob er die Mystik des Ignatius verstanden hatte und ob die Jesuiten diese damals verstanden hatten, lassen wir offen. Aber er schrieb ehrfürchtig von Ignatius in seinem *Jahr des Heiles* und versuchte, den Kerngedanken des Ignatius herauszuschälen. Zu seinen Nachfolgern hingegen hielt er eine Distanz, die ihm nicht schwerfiel. Das war für mich ganz deutlich.

L. Gangoly: Konnte Pius Parsch generell dem Begriff *Mystik* etwas abgewinnen? Steht die Mystik nicht im Gegensatz zu der Nüchternheit eines Menschen? Wenn Sie sagen, er konnte mit Ignatius von Loyola durchaus etwas anfangen, mit seiner Mystik, was ist da gemeint?
P. Bsteh: Pius Parsch kannte den Laien und den großen Erneuer der Tauffrömmigkeit in seinen Exerzitien, das war ja das Grund-

anliegen des Ignatius. Ignatius ist zum Priester geweiht worden durch Zufall, damit er in Italien predigen konnte, ohne dauernd kirchenamtlich behelligt zu werden. Deshalb ließ er sich zum Priester weihen. Er hat nach der Weihe über ein Jahr lang nicht zelebriert. Das erste Mal zelebrierte er dann beim Kripplein in Maria Maggiore, unten in der Confessio. Das war seine erste Messe. Im Normalfall zelebrierte er in seinem Zimmer in der Nebenkapelle vor dem Bild der Dreifaltigkeit und der Heiligen Familie, etwa zwei Stunden lang. Und der Einzige, der gewissermaßen mitfeierte, war sein Sekretär Polanco, der aber im Sekretärszimmer daneben saß. Das heißt, Ignatius feierte sein Leben lang nie eine Messe, bei der eine Gemeinde auch nur aus der Ferne dabei war. Das war übrigens auch bei Philipp Neri der Fall, der bei Ignatius vielfach in die Schule ging. Er hat stundenlang zelebriert und die Ministranten sind inzwischen auf die Straßen gerannt und haben Fußball gespielt und dann immer wieder nachgeschaut, wie weit er schon war ... Das erzähle ich, um zu zeigen, wie Liturgie damals gefeiert wurde, auch wie das Priestertum aufgefasst wurde, was noch der Lebenskontext von Pius Parsch war. Das ist dann alles mit eingeflossen in *Mediator Dei.* In gewisser Hinsicht hat Parsch dann auch noch gute Seiten aus dieser Enzyklika herausgeholt, aber im Grunde war sie ein Unterstreichen einer anachronistischen Schau des Tridentinums.

L. Gangoly: Wie haben Sie eigentlich die Gemeinde von St. Gertrud im Hinblick auf den »Spirit«, wie man heutzutage sagt, kennengelernt? Einige Interviewte erzählten, dass Parsch seine Gemeinde in St. Gertrud hatte und dass man als Außenstehender nur schwer Anschluss finden konnte. Andere hingegen behaupteten, dass jeder willkommen war. Es herrscht eine gewisse Diskrepanz, wie die Gemeinschaft wahrgenommen wurde, sowohl von den Mitgliedern von St. Gertrud als auch von Personen außerhalb der Gemeinde.

P. Bsteh: Es gab sicherlich die Stammgemeinde, das waren Mitglieder, die einander kannten, die miteinander im weiteren Sinne lebten. Ich würde schon sagen, dass das eine Lebensgemeinschaft war. Ein Außenstehender war ein willkommener Gast und hat immer die Gastfreundschaft genossen, aber dass ein Gast immer etwas Fremdes mitbringt und das auch seinerseits erfährt, ist klar. Ein Gast war eben nicht Teil dieser Lebensgemeinschaft, aber ein wirklich willkommener Gast. Bei der Agape waren auch alle mit dabei und es ergaben sich immer wieder ganz interessante Gespräche, teilweise sehr inspirativ und interessant (ich denke an Friedrich Heer). Also ich kann mich nicht erinnern, dass Gäste ein Fremdkörper gewesen wären. Manche haben sich bei der Predigt wohl etwas anderes erwartet als das, was Pius Parsch geboten hat. Das war nicht eine konsumentenfreundliche Predigt mit erbaulichen Schnäppchen, eine Predigt, die mehr oder weniger passende Textstücke auf die Bedürfnisse der Gläubigen abstimmt. Pius war zur Sache, ganz schriftbezogen. Ich kann mich nicht erinnern, dass er jeweils Trittbrettfahrer für irgendwelche aktuellen Themen war oder Anspielungen an die Zeit machte. Er blieb textbezogen, und zwar begeistert. Da war nichts, was nicht eine erläuternde und erhellende existenzielle Relevanz für das Glaubensleben hatte.

D. Seper: Was waren das für Menschen, die in St. Gertrud die Gemeinde gebildet oder dort Gottesdienst gefeiert haben? Guardini sprach ja eher die Akademiker an. Pius Parsch hingegen hatte den Anspruch, das ganze Volk Gottes anzusprechen und einzubringen. Ist ihm das in St. Gertrud auch gelungen?
P. Bsteh: Ja! – Ich glaube schon. Die Personen, die sich in St. Gertrud sammelten, wiesen eine gewisse geistliche und menschliche Reife auf. Der Bildungsgrad spielte sicherlich keine Rolle. Eine akademische Predigt mit allerlei Fremdworten dekoriert kam bei Parsch nicht vor. Er sprach ganz normal und auch für jeden verständlich, der Ohren hatte zu hören. Soweit ich sehen konnte, hatte er treue Leute um sich, die aus dem Umfeld Klosterneuburgs stammten, aber darüber hinaus auch ein Publikum, das von überall her kam und auch nicht spezifisch

akademisch gebildet war. Elitär war sicherlich das Publikum von Guardini und im übertragenen Sinn auch beim Bund Neuland. Aber das ist in St. Gertrud nicht der Fall gewesen. Ich kann mich noch gut an eine Harmoniumspielerin erinnern, eine einfache Frau, die zum Urgestein der Gemeinde gehörte. Oder an Vinzenz Goller, der auch von dort aus in seiner Musikalität inspiriert wurde. Der spätere große Schüler von Max Reger, Karl Walter, der Domorganist in Wien war, war auch im Randbereich dieser liturgischen Inspiration. Ein großer Musiker, den wir in Wien hatten. Das ist eine Ausstrahlung in die Welt der Musen, obwohl Pius Parsch sicher kein musischer Mensch war. Singen zumindest konnte er nicht gut.

L. Gangoly: Wurde in St. Gertrud viel gesungen?
P. Bsteh: Das habe ich nicht in Erinnerung. Es wurde gesungen, das ist gar keine Frage. Besonders berückend war es nicht. Ich war ja als Bub noch in der Bachgemeinde Julius Peters, wir haben begeistert die Weihnachtsoratorien und anderes aufgeführt. Da war ich ein bisschen verwöhnt. Mir ist nicht aufgefallen, dass in St. Gertrud irgendeine musisch besonders inspirierende Liedfolge gewesen wäre. Kann mich auch nicht erinnern, dass das Hochgebet je gesungen wurde, was ja wichtig wäre, aber Pius Parsch war da sehr nüchtern. Er pflegte auch nicht die Gregorianik, die durch Solesmes' Abt Prosper Guéranger und Maria Laachs Abt Ildefons Herwegen in die Liturgische Bewegung eindrang. Als Mönchsgesang war Choral wunderbar, als Gemeindegesang aber wenig geeignet – schon von der lateinischen Sprache her. Ich kann mich nicht erinnern, dass in St. Gertrud irgendeine Spur von Choral vorgekommen wäre.

L. Gangoly: Pius Parsch eckte mit seiner Liturgie im Stift Klosterneuburg durchaus an und hatte einige Gegner unter seinen Mitbrüdern. Andererseits hatte er aber auch seine Unterstützer, wie etwa Propst Alipius Linda.
P. Bsteh: Pius Parsch hielt sich, glaube ich, so gut es ging, aus

diesen ganzen Querelen heraus, obwohl der Widerstand teilweise ziemlich penetrant war. Bei Kardinal Innitzer fand er ein offenes Ohr und Unterstützung, gerade auch bezüglich der Volkssprache oder der Erneuerung der Osternacht. Innitzer ermutigte Parsch zum Weitermachen. Das war teilweise eine Art regionale Solidarität, denn Innitzer war aus Böhmen, aus Neugeschrei und Pius Parsch aus Olmütz. Ich weiß außerdem, dass der ehemalige Propst Piffl ihn sicherlich gefördert hat, genau wie später Propst Koberger. Die Intrigen und Widerstände seitens einiger seiner Mitbrüder waren fraglos vorhanden und teilweise massiv. Pius Parsch war da schon sensibel, aber zugleich auch unbeirrbar und konsequent unterwegs.

L. Gangoly: Dann habe ich noch eine Detailfrage, da es ja keine Tonaufnahmen von Parsch gibt. Wissen Sie vielleicht noch, wie seine Stimme war? Ob er eine markante Stimme hatte oder eher nicht? Vielleicht ob er einen gewissen Akzent hatte?
P. Bsteh: Er hat ein sehr gepflegtes Deutsch gesprochen, sich einfach und klar ausgedrückt – ohne irgendeinen Akzent. Er war nie pathetisch, immer »begeisterte Nüchternheit«. Auch Fremdworte oder komplizierte Satzkonstruktionen lagen ihm ferne. Die Stimme war unauffällig und angenehm.
Lassen Sie mich noch zur Wirkungsgeschichte der Liturgie in St. Gertrud etwas sagen: Als ich zum Studium ins Germanicum in Rom kam, wurde ich einer der Magistri Choralis. Ich förderte mit zunehmender Unterstützung den Volksgesang im Kolleg, aber auch die Gregorianik pflegten wir noch intensiv. Die große Vision Pius Parschs blieb immer in mir lebendig und steckte auch manche Freunde im Haus an. Eine Episode ist mir in deutlicher Erinnerung: An den Abenden spazierten wir oft mit dem Liturgiepräfekten auf dem Dach. Einmal fragte er uns, was wir vom Altar *versus populum* halten würden. Und ich habe damals begeistert geantwortet: »Das ist die eigentliche Form!« Damals begannen wir, diese Form der Eucharistiefeier zu praktizieren. Wir stellten, so kann ich mich erinnern, einen schönen Tisch in

der Kollegskapelle *versus populum* auf und bereiteten ihn vor. Der Sakristanbruder war, nächsten Morgen ganz irritiert und wusste nicht, was vor sich ging. Wir haben ihm dann erklärt, dass dies jetzt der liturgische Tisch sei. Interessant war, dass dann nicht nur bei uns, sondern langsam auch an einigen anderen Orten *versus populum* zelebriert wurde. Die »stille Post« an der Gregoriana funktionierte gut. Diese Art der Eucharistiefeier war auch für die Jesuitenpatres ungewohnt. Aber sie konnte fortgesetzt werden, allerdings musste eine kleine Unterbrechung in Kauf genommen werden. Nach ein paar Tagen war eines Morgens einer der Füße unseres neuen Altartisches abgesägt. Es stellte sich dann heraus, dass das ein gewisser Kurt Krenn getan hatte, der spätere Ordinarius in St. Pölten. Der spätere Kardinal Lehmann war Kronzeuge. Und natürlich gab es im Haus ziemliche Spannungen, weil wir gewissermaßen das Privileg hatten, zu experimentieren. Wir haben das *Triduum Sacrum* in Il Gesù gefeiert, in der Jesuitenhauptkirche, meist für deutsche Pilgergruppen, und haben dort die Osterliturgie neu gestaltet. In der Seitenkapelle war der Sekretär der Ritenkongregation, Kardinal Amleto Giovanni Cicognani, mit zwei Mitbrüdern und beobachtete alles. Manches ist dann in die erste Fassung der erneuerten Osternacht eingeflossen, und es waren Inspirationen und Praktiken des Pius Parsch.

D. Seper: Eine abschließende Frage. Mich würde Ihre persönliche Einschätzung interessieren, wie Pius Parsch die liturgische Entwicklung nach dem Zweiten Vatikanischen Konzil sehen würde. Würde er sich zufrieden zurücklehnen und sagen: »All das, wofür ich eingetreten bin, ist verwirklicht?«
P. Bsteh: Noch nicht. – Es war sicherlich grundlegend für das gesamte Konzil, dass als erste Konstitution jene über die Liturgie verabschiedet wurde. Das war nicht nur eine temporäre Reihung, sondern prägte das ganze Konzil. Davon bin ich überzeugt. Die von Jungmann und anderen geleistete Vorarbeit gab dafür sicher ein solides Fundament. Auch die Amerikaner, die

sonst im Konzil ziemlich abseits standen, trugen die Liturgische Konstitution mit. Das war nicht unbedeutend. Vieles ist Gott sei Dank und trotz gegenläufiger Bemühungen nicht mehr rückgängig zu machen.

Erwähnt seien die USA und die damals noch weitgehend deutschsprachige Abtei St. John's in Collegeville (Bundesstaat Minnesota), also jenes Kloster, das in Amerika die liturgische Bewegung beflügelt hat. Da ist meines Wissens auch noch nicht ganz geklärt, wie die Verbindungslinien alle liefen, ob es direkten Kontakt zu Pius Parsch gab. *Eine* Spur jedenfalls lässt sich finden: Im Zuge einer frühen Migrationsbewegung der »Burgenlaenders« kam ein Bub mit 4 Jahren namens Deutsch (geb. 1877) in die USA; er wurde dort durchwegs benediktinisch ausgebildet. Nach seiner Profess in der Abtei St. John's und seiner Priesterweihe (1902) wurde er nach Rom entsandt (1916) und verbrachte dort 6 Jahre in Sant'Anselmo. Er nutzte diese Zeit auch zu ausgedehnten Reisen und liturgischen Verbindungen besonders nach Maria Laach, Beuron und dem ökumenischen Maredsous in Belgien. 1921 wurde er dann zum Abt gewählt – im Amt bis 1950! – und führte den Konvent St. John's in Collegeville zu einer erstaunlichen Höhe. Besonderer Schwerpunkt war die Liturgie. Als Abt in St. John's reformierte er zunächst das Stundengebet und führte bereits eine englische Kurzfassung für die Laienbrüder ein. Der Zusammenhang zwischen *missa* und *mensa* war für ihn evident. Er ließ Teile der Abteikirche im beuronischen Stil renovieren (Clemens Frischaus Pantocrator in der Apsis ...). Durch Abt Alcuin Deutsch kamen Impulse zur liturgischen Erneuerung auch in die verschiedenen Priorate, die Neugründungen der Abtei, sogar bis auf die Bahamas. Zwei deutschsprachige Patres – P. Virgil Michel und P. Godfrey Dieckmann – später peritus für die liturgische Konstitution am Vatikanum II – wurden dort ausgebildet (P. Virgil wurde auch nach Europa geschickt, um die Akteure der liturgischen Bewegung kennenzulernen), – gründeten 1926 das »Liturgical Institute«, das mit großem Engagement liturgische Texte in die USA und in benachbarte Länder versandte. Selbst wir im regionalen Priesterseminar in Tamale in Ghana bekamen regelmäßig diese Texte zugesandt und auch hier war der Geist Pius Parschs spürbar.

Man kann also sagen, auch in Amerika hat das alles sehr gefruchtet, was dann auch später im Konzil eine gewisse Rolle spielte, die Amerikaner blieben ja sonst – ganz abgesehen davon, dass sie Latein nicht verstanden – ziemlich abseits im Konzil, außer in der Frage von Demokratie und Religionsfreiheit (J. C. Murray »Dignitatis Humanae«), haben aber das Liturgische doch mitgetragen. Das war nicht unbedeutend für das Abstimmungsergebnis dieser Konstitution über die Liturgie.

Ich selber war ab 1966 in Afrika und erlebte dort, wie die Bibel in die jeweiligen Ortssprachen übersetzt wurde. Die Liturgie hat sich dort sehr lebendig entwickelt und verändert und hat das Volk mit ergriffen – langsam und auch nicht ohne Widerstand. Es gibt eine Tendenz, v. a. seitens einiger in Rom ausgebildeter Bischöfe, die zu unglaublich anachronistischen Verhältnissen zurückkehren wollen, um angeblich die Kirche wieder zu einen. Manche Fundamentalisten glauben, dass sie sich mit solchen Sichtweisen kirchlich besonders profilieren können. Das ist einfach eine krasse Fehlentwicklung. Sie müssen sich vorstellen, als ich nach Uganda kam, haben die Leute jederzeit die *Missa de Angelis* gesungen, in und außerhalb der Liturgie – quasi als »Volkslied«. Die Gläubigen verstanden kein Wort, wussten nichts vom Inhalt, und nur aufgrund der noch irgendwie erkennbaren Melodie konnte man feststellen, dass es sich um die *Missa de Angelis* handelte.

Das war eine katastrophale Entwicklung, die noch gravierende Folgen haben kann und jeder Inkulturation entgegensteht. Wir wissen nicht, wie sich die Kirchen in Afrika, in Vietnam, Korea oder den Philippinen weiterentwickeln werden. Das ist ein Gegenstand großer Sorge. Ob heute in der Gesamtkirche die liturgische Bewegung weitergeht und sich weiterentwickelt, ist wohl eine offene Frage. Ich bin nicht sicher, wie die Kirche überleben kann, wenn wir von der Basis nicht grundsätzliche Momente der Reform einbringen. Aber die Hoffnung besteht.

Interviewer: Vielen Dank für das Gespräch!

Buchbesprechungen

ALEXOPOULOS, Stefanos u. a.: Wissenschaft der Liturgie. Begriff, Geschichte, Konzepte (Gottesdienst der Kirche. Handbuch der Liturgiewissenschaft 1,1), Regensburg 2022, Friedrich Pustet, 784 S., € 78,00 (D)/€ 80,20 (A).

Ursprünglich wurde von den Herausgebern des Handbuchs der Liturgiewissenschaft »Gottesdienst der Kirche« erwartet, diese Reihe innerhalb weniger Jahre abschließen zu können.[1] Leider konnte dieses Vorhaben nicht wie geplant realisiert werden. Die vier Jahrzehnte seit dem Erscheinen des ersten Bandes brachten es mit sich, dass es zum sukzessiven Ausfall des ursprünglichen Herausgeber-Gremiums kam, was zu Verzögerungen führte. Die gute Rezeption des zuletzt 2008 erschienenen Teiles 2,2 ermutigte die mittlerweile zwei Herausgeber Martin Klöckener und Reinhard Meßner zur Fortsetzung des Projekts. Nun liegt der lang erwartete Band 1,1 unter dem Titel »Wissenschaft der Liturgie« vor. Während zwar der ursprüngliche Zeitplan nicht eingehalten werden konnte, wurde hingegen die Erwartung erfüllt, die man an den Inhalt eines Bandes in dieser Handbuch-Reihe legt, nämlich das »Spektrum der Liturgiewissenschaft [abzudecken], das in dieser umfassenden Form bisher nirgendwo sonst dargestellt worden ist« (13).

Der langen Entstehungs- und Wartezeit kann auch Positives abgewonnen werden, konnten so doch die neuesten Forschungen der letzten Jahre aufgenommen und berücksichtigt werden, wie viele zuletzt aktualisierte Beiträge beweisen. Ein kleiner Wermutstropfen: Die Verzögerung hatte anscheinend Auswirkungen auf die äußere Gestaltung des neuen Bandes, dessen Rot sich vom Farbton der früheren Einbände (bereits ab Band 2,2)

[1] Vgl. dazu die Liste der Bände am Ende der Rezension.

zunehmend, wenngleich leicht unterscheidet. Weil die Bände dieser Reihe in den meisten Bibliotheken nebeneinander aufgestellt sind, fällt dieser Farbwechsel auf und ist ein zumindest ästhetisches Manko, das vermieden hätte werden können.

Der Band zur Wissenschaft der Liturgie legt drei Schwerpunkte: So wird zunächst der Begriff »Liturgie« selbst geklärt, bevor das Profil des Gottesdienstes in den vier nicht-katholischen Traditionen, nämlich im lutherischen und im reformierten Protestantismus, in der Anglikanischen Gemeinschaft und in den östlichen Kirchen erläutert wird. Da das katholische Profil das gesamte Handbuch durchzieht, verzichtete man hier auf einen analogen Beitrag zur römisch-katholischen Liturgie. Den dritten Schwerpunkt bildet die Darstellung der Liturgiewissenschaft in ihren unterschiedlichen konfessionellen Ausprägungen.

Mit einem knappen Überblick über die Geschichte des Begriffes »Liturgie« beginnt (69–103) der Beitrag von Reinhard Meßner (Innsbruck). Er macht dabei auf den normativen Liturgiebegriff in der katholischen Kirche aufmerksam, der sich bis in die Liturgiekonstitution des Zweiten Vatikanischen Konzils hinein nachweisen lässt. Meßner verweist auf die christologische Engführung des Liturgie-Begriffs bei aller positiven Weiterentwicklung, die der lange Zeit verkürzte Begriff aufweist, was er auch für das Pascha-Mysterium (*mysterium paschale*) feststellt. Der Heilige Geist würde auch hier fehlen. Meßner schlägt demgegenüber vor, alte Begriffe wie den des Kultes (*cultus publicus*) wiederzubeleben und in geändertem Kontext mit neuer Bestimmung zu versehen.

Der Gottesdienst im Luthertum wird vom katholischen Theologen Augustinus Sander (Rom) vorgestellt (110–147), der zunächst grundlegende Informationen bietet, auf die exemplarische Konkretionen folgen. Dabei greift der Beitrag ein Beispiel (Wolfgang Musculus' Itinerar) heraus, das anschaulich und interessant ist, aber fraglich bleibt, wie repräsentativ es ist. Mit dem reformierten Gottesdienst, der in der vorreformatorischen religiösen Praxis und im Humanismus seine Grundlage habe (148–185), beschäftigt sich Bruno Bürki (früher Fribourg). Nicht unerwähnt bleiben dabei natürlich die beiden großen Vertreter Zwingli, der den Predigtgottesdienst prägte, und Calvin, der in seiner Arbeit von der Erkenntnis geleitet war, »dass christlicher Gottesdienst von der gesamten Gemeinde der Gläubigen getragen sein soll« (158). Der Beitrag schließt mit der Erwähnung gegenwärtiger Herausforderungen und einem an dieser Stelle überraschenden Plädoyer für die Frauenordination.

Paul F. Bradshaw (früher Notre Dame, IN) wurden die beiden Beiträge hier zur Liturgie in der Anglikanischen Gemeinschaft (186–205) und im dritten Teil zur anglikanischen Liturgiewissenschaft anvertraut. Für Anglikaner seien die liturgischen Formen die erste Norm der Lehre und deswegen von zentraler Bedeutung. Die Entwicklung der anglikanischen Liturgie wird an der Geschichte des *Book of Common Prayer* nachgezeichnet, das von Beginn, bis heute noch in vielen Teilen der weltweiten Gemeinschaft das zentrale liturgische Buch darstellt. Dem wurden »moderne Liturgien« zur Seite gestellt, die im 20. Jh. als Antwort auf neuere Forschungen zu den frühchristlichen Ursprüngen des Gottesdienstes, aber auch auf geänderte pastorale Bedürfnisse und den Ersten Weltkrieg entstanden seien. Vermissen könnte man in einem katholischen Standardwerk zur Liturgiewissenschaft die jüngste Rezeption anglikanischer Liturgie innerhalb der katholischen Kirche durch *Divine Worship* (früher oft auch *Anglican Use* bezeichnet), die liturgische Ordnung der auf Basis von *Anglicanorum coetibus* errichteten drei Personalordinariate, die bis auf einen kleinen indirekten Hinweis (192) komplett unerwähnt bleibt.

Der Beitrag zu den Liturgien in den östlichen Kirchen (206–273) beginnt mit der Wiedergabe eines vermeintlich westlichen Vorurteils gegenüber der östlichen Christenheit als etwas Vergangenem, das Publikationen und etwa die Tagung der *Arbeitsgemeinschaft katholischer Liturgiewissenschaftlerinnen und Liturgiewissenschaftler im deutschsprachigen Raum* bereits 2018 in Wien widerlegt haben.[2] Der in teilweise apologetischem Stil gehaltene Beitrag ruft deswegen auch in Erinnerung, dass zu Beginn des Christentums vier der fünf Patriarchate im Osten waren. Nach einer kurzen Einführung in die historische Liturgie in Jerusalem und in Palästina, deren Spuren in anderen Liturgien nachgewiesen werden können, folgen jeweils eine Einführung und dann die exemplarische Behandlung von Eucharistie und Taufe sowie des liturgischen Jahres im byzantinischen, westsyrischen, ostsyrischen, maronitischen, armenischen, koptischen und äthiopischen Ritus. Der Verfasser Stefanos Alexopoulos (Washington, DC) sieht die östlichen Liturgien heute vielseitigen Spannungen ausgesetzt: ihre Praxis in der Diaspora in der Begegnung mit fremden Kulturen und das Fehlen einer Aufklärung oder Reformation. Dies habe entweder zu einem extremen Liberalismus oder Konservatismus geführt. Er erkennt gleichzeitig die Möglichkeit für die Kirchen des Ostens, einen »Beitrag zur modernen Welt zu leisten« (213) und dabei als wichtigste Ressource ihre liturgischen Traditionen einzubringen. Ob man von einem »westsyrischen Ritus [!]« oder »ostsyrischen Ritus [!]« sprechen sollte oder nicht besser z. B. von einer westsyrischen »Ritengruppe« bzw. »-familie« oder einem westsyrischen »Zweig«[3], zu der dann auch der eigenständig aufgeführte maronitische Ritus zählt, mag dahingestellt bleiben.[4]

---

2 Vgl. dazu: H.-J. Feulner/A. Zerfass (Hg.), Ex Oriente Lux? Ostkirchliche Liturgien und westliche Kultur (Österreichische Studien zur Liturgiewissenschaft und Sakramententheologie 13), Wien 2020.

3 Siehe Handbuch der Ostkirchenkunde, Bd. 2, hg. v. W. Nyssen u. a., Düsseldorf 1989, 101–140: Dort wird die »alexandrinische Liturgiefamilie« in den koptischen und äthiopischen Ritus und die große »antiochenische Liturgiefamilie« in einen »westsyrischen Zweig« und einen »ostsyrischen Zweig«, mit dem »armenischen Ritus« dazwischen, unterteilt (wobei »Zweig« hierbei eine Ritengruppe oder Liturgie-»Unterfamilie« bedeutet).

4 Für ein Schaubild, das das Zusammenspiel und die nicht unwichtigen Abhängigkeiten der verschiedenen Ritengruppen sowie Riten innerhalb der großen östlichen Liturgiefamilien übersichtlich darstellt, muss auf andere Standardwerke zurückgegriffen werden.

Der zweite große Teil des Bandes beschäftigt sich mit der Liturgiewissenschaft selbst, und zwar mit deren Geschichte, aktuellem Stand und ihren Aufgaben. Benedikt Kranemann (Erfurt) beleuchtet dabei sehr ausführlich (277–468) die katholische Liturgiewissenschaft im deutschen Sprachgebiet und liefert mit seinen Ausführungen wohl das Herzstück des Bandes. Liturgiewissenschaft ist für ihn »lebenswichtiges Korrektiv« (287) für die Kirche, wenn sie ihren Glauben feiert, und erhält ihre Bedeutung nicht zuletzt durch den Bezug auf einen der drei kirchlichen Grundvollzüge. Gleichzeitig sei diese Disziplin über Kirche und Theologie hinaus relevant und habe sich beispielsweise auch in den Kulturwissenschaften zu profilieren. So verweist Kranemann etwa darauf, dass durch den Verlust religiöser Praxis das Verständnis für gottesdienstliche Formen verloren gehe, die als kulturelles Wissen wieder in Form von Realienkunde neu weiterzugeben seien. Der Beitrag erörtert zunächst Begriff und Gegenstand der Liturgiewissenschaft und klärt ihr Verhältnis zu den anderen Fächern des theologischen Kanons. So zeigt schon die Begriffsgeschichte von Liturgiewissenschaft bzw. Liturgik den Wandel in Umfang und Aufgabenstellung. Letztlich mache die Liturgiewissenschaft ihr »kritisches Potenzial« (291) gegenüber dem gefeierten Gottesdienst und der gesamten Theologie aus. Die Geschichte der Disziplin und ihre unterschiedlichen Methoden werden anhand bekannter Vertreter erklärt: So würden die mystagogischen Katechesen in der Alten Kirche erste Ansätze einer Liturgiewissenschaft aufweisen, auch wenn diese einen anderen Anspruch hatten und nicht die Riten zu analysieren versuchten, sondern sich als Einführung in die Feiern verstanden. Bei der Beantwortung liturgisch strittiger Fragen ging es über die Katechese hinaus. Die im Mittelalter verbreiteten Liturgieerklärungen, die die nicht mehr unmittelbar verständlichen Feierformen nach dem Beispiel der allegorischen Schrifterklärung interpretieren, würden laut Kranemann heute nicht mehr nur kritisch gesehen werden. Weitere Stationen bilden der Humanismus mit seiner Erforschung der Quellen und die Rubrizistik mit ihrem stark liturgierechtlichen Schwerpunkt, bevor die Liturgiewissenschaft schließlich vor allem aus pastoralem Interesse im Sinne der kritischen Begleitung der liturgischen Praxis betrieben wird. So kam es zur wissenschaftlichen Institutionalisierung und Etablierung der Liturgiewissenschaft als eigene Disziplin, was anhand von Handbüchern der Liturgik des 19. und 20. Jh. aufgezeigt wird. Die Liturgische Bewegung führte nicht nur zu Aufbruch und neuem Interesse an der Liturgie, sondern auch gleichzeitig zu deren notwendiger wissenschaftlicher Begleitung. So zeichnete sich schon die Aufteilung in die bis heute drei wichtigen Aufgabenfelder ab: Liturgiewissenschaft als Liturgietheologie, was einen durch Romano Guardini eingeleiteten Paradigmenwechsel darstellte; die Geschichtsforschung, die wichtige Erkenntnisse für die Entwicklung der Methodik des Faches lieferten (Anton Baumstark mit der vergleichenden Liturgiewissenschaft, die historisch-genetische Methode von Josef Andreas Jungmann und die geistesgeschichtliche Methode nach Anton Ludwig Mayer), und die Pastoralliturgik. Auch wenn das Zweite Vatikanische Konzil die Liturgiewissenschaft zum Hauptfach erhob, sei dies bis heute nicht selbstverständlich. Jedenfalls entwickelte das Fach, das zunächst stark mit der Liturgiereform beschäftigt war, sein neues Profil. Als Charakteristika der nachkonziliaren Liturgiewissenschaft wird die theologische und pastorale Begleitung und Beteiligung an der Umsetzung der Liturgiereform gesehen; ferner die wissenschaftstheoretische Reflexion und Methodendiskussion; sodann ist die Liturgiewissenschaft durch gesellschaftliche wie kirchliche Entwicklungen herausgefordert, die zu immer neuen Aufgaben und Perspektiven für heute und morgen führen. Dazu zählen Fragen der Partizipation am Gottesdienst und der liturgischen Ästhetik, Liturgie angesichts gesellschaftlicher Pluralität und die Auseinandersetzung mit den *Ritual Studies*. In den letzten Jahrzehnten zeichnet sich die katholische Liturgiewissenschaft besonders durch ihre ökumenische Prägung sowohl im Rahmen der »kleinen« wie »großen Ökumene« aus.

Das katholische Profil beschreibt Kranemann daher mit folgenden Worten: »Die Liturgiewissenschaft befasst sich anhand der Liturgie mit dem Glauben der Kirche in ihrer ganzen Vielfalt« (424), wobei die Verbindung von liturgischen Texten, Elementen und Handlungen spezifisch sei. Liturgiewissenschaft habe den »Zusammenhang des Feierrituals« (425) zu sehen und sei von daher kontextuelle Theologie. Der Beitrag trägt abschließend wichtige Institutionen der katholischen Liturgiewissenschaft im deutschen Sprachgebiet zusammen und benennt Orte und Adressatengruppen liturgischer Bildung heute. Während die Liturgiewissenschaftliche Gesellschaft Klosterneuburg bei den liturgiewissenschaftlichen Vereinigungen genannt wird (468), lässt sich ein Hinweis auf das eigentlich liturgiewissenschaftlich relevante Pius-Parsch-Institut nicht auffinden. Gerade in diesem Beitrag fällt aber positiv auf, dass in den Literaturangaben nicht nur bereits etablierte Autoren, sondern auch immer wieder Jungwissenschafter und Jungwissenschafterinnen rezipiert werden.
Neben diesem ausführlichen Beitrag zur katholischen Liturgiewissenschaft im deutschsprachigen Raum können die nachfolgenden Darstellungen nur kurze Einblicke bieten. Für die katholische Liturgiewissenschaft im französischsprachigen Raum (473–510) übernimmt dies Hélène Bricout (Paris). Der Beginn der frankophonen Liturgiewissenschaft hängt für sie stark mit dem Anfang der Liturgischen Bewegung zusammen, die zu Beginn durch Vertreter (Prosper Guéranger, der Grundzüge einer Theologie der Liturgie entwarf, und Louis Duchesne, der die Basis für eine universitäre Liturgiewissenschaft legte) und Zentren (die wallonisch-belgische Benediktinerabtei Maredsous, eine deutsche Gründung von Beuron; die Abtei Farnborough, eine französische Gründung in England, mit ihrem *Dictionnaire d'Archéologie Chrétienne et de Liturgie* [DACL]; und die belgische Abtei Mont-César [Keizersberg]) aus diesem Raum geprägt war. Während im französischen Raum neues Interesse für die Geschichte der Liturgie zu beobachten sei, werde Liturgie

gleichzeitig von Individualismus und Kommunitarismus in der französischen Gesellschaft herausgefordert. Bricout erkennt die Notwendigkeit einer neuen Hinführung der Menschen zur »tiefgehenden Natur der Liturgie« (509).
Für den englischsprachigen Raum (511–521) zeigt John F. Baldovin die Entwicklung der katholischen Liturgiewissenschaft anhand von vier Themen auf, bei denen er jeweils bedeutende Vertreter aneinanderreiht: Er setzt ein mit Liturgiegeschichte (wobei hier wohl besser von einer Geschichte der Liturgiewissenschaft zu sprechen ist) und sieht den Anfang der liturgiewissenschaftlichen Forschung im englischsprachigen Katholizismus erst im 20. Jh. Als zweites Thema nennt er Liturgietheologie, für die gerade englischsprachige Katholiken »sehr wichtige Beiträge« (517) geleistet hätten. Den wichtigsten Beitrag der englischsprachigen Liturgiewissenschaft erkennt er darin, »dass sie die Ritual Studies und andere Sozialwissenschaften in den Dialog mit der Liturgiewissenschaft gebracht hat« (521). Den vierten Bereich bildet, so wie auch in anderen Sprachgebieten, die Arbeit an der Liturgiereform. Dieser Beitrag ist aufgrund der Bedeutung der katholischen Liturgiewissenschaft im angelsächsischen Raum, vor allem nach dem Zweiten Vatikanischen Konzil, überraschend kurz ausgefallen.
Andrea Grillo (Rom/Padua) verteidigt Italien (522–539) gegen das Vorurteil, dass es nur »ein Ort der Rezeption der Liturgischen Bewegung und der Liturgiewissenschaft von jenseits der Alpen« (523) sei, und verweist auf das Spezifikum Italiens, dass hier die Liturgiereform verwurzelter sei und deswegen der liturgische Traditionalismus nur ein Randphänomen darstelle. Im insgesamt im Stil der Verteidigung und Rechtfertigung gehaltenen Beitrag wird bei genannten Personen und Orten, die für zentral gehalten werden, wie der Autor selbst eingesteht, eine »zwar subjektive, aber in der Sache doch gerechtfertigte Auswahl« (527) getroffen. Das Ideal der italienischen Liturgiewissenschaft wird schlichtweg darin gesehen, über die Möglichkeiten der Zukunft der Liturgie nachzudenken.

Für die evangelische Liturgiewissenschaft erörtert – nun wieder umfassender und quasi als Pendant zum Beitrag von Kranemann – Michael Meyer-Blanck (Bonn) den deutschsprachigen Raum (546–640), der damit die Aufgabe des 2011 verstorbenen Karl-Heinrich Bieritz (früher Rostock) übernahm und seinen Beitrag fortsetzte. Liturgiewissenschaft wird darin im dreifachen Spannungsverhältnis zwischen Glaube und Kultur, Offenbarung und Geschichte sowie Verstehen und Gestalten verstanden. Der Beitrag beantwortet ähnliche grundsätzliche Fragen wie jener von Kranemann, aber eben aus genuin evangelischer Perspektive. Den Anfang macht Luthers Liturgik, auch wenn gleich festgehalten werden muss: »Luther war kein Liturgiker« (556). Schon am Beginn sei ein Problem grundgelegt, dem sich die evangelische Liturgiewissenschaft bis heute widmen muss: die »Gefahr einer pädagogisierenden Instrumentalisierung der Glaubensfeier im Interesse der Glaubensbildung« (559). Heute würde die Liturgiewissenschaft in der Praktischen Theologie jenen Rang einnehmen, den die Homiletik früher hatte. Für die evangelische Liturgiewissenschaft, die heute historisch, systematisch, phänomenologisch, semiotisch, ästhetisch und theaterwissenschaftlich, empirisch und kulturtheoretisch arbeite, stellen sich aktuell Fragen wie das Feiern in einem multireligiösen Kontext, nach der pädagogischen Dimension der Liturgie in Bezug auf Schule als Ort liturgischer Erfahrung, genauso wie die neue Perikopenordnung der Evangelischen Kirche in Deutschland von 2018.

In den beiden folgenden im Vergleich sehr kurzen Beiträgen stellt Bruno Bürki (641–649) für den frankophon reformierten Protestantismus ausgewählte »Meister der Liturgiewissenschaft« und weitere reformierte Theologen und Gordon Lathrop (Philadelphia) die englischsprachige protestantische Liturgiewissenschaft (650–663), die vom multikonfessionellen Kontext geprägt ist, vor.

Dem schließt sich die Präsentation der anglikanischen Liturgiewissenschaft durch Paul F. Bradshaw an (665–688), der chronologisch vorgeht, mit der englischen Reformation einsetzt und ihre Anführer als erste anglikanische Liturgiewissenschaftler bezeichnet, indem sie überkommene Liturgie reformierten. Im Zentrum stand dabei immer die Beschäftigung mit dem *Book of Common Prayer*, dem bereits ein eigener Abschnitt im Liturgie-Teil gewidmet war. In kurzen Kapiteln wird anhand von Theologen, Historikern und Seelsorgern, die zur Erforschung der Liturgiegeschichte beitrugen, aufgezeigt, dass gerade dieser Bereich das besondere Merkmal der anglikanischen Liturgiewissenschaft bis heute darstelle. Im Beitrag wird gleichzeitig die geringe Anzahl anglikanischer Liturgiewissenschaftler heute und die wenigen universitären Stellen für Liturgiewissenschaft beklagt.

Die orthodoxe Liturgiewissenschaft stellt Mikhail Zheltov (Moskau) vor (689–736). Aufgrund der zentralen Bedeutung des Gottesdienstes an sich stelle auch die Liturgiewissenschaft heute »eines der beliebtesten und anspruchsvollsten Fächer« (736) in der Orthodoxie dar. Grundgelegt in den Schriften von Autoren des 14. und 15. Jh. wird zunächst die Entwicklung der orthodoxen Sakramentenlehre vor dem Hintergrund von Disputen mit anderen christlichen Konfessionen, aber auch innerhalb der Orthodoxie etwa zwischen dem Patriarchat von Moskau und der griechischen Tradition dargelegt. Der Autor fährt dann mit der Blütezeit der russischen Liturgiewissenschaft um 1900 fort und nennt eine Reihe wichtiger Protagonisten. Während der slawische Raum ausführlich behandelt wird, wird die griechische Liturgiewissenschaft nur kurz erwähnt.

Insgesamt zeigt der Band dank der Bemühungen der Herausgeber ein recht einheitliches Bild, wenn auch bei vierzehn Autoren aus sehr unterschiedlichen Kontexten der Versuch, die Kohärenz des Gesamtwerkes zu wahren, nicht immer gelingt. So bleiben auch manche der als Übersetzungen enthaltenen Beiträge der Ausgangssprache verhaftet. Nicht zuletzt die bei jedem Kapitel chronologisch geordneten Literaturangaben, unter denen nicht nur Publikationen von arrivierten Wissenschaftlerinnen und

Wissenschaftlern zu finden sind, machen den Band zu einem wichtigen Refcrenzwerk zum Thema. Gerahmt werden die Beiträge am Beginn von einem ausführlichen allgemeinen Abkürzungsverzeichnis für die Reihe (15–65), das die wichtigsten Publikationen zur Liturgiewissenschaft vereint, und einem umfangreichen und hilfreichen Register (737–781) zu Schriftstellen und zu Namen, Orten, Sachen und Initien am Ende.

So dürfen, auch wenn der Abschluss des gesamten Projektes nicht absehbar ist, noch die restlichen fehlenden Bände mit Teil 1,2, der eine Quellenkunde der Liturgiewissenschaft enthalten soll, Teil 2,1 zu Theologie und Anthropologie der Liturgie und Teil 6,2 zur Tagzeitenliturgie mit Spannung und Vorfreude erwartet werden. Genauso bedürfen wohl auch früher erschienene Bände mittlerweile schon einer Aktualisierung.[5]

Insgesamt darf der Band jedoch als ein äußerst wichtiges Standardwerk für die Liturgiewissenschaft nicht nur im deutschsprachigen Raum angesehen werden, der aus der Feder von Experten und Expertinnen übersichtliche Einblicke in die ansonsten oft unüberschaubare Welt der christlichen Liturgien und ihrer wissenschaftlichen Reflexion bietet und auch unabhängig von den anderen Bänden der Reihe seinen besonderen Wert hat.

Daniel Seper, Klosterneuburg

[5] Bisher sind in chronologischer Reihenfolge erschienen: Bd. 5: H. Auf der Maur, Feiern im Rhythmus der Zeit I, Regensburg 1983; Bd. 8: B. Kleinheyer/E. von Severus/R. Kaczynski, Sakramentliche Feiern II, Regensburg 1984; Bd. 3: R. Berger u. a., Gestalt des Gottesdienstes, Regensburg 1987/²1990; Bd. 7,1: B. Kleinheyer, Sakramentliche Feiern I. Die Feiern der Eingliederung in die Kirche, Regensburg 1989; Bd. 4: H. B. Meyer, Eucharistie. Geschichte, Theologie, Pastoral, mit einem Beitrag von I. Pahl, Regensburg 1989; Bd. 7,2: R. Messner/R. Kaczynski, Sakramentliche Feiern I/2, mit einem Beitrag von R. Oberforcher, Regensburg 1992; Bd. 6,1: P. Harnoncourt/H. Auf der Maur, Feiern im Rhythmus der Zeit II/1, Regensburg 1994; Registerband zu Teil 4: Eucharistie. Geschichte, Theologie, Pastoral, erstellt von F. Bartunek, Regensburg 1997; Register zu Teil 7,1: Sakramentliche Feiern I, erstellt von F. Bartunek, Regensburg 1999; Bd. 2,2: K.-H. Bieritz u. a., Theologie des Gottesdienstes II, Regensburg 2008; Bd. 1: St. Alexopoulos u. a., Wissenschaft der Liturgie. Begriff, Geschichte, Konzepte, Regensburg 2022.

Freilinger, Christoph/Wegscheider, Florian (Hg.): »... und Christus wird dein Licht sein« (Eph 5,14). Taufberufung als dialogisches Christus-Geschehen (Schriften der Katholischen Privat-Universität Linz 11), Regensburg 2022, Friedrich Pustet, 556 S., € 39,95 (D)/€ 41,10 (A).

Die vorliegende Festschrift ist im Anschluss an ein Symposium aus Anlass des 60. Geburtstags von P. Ewald Volgger OT im Oktober 2021 an der Katholischen Privatuniversität Linz erschienen. Unter dem biblischen Titel (Eph 5,14), der zugleich das älteste Tauflied darstellt, wurde ein Sammelband in drei Teilen zusammengestellt: Ausgehend vom akademischen Interesse und Lebenszeugnis des Geehrten werden Taufe und Taufberufung aus biblisch-historischer, ekklesiologischer und spiritueller bzw. praktisch-theologischer Sicht beleuchtet. Fast alle Beitragenden sind, wie Ewald Volgger selbst, im Feld der Liturgiewissenschaft tätig.

Im biblisch-historischen Teil begegnet zuerst ein Beitrag des Bibelwissenschaftlers Christoph Niemand mit dem Titel »›... dazu bestimmt, seinem Bild, das der Sohn ist, hinzugestaltet zu werden‹ (Röm 8,29). Die ikonische Christologie des Apostels Paulus und ihre Bedeutung für das Verständnis der Taufberufung« (19–61). Der Beitrag hat, wie andere Publikationen Niemands, das Ziel, die Bekanntheit der ikonischen Christologie und Soteriologie, der Theologie von Christus als *imago Dei* zu fördern, sodass sie auch für verschiedene theologische Disziplinen, die »spirituelle Gemeindereformation« und die moderne »liturgische Feierpraxis« (24) fruchtbar gemacht werden kann. Clemens Leonhard widmet sich in seinem Beitrag »Christliche[n] und rabbinische[n] Überlegungen zu den Konsequenzen des Sündenfalls und ihrer Überwindung« (62–82). Nachdem er die Tauchbäder und die Beschneidung des Judentums als im Hinblick auf die Frage der Überwindung des Sündenfalls unvergleichbar mit der christlichen Taufe herausgestellt hat, kommt er, auf Grundlage der Analyse talmudischer Texte,

auf die Konversion als ehestmöglichen Vergleichspunkt. Predrag Bukovec stellt in seinem Artikel »Offene Fragen zur Entstehung der Taufsalbung« (83–105) das an der Universität Regensburg laufende Forschungsprojekt über die frühchristliche Taufsalbung vor, das bedeutende Erkenntnisse sowohl für die Liturgiewissenschaft als auch für die Liturgietheologie zu ergeben verspricht. Martin Lüstraeten widmet sich der »Entstehung des Taufexorzismus im Zeugnis der nordafrikanischen Kirchenschriftsteller« (106–133) und hält als Ergebnis seiner Quellen-Analyse fest, dass »selbst die für die Mitte des 3. Jahrhunderts angesetzten Belege für die Praxis des Taufexorzismus nicht tragen und ein gesicherter Nachweis erst für das 4. Jahrhundert angesetzt werden kann« (132f.). Florian Wegscheider analysiert in seinem Artikel »Die Mutter der Knechtschaft wird zur Amme der Freiheit« (134–157) zwei Praeconia des Ennodius von Pavia (abgefasst zwischen 502 und 504) im Hinblick auf die »Dimension der Nacht«. Harald Buchingers Beitrag »Taufbewusstsein in der mittelalterlichen Liturgie« (158–202) betrifft die »Bedeutung der Gesänge des Osterfestkreises« bzw. jener, »die im römischen Ritus zur Feier der Initiation gehören« (158), und Jörg Seiler setzt sich in »Normen und Praxis von Taufen im frühneuzeitlichen Deutschen Orden« (203–225) mit der Frage auseinander, inwiefern die Taufe, ihre Motivation und ihre Rahmenbedingungen, insbesondere im Kontext der auch weltlichen Herrschaft einer religiösen Entität, konkret des Deutschen Ordens, zusätzlich politische Brisanz haben können.
Den ekklesiologischen Teil eröffnet Benedikt Kranemann mit seinem Beitrag »›Priester, König und Prophet‹ – Taufberufung und Christsein« (229–252), in dem er die performative Komponente der Liturgie in Bezug auf den Taufritus, die im Ergebnis mit dem Begriff »Taufberufung« bezeichnet wird, thematisiert. Winfried Haunerland widmet seinen Artikel »›Ius habet et officium‹. (SC 14). Zur priesterlichen Berufung aller Getauften« (253–267) dem Recht *(ius)* und der Pflicht *(officium)* aus der Taufe, voll, bewusst und tätig (als Glieder des priesterlichen

Gottesvolkes) an der Liturgie der Kirche als deren Träger:innen teilzuhaben. Daraufhin versucht Reinhard Meßner in »Die Taufe zwischen Station auf dem Weg des Glaubens und Folklore« (268–292) eine Abgrenzung des im Taufritual Intendierten von der Folklore. Dabei spricht er u. a. von der Taufe als »magisch wirksamem« im Sinne von »effektiv rituelle[m]« Vollzug (269 und 271), der sich im alltäglichen Leben des Empfängers (auch des Spenders und der Beiwohnenden?) in existenzieller Weise auswirkt. Diese Zweidimensionalität habe die Taufe mit allen Ritualen, denen gesellschaftliche Bedeutung zukommt, gemeinsam. Fehlen diese Komponenten, »[e]ntfällt der formative Bezug eines Rituals auf den Alltag der Teilnehmer bzw. der Gesellschaft«, handle es sich (bloß) um »existentiell mehr oder minder bedeutungslose« Folklore (273). Albert Gerhards schreibt in »Orte des Erinnerns« (293–305) über die »Bedeutung von Taufstätten nach der Zeit der Volkskirche«. Er zeigt anhand mehrerer Beispiele, dass »Baptisterien, Taufkapellen, Taufsteine« (294) nicht nur Orte der Taufe selbst, sondern auch des Gedächtnisses der Taufe und der Vergegenwärtigung der »ganze[n] Lebensspanne zwischen Geburt und Tod« (300) sind. Ingrid Fischer beschreibt in ihrem Artikel »Ich glaube« (306–349) aufgrund von quantitativen und qualitativen Erhebungen »Erfahrungen aus 50 Jahren Erwachseneninitiation in Österreich«. Stefan Gugerels »Zwischen (Ein-)Berufung und Entscheidung. Eine liturgietheologische Spurensuche in säkularen Ritualen des Militärs« (350–359) bietet einen Vergleich zwischen dem Katechumenat und der Taufe einerseits und den Feiern der Ausmusterung der (Unter-)Offiziere andererseits. Benedikt Rodler schreibt über »Die Taufberufung als Motivationsquelle für die liturgische Feier des Sonntags« (360–368) und plädiert im Anschluss an Volgger dafür, die Taufberufung und Mündigkeit der Gläubigen gegenüber der Pflicht zur Form der Eucharistiefeier als Sonntagsheiligung hervorzuheben und auf diesem Hintergrund anderen liturgischen Formen (wie der Wort-Gottes-Feier und der Tagzeitenliturgie) Raum zu geben. Martin Stuflesser stellt in sei-

nem Beitrag »Gemeinsam am Tisch des Herrn« (369–386) die Frage nach »einer ökumenisch tragfähigen Bestimmung der Taufberufung«. Er betont die Bedeutung des Taufgedächtnisses in verschiedenen (liturgischen) Feierformen sowohl innerhalb der eigenen Kirche als auch in konfessionsübergreifender Gemeinschaft. Basilius J. Bert Groen behandelt in »Himmlisches Salböl« (387–401) im Kontext der orthodoxen Kirche eine Substanz, die u. a. bei der mit dem Taufritus verbundenen Firmung eine wichtige Rolle spielt: das heilige Myron. Aufgrund der geist-symbolischen Bedeutung des Myron (im römisch-katholischen Kontext: Chrisma) möchte er zusätzlich zu einer baptismalen und einer eucharistischen auch von einer charismatischen Ekklesiologie sprechen. Hans-Jürgen Feulner untersucht in »One Lord – One Faith – One Baptism. Die Feier der Kindertaufe gemäß *Divine Worship: The Order of Holy Baptism* in den Personalordinariaten für ehemalige Anglikaner: Eine Spurensuche« (402–442) ebendieses Formular im Hinblick auf seine Quellen und bringt liturgiegeschichtliche und -theologische Kommentare an. Er konstatiert, dass der theologische Inhalt dieser liturgischen Feier dem des Römischen Ritus weitgehend entspricht, und erinnert daran, dass »[d]ie grundlegende Einheit des Glaubens […] eine Vielfalt im liturgischen Ausdruck dieses Glaubens mit seiner Taufberufung [...]« (436) erlaubt.
Der dritte Teil behandelt die spirituellen und praktisch-theologischen Aspekte der Taufe bzw. Taufberufung. Bischof Manfred Scheuers Artikel »Der Mensch ist ein Ruf Gottes« (445–457) handelt von der menschlichen Berufung, die nur dann in Orientierung an Jesus Christus gelebt werden kann, wenn sich jede:r Einzelne in das Zusammenspiel von Haupt und Gliedern (vgl. 1 Kor 12,12–26) einfügt. Daniel Seper schreibt in »Auf dem Weg zur Taufe« (458–488) über »Chancen und Herausforderungen von Katechese und Unterricht nach Augustinus' Schrift *De catechizandis rudibus*«, die bis zum heutigen Tag für die Katechetik und Pädagogik, im Hinblick sowohl auf Lernende als auch auf Lehrende, Bedeutung hat. Liborius Olaf Lummas Artikel

trägt den Titel »›Omnes qui in Christo baptizati estis‹. Das Taufmotiv im lateinischen Messgesang« (489–503) und präsentiert eine Analyse der vor der Liturgiereform nur in der Osteroktav verorteten zwei Kommuniongesänge aus dem Gregorianischen Choral, in denen die Taufe eine Rolle spielt. Alexander Zerfaß' »›Aus Wasserflut und Todesnacht‹. Taufbewusstsein im Kirchenlied – ein Schlaglicht« (504–520) bietet die Analyse dreier Kirchenlieder aus dem Oster-Kontext, die das Taufmotiv von Röm 6 (im Sinne des »Einbezogenwerden[s] in Tod und Auferstehung Jesu Christi« [505]) sowie die Exodus- bzw. Befreiungs-Thematik und somit »das Leben aus der Taufe« (520) aufgreifen. Martin M. Lintner bietet »Eine theologische und spirituelle Spurensuche« über »Die Ordensprofess als Konkretisierung und Radikalisierung der Taufweihe« (521–539). In der Profess sieht er, genauso wie Volgger, eine bewusste »Erneuerung der Taufberufung« (531), allerdings nicht eine Wiederholung dessen, was in der Taufe geschieht. Parallelen zwischen den beiden Riten, z. B. die Namensgebung, benennt er und setzt sich kritisch mit ihnen auseinander.

Empfehlenswert ist die Lektüre der Festschrift besonders aufgrund der Vielfalt der Beiträge. In knapper Form wird zu einzelnen Themen rund um die Taufe jeweils auf Grundlage des Forschungsstands ein fundierter Überblick gegeben und zu einzelnen Aspekten werden detaillierte (Text-)Analysen geboten; bedenkenswerte Anfragen werden gestellt. Forscher:innen können sich über aktuelle Forschungsprojekte sowie theoretische und praktische Herausforderungen im Bereich der Taufe, Taufvorbereitung und Taufberufung informieren und Desiderate aufgreifen. Besonders wertvoll ist der Sammelband auch aus kirchenmusikalischer Perspektive, weil sich mehrere Beiträge dem Studium (vor allem der Texte) einzelner traditionell bedeutender Oster- und Tauflieder widmen (Wegscheider, Buchinger, Lumma, Zerfaß).

Die Bedeutung einer ökumenischen Verständigung über das gemeinsame Taufbewusstsein (Stuflesser) klingt in mehreren Beiträgen an. Die Einbindung von Texten aus der anglikanischen

Tradition in einen nunmehrigen Usus des römischen Ritus innerhalb der katholischen Kirche (Feulner) kann gewissermaßen als Beispiel für eine konfessionsübergreifende grundsätzliche Taufdeutung gelten. Als Ausdruck eines solchen sieht auch Lumma die Verwendung des Gesangs mit dem Text aus Gal 3,27 sowohl in der römischen als auch in der byzantinischen Osteroktav. Interessant ist in diesem Kontext zudem Zerfaß' Hinweis (S. 504 in Fn. 2), dass das Evangelische Gesangbuch gegenüber dem Stammteil des Gotteslobs mehr als drei Mal so viele taufbezogene Gesänge enthält. Interessant wäre eine Erhebung darüber, wie oft in katholischen und wie oft in evangelischen Gemeinden Tauflieder gesungen werden und welchen Eindruck dies bei den Gläubigen hinterlässt.
Mehrere Artikel widmen sich u. a. der Frage nach den innerkirchlichen Auswirkungen der Taufe bzw. der Taufberufung, etwa im Hinblick auf die Übernahme von Ämtern und die Teilhabe an der Liturgie (Kranemann, Haunerland). Auf der Grundlage der Annahme der Vergleichbarkeit verschiedener gesellschaftlicher Rituale bezüglich ihrer (wirklichkeitsverändernden) Performativität (Meßner) steht Gugerels Vergleich der Taufe mit der Ausmusterung von (Unter-)Offizieren.
Interessant sind die Bezüge zur Kindertaufe, die heute in unseren Breiten immer noch die Norm ist: Lüstraeten geht davon aus, dass der Taufexorzismus »zu einer Zeit [...], als die Kindertaufe bereits Realität war« (133), üblich wurde, plausibiliert diesen Umstand allerdings damit, dass der Säugling ja noch nicht selbst dem Bösen entsagen kann. Buchinger konstatiert, dass sich die mittelalterlichen, aus Ortskirchen außerhalb Roms stammenden Gesänge, die den Taufritus ausdrücklich beschreiben, an die Täuflinge selbst richten, obwohl zur Zeit ihrer Entstehung, auf jeden Fall aber zur Zeit ihrer Kodifikation und Überlieferung bereits die Kindertaufe die Regel war. Darin sieht er allerdings eine »performative[...] Wirklichkeit im doppelten Sinne: Im Vollzug transformiert die Feier diejenigen, die das Ritual vollziehen, auch wenn diese nicht in der angesprochenen

Initiation Erwachsener besteht« (202). Immer wieder kommt die Frage auf, wie die im Säuglingsalter empfangene und somit nicht bewusst wahrgenommene Taufe »biographische Relevanz« (Volgger gem. Lintner, 529) entfalten, wie die Erinnerung daran gewissermaßen eingeholt werden kann (Buchinger, Gerhards, Lumma, Lintner etc.). Der Schlüssel liegt in der Tauferneuerung und im Taufgedächtnis, das auf vielfältige Weise, u. a. durch das Singen von Taufliedern und durch die Betonung der Symbolik von Taufstätten, geschehen kann.

In der Zusammenschau der Artikel entfaltet sich auch eine Diskussion über die Möglichkeit eines Kinderkatechumenats, das gewissermaßen 2007 auch in das deutschsprachige Kindertaufrituale eingeführt wurde (»Die Feier der Kindertaufe in zwei Stufen« gemäß Teil 1 des Anhangs). Meßner spricht sich für ein Kinderkatechumenat aus und schlägt vor, nach der Geburt eines Kindes »nominell christlicher Eltern« zunächst (bloß) eine Segnung des Kindes und seiner Eltern vorzunehmen. Fischer berichtet, dass das Kinderkatechumenat in der österreichischen Praxis bislang so gut wie keine Relevanz hat. Dies kann Fischers Vermutung gemäß durchaus an seiner unzureichenden Bekanntheit, sehr wohl aber auch an »pastorale[n] Gründe[n]« (314) liegen, da die jeweils Verantwortlichen den Eltern, die der Kirche fernstehen, keine zusätzliche Bürde auferlegen wollen. Sie schlägt allerdings auch selbst ein mögliches Modell vor: Der Kern des Taufrituals liegt in der Bezeichnung mit dem Kreuz, der Handauflegung und dem Wasserritus; dem Säugling könnte die Taufe in dieser Form (vollgültig) gespendet werden. Die ausdeutenden Riten aber würden, »sobald ihre wirklichkeits- und erfahrungsstiftende Symbolkraft bewusst wahrgenommen wird, in späteren Jahren freiwillig […] in einer oder mehreren Feiern stattfinden und so die individuelle Glaubensbiographie bis zur Versiegelung (Firmung) stützen und leiten« (349).

Zu einigen im Sammelband behandelten Aspekten und angestoßenen Fragen wäre eine Weiterführung und vertiefende Ausfal-

tung bzw. die Konsultation weiterer Literatur (anderer Disziplinen) von Interesse:
Leonhard etwa erwähnt die Konversion als Weg der Entfernung von der *zuhma* (kann u. a. *concupiscentia* bedeuten) gemäß dem babylonischen Talmud. In welchem Verhältnis aber steht angesichts dessen der praktische Umgang mit konversionswilligen Nichtjuden:jüdinnen (in der Geschichte und heute) zur Taufvorbereitung und Taufe? Für die Zugehörigkeit zum Judentum gilt ja nicht dieselbe Ausgangslage wie für das Christ:in-Sein. Prinzipiell ist Jude bzw. Jüdin, wer als solche:r geboren wurde, an Konversionswillige werden unterschiedliche Anforderungen herangetragen.
Eine Erweiterung der Untersuchung im Hinblick auf Einführungs- bzw. Aufnahme-Riten/-Rituale wäre nicht nur in Bezug auf verschiedene Konfessionen des Christentums, sondern auch auf andere (monotheistische) Religionen, v. a. den Islam, spannend. Gerade im ökumenischen und interreligiösen Gespräch liegt die Zukunft, besonders in einer »nach-volkskirchliche[n]« (Lintner, 531) Zeit.
Eine Weiterführung der Studien wäre auch bezüglich der Gestaltung des Lebens aus der Taufberufung wünschenswert. Kranemann formuliert passivisch: »[…] Getaufte [sind] immer wieder zu ermutigen, ihre Taufberufung zu verwirklichen. Ihnen müssen Möglichkeiten, Räume, Entfaltungschancen erschlossen werden, diese Berufung in der Kirche zu leben.« Dabei wird nicht gesagt, wer an dieser Stelle in die Verantwortung genommen wird. Die Bischöfe und Priester, die in ihren jeweiligen Ämtern gemäß dem Kirchenrecht Leitung ausüben? Oder sind es genauso gut die Gläubigen selbst, die den Auftrag, den sie von der Taufe her spüren, auch unaufgefordert ins Tun bringen sollen? Ausgegangen werden kann von einem Aufzeigen der Optionen, die die kirchliche Gesetzgebung den Laien eröffnet; diese kann allerdings auf der Grundlage einer Analyse der biblischen, dogmatischen und liturgischen Implikationen der Taufberufung angefragt und möglicherweise hinterfragt werden.

Auch auf die »Individualisierungs«-Tendenz der Getauften im Hinblick auf ihre Sonntagsgestaltung (Rodler) kann vertieft eingegangen werden: Gibt es weitere (erprobte) Lösungsansätze zur Verdeutlichung der Wichtigkeit der wöchentlichen gemeinschaftlichen Feier oder in einem gewissen Rahmen doch die Option der Erarbeitung von Formen der individuellen Sonntagsheiligung, falls Gläubige aus schwerwiegendem Grund nicht an einer gemeinschaftlichen Feier teilnehmen können?
Im Hinblick auf das Erwachsenenkatechumenat, das gemäß den von Fischer herangezogenen empirischen Erhebungen in der österreichischen (wie generell deutschsprachigen) Praxis eine marginale Rolle spielt, wird eine erneute Umfrage in 30 Jahren interessant sein, weil heute weitaus weniger Kinder als früher getauft werden.
Des Weiteren wäre eine Erweiterung dieses Sammelbandes durch Einbeziehung von Vertreter:innen aller theologischen Disziplinen von Interesse für die Forschung und für die kirchliche Praxis.

Christina Dietl, Wien

Kittler, Johannes: Die Würde des Menschen feiern. Taufe. Firmung. Eucharistie. Mit einem Geleitwort von Paul M. Zulehner (Schriften des Pius-Parsch-Instituts 10), Würzburg 2023, Echter, 190 S., € 16,90 (D)/€ 17,40 (A).

Was braucht es, um miteinander leben zu können, wie kann Leben gelingen, wie funktioniert Menschsein? Was hat der christliche Glaube damit eigentlich zu tun und welchen Beitrag kann er in dieser Welt leisten? Diese und nebenbei bemerkt – viele weitere Fragen sind Thema im neusten Buch des Augustiner Chorherrn Johannes Kittler. »Die Würde des Menschen feiern. Taufe, Firmung und Eucharistie.«
In gewohnt klarer Art und Weise, in verständlicher und prägnanter Sprache gibt er darin fundiertes theologisches Wissen

weiter, unterstreicht es mit Beispielen aus der Bibel und Zitaten namhafter Theologen. Aber Johannes Kittler wäre nicht Johannes Kittler, wenn das alles wäre. Und so knüpft er all dieses theologische Wissen gut verständlich und bis ins letzte Detail logisch und nachvollziehbar an unser heutiges, ganz konkretes Leben.

Wer sich dabei aber Anleitungen, einfache Handlungsanweisungen im Sinne eines »so geht das« erwartet, ist hier allerdings falsch. Johannes Kittler nämlich bleibt sich – auch in diesem Buch – selbst treu. Immer schon lag es ihm als Seelsorger – er war viele Jahre lang Kaplan in Niederösterreich und Pfarrer in einer Wiener Pfarrgemeinde und ist nun seit 2019 Bildungsreferent des Pius-Parsch-Instituts Klosterneuburg – fern, »Rezepte« zu geben, nach denen die Menschen ihr Verhalten und ihr Handeln richten sollten. Vielmehr wollte er die Leute zum Denken anregen. Und er will es noch. »Christ zu sein, das kann man nicht aus Büchern lernen. Auch nicht aus meinen«, sagt er gewohnt reflektiert und mit einem gewissen Augenzwinkern. »Ich erkläre deshalb auch nicht, wie Christ-Sein geht, wie Leben gelingt. Aber wenn ich es schaffe, zum Nachdenken anzuregen, dann ist das genau das, was ich mir gewünscht habe. Und bei der Lektüre meines Buches kommt man dann vielleicht sogar soweit, dass man durch das Gelesene an eigene Erfahrungen anknüpfen kann, dass man sagen kann: Das kenne ich. Das habe ich selbst schon erlebt.« Gerade dadurch nämlich bleibe das Glauben nicht in der Theorie verhaftet, sondern werde zur gelebten Praxis. Ganz bewusst verwendet Johannes Kittler dabei übrigens den Ausdruck »das Glauben« und nicht nur »der Glaube«, weil »das Glauben« dem Tun näher ist, wie er sagt.

Nach Vorüberlegungen, in denen er sich unter anderem zum Thema Schöpfungslieder und Weltentstehungstheorien, Gottesbilder und Menschenbilder und der Wichtigkeit von Beziehung im Glauben Gedanken macht, wendet sich Johannes Kittler den Sakramenten Taufe, Firmung und Eucharistie zu und zeigt anhand der was christlicher Glaube bedeuten kann – für jeden

Einzelnen und jede Einzelne, aber auch für die gesamte Gesellschaft. Denn: »Christ ist man nicht für sich oder für die Mitglieder einer Gruppe. Christ ist man für alle Menschen.« Rituale und Symbole dieser drei Sakramente sind dabei ebenso Thema wie Erläuterungen dazu, wie sie ablaufen und vor allem warum sie es genau so tun. »Taufe, Firmung und Eucharistie sind die Initiationssakramente des Christentums«, sagt Johannes Kittler. »In ihnen feiern wir das Hineinwachsen und das Hineingeholt werden in das christliche Glauben. Und die drei Sakramente gehören auch untrennbar miteinander zusammen.«
Ganz klar wird in diesem Buch: Feste zu feiern ist für den Autor wesentlicher Teil des Lebens an sich. »Wer nicht feiert, der lebt nicht«, bringt es Johannes Kittler auf den Punkt. »Feste zu feiern kann – und sollte im besten Fall auch – als sinnstiftend erlebt werden. Ich verarbeite wichtige Dinge des Lebens indem ich mit anderen feiere. Ich nehme mich dabei zurück, blicke auf das was geschehen ist oder was geschieht. Schauen wir auf den Schöpfungsbericht: Auch Gott nimmt sich, nachdem er gearbeitet hat, einen Tag frei, den Sonntag. Vereinfacht gesagt: Er feiert, dass etwas geschafft ist. Er feiert das Leben.«
Vor allem auch die Würde eines jeden Menschen in diesem Zusammenhang herauszustreichen, ist Johannes Kittler ein offensichtliches Anliegen. »Jeder Mensch ist wertvoll, unverwechselbar, einzigartig. (…) Ohne Vorbehalte, ohne Vorleistungen, einfach, weil es uns gibt. Wir müssen uns weder den Sinn unseres Lebens noch unsere Würde verdienen. Das können wir auch nicht«, sagt Johannes Kittler. »Mit den Worten der Bibel gesprochen: Die Würde des Menschen besteht darin, von Gott geliebt zu sein, geliebter Sohn/geliebte Tochter Gottes zu sein.« Die Würde des Menschen zu feiern, bedeute dann ganz eng im Wortsinn bleibend, vorauszusetzen, dass jeder Mensch dieselbe Würde hat und dass wir sie ihm auch zugestehen müssen. Theologisch formuliert heiße das nichts anderes, als dass wir in jedem Menschen das Abbild Gottes sehen. »Und es bedeutet in einem weiteren Schritt, dass es uns bewusst sein muss, dass absolut je-

der Mensch ein Kind Gottes ist – ganz unabhängig davon, ob er getauft wurde, oder was er glaubt.« Die Würde jedes Menschen anzuerkennen, gehe damit auch jeden Menschen etwas an, alle, die an einem Miteinander interessiert sind. Und Christen ganz besonders. »Denn die Würde jedes Einzelnen und jeder Einzelnen anzuerkennen ist die Basis dafür, miteinander zu leben.«
»Die Würde des Menschen feiern« ist bereits Johannes Kittlers zweites Buch. 2019 erschien »Freude am Leben. Feste feiern im Kirchenjahr.« Grundtenor auch hier: Zu feiern, hier ganz im Konkreten kirchliche Feste zu feiern, bedeutet die eigene Freude am Leben zu finden, zu spüren und auch nach außen zu tragen. Im Mittelpunkt stehen die christlichen Feste im Jahreskreis und ihre Bedeutung für unser Leben und unseren Alltag.

Andrea Harringer, Wien